Penny McLean

Schutzgeister

Die Trilogie

VERLAG PETER ERD · MÜNCHEN

Die Deutsche Bibliothek – CIP-Einheitsaufnahme
McLean, Penny:
Schutzgeister: Trilogie /Penny McLean – München: Erd, 1993
ISBN 3-8138-0290-6

Umschlaggestaltung: Atelier Nitter, München
Copyright © Verlag Peter Erd, München 1993
Alle Rechte, auch die des auszugsweisen Nachdrucks, der
Übersetzung und jeglicher Wiedergabe, vorbehalten.
Satz: Tau Type, A-7202 Bad Sauerbrunn
Druck und Verarbeitung: Wiener Verlag, Himberg
Printed in Austria
ISBN 3-8138-0290-6

Inhalt

7 Vorwort

Teil 1
11 **Kontakte mit Deinem Schutzgeist**

Die Biographie 13
Der Weg 57
Die Technik 91
Das System 99

Teil 2
111 **Zeugnisse von Schutzgeistern**

Einführung 113
Die Gruppe 126
Das Ich, das Du(al), die Gemeinschaft und die
Vollkommenheit 135
Das Gebet und das Wort 140
Die Akasha-Chronik 147
Reinkarnation und Karma 154
Sexus, Eros, Agape – der Weg zur voll-
kommenen Liebe 163
Veranlagungen, Talente und die Pflicht,
sie zu erkennen 180
Krank-Werden und Gesund-Sein 188
Ernährung und Körperertüchtigung 196
Der Unsinn des positiven Denkens und seine
Notwendigkeit 202
Engel, Schutzgeister – wer sie sind und was sie
bewirken können 209
Tiere – unsere Gefährten und Lehrer 217
Unsere Beschützer im Weltraum 227

Teil 3

243 **Alltag mit Schutzgeistern**

Vorwort 245
Die Badewanne oder das Hanauer Modell 250
Reinkarnation – Egotrip oder multidimensionale
Expansion? 264
Die Kabbalah – Wirr-Warr oder Kosmische Universal-
philopsophie? 289
Hellsehen – alles Humbug oder verlorengegangene
Fähigkeiten des menschlichen Geistes? 361

379 **Literatur**

Vorwort

Es war ein Kindheitserbe, das die Wende gebracht hatte. Von klein auf hatte Penny McLean ein paar mehr Sinne als wir normalen »Stumpf-Sinnigen«. Sie sah die geistige Welt, wie wir die materielle sehen, und hatte das große Glück, daß ihr das nicht ausgetrieben wurde von den allwissenden Erwachsenen. Daher behielt sie ihre Fähigkeiten bis ins Erwachsenenalter. Freilich wohnen wir hier nicht in einem angelsächsischen Land, und so war es in unserer Gesellschaft bis vor kurzem verpönt, solche Fähigkeiten zu zeigen. Doch auch bei uns wandelte sich die Einstellung zu jenen anderen Wirklichkeiten, und eines Tages faßte Penny den Mut, das, was sie alltäglich erlebte, was nach der Establishment-Meinung aber nicht sein durfte, in Büchern zu veröffentlichen.

Kontakte mit dem Schutzgeist hieß der erste jener Bände, die von vornherein als Trilogie angelegt waren. Er erlebte inzwischen Neuauflage nach Neuauflage. Als Fortsetzungen folgten *Zeugnisse von Schutzgeistern* und schließlich *Alltag mit Schutzgeistern*. Der Verlag entschloß sich, gleich alle drei Bände als Sammelband herauszubringen. Und da steht es nun, das Werk, als ganzheitliche Ein-Heit in drei Teilen, die zusammengehören wie das Kyrie, das Credo und das Gloria. Klingt das vielleicht zu großartig, in diesem letzten Vergleich? Penny McLean könnte es so sehen. Denn sie wird ja nicht müde, in ihren Büchern diese Dinge von ihren Podesten herunterzuholen, auf die zu stellen wir Deutsche nur allzuleicht neigen, was uns »hoch und hehr« erscheint.

Penny aber macht uns immer wieder deutlich, daß es neben einem materiellen Alltag auch einen spirituellen Alltag gibt und daß all diese heiligmäßigen – wie verräterisch ist doch das »mäßig« – eben auch ein Teil jenes allgemeinen Alltags jeglicher Provenienz sind, der die Gesamtwirklichkeit ausmacht, von der wir Normalsichtigen freilich nicht alles mitbekommen, was sich da so alltäglich tut. Aber um das klar zu machen, dazu schreibt Penny ja ihre Bücher. Sie sind allzumal darauf ausgerichtet, uns nahezubringen, daß wir das Über-Normale in unseren ganz normalen Alltag mit einbeziehen sollten, zu unserem und unserer geistigen Helfer Nutz und Frommen. Denn die haben sich ja nicht umsonst ihre Helfer-Rolle ausgesucht und langweilen sich allenfalls, wenn wir sie dafür nicht auch in Anspruch nehmen. Eines aber ist immer dabei wichtig: Wir selber bleiben unseres Glückes Schmied, und wir können von »drüben« nur empfangen, wofür wir selber innerlich bereit sind. Denn wie beim Radio ist es eine Resonanz, die dasein muß, soll der Kontakt gelingen. Das heißt, wir bekommen immer nur die Wellenlänge mit, auf die wir selber eingestellt sind. Und dieses Resonanzprinzip war es wohl auch, das Penny aufhorchen ließ, als sie – ausgerechnet in Berlin – zum ersten Mal von einem Mann hörte, der »in einem anderen Land, in einer anderen Sprache sich ... von einer ganz anderen Seite her an das Thema heranmachte« – Rupert Sheldrake nämlich mit seiner Theorie der *Morphogenetischen Felder*. Denn von jeher hatte Penny nicht nur ihr übersinnlich-weibliches Gehirnareal in Betrieb, sondern auch das intellektuell-männliche. Sprich, sie wollte von jeher auch wissen, wie das, was sie erfuhr, wissenschaftlich zu deuten sei. Dieser auch wissenschaftliche Ansatz durchzieht alle ihre Bücher – freilich auf eine so charmant verpackte Weise, daß auch jene Leser nicht abgeschreckt werden, für die wissenschaftlich noch allzumal »unverständlich« bedeutet und entsprechende Ängste weckt. Ganz im Gegenteil bekommen sie auf diese Art auch noch Verständnis für wissenschaftliche Zusammenhänge vermittelt, mit denen sie sich sonst gewiß nie beschäftigt hätten. – Auch in dieser Hinsicht sind diese Bücher ganzheitlich im besten Sinne. Und hier schließt sich der Kreis: Kann es bessere Lebenshelfer geben als unsere Schutzgeister? Wie wir sie ansprechen, mit ihnen arbeiten können und viele andere Möglichkeiten, die uns die geistige Welt bietet, erfahren wir aus diesem Gesamtwerk. Und noch eine ganze Menge mehr.

»Für alle, die bereit sind zu erkennen: ›Du bist genauso gut wie Dein Schutzengel‹ wird dieses Buch eine Hilfe auf dem Weg der Bewußt-Werdung sein«, steht auf dem Rückumschlag des dritten Bandes. Und das gilt um so mehr für die Triologie.

Dr. Walter A. Frank, Ethnologe
Sinzig im Juni 1993

Teil 1
Kontakte mit Deinem Schutzgeist

Die Biographie

*»Schutzengel mein,
hüt' mich fein, Tag und
Nacht, früh und spät, bis
meine Seel' zum Himmel
geht.«*

Irgendwann zwischen Kindheit und Schule hörte ich auf, zu meinem Schutzengel zu beten. Das geschah nicht, weil ich nicht mehr an ihn glaubte, sondern aus reiner Zeitersparnis. Mir erschienen Jesus, Maria und der liebe Gott im allgemeinen anbetungswürdiger als ein Engel, von dem man nichts Genaues wußte.

Ab und zu sah man schöne Bilder in Schlafzimmern von ehrbaren Verwandten, auf denen er – angetan mit riesigen Flügeln – ängstliche Kinder über baufällige Brücken geleitet, die natürlich über reißende Bergströme führten. Ich lebte in einer österreichischen Kleinstadt, wo es zwar einen See gab und einige sanft dahinplätschernde Flüßchen, aber keinesfalls in Verbindung mit baufälligen Brücken, und so erschienen mir die Gebete an den Schutzengel mehr und mehr überflüssig. Also wurde das »Vater unser«, das »Gegrüßet seist du, Maria« und auch das »Ehre sei Gott in der Höhe« beibehalten, ein Grundrepertoire, das im Laufe der Jahre um mindestens fünfzig weitere Gebete und religiöse Gesangstexte erweitert und brav benutzt wurde. Vom Schutzengel war nirgends mehr die Rede. Ab und zu hörte man Historisches in bezug auf die Unbefleckte Empfängnis und die Geburt Jesu Christi, aber das waren dann auch schon die letzten prägnanten Ereignisse, in denen sich Engel profiliert hatten.

Ich gebe zu, es hatte schon einmal bessere Zeiten gegeben für Engel. Aber die spielten sich alle im Alten Testament ab, was mir so unendlich weit weg vorkam, daß das Interesse auf diesem Wege auch nicht mehr geweckt werden konnte.

Von Maria hatte man wenigstens auch in nachbiblischen Zeiten Nachhaltiges vernommen, mit Schleier und Jesuskindlein auf dem Arm und mit mehr oder weniger bedrohlichen Prophezeiungen. Aber wer hätte schon jemals gehört, daß sich ein Wallfahrtsort entwickelt hätte, weil jemandem ein Engel erschienen war?

Zu Engeln beten allenfalls die kleinen Kinder, weil es ja so rührend ist, wenn sie im Bettchen sitzen und mit gefalteten Händen ihr Sprüchlein dahersagen. Wenn man größer wird, dann kommt der Schutzengel in dieselbe Schublade, in der schon Osterhase, Weihnachtsmann und Einhorn ruhen.

So war es auch bei mir. Nur – mein Schutzengel ließ sich das nicht gefallen. Er wollte, daß ich von seiner Existenz wußte und daß ich mit ihm Kontakt aufnahm und ihn verstehen konnte. Die Chancen standen zunächst null : eins gegen ihn, denn er mußte es schaffen, aus der Schublade herauszukommen, in die er völlig unrechtmäßig – wie sich im Laufe der Zeit herausstellte – verfrachtet worden war, und er mußte einen Weg finden, sich optimal zu etablieren.

Nie im Leben werde ich vergessen, wie ich ihn das erste Mal bewußt als Fremdstimme in meinem Kopf hörte und ihn wie ein um mich besorgtes, mir zu Hilfe eilendes »Etwas« empfand. Als »Etwas«, nicht als Schutzengel wohlgemerkt.

Ich war neun Jahre und zehn Monate alt und von meinen Eltern in ein wirklich schreckliches, gnadenlos katholisch durchorganisiertes Internat gebracht worden. Ich begriff erst richtig, wo ich gelandet war, als meine Mutter die letzten Sachen in das Nachtkästchen räumte und mein Vater mir ein Gebetbuch überreichte, mit der passenden Bemerkung, es nicht zu verlieren und auch sonst »brav« zu sein. Und plötzlich überkam mich eine solch hoffnungslose Verzweiflung, daß ich meine während der ganzen Fahrt in diese Anstalt mühsam verbissenen

Tränen kaum mehr zurückhalten konnte. Ich fühlte mich am Rande meiner Beherrschung angekommen. Etwas von »austreten« murmelnd, rannte ich in die Richtung, in der ich die diesbezüglichen Örtlichkeiten vermutete, stürzte in eine der Zellen und warf die Türe hinter mir zu. Ich lehnte mich gegen die Trennwand und dachte nur: »...sterben, sterben.«

Und da, in diesem miesen, kleinen Verschlag, hörte ich ihn zum ersten Mal, wußte nicht, daß »er« es war, den ich mir als Schutz in dieser weltlichen Existenz erbeten, ja erbettelt hatte. Erst viele Jahre später sollte ich ihn mit Namen kennenlernen und noch später mit Kummer von ihm Abschied nehmen, als der Zeitpunkt seiner Reinkarnation gekommen war. Ich hörte ihn so klar und deutlich wie eine neben mir stehende Person und wußte doch sofort, daß es jemand Unsichtbarer war, der hier zu mir sprach. Symptomatisch war, daß ich mich weder eine Sekunde fragte, *wer* denn da zu mir in meinem Kopf sprach, noch erschreckt reagierte.

Angst hatte ich nur vor meiner Umgebung, meiner Zukunft, vor dem bis dahin Unbekannten. Ich benötigte Trost und Fürsprache, die mir meine Eltern weder geben konnten noch für nötig hielten, da sie meine Qual überhaupt nicht begriffen. Und dieser da in meinem Kopf wußte, begriff und durchschaute alles! Ich kann mich nicht mehr wörtlich an das von ihm Gesprochene erinnern, aber er sagte mir sinngemäß, daß er bei mir sei und daß ich ohne Angst sein solle, es wäre alles in Ordnung.

Im nachhinein klingt das nun überhaupt nicht gewaltig oder überwältigend, aber *wie* er es sagte, hatte eine so unmittelbar überzeugende und beruhigende Wirkung, daß ich tatsächlich in der Lage war, meine Eltern in einer Verfassung zu verabschieden, die sie in dem Glauben dahinziehen ließ, es ginge mir ausgezeichnet.

Sicherlich habe ich in den folgenden Jahren Kontakt mit diesem Unsichtbaren gehabt, aber es war mir nicht bewußt, oder ich kann mich heute nicht mehr daran erinnern, bis auf ein einziges Mal. Da diktierte er mir eine Physik-Schulaufgabe von A bis Z, die unter Umgehung sämtlicher unterrichtsüblicher Formen und Regeln die gestellten Aufgaben so brillant löste, daß meine Lehrerin ihren Augen kaum traute. Immerhin war ich mit konstanter Beharrlichkeit über Jahre hinweg ihre schlechteste Schülerin gewesen. Dieser fachkundige Ausrutscher brachte sie schwer ins Grübeln. Aber nur kurz. Ich konnte das Phänomen nie mehr wiederholen.

Interessant war, daß sich die Stimme – nachdem die Aufgabenzettel verteilt waren – meldete, mich begrüßte und dann ohne Pause eine halbe Stunde lang vier Seiten diktierte, nicht ohne mir zwischendurch plausible Erklärungen für das Diktierte zukommen zu lassen. Dies war die einzige halbe Stunde meines Lebens, in der mich nichts vom vollkommenen Begreifen physikalischer Vorgänge trennte. Es war alles klar, aber nur, solange mein Sprecher anwesend war. Kaum war er wieder in die Unhörbarkeit zurückgekehrt, war ich nicht einmal mehr in der Lage, auch nur den kleinsten Absatz meiner Arbeit zu erklären.

Erst nach fünf weiteren, in dieser Beziehung ereignislosen Jahren wiederholte sich während meiner sozialpädagogischen Ausbildung das Phänomen noch einmal, und zwar in zwei Deutsch-Arbeiten. Diesmal war es aber schon so, daß ich einen Satz, eine Formulierung anbot und auf der Stelle ein Gegenangebot hörte, das meines um hundert Prozent übertraf.

Bis heute bin ich nicht in der Lage zu erklären, was damals die Voraussetzungen waren, welche die Basis für eine erfolgreiche Kooperation schufen. Der Unsichtbare tauchte anscheinend auf, wann er wollte, und das nur bei Aktivitäten meinerseits, die ihm Spaß machten.

Ich habe wirklich versucht, mich mit aller Kraft zu konzentrieren, um mir in Erinnerung zu rufen, wie oft diese »Intelligenzblitze« tatsächlich stattgefunden haben. Das hängt auch damit zusammen, daß ich damals wirklich so naiv war zu glauben, daß ich selbst der Erzeuger dieser mir gar nicht gleichenden Ausdrucksweise und Manifestationen war. Nicht eine Sekunde dämmerte mir, daß ich vielleicht nur das Radio eines Senders sein könnte, dessen Schaltstelle ganz woanders postiert war.

Nichtsdestotrotz fingen in dieser Zeit Leute aus meiner Umgebung an, mich als hellsichtig zu bezeichnen. Das rührte daher, daß mir, wenn ich jemanden länger ansah, Ideen durch den Kopf schossen, die ich dann – ohne Rücksichtnahme auf passende oder ungeeignete Momente – lautschallend von mir gab, wobei ich mich manchmal selber über meine Einfälle wunderte. Diese mit überraschender Vehemenz meinen normalen Denkvorgang unterbrechenden Ideen wurden mir so vertraut, daß ich sie als Teil meines Denk-Charakters wie selbstverständlich akzeptierte.

Um meinen neunzehnten Geburtstag herum lernte ich eine meiner wohl wichtigsten Lehrerinnen kennen: Mira von Dietlein, ihres Zeichens Astrologin. Sie mag – als wir uns zum ersten Mal trafen – Mitte Sechzig gewesen sein, und sie erkannte in mir nach einer kurzen Unterhaltung sofort »das Radio«.

Ich werde mich immer – wahrscheinlich sinngemäß sogar zu Unrecht – dagegen verwahren, als Medium bezeichnet zu werden. Doch ich habe zu oft erlebt, wie eben solche Medien – in mich ungut berührenden Sitzungen – ihre gesamte Persönlichkeit und Bewußtheit verloren und sich einer sie besetzenden Macht ergaben, deren Mitteilungen sie vollkommen ausgeliefert schienen. Solche Veilances (von veil = der Schleier, englisch), Besitzergreifungen, habe ich an mir selbst niemals erlebt.

Bis heute kommt es vor, daß ich mit meinem unsichtbaren Informanten nicht einer Meinung bin und ich meine Zuhörer um Geduld bitten muß, bis die aus dieser Diskrepanz entstehenden Diskussionen beendet sind. Ungern, aber ehrenhalber gebe ich zu, daß ich meist den kürzeren ziehe, wobei ich immer wieder festgestellt habe, daß, wenn ich irgendwo privat oder vortragsmäßig nicht nur über esoterische Dinge spreche, nur dann gestoppt werde, wenn ich nicht zu vertretenden Unsinn von mir gegeben habe. Kleinere Ausrutscher werden zwar moniert (na, na oder ähnlich), führen aber nicht zu einer Unterbrechung. Anders in den obengenannten Situationen, wo ich mitunter nicht mehr in der Lage bin, meine Rede fortzusetzen, weil der Protest in meinem Kopf so laut werden kann, daß er meine eigene Sprechstimme übertönt.

Es entbehrt nicht der Komik, wenn ich mitten in einer blumenreichen Ausführung mit einem scharfen »Halt, halt, halt!« oder einem kurzen »Blödsinn!« gestoppt werde. Es geht mir dann ähnlich wie einem Reiter, dessen Pferd es beliebt, vor einem 1,80-Meter-Hindernis unerwartet zu stoppen.

Aber zurück zur alten Frau von Dietlein: Sie war es, die mir die Zusammenhänge zwischen Kosmos und Schicksal, sprich zwischen Molekül und Struktur, eröffnete und mich das I-Ging lehrte. Als sie sicher war, daß ich die esoterischen Grundbegriffe beherrschte, übertrug sie mir ihre Kunst des Kartenlegens. Erst viel später begriff ich, daß das Kartenlegen die Grundschule für das Abhören schutzgeistlicher Informationen war, denn es beinhaltete die erste Grundregel für bewußten Umgang mit Schutzgeistern: »Bitte, und du wirst empfangen.«

Als ich das erste Mal im Beisein meiner Lehrerin das Kartenblatt legte, stand ich davor wie der berühmte »Ochs vorm Berg«. Da lagen viele hübsche bunte Bildchen vor mir, deren Bedeutung ich zwar im einzelnen, nicht aber im Zusammenhang erklären konnte. Mira nahm meine Ratlosigkeit mit verhangenen Eulenaugen zur Kenntnis. »Sage nun genau, was du wissen möchtest und um was es geht«, wies sie mich an. Damit hatte sie mir die zweite Grundregel beigebracht.

Fortan hielt ich es so, daß ich – oft Stunden vor einer Beratung – das Geburtsdatum des zu Beratenden durchgab und den Zeitpunkt seines Kommens anmeldete. Meistens erfolgte die Bestätigung sofort, und ich konnte sicher sein, daß die Mitarbeit im entscheidenden Moment nicht ausbleiben würde.

Dann kam die dritte und entscheidende Grundregel: »Höre, höre und höre noch mal.« Das war am Anfang das Schwerste, denn ich mußte etwas lernen, was jeder, der sich auf Sprech-Kontakt-Suche zu seinen Schutzgeistern befindet, lernen muß: zu unterscheiden zwischen eigener und fremder Denkstimmenfärbung. Ein Hellseher (-hörer), der das nicht beherrscht, ist keinen Pfifferling wert.

Ich fing also an, auf die Stimmenfärbung zu achten, wenn ich dachte: »Wo ist denn diese verdammte Zuckerdose schon wieder«, oder wenn ich einen Satz hörte wie: „Nein, morgen fliegst du nicht nach Hamburg, weil wegen Nebels nicht gestartet werden kann«. Was mein privatbezogenes Denken betraf, so konnte ich die Unterscheidung bald perfekt handhaben, da ich feststellte, daß alle Sätze, die in der »Du-Form« kamen, der Fremdstimmenfarbe zugehörig waren.

Mein Schutzgeist sprach mich regelrecht an, und damit stieß ich auf ein weiteres Phänomen. Je besser ich lernte zu hören, desto klarer wurde mir die Verschiedenartigkeit der Stimmen, Anreden und Aussagen. Mit einem Wort: Hier war nicht nur *ein* Sprecher am Werk! Ich fragte Mira darüber aus, und sie war sehr befriedigt über meine Feststellung, denn – so sagte sie mir – »kein Mensch hat nur einen Schutzgeist«. Für sie waren meine Fragen der Beweis, daß der Kanal zu meinen unsichtbaren Begleitern offen war und einer immer besser funktionierenden Zusammenarbeit nichts im Wege stand.

In Windeseile wurden mir nun die Synonyme der Kartensprache mitgeteilt, wobei ich in den Beratungen die Karten immer weniger, am Schluß gar nicht mehr brauchte; sie waren nur mehr ein Vehikel für eine bestimmte Schicksalablaufsübermittlung. Zuletzt wurden sie nur mehr als »Excuse« verwendet, weil ich nicht jedem, der zu mir kam, von meinen Hirnchören berichten wollte. Die Angst, für verrückt gehalten zu werden, war damals noch sehr groß, obwohl ich wußte, daß ich im Recht war.

Obwohl mir Mira von Dietlein das Wissen um Schutzgeister und Hellhören vermittelt hatte, reichte meine geistige Reife damals bei weitem noch nicht aus, um mit diesem Geschenk optimal umgehen zu können. Von den großen Gesetzen der Esoterik und ihren Zusammenhängen hatte ich zu der Zeit nur eine blasse Ahnung, was mir selbst aber nicht bewußt wurde. In meinem jugendlichen Unverstand kam ich mir schon äußerst weise vor.

Ich fing zu der Zeit an, als Sängerin in Bands, kleinen Orchestern mit Pop-Repertoire zu arbeiten. Die erste wirklich professionelle Formation waren die »Tide-Turners«, bestehend aus vier jungen Männern und zwei Mädchen, wovon eines ich war. Wir traten im damals größten Tanzlokal Münchens auf und waren bald eine wirklich gute und gefragte Gruppe, die über die Grenzen Deutschlands hinaus engagiert wurde. Die Band-Leader hatte mich zuvor in einem Schwabinger Lokal zur »Klampfe« singen gehört und blitzartig herausgeholt. In diesen Zeitabschnitt fiel auch mein erstes Zusammentreffen mit Dr. Michael Kunze – meinem späteren Produzenten – und seiner Frau Roswitha.

Daß meine Schutzgeist-Durchsagen damals noch nicht so einwandfrei funktionierten, kann man schon folgendem Vorfall entnehmen: An einem meiner »Klampfenabende« saßen die beiden Kunzes im Publikum. Nach meiner glanzvollen Darbietung (fünf Volkslieder) trat der damals fünfundzwanzigjährige Jurist an mich mit der Frage heran, ob ich denn mit ihm eine Platte produzieren wolle. Ich muß dazu sagen, daß der gute Michael der einzige Mensch ist, der offensichtlich keinem einzigen Laster frönt, zumindest habe ich auch nach achtzehn Jahren enger Freundschaft noch keines entdeckt. Und demzufolge sah er mit fünfundzwanzig Jahren wie fünfzehn aus. Nicht weniger kindlich wirkte seine angebliche Ehefrau. Ich glaubte ihm kein Wort, und dementsprechend fiel auch meine Antwort aus: »Nein, danke, mit Kindern arbeite ich nicht!« Und kein

Schutzgeist schrie dazwischen…. Aber Michael war klug und voraussichtig, geduldig und hartnäckig, so daß es die guten Geister via Kunze verhinderten, daß diese wichtigste aller meiner Freundschaften schon in den Ansätzen von mir erleuchteter Person abgewürgt wurde.

In diesen Jahren machte ich auch viele Studioaufnahmen für den späteren Hollywood-Komponisten und Oscar-Preisträger Giorgio Moroder. Eines Tages bot er mir einen festen Vertrag an. Das war es, wovon alle Sänger träumten.

Mit Michael, der mit einigen ziemlich erfolglosen Schallplatten versucht hatte, mich an die Öffentlichkeit zu bringen, verbanden mich nur mündliche Absprachen, und sichtlich schweren Herzens riet er mir nun – gegen seine eigenen Interessen –, dieses Angebot und die vermeintliche Chance wahrzunehmen. Ich hatte die Feder schon in der Hand, um zu unterschreiben, als es in meinem Kopf buchstäblich brüllte: »Um Gottes willen, nein.« Ich unterschrieb nicht.

Vier Jahre später produzierte mich Kunze auf die ersten Plätze sämtlicher Hit-Paraden der Welt. Es war sicher nicht so, daß der eine besser oder schlechter war als der andere, aber es war nicht mein Weg, was ich damals noch nicht begreifen konnte, da ich nichts vom Gesetz der sieben Jahre wußte. Michael hatte zu dem Zeitpunkt der Vertragsentscheidung bereits drei Jahre in mich investiert. Nach dem Gesetz brauchten wir also nur noch vier Jahre durchzuhalten. Wäre ich abgesprungen, hätte ich damit den schicksalsmäßig einzigen Startpunkt meiner Karriere nicht wahrnehmen können. Ich will damit nicht sagen, daß mir die Karriere über alles ging. In meinem Fall jedoch hatte sie eine Doppelbedeutung, über die ich später noch reden werde, aber vorerst sitze ich ja noch in einem Münchner Tanz-Beisel und harre der Dinge, die kommen sollen.

Wie so oft im Leben zerstritt sich unsere Gesangsgruppe. Mir wurde die Arbeitsatmosphäre unerträglich, und so war ich die erste, die kündigte. Ein Ersatz wurde gesucht. Endlich – nach

21

Wochen – meldete sich eine Sängerin aus Amsterdam. Sie reiste an mit ihrem Mann. Blond und unscheinbar saßen beide einen Abend lang im Publikum, um unser Programm zu hören. Um ein Uhr nachts, als wir geendet hatten, trat die junge Frau – an deren Namen ich mich nicht mehr erinnere – auf die Bühne und sagte: »Es tut mir leid, aber ich möchte in eurer Gruppe nicht arbeiten, aber mit Ihnen…« – und damit drehte sie sich um und sah mich durchdringend an –, »…mit Ihnen möchte ich gerne sprechen.« Ich setzte mich mit dem Ehepaar in eine ruhige Ecke, nicht ahnend, daß mir eines der wichtigsten Gespräche meines Lebens bevorstand.

Es fing harmlos an. Wie ich leben würde und was ich so denken würde, fragten sie, und ob ich an Gott glaube und an Wiedergeburt und so weiter. Ich sagte ihnen, was ich für richtig hielt, und hörte, wie die junge Frau immer wieder zu ihrem Mann sagte: »Das ist sie. Ich sage dir, sie ist es!« Endlich konnte ich meine Neugier nicht mehr zügeln, und ich fragte sie, was sie denn damit meine.

Die Geschichte, die jetzt kommt, klingt wie ein Märchen, aber sie ist wahr, so erlebt, wie ich sie erzähle. Das Mädchen sagte mir, sie sei nur wegen mir und nicht wegen des angebotenen Jobs gekommen. Sie habe in einer Séance (spiritistischen Sitzung) in Amstetten mit Rudolf Steiner gesprochen, und dieser habe sie angewiesen, auf ein in den nächsten Tagen eintreffendes Angebot aus München sofort zu reagieren, nicht wegen des Angebots an und für sich, sondern wegen einer jungen rothaarigen Frau, die einer Gruppe zugehörig sei und die dringend das Verständigungssystem kennenlernen müsse.

Ich lauschte fasziniert. Ich hatte keine Ahnung, wer Rudolf Steiner war, was es mit seiner Gruppe auf sich hatte und von was für einem Verständigungssystem hier die Rede war. Aber daß jemand aus dem Jenseits imstande war, ein Ehepaar aus Amsterdam nach München zu schicken, nur um mich mit irgendeinem System bekannt zu machen, das imponierte mir. Sie nahmen mich noch in derselben Nacht in eine kleine Wohnung von Münchner Freunden mit, und dort lernte ich in einer einzigen Stunde, wie man mit materiellen Mitteln mit den Jenseitigen in Kontakt treten kann. Es waren dazu mindestens zwei Personen erforderlich und notfalls ein Schriftführer, der alles notierte, was manchmal in Blitzesschnelle gesagt wurde.

Da stand ich also nun mit meiner neu erlernten Weisheit und hatte keine zweite Person, die ich ins Vertrauen ziehen konnte. Trotzdem wußte ich, daß ich schnell jemanden finden mußte, denn sichtlich drängten die Zeit und die Neugier.

Einige Abende später hatte ich wie immer zu singen. Meine Kündigung sollte erst nach zwei Monaten in Kraft treten. Und so stand ich, wie immer in den Pausen, die wir hatten, am Tresen herum, wo die Kellner die Getränke für die Gäste holten. Das Personal war gemischt, männlich und weiblich, wobei mir eine junge Bedienung mit hüftlangen Haaren als besonders schroff und unfreundlich auffiel. Sie ließ keine Gelegenheit aus, uns Musikern ihr Riesentablett ohne Vorwarnung oder Entschuldigung in die Weichteile zu rammen, und genauso geschah es auch heute wieder. Und ich war das Opfer. Aber ein Opfer, das nicht gewillt war, klein beizugeben. Ich blieb wie angemauert stehen, was meine Angreiferin so aus dem Konzept brachte, daß ihr das Tablett entglitt und zu Boden fiel. Unter den landesüblichen Kommentaren der Nichtbeteiligten bückten wir uns beide und sammelten die Scherben ein.

Die Szene, die dann kam, war kitschfilmreif. Wir sammelten immer langsamer, immer langsamer, bis wir mitten in der Bewegung innehielten und uns in die Augen starrten. Endlich sagte Sigrun, wie die Tablettboxerin hieß: »Wart nachher auf mich.« Es war der Ostersamstag 1973, Mitternacht.

Acht Stunden später saßen wir beide bei einem opulenten Osterfrühstück am Starnberger See, nach einer durchwachten Nacht, in der Gewißheit, etwas erlebt zu haben, das sich in seiner Intensität und Eindrücklichkeit nie mehr wiederholen würde. Wir hatten sofort Kontakt mit Rudolf Steiner bekommen. Was mich betraf, so war ich unter anderem im Besitz klarster Anweisungen, was ich zu lesen hätte, zum Teil mit Verlags- und Erscheinungsdaten. Außerdem hatte ich einen Hinweis bekommen, daß mir in drei Monaten ein Engagement in Stuttgart bevorstünde, und zwar mit meiner Gruppe, den Tide-Turners. Dort sei auch jemand, der Gesang nach anthroposophischen Richtlinien unterrichten würde.

Am Abend war ich mutig genug, die Neuigkeit meinen Kollegen zu verkünden. Ich wurde mit mitleidigem Lächeln gestoppt, da jeder wußte, daß die Auflösung der Gruppe in nunmehr eineinhalb Monaten offiziell bekanntgegeben werden würde und aus diesem Grund auch keine Verträge mehr angenommen worden waren.

Zwei Abende später stürzte unser Agent ins Lokal und sagte, er hätte ein Superangebot mit Supergagen in einem Superladen in Stuttgart, und wir wären alle bescheuert, wenn wir dieses Superding nicht annehmen würden. Wir waren alle wie vor den Kopf geschlagen. Ich, weil mich die Schnelligkeit des Eintreffens der Voraussage beeindruckte. Die anderen, weil das, was ich vorhergesagt hatte, überhaupt eingetroffen war.

Eineinhalb Monate später zogen wir nach Stuttgart, und da geschah etwas Seltsames mit mir. Ich wollte sehen, wie »die« es anstellen wollten, mich ins Programm zu bringen, wenn ich nicht mitmachte. Ich ging also nur zu den Proben und zum Auftritt aus dem Haus und danach sofort wieder heim. Das ging vierzehn Tage so. Es geschah absolut nichts. Am fünfzehnten Tag wurde unser zweites Mädchen krank und bat mich, für sie ein paar Sachen einzukaufen. Ich machte mich also auf den Weg, und zwar in Richtung Bahnhof, wo sich erfahrungsgemäß in jeder Stadt gerne Kaufhäuser ansiedeln. So war es auch in Stuttgart. Ich ging schnurstracks in die Kosmetikabteilung, wo sich die meisten der Artikel befanden, die ich besorgen sollte, und fing an auszusuchen.

Um die Eigenartigkeit des Folgenden voll zu begreifen, muß man wissen, daß ich von meinem Naturell her nicht im geringsten dazu neige, wildfremde Leute anzusprechen oder sogar einzuladen.

Aber genau das passierte.

Sie lehnte an der Kasse, sichtlich zur Bedienung derselben, und war so unglaublich anzusehen, daß ich meinen Blick nicht abwenden konnte. Das Mädchen mochte zwanzig Jahre alt sein, von zierlichster Statur in etwa meiner Größe. In einem fast puppenhaft ebenmäßigen Gesicht mit alabasterfarbener Haut brannten riesige dunkle Augen. Ihre Haare waren dunkel und pagenkopfmäßig geschnitten, wobei der ganze Pony knallrot gefärbt (1973!) und wie eine Tolle frisiert war. Ich ging zu ihr hin, zahlte und hörte mich sagen: »Haben Sie Lust, mit mir nach Dienstschluß einen Kaffee zu trinken?« Sie nahm mit einer Selbstverständlichkeit an, die mich nicht minder erstaunte als meine eigene Aktion.

Bis heute weiß ich nicht, warum ich ihr so gut wie nichts von mir erzählt habe bei diesem Cafébesuch, nicht einmal, daß ich momentan in Stuttgart jeden Abend zu hören war. Nach einer etwa halbstündigen Unterhaltung verabschiedeten wir uns freundlich, aber ohne Austausch von Adressen voneinander.

Zwei Tage später saß sie im Publikum, über meine Funktion ebenso erstaunt wie ich über ihr Auftauchen. Diesmal redeten wir länger miteinander. Irgendwann erwähnte sie, daß sie einen Bruder habe, der Gesangslehrer sei, den ich unbedingt kennenlernen müsse.

Als ich das erste Mal in das kärgliche Unterrichtszimmer des Mannes kam, traf mich beinahe der Schlag (heute würde ich es als selbstverständlich hinnehmen): In dem Raum befand sich nichts als ein Klavier, zwei Stühle, ein Tisch und an der Wand ein überlebensgroßes Porträt von Rudolf Steiner. Es könnte eine optische Täuschung gewesen sein, doch damals schien mir, als würde er mir zuzwinkern.

In diesen wichtigen Stuttgarter Tagen versuchte ich zusammen mit Gabriele – wie das Rot-Pony hieß – Kontakt nach drüben zu bekommen, was auch gelang. Ich erhielt klare Angaben über eine demnächst beginnende Karriere als Solistin und in einer Gruppe, was mich zu ausführlichen Gegenerklärungen veranlaßte. Das sei absolut unüblich, sagte ich, entweder Solist oder Gruppe. Geduldig, aber entschieden wurde ich korrigiert, nein, es hätte schon seine Richtigkeit, und ich möchte doch bitte den Namen »Penny McLean« annehmen.

Penny hieß ich wegen meines übertriebenen Schlafbedürfnisses schon seit Jahren, aber McLean war neu. Ich fragte: »Warum ausgerechnet McLean?« Das sei vor allen Dingen wegen der Japaner, wurde mir mitgeteilt, die wären für Namen ohne »R« dankbar.

Tatsächlich spielte drei Jahre später der japanische Schallplatten-Markt für unseren Verkauf eine nicht zu übersehende Rolle. Das wußte ich aber in Stuttgart noch nicht und lachte mich deshalb über diese Rücksichtnahme kaputt. Ich hatte bis dahin die abenteuerlichsten Künstlernamen gehabt. Keiner hatte jemals wirklich gefallen oder war mit Erfolg gekrönt worden.

Als wir eine neue Produktion starteten, sagte Michael versonnen: »Ich glaube, wir brauchen einen neuen Künstlernamen. Penny ist ja nicht schlecht, aber zu wenig!« Er akzeptierte McLean in Sekundenschnelle.

Es dauerte fünf Jahre, bis ich hinter das numerologische Geheimnis des Namens kam. Numerologie ist eine magische Zahlenlehre, die jeden Buchstaben mit einer Ziffer benennt und aus der daraus entstehenden Quersumme ihre Schlüsse zieht. Erst im Jahr 1978 schenkte mir Michael Kunze das goldschnittglänzende Buch »Numerologie« von Jules Silver – und legte damit den Grundstein für eine umfangreiche Sammlung von Büchern dieser Art.

In Stuttgart im Jahre 1973 hatte ich jedoch noch keine Ahnung von all diesen Zusammenhängen. Mir gefiel der Name

und damit basta. Ich war zu ungeduldig und auch zu oberfläch-
lich, um die Mitteilungen, die ich durch das System erhielt, genau zu überdenken, die Warnungen, die ebenfalls ausgesprochen wurden, zu befolgen.

Es gelangen mir noch einige wenige Sitzungen, bei denen
sich zwar nicht Rudolf Steiner meldete, jedoch brauchbare,
aber im großen und ganzen unbedeutende Aussagen kamen.
Die Qualitätsunterschiede zwischen Steiner-Mitteilungen und
anderen Durchsagen waren phänomenal und schon im ersten
Satz sofort zu erkennen. Allein seine Art zu begrüßen war
durchaus signifikant. Er ging mit der zur Verfügung stehenden Energie äußerst sparsam um, vermied alle unwichtigen
Floskeln und hielt seine Mitteilungen in einer knappen Sprache, deren Grundelemente ich später in seinen Büchern wiedererkannte.

Ich will aus persönlichen Gründen die Protokolle dieser Gespräche nicht herausgeben. Eine Mitteilung, die man ruhig als
Belehrung bezeichnen kann, gebe ich jedoch weiter, weil sie
von allgemeiner Wichtigkeit ist.

Dr. Steiner erklärte mir bereits am Anfang unserer etwa sieben
Gespräche, daß ich Angehörige einer Gruppe sei, die aus 318 Mitgliedern bestünde und deren Schutzherr er sei. Von diesen 318
Mitgliedern seien im Moment etwa 112 auf der Erde inkarniert,
nur wenige würden sich untereinander bewußt als Gruppenmitglieder erkennen. Grundsätzlich aber verbinde uns eine sich auf
viele Bereiche erstreckende Gemeinsamkeit. Diejenigen jedoch,
die um die Zusammenhänge wüßten, hätten die Pflicht, die
Gruppe zu sammeln. Es stünde eine schwere Zeit bevor, und wir
hätten nur eine Chance, wenn wir zusammenhielten. Ich fragte,
wann diese schwere Zeit beginnen würde, und das »bald«, das
ich als Antwort bekam, vermittelte bereits einen Eindruck von
der Unfähigkeit der Jenseitigen, mit unseren Zeitbegriffen umzugehen. Ich fragte, ob es auch andere Gruppen gebe, was Dr. Steiner bejahte. Die ganze Menschheit sei in Gruppen eingeteilt, die

ihrem Schicksal, ihrer Bestimmung entsprechend sich brüderlich oder feindlich gegenüberstünden.

Für ganz wichtig halte ich auch seine Erklärung, daß das Wort »Gruppe« unzulänglich sei, in unserem Sprachgebrauch jedoch keine ähnlich aussagekräftige Bezeichnung aufzutreiben sei. Ich fragte ihn, ob er drüben auch sprechen würde. »Ja«, sagte er, »aber anders als ihr, mit Energie-Impulsen.« Ich fragte noch vieles. Manche Antworten schienen mir verschleiert und unverständlich, andere wieder zu einfach. Trotzdem lernte ich unter dieser Anleitung ungeheuer viel.

Dr. Steiner interessierte sich nicht im mindesten für Fragen, die den Privatbereich betrafen. Wenn er mit mir sprach, ging es – bis auf den vorher erzählten Hinweis auf Karriere und Namen – nur um die geistige Fortbildung und – um Pflicht. Ein Wort, das immer wieder vorkam.

»Du wirst in die ganze Welt geschickt werden«, sagte er einmal. »Glaube nie, daß es nur zu deinem Vergnügen ist. Genieße es, schau dich um, freu dich an allem Schönen, aber vergiß nie deine Pflicht.«

»Was meinen Sie mit ›meine Pflicht‹?« fragte ich.

»Du sollst lernen, reifen und beitragen, die Gruppe zu sammeln«, sagte er.

Dann war er für Monate wieder unansprechbar.

Die Gespräche, die ich auf diesem Weg mit anderen Schutzgeistern hatte, schienen mir vergleichsweise unwichtig, obwohl ich für manche Informationen dankbar war. Unabhängig von diesen Geschehnissen wurde das Hellhören im Laufe der Zeit immer klarer.

Noch einmal traf ich meine alte Lehrerin Mira.

»Sei vorsichtig«, sagte sie zu mir mit zittriger Krankenstimme. »Dein Kanal ist jetzt für alles offen, du mußt dich auch schützen!«

»Gegen wen?« fragte ich.

»Du hast einen mächtigen Schutzherrn«, sagte Mira, »der

dich vor vielem bewahrt, aber du wirst ihn nicht mehr lange haben.« Sie drückte mir ihre kostbaren alten Karten in die Hand. »Da, mein Kind«, sagte sie, »mach du weiter!«

Vierzehn Tage später war sie tot.

Ich hatte in Jugoslawien zu arbeiten. Es war der Sommer 1974. Ich sang in einem riesigen Touristen-Club in Poreĉ. Nicht gern. Ich mochte das Land nicht. Zweimal wurde ich auf dem Weg vom Club nach Hause überfallen, und zweimal erlebte ich das Wunder, daß ich mit körperlich wesentlich stärkeren Männern fast spielend fertig wurde. Auch bestohlen wurden wir Musiker unentwegt; Geld, Kleidungsstücke, Schmuck, alles mögliche verschwand auf Nimmerwiedersehen.

Eines Abends kassierte ich als Finanzverwalterin die Wochengage für alle fünf Kollegen – circa 1.800 DM –, verstaute das Geld in meiner Tasche und legte auch noch mein kostbares Mikrofon, das ich immer bei mir trug, neben den Umschlag mit den Scheinen. Ich stellte den Lederbeutel auf einen Sessel im Club und drehte mich fünf Sekunden um, weil ich etwas zu trinken bestellen wollte. Fünf Sekunden zu lang! Die Tasche war weg. Ich schrie so, daß das ganze Lokal zusammenlief. Ich brüllte meine Wut über die Zustände in diesem Land ohne Rücksicht auf Verluste aus mir heraus. Es half nichts. Die Tasche blieb verschwunden. Ich war restlos verzweifelt. Ohne mein Mikrofon konnte ich nicht arbeiten. Ersatz gab es auf dem Balkan nicht. Und 1.800 DM waren eine gigantische Summe. Und wie sollte ich zu einem neuen Paß kommen? Ich war so verzweifelt, daß ich meine ganzen »Möglichkeiten« vergaß.

Ein paar Stunden später zu Hause in meinem Zimmer war mein Gehirn klarer, und ich versuchte, über Kopf meine Leute zu kontakten.

Eine meiner vertrauten Stimmen rührte sich. »Mach dir keine Sorgen«, hörte ich, »wir helfen dir.«

»Kann ich was tun?« fragte ich.

»Ja«, sagte die Stimme,« konzentriere dich auf die Tasche, stelle sie dir, sooft du kannst, bildlich vor.«

Um eine lange Geschichte kurz zu machen: Am nächsten Abend – noch vor der Vorstellung um 22.00 Uhr – kam der Chef des Clubs in seinem Mercedes angeritten und brachte mich blitzartig zur Polizei. Dort stand auf einem Schreibtisch die Tasche mit allem, was darin gewesen war, und 200 DM mehr. Ein Brief lag dabei: »Ich habe die Tasche nicht behalten können, sie gehört Ihnen. Verzeihen Sie mir den Schreck.«

»Was hast du nur gemacht?« fragte der Club-Chef auf der Fahrt zurück in den Club immer wieder. »Sag es mir! Wie und was hast du nur gemacht?« Ich erzählte es ihm. Er schaute mich an wie einen Geist. »Du bist eine Hexe«, sagte er und beeilte sich, mich auszuladen.

Ein paar Abende später passierte eine ähnlich seltsame Geschichte. Wir hatten auf einer Freilichtbühne ohne Dach zu spielen. Der Himmel war an diesem Abend dunkel bezogen, und es ging ein so starker Wind, daß einer unserer Lautsprecher umkippte. Der Club-Chef schlenderte gelegentlich vorbei.

»Es wird gleich regnen«, redete ich ihn an, »lassen Sie uns bitte abbauen!«

Er sah mich böse an. »Ich kenne unser Wetter besser als du, es wird nicht regnen. Schön spielen, wie es im Vertrag steht, erst bei Regen darf abgebaut werden!«

In meinem Kopf lachte jemand leise. »Sag, daß du Regen machen wirst«, sagte es.

»Das trau ich mich nicht«, dachte ich zurück.

»Schnell«, flüsterte es.

»Gut«, hörte ich mich sagen, »wenn Sie uns nur bei Regen abbauen lassen, dann werde ich jetzt Regen machen.«

»Ha«, schrie der Club-Chef, »solch ein Blödsinn. Jede Wette, heute kein Regen!«

»Eins«, sagte es in meinem Kopf.

»Eins«, sagte ich folgsam und streckte in dramaturgischer Perfektion beide Hände gegen den Himmel.

»Ha, ha, seht die Medizinfrau!« machte der Club-Chef.

Meine Musiker standen wie die Mäuschen.

»Zwei«, lachte es im Kopf.

»Zwei«, rief ich und reckte das Gesicht himmelwärts.

Pflatsch machte es rechts von mir, und ein riesiger Tropfen saugte sich in den warmen Asphaltboden, und nochmals pflatsch.

»Drei«, rief ich gleichzeitig mit meinem Mitarbeiter.

Als hätte jemand einen Schlauch aufgedreht, brach ein Regen los, wie ich ihn noch nie erlebt hatte.

Wir räumten ab wie die Henker und trafen uns dann klatschnaß im Kaminzimmer des Clubs.

Der Chef stand am Feuer und sah mich an mit zu Schlitzen gewordenen Augen. »Hab ich gewußt von erste Tag«, sagte er, »bist du Hexe.«

Ich ergriff die günstige Gelegenheit. »Nun gut, nun wissen Sie's«, sagte ich, « und sagen Sie's allen, daß ich es verwenden werde, wenn noch einmal was passiert!«

Es passierte nichts mehr. Es wurde nichts mehr gestohlen, ich wurde nicht mehr überfallen, wir bekamen unser Geld pünktlich. Nur – ich wurde gemieden. Einmal sah ich, daß einer das Kreuz und sich in die Büsche schlug, als er mir begegnete.

Auf die Geschichte war ich nur so lange stolz, bis ich in Ruhe mit meinem Schutzgeist Sprechkontakt fand.

»Toll hast du das gemacht«, lobte ich ihn.

»Ich hab' gar nichts gemacht«, sagte er, »es hätte so und so geregnet, aber für dich war die Situation so günstig, daß ich sie ausnützen wollte.«

Ich erzähle hier wohlweislich nur Geschichten, bei denen mehrere andere, zumeist unbeteiligte Leute dabeigewesen sind.

Es verging ein relativ unproduktives Jahr, in dem ich eine eigene Band gründete, die ihrem Namen »Penny Box« alle Ehre machte. Sie war eine Sparkasse ohne Boden. Nach diesem Jahr kehrte ich mit 243 DM und einem Wiener Freund in mein Münchner Domizil zurück.

Er wollte noch am selben Tag nach Hause weiterfahren, und ich sollte mitkommen. Er packte noch ein paar Sachen in seinen Koffer, unter anderem ein Paar unsäglich scheußliche, fleddrige Pantoffeln. Und wieder passierte etwas, was meist vor lebenswichtigen Situationen passierte. Ich handelte atypisch. Normalerweise liebe ich scheußliche, fleddrige Pantoffeln und trage sie – zum Entsetzen aller – bis zur vollständigen Atomisierung. Aber da, an diesem Tag, in dieser Minute, ergriff mich beim Anblick der harmlosen Dinger ein so namenloser Widerwillen, gepaart mit einer ebensolchen Aggression gegen seinen Besitzer, daß dieser Moment mir noch heute als völlig wesensfremd im Gedächtnis ist. Ich schrie den armen Wiener an, daß er, wenn er diese stinkenden Latschen nicht sofort in den Abfalleimer schmeißen würde, allein nach Wien fahren könne.

Wahrscheinlich fragen Sie sich langsam, warum ich die Pantoffel-Story in einem Buch über Schutzgeister erzähle? Nur Geduld! Also, der Wiener erboste sich ob meines ungebührlichen Tones, klatschte demonstrativ den Kofferdeckel über das Streitobjekt und verließ hocherhobenen Hauptes meine Wohnung, indem er einige in der Ostmark gebräuchliche Bezeichnungen für sich ungehörig betragende Weibspersonen ausstieß.

Kaum war er draußen, tat es mir leid. Ich liebte Wien, und den Wiener mochte ich auch nicht ungern. Ich kämpfte mit mir. Kein Trost vom Schutzgeist. Funkstille! In diese Stille hinein läutete das Telefon.

Der Kunze: »Gott sei Dank, daß du da bist. Komm schnell ins Studio, ich hab' da eine Nummer.«

»Gleich?«

»Gleich!«

»Okay!« Ich legte auf.

Die Wohnungstür öffnete sich im Zeitlupentempo, der Wiener kroch herein, die »Luxus-Schühchen« auf der Hand balancierend: »…doch lieber dich als Pantoffeln.« Bedauern … zu spät. Tränenreicher Abschied.

Man hätte die Pantoffeln vergolden sollen, in einem Schrein aufbewahren, als Reliquie ehren – die Nummer, die ich an diesem Nachmittag sang, war »Lady Bump«. Und als wir fertig waren, hob mich Kunze mit beiden Armen hoch (hat er danach nie wieder getan) und schrie (oder was bei Kunze Schreien ist: ein halblautes Murmeln): »Du bist ein Star ab heute, Penny. Das ist ein Hit.«

»Ja, ja«, sagte ich.

Die Voraussagen trafen ein. Eine nach der anderen. Solist – Gruppe – Nummer eins – Deutschland – Nummer eins – Amerika – Spanien – Japan – Kanada – Skandinavien – Traum – Wirklichkeit. Die Ereignisse deckten mich zu oder ein, wie man will. Es geschah viel.

Im Sommer 1976 gelingt mir nach langer Zeit ein letztes Gespräch mit Steiner: »Leb wohl, wir sehen uns wieder.«

»Wohin gehen Sie?«

»Ich werde wiedergeboren.«

»Wo?«

»In Frankreich.«

»Wann?«

»Bald.«

»Wer schützt mich jetzt?«

»Dieselben wie immer.«

»Aber wer ist der neue Schutzherr?«

Keine Antwort.

Plötzlich habe ich Angst.

»Hab keine Angst, du bist beschützt.«

»Ich will niemand anderen!«

»Wir werden uns treffen.«

»Wann?«

»Bald.«

Ich fange zu heulen an. »Ich kenne bald.«

»Es kann dir nichts geschehen, wenn du die Vorzeichen richtig deutest, die Zusammenhänge erkennst. Leb wohl, bis bald!«

Sechs Wochen später in einer Kleinstadt. Autogrammstunde. Die Menge erstickt mich fast.

Ein Mann beugt sich nah zu mir: »Steiner wird wiedergeboren, soll ich Ihnen sagen.«

Ich versuche, ihn in der Menge zu halten. Es ist unmöglich. Ich schreie: »Woher wissen Sie …?«

Gerade noch kann ich verstehen: »Von Steiner.«

Die Menge schiebt ihn immer weiter weg.

Ich brülle wie ein Stier. »Wann haben Sie ihn gesprochen?«

Er zeigt mit den Händen eine Sechs, der Mund signalisiert: Wochen. Also am selben Tag wahrscheinlich wie ich, vor sechs Wochen.

Ich schreibe viele Autogramme.

Im Frühjahr 1977 fliegt die Gruppe »Silver Convention« – deren Mitglied ich bin – zu Auftritten nach Mexiko, Acapulco. Ich bin zum ersten Mal in Mexiko. Wir sitzen erschöpft im Flugzeug – wir drei Mädchen und unser Komponist Silvester Levay. Der Erfolg hat Kraft gekostet. In Acapulco holt uns ein Cadillac ab. Wir sinken in die Kissen.

Ganz laut sagt es in meinem Kopf: »Genieß es, es ist bald vorbei.«

Ich schaue Silvester an und sage: »Genieße es, es ist bald vorbei.«

Er schaut mich an und versteht kein Wort.

Wenig später verlasse ich die Gruppe. Es wird eine schwere Zeit kommen…

Heute muß ich sagen, wie gut, daß ich nicht ahnte, wie schwer. Vieles hatte man mir ja gesagt, und trotzdem, diese Hoffnung. Vieles hatte ich nicht geglaubt, doch alles kam wie angekündigt.

Manchmal verstand ich den Lehr- und Lerneffekt so gut wie gar nicht. Trotzdem vollzog sich ein Reifeprozeß, wenn auch unter martialischen Bedingungen, den ich im nachhinein als wohl durchdacht bezeichnen möchte.

In diesen schweren Jahren war auch der Kontakt zu meinen Jenseitigen erschwert. Heute weiß ich, daß Gefühle wie Existenzangst, Angst im allgemeinen, Eifersucht, Rache und vor allem das Gefühl, Widerstand leisten zu müssen, die Schwingungen ungünstig beeinflussen, ja sogar ersticken. Trotzdem ereigneten sich in genau dieser Zeit einige geradezu unglaubliche Geschichten, die zeigen, wie machtvoll sich das Jenseits einmischt, wenn Hilfe und Schutz wirklich gebraucht werden.

Auf einem Flug von Berlin nach München kam ich zufällig (also durch Bestimmung) eine Reihe vor dem Schauspieler und Regisseur Maximilian Schell zu sitzen. Wir hatten uns länger nicht gesehen und freuten uns beide über das unerwartete Treffen. Auf diesem Flug erzählte er mir unter anderem, daß der Mann seiner Schwester Immy, der Schauspieler Walter Kohut, unerwartet gestorben sei. Die Trauer seiner Schwester sei grenzenlos, sagte er, und daß er mit ihr zusammen für einige Tage in ein Sanatorium am Chiemsee fahren werde, zur Erholung. Wir verabschiedeten uns am Flughafen in München, bis irgendwann einmal.

Über das Gespräch dachte ich nicht mehr nach, denn weder kannte ich die Schwester Immy, noch eigne ich mich als Witwentrösterin oder Klageweib.

Einige Tage später kam eine Freundin zu Besuch, die sich immer darüber beschwert hatte, daß ich »allen helfen würde, nur ihr nicht«. Das wollte ich nicht auf mir sitzen lassen, und so geriet ich in eine der folgenreichsten Sitzungen meines Lebens.

Nach anfänglicher Unruhe im Raum kam folgendes Gespräch zustande: »Hier ist Walter Kohut.«

»Wer sind Sie? Ich habe Sie nicht gerufen.«

»Ich bin der Mann von Immy Schell. Sie müssen sofort zu ihr fahren.«

»Warum?«

»Ihr Leben ist in Gefahr!«

»Und was habe ich damit zu tun?«

»Sie müssen ihr klarmachen, daß sie sich nichts antun darf.«

Obwohl ich die Ernsthaftigkeit seiner Aussage begriff, mußte ich lachen. »Wie stellen Sie sich das denn vor? Ich kann doch nicht zu einer wildfremden Frau fahren und sagen, ›es tut mir sehr leid, daß ihr Mann gestorben ist, ich habe eben mit ihm gesprochen‹.«

»Doch.«

Ich wurde nervös. So etwas war mir im Leben noch nicht passiert. Ich hatte noch nie mit eben Verstorbenen zu tun gehabt, noch dazu mit einem, der eine direkte Forderung an mich richtete. Trotzdem tat ich, was er wollte.

Ich fuhr in das Sanatorium und traf eine vom Schmerz gezeichnete und unansprechbar wirkende Frau an. Als ich das Zimmer, in dem sie untergebracht war, betrat, hob sie kaum den Kopf. Ihre Bewegungen erschienen mir zeitlupenhaft verlangsamt.

Ich nahm all meinen Mut zusammen und sagte: »Ich weiß, es klingt unglaublich, aber ich habe gestern mit Ihrem Mann gesprochen.«

Sie reagierte kaum. »Mein Mann ist tot«, erwiderte sie tonlos. »Niemand kann mehr mit ihm reden.«

Ich entschloß mich zum Frontalangriff.

»Er ist tief besorgt wegen Ihrer Absicht, nicht weiterleben zu wollen.«

Zum ersten Mal hob die Frau ihren Kopf, und ich konnte ihr Gesicht sehen.

Ich weiß, daß vieles, was ich hier erzähle, unwahrscheinlich klingt, doch es ist nichts als die erlebte Realität. Und diese Realität spielte sich mit einer solch luziden Intensität ab, daß ich mich noch heute an jede Minute so klar erinnere, als hätte sich alles erst gestern abgespielt.

Als ich dieses Gesicht zum ersten Mal direkt vor mir sah, mit diesen vom Schmerz verhangenen Augen und dem in Erschöpfung halb geöffneten Mund, da erinnerte ich mich. Dieses Gesicht kannte ich. Es war mir so vertraut wie mein eigenes. Ach, du warst in längst vergangenen Tagen meine Schwester oder meine Frau ... Und ich beschloß, den Kampf aufzunehmen.

»Sie müssen weiterleben wollen«, sagte ich eindringlich.

Da brach es aus ihr heraus mit aller Energie und Kraft, die sich jetzt nur mehr auf dieses Eine konzentrierte: »Ich will nicht mehr leben!« Und sie begann so hemmungslos zu weinen, wie ich selten einen Menschen habe weinen sehen.

Ich wollte meine Hand ausstrecken, um sie zu streicheln, doch im gleichen Moment hörte ich mental ein scharfes »Nicht trösten!«.

Immy faßte sich nach ein paar Minuten, stand mühsam auf und holte sich Taschentücher.

»Wer sagt mir denn, daß mein Bruder Sie nicht geschickt und Ihnen alles vorher erzählt hat«, murmelte sie schließlich mißtrauisch.

»Er hat mich« weder geschickt noch informiert«, gab ich zurück. »Alles, was ich weiß, stammt von Ihrem Mann.«

Und ich erzählte ihr genauestens von diesem Gespräch.

»Können Sie auch jetzt mit meinem Mann in Kontakt treten?« unterbrach sie mich plötzlich.

Ich nickte.

Sie ballte die Hände zu Fäusten und sagte: »Was war der Lieblingsgegenstand meines Mannes in unserer Wiener Wohnung?«

»Ein Bild«, sagte ich, »ein Gemälde.«

Sie starrte mich an wie einen Geist und flüsterte: »Das können Sie nicht wissen.«

»Ich weiß es auch nicht«, gab ich ihr recht, »aber Ihr Mann hat es mir eben gesagt.«

Im selben Moment wurde mir klar, daß ich vorsichtig sein mußte, wollte ich nicht mein restliches Leben als mehr oder weniger gut funktionierendes Telefon ins Jenseits verbringen.

Jedenfalls war das erste Eis gebrochen, und ich konnte ihr ein wenig über die Vorgänge des sogenannten Sterbens berichten. Ich blieb noch eine Stunde, dann schien Immy erschöpft und ruhebedürftig. Ich fuhr nach Hause.

Wenige Tage später läutete nachts das Telefon und eröffnete damit einen nie mehr endenden, sich durch schlechte wie durch guten Zeiten ziehenden Reigen.

»Penny«, sagte Immys immer leicht angerauhte Stimme, »ich habe mir überlegt, daß Sie vielleicht doch von dem Bild gewußt haben könnten, oder vielleicht war es auch Telepathie.«

»In Ordnung«, nahm ich den Fehdehandschuh an. »Was wollen Sie wissen?«

Ich hörte das Klicken eines Feuerzeugs und das tiefe Atemholen eines ersten Zuges an einer Zigarette.

»Was hat mein Mann immer zu mir gesagt, wenn wir nach Wien gefahren sind?«

Ich hörte nach innen. Nichts. »Ich ruf' Sie in einer halben Stunde an«, sagte ich und legte auf.

Kaum lag der Hörer auf der Gabel, hörte ich zwei Stimmen. Die eine war das unverkennbar wienerisch gefärbte Idiom Walter Kohuts, während ich in der anderen Stimme denselben Sprecher wiedererkannte, der ›nicht trösten‹ gerufen hatte. Die Unterhaltung hörte sich ungefähr so an:

Walter Kohut: »Wenn sie jetzt genau das sagt, was Immy denkt, wird es wieder heißen, es war Telepathie.«

Zweiter Sprecher: »Wir müssen etwas finden, an das sie nicht denkt, was aber trotzdem den Sinn erfaßt.«

Walter Kohut: »Wart mal, ich muß nachdenken. Das ist schwer.«

Zweiter Sprecher: »Nehmen wir doch ein einfaches Stichwort.«

Walter Kohut: »Ja, das ist gut. Sie soll ›Flugzeug‹ sagen.«

Zweiter sprecher: »Nein, ›zurückfliegen‹ ist besser.«

Kleine Pause.

Walter Kohut: »Ja, er hat recht. Also ruf an und sag ›zurückfliegen‹.

Ich wählte Immys Wiener Nummer. Sie nahm beim ersten Läuten ab.

»Zurückfliegen«, sagte ich.

Ich hörte das Krachen eines zu Boden fallenden Telefonhörers. Sekunden vergingen. Endlich ein schweres Atmen und Immys mühsam funktionierende Stimme.

»Du hast gewonnen, es stimmt.«

Der Verdacht der Telepathie fiel eindeutig weg. Denn Immy hatte sich auf folgende Sätze konzentriert: »Ich hasse diese Autofahrerei. Zurück kannst allein fahren.« *Das* war der Satz, den sie eigentlich hören wollte. Doch sie war regelrecht und klug überlistet worden. Walter Kohut hatte mit ›zurückfliegen‹ die Summa summarum der Diskussion zusammengefaßt und mich so über jeden Zweifel gestellt.

Ab sofort konnte man mit Immy arbeiten. Manchmal war die Arbeit der reinste Kampf, oft aber auch das reinste Vergnügen. Sie forderte alles, aber gab auch alles. Als das Blatt sich wendete und *meine* dunkle Zeit anbrach, zog sie mich mit derselben sturen Hartnäckigkeit durch die Gefahrenzone wie ich einst sie. Doch unsere gemeinsamen Erlebnisse beschränkten sich nicht nur auf Trauriges und Schmerzliches. Eines Tages waren wir mit zwei Autos auf dem Weg zu Freunden. Immy vornedran, ich hinterher. Mitten unter der Leuchtenberg-Brücke – einer riesigen Unterführung in München – blieb Immys BMW stehen. Kein Mucks mehr. Ich parkte hinter ihr und ging an ihr Fenster. Immy saß mit verkniffenem Mund hinter dem Steuer und versuchte zu starten. Ohne Erfolg. Gang rein, Gang raus, nichts.

Um die folgende Geschichte in ihrer Sensationalität zu begreifen, muß man wissen, daß ich technisch ein totaler Blindgänger bin. Null Ahnung. Ich weiß gerade noch, wo das Öl hineinkommt, aber auch da war schon mal eine Motorwäsche fällig, weil ich in meiner ständigen Geistesabwesenheit vergessen hatte, den Schraubverschluß hinterher wieder zu verschließen.

Also ich stehe da und schaue der armen Immy zu, als ich plötzlich die bekannte Stimme sagen höre: »Mach mal die Motorhaube auf.«

»Immylein«, sagte ich sanft, »mach mal die Motorhaube auf.«

Immy streckte ihr Gesicht mit geschlossenen Augen gen Himmel und seufzte tief, als hätte ich ihr einen grausamen seelischen Schmerz zugefügt. Dann sah sie mich scharf an. »Penny«, skandierte sie mit drohendem Unterton. »Du magst ja eine gute Sängerin sein, und vielleicht bist du auch eine brauchbare Schriftstellerin, aber komm mir jetzt nicht und tu so, als ob du auch noch Automechaniker wärst.«

»Keine Sorge«, sagte ich, »mach die Motorhaube auf.«

Mit einem wütenden Ruck zog Immy an dem Griff, der den Deckel öffnete, und sah starr an mir vorbei auf die neben uns zäh dahinfließende Autoschlange.

Ich stemmte das Blech hoch, und dann war in meinem Kopf plötzlich ein anderes Hirn. Ich kannte jeden Kontakt, prüfte die Batterien, die Ölleitung. Ich wußte genau jede Funktion. Schließlich geriet ich an die Lichtmaschine, fand in Sekunden den Fehler, den der Mechaniker am Nachmittag beim Einbau eines Blinkerlämpchens gemacht hatte, steckte Drähte um, schloß die Birne neu an, ohne auch nur einen Moment zu überlegen, was ich denn da eigentlich tat.

»Alles klar«, sagte ich oder wer auch immer. »Starte jetzt mal ganz normal.«

Das Auto sprang an wie Butter. Immy brachte den Mund nicht mehr zu.

Seit diesem Tag geht in der Schell-Familie die Mär um, daß ich außer dem sattsam bekannten, mehr oder weniger nebulösen Talent auch noch der perfekte Automechaniker wäre. Ich habe sie – gefallsüchtig wie ich bin – in diesem Glauben gelassen.

40

Aber man glaube nur nicht, daß dieses Wunder auch nur einmal funktioniert hätte, wenn mein Karren stehenblieb. Da mochte es dann schon bitte der ADAC sein (die *gelben* Engel, haha).

Ich werde wirklich manchmal das Gefühl nicht los, daß ab und zu etwas demonstriert werden soll oder jemand Jenseitiger gerade einmal wieder Lust hat, dieses oder jenes zu tun.

Recht ähnlich, allerdings erst auf den zweiten Blick, ist eine Story, die ich mit einer Freundin – der Kinderärztin Verena – erlebt habe. Es war nach einer langen und anstrengenden Sprechstunde am Freitag nachmittag. Es ging schon auf 20.00 Uhr zu, und wir beschlossen, irgendwo eine Kleinigkeit essen zu gehen. Wir zogen unsere Mäntel an, draußen goß es in Strömen. Verena fing an, in ihrer riesigen Arzttasche – Modell Büffeltod – nach dem Schlüsselbund zu suchen, der Auto-, Wohnungs- und Praxisschlüssel vereinte. Verena ist durchorganisiert bis ins Knochenmark und würde selbst bei absoluter Dunkelheit jeden Gegenstand ohne längere Überlegung finden.

Doch nicht so an diesem Abend. Ein drohendes Grollen erscholl bald aus ihrem tuchgeschmückten Hals, und intensive archäologische Grabungsgeräusche verrieten eine fieberhafte Suchaktion der Ordnungsgewohnten. Die Tasche wurde gekippt, alle Nebenfächer geleert, alle Reißverschlüsse, Knopflaschen oder ähnliches mit chirurgischer Genauigkeit durchforstet – nichts. Verenas Zornpegel stieg. Das war das letzte, was sie sich nach zehn Stunden Praxisarbeit erträumt hatte. Ich stand daneben und trug mit einer erstarrten Hilflosigkeit nicht gerade zu ihrer Beruhigung bei.

Sie sah mich kampflustig an. »Du hast doch deine grandiosen Schutzgeister«, sagte sie plötzlich, während sie ihre Tasche in die Luft hob und schüttelte wie einen Hund, der seiner Stubenreinheitspflicht schon wieder mal nicht nachgekommen war. »Dann frag sie doch mal, wo die Schlüssel sind!«

Ich war betreten. Mein für Alltags-Klimbim zuständiger

Schutzgeist unterstützt mich zwar durchaus bei Suchaktionen, aber eigentlich nie, wenn jemand anderer beteiligt ist.

Verena deutete meine Ratlosigkeit richtig. »Wenn man einmal was braucht«, stieß sie resigniert aus und griff sich ein Kopftuch, um sich durch den Regen bis zum Auto vorzuarbeiten, wo sie fündig zu werden hoffte.

Ich stand allein in der Praxis und starrte auf den »Büffel-Tod«. »Guten Abend«, sagte eine sanfte Stimmen in meinem Kopf, »linke Außentasche ganz unten.«

Ich griff in den Büffel und versenkte meine Rechte in die linke Außentasche, in der wir schon dreimal gewühlt hatten. Nichts. »Da ist nichts«, sagte ich nun auch schon langsam gereizt.

»Doch, doch«, kam es ruhig zurück, »unter dem Boden durchgreifen, guten Abend.«

Müßig zu erzählen, daß die Außentasche – was keiner von uns bis jetzt bemerkt hatte – sich unter dem Boden bis zur anderen Seite durchzog und natürlich genau auch da die Schlüssel bewahrte.

Verena kam regentropfenschüttelnd, mit vor Erfolglosigkeit stierem Blick zurück und erstarrte beim Anblick der fröhlich in meinen Fingern klimpernden Schlüssel. »Sag mir bitte, wo…?« brachte sie heraus. Ich sagte es ihr.

Ab dieser Stunde hatten meine Schutzgeister eine unbefristete Aufenthaltsgenehmigung in der Praxis zu unser aller Freude. Die Dinge, die wir erlebten, fallen leider alle unter die ärztliche Schweigepflicht, und ich habe bei meinem Ausscheiden aus der Praxis versprochen, nie über die Vorfälle öffentlich zu berichten. Eigentlich schade, denn sie wären es wert gewesen.

Lange vor meiner Begegnung mit Immy und Verena hatte mir einer meiner Schutzgeister gesagt, daß ich ein Kind bekommen würde. Nichts wünschte ich mir sehnlicher als das. Aber da war ein Problem, das von vornherein, schon bevor ich den Vater des

Kindes kennenlernte, ganz klar war: Ich würde letzten Endes allein sein. Und das zweite Problem war: Ich mußte arbeiten. Ich brauchte also jemanden, der mir half.

In einer langen Zwiesprache mit meinen »Leuten« kam ich auf dieses Thema zu sprechen. »Keine Angst«, hieß es, »wir schicken dir Hilfe.« Das Kind kam, und es kostete mich in den ersten sechs Monaten jedes Quentchen Kraft, das mir nach einer wirklich schrecklichen Geburt noch geblieben war. Ich hatte nie mehr als drei bis vier Stunden Schlaf. Eines Tages brach ich zusammen. Nicht nur, weil meine Kraft verbraucht war, sondern auch, weil die Enttäuschung über das Nichteintreffen der angekündigten Vorhersage mein bis dahin ungebrochenes Vertrauen in eine sorgsame Führung total erschüttert hatte.

Man brachte mich samt Kind ins Krankenhaus. Ich erholte mich ein wenig, aber trotzdem wollte meine Tochter weiterhin zweimal pro Nacht gefüttert werden. Eine Fütterung wurde immer so rund um drei Uhr gefordert, was dazu führte, daß ich meist schon ab halb drei wach war und auf die Hungerzeichen meiner Tochter lauerte. Eines Nachts wachte ich schon um zwei Uhr auf, und weil ich für die verbleibende halbe Stunde nicht mehr einschlafen wollte, beschloß ich, den Rest der Zeit mit einem Tee in der Schwesternküche zu verbringen.

In dem ungemütlichen Raum saß eine ältere Schwester mit einer Zeitung in der Hand und sah mich erstaunt an. Nachtstreuner waren hier sicherlich nicht gefragt. Ich erklärte ihr die Situation, trank Tee und ließ mich von ihrer gebremsten Freundlichkeit nicht beirren. Nach kurzer Zeit hörte ich meine Kleine quäken, griff das Fläschchen und war schon halb durch die Tür, als ich die Nachtschwester sagen hörte:

»Wenn sie mal Hilfe brauchen, rufen Sie mich an!«

»Ja, gerne«, sagte ich höflich und dachte mir: »Die – nie!«

Ein paar Wochen später hatte ich einen dringenden Termin und konnte absolut niemanden finden, der mir meine Kleine für die paar Stunden hätte abnehmen können. »In der Not...«,

43

dachte ich und rief die Nachtschwester in der Klinik an. Sie kam am nächsten Tag, fand das Kind viel zu dick, mich zu unausgeschlafen, die Blumen zu schlecht gegossen, die Fenster zu schlecht geputzt, den Kühlschrank zu leer und – blieb, wurde meine zweite Mutter, liebte das Kind so sehr, daß ich das Nachsehen hatte, und brachte mich – zwar mit Heulen und Zähneknirschen, aber doch lebend – über eine grausame Krisenzeit hinweg. Irgendwann erzählte ich ihr, daß ich von ihr gewußt, ihre Hilfe schon sehnsüchtig erwartet habe. Sie interessierte sich immer mehr für diese Dinge, und schließlich hatten wir soviel Vertrauen zueinander, daß ich ihr vom System erzählen konnte.

In den vier Jahren unserer Bekanntschaft, unseres Wiedertreffens, haben wir sechs Gespräche führen können, deren Inhalte lückenlos mitgeschrieben wurden. In diese Gespräche mischten sich natürlich auch *ihre* Schutzgeister ein, was insofern interessant war, als ich die Gespräche in Tschechisch leitete, wobei ich im Normalzustand in dieser Sprache nicht einmal bis drei zählen kann.

Aus Gründen, die eine Bloßstellung mehrerer Personen aus meiner Umgebung bedeuten würde, habe ich mich entschlossen, die Protokolle nicht abdrucken zu lassen. Einen Ausschnitt werde ich jedoch sinngemäß wiedergeben.

Eines Tages meldete sich einer unserer Sprecher zum ersten Mal mit Namen. Er nannte sich Lukas und erzählte, er sei früher Leibarzt eines Königs gewesen, gab genaue Daten und auch historische Einzelheiten an, die keinem von uns beiden bekannt waren. Ich besitze einen uralten Brockhaus. Nachdem wir unsere Sitzung beendet hatten, stürzten wir uns natürlich sofort auf den entsprechenden Potentaten und fanden die von dem sogenannten Lukas gemachten Angaben bis ins kleinste bestätigt. Meine »Ersatzmutter« konnte es nicht glauben. Seltsamerweise hatte sie trotz des Eintreffens der Voraussagen immer irgendwie am Funktionieren der Aktion gezweifelt. Doch diese Demonstration warf sie um. Ich selbst war weniger beeindruckt – ich hatte ähnliches ja schon mit Rudolf Steiner erlebt. Ab sofort wurde der arme Lukas von der ganzen Familie frequentiert, was er mit Fassung und Humor ertrug.

Ein Beispiel: Eines Tages rief mich meine Mutter aus Österreich an und jammerte, daß sie einen bestimmten Gegenstand nicht finden könne. Sie habe jetzt schon tagelang gesucht und sei völlig verzweifelt.

Ich sagte ihr, daß ich niemals Schwierigkeiten hätte, Dinge zu finden. »Wenn ich etwas vermisse«, berichtete ich ihr, »dann informiere ich meinen Schutzgeist, und innerhalb von fünf Minuten kommt der Hinweis.«

Meine Mutter lauschte fasziniert. »Meinst du, du könntest ihn mir mal kurz leihen«, fragte sie halb im Ernst, halb im Scherz.

»Aber klar doch«, versicherte ich ihr. »Erzähl ihm, was du suchst, und bitte ihn um schnelle Information.«

Fünf Minuten (!) später rief eine total aufgelöste Mutter an. »Du wirst es nicht glauben«, sagte sie ehrfürchtig, »ich habe deinem Lukas erklärt, was ich suche und daß ich es dringend brauche, und plötzlich...« Sie machte eine Pause, um zu wiederholen: »Plötzlich hatte ich das Gefühl, jemand zieht mich an eine bestimmte Schublade, in der ich schon hundertmal gesucht hatte, und mit einem Griff hatte ich das Ding.«

Seitdem wird Lukas auch in Österreich stark beschäftigt, wobei gesagt werden muß, daß »mein« Lukas sich natürlich nicht um Mutters verlorene Dinge gekümmert hat, sondern sie hat es bei dieser Gelegenheit zum ersten Mal bewußt geschafft, mit ihrem für Alltagsdinge zuständigen Helfergeist zu arbeiten. Daß er – obwohl er wahrscheinlich ganz anders heißt – bei dieser Gelegenheit mit Lukas tituliert wurde, hat ihn sichtlich wenig gestört.

Immer öfter kamen in meinem Kopf wie auch durchs System nun Hinweise, daß ich bald mein erstes Buch schreiben würde,

45

was wieder einmal Anlaß zu herzlichem Gelächter gab, da meine Schreibfaulheit beinahe sprichwörtlich ist. Einen Geburtstagsbrief zu verfertigen ist für mich schon eine körperliche Qual, von einem Buch ganz zu schweigen. Ich wehrte mich standhaft.

Nun kommt die einzige Geschichte ohne Zeugen. Meine kleine Tochter war zwar dabei, aber noch nicht einmal eineinhalb Jahre alt. Ich werde also nie erfahren, ob sie dasselbe gesehen hat wie ich.

Es war ein trüber, kühler Mittwochnachmittag im späten Oktober 1985. Ich ging mit meiner kleinen Marie als einziger Besucher im riesigen Park des Schlosses Oberschleißheim spazieren. Der mit kleineren Bäumen bepflanzte, schnurgerade Alleeweg, auf dem wir gingen, war Hunderte von Metern lang und von Anfang bis Ende einsehbar. Marie war noch nicht so schnell auf den Beinen, außerdem mußte jeder Stein, jedes Blatt und jeder Käfer eingehend untersucht werden. Langsam wurde ich ungeduldig, drehte mich zu ihr um und rief sie mit Namen. Sie reagierte nicht. Ich wandte mich wieder in die Gehrichtung und sah im gleichen Moment zwei Leute – offensichtlich ein Ehepaar – auf mich zukommen.

Wichtig ist in dem Fall auch noch folgendes: Ich hatte eine Mütze auf, wegen meiner Lichtempfindlichkeit eine Sonnenbrille auf der Nase und einen Schal über den Mund gezogen.

Das Paar kam näher im schlendernden Spazierschritt und blieb freundlich lächelnd unmittelbar vor mir stehen.

Die Frau streckte die Hand aus, zeigte auf die fünf Meter entfernt mit einem Zweig spielende Marie und sagte: »Gar nicht so einfach mit den Kindern, gell?«

»Nein«, gab ich höflich zu, »aber das habe ich auch nicht erwartet.«

Die Frau sah mich sehr lieb an und sagte mit ruhiger Bestimmtheit: »Sie sind doch Penny McLean, nicht wahr?« Obwohl es eine Frage war, klang es nur wie eine Feststellung.

Ich war total überrascht. In meiner Vermummung hätte mich nicht einmal meine eigene Mutter erkannt. »Ich wundere mich wirklich, daß Sie mich erkannt haben«, faßte ich mich schließlich. »Sie gehören doch überhaupt nicht zu der Generation, aus der meine Fans kamen.«

Die Frau sah mir weiterhin unbeirrt ins vermummte Gesicht und sagte sehr freundlich, aber mit einem fast beschwörenden Unterton:

»Aber Frau McLean, wer kennt Sie denn nicht? *Wir* kennen Sie alle.«

»Aber ich habe doch schon so lange nichts mehr in der Öffentlichkeit gemacht«, versuchte ich einzuwenden.

Abermals dieser beschwörende Ton: »Aber Frau McLean, Sie sind doch in so vielen Zeitschriften und dauernd im Fernsehen, es kennt Sie doch jeder.«

Diesmal war mein Protest entschieden. »Aber nein«, widersprach ich, »das ist doch schon so lange Zeit her.«

Wieder war es die Frau, die antwortete. »Aber, Frau McLean, was heißt denn schon ›lange her‹? Sie machen doch wichtige Dinge, was ist denn da schon lange Zeit?«

Ich verstand gar nichts mehr. Erst vor einigen Monaten hatte ich mich doch als Sprechstundenhilfe verdingt, weil ich an meinen Talenten buchstäblich verzweifelt war. Von was für wichtigen Dingen wurde hier also gesprochen?

»Alles Gute«, sagte die Frau und der Mann nickte dazu. Dann drehten sie sich in die Richtung, aus der sie gekommen waren, und schlenderten in demselben gemächlichen Schritt, in dem ich sie hatte kommen sehen, davon.

Ich sah ihnen vielleicht fünf Sekunden nach, dann drehte ich mich zu Marie und rief sie. Sie kam sofort angerannt. Der Vorgang hatte nicht länger als höchstens fünfzehn Sekunden gedauert. Ich nahm das Kind bei der Hand und ging in dieselbe Richtung wie das Paar weiter. Nur – da war kein Paar mehr. Ich ließ das Kind einfach stehen und rannte den Weg hinauf und

47

hinunter, Hunderte von Metern. Im ganzen Park befand sich kein Mensch.

Endlich begriff ich. *Das* mir! Ich, die immer getönt hatte: »Also ich werde Geisterwesen sofort und immer erkennen!« Ich hatte gar nicht, aber auch nicht das Geringste gemerkt. Erst jetzt registrierte ich, daß beide viel zu leicht angezogen gewesen waren. Ich bekam einen Wutanfall über meine Dummheit. Immer wieder ging ich zu der Stelle, an der die beiden erschienen waren. Auch in späteren Tagen und Jahren. Sie sind mir nie wieder begegnet.

Aber zwei Monate später begann ich mein Buch »Adeline und die Vierte Dimension«. Ich schrieb es ohne Korrektur durch bis zur letzten Zeile, ohne Überlegung des dramatischen Aufbaues, ohne Planung der Figuren. Manchmal tauchten Personen auf, bei denen ich mich fragte, was sie in der Geschichte zu suchen hatten, und manchmal wurde mir erst später ihre Funktion klar. Ich hatte auch keine Ahnung, wie die Geschichte enden würde. Trotzdem endete sie in einem sorgfältig konstruiert erscheinenden Finale. Nur – ich habe nichts konstruiert.

Als ein Drittel des Buches fertig war, suchte ich einen Verleger und fand ihn sofort. Diese Bestätigung spornte mich an. In unglaublich kurzer Zeit beendete ich den Roman im April 1987. Die Enttäuschung folgte auf dem Fuße. Der Verleger war zwar ob meiner Pünktlichkeit begeistert, aber er wollte nichts zahlen.

Rudolf Steiner hat mir unter anderen vielen wichtigen Sätzen auch diesen mitgegeben: »So wie man etwas anfängt, so beendet man es auch. Lerne die Zeichen des Anfangs richtig zu deuten, dann wirst du vom Ende nicht enttäuscht werden.«

Ich hatte anständige Arbeit abgeliefert und empfand es nun als mein gutes Recht, anständig bezahlt zu werden. Einen Verleger, der so tat, als würde er mir eine Gefälligkeit erweisen, den konnte ich mir schlichtweg nicht leisten. Ich trug also mein

Buch wieder nach Hause und war deprimiert. Der Schutzgeist zeigte sich unerschütterlich fröhlich und versicherte mir mehrmals, daß ich im August einen Verleger haben würde.

Inzwischen war es Anfang Juli geworden, und nichts war passiert.

Eines Morgens um zehn läutete das Telefon, und eine enge Freundin – eine bekannte Münchner Serienschauspielerin – überschlug sich fast stimmlich in der Leitung.

»Penny«, rief sie, »ich stehe gerade in der Küche, und da sagt plötzlich jemand ganz laut neben mir, daß du dein Buch in den ERD-Verlag geben sollst. Kennst du einen ERD-Verlag?

»Nein«, sagte ich wahrheitsgemäß, »nie gehört.«

Meine Agentin wurde angerufen und befragt. Auch sie kannte keinen ERD-Verlag. Zum Glück gab's Branchenbücher.

Einen Monat später, im August, kaufte der ERD-Verlag das Buch an. »Lukas« hatte mal wieder recht gehabt und gewonnen. Und meine Freundin war begeistert, wie gut ihre Geisterführer funktionierten.

Eines Tages erschien sie zu Besuch und erzählte mir eine der rührendsten Geschichten, die ich je gehört habe. Eine Zugehfrau, die von Esoterik so viel Ahnung hat wie wir alle von der Computerzentrale von Siemens, erwischte eines Tages ein herumliegendes Buch und erfuhr so von der Existenz der Schutzgeister. Vom gleichen Tag an bemühte sich die einfache Frau um Kontakt mit ihrem Geisterführer, und sie bekam ihn gleich beim ersten Mal in einem steckengebliebenen Aufzug. Mit ganz klaren Anweisungen brachte er die Frau dazu, die Schaltknöpfe in einer völlig unüblichen Weise zu betätigen, was das defekte Gerät unverzüglich wieder in Betrieb setzte.

Leider ist der O-Ton in tiefem Bayerisch und daher schriftlich nicht wiederzugeben. Nur der letzte Satz sei hier aufgeschrieben: »Ja mei, dann hab' i halt zu meinem Schutzgeist gsagt, wennst mir schon so hülfst, dann sollst auch an Namen hab'n. Dann hab' ich ihn Willi 'tauft. Glaubens, des g'fallt ihm?«

»Aber ganz sicher«, sagte meine Freundin.

Die Willi-Geschichten wären endlos fortzusetzen, aber es geht hier ja nicht um Unterhaltung durch Schutzgeister, sondern um die vielfältigen Möglichkeiten, sie zu finden, und um den Einfallsreichtum unserer engagierten Helfer.

Vor wenigen Tagen besuchte mich Carna Zacharias – Journalistin und Buchautorin –, und wir sprachen über Schutzgeister. Carnas diesbezügliches Erlebnis übertrifft alles, was ich selbst erlebt habe.

Carna hat eine Jugend hinter sich, die durch eine lieblose Stiefmutter zeitweilig unerträglich gewesen war. Das Mißverständnis eskalierte eines Tages in dem Ausruf der Stiefmutter: »Wenn du dich nur endlich umbringen würdest.« Carna war restlos verzweifelt und schließlich auch zum Äußersten entschlossen. Sie ging in die Wohnung ihres Vaters und holte sich ein Rasiermesser, in der festen Absicht, ihrem Leben ein Ende zu machen. Sie setzte die Klinge eben an ihre Pulsader an, als es an der Wohnungstür läutete. Carna versteckte das Messer und öffnete.

Vor ihr stand ein großer, massig wirkender Mann in Handwerker-Kleidung, der einen Zollstab und einen Block in der Hand hielt. »Guten Tag«, brummte er, »hier bin ich.«

Carna konnte mit dieser Erklärung wenig anfangen. »Was wollen Sie denn hier?« fragte sie verwirrt.

»Ich soll die Wohnung ausmessen, wegen der neuen Einbaumöbel, die Ihr Vater bei uns bestellt hat«, erklärte der Mann und schob sich zur Türe herein.

Mit geradezu penibler Genauigkeit begann er nun, die ganze Wohnung, Zentimeter für Zentimeter, zu vermessen. Kein Türrahmen, kein Eckchen wurde ausgelassen. Die ganze Prozedur dauerte etwa eine Stunde, dann verschwand er genauso wortkarg, wie er sich während der ganzen Zeit gezeigt hatte.

In dieser einen Stunde hatte sich Carnas Entschlossenheit, sich das Leben zu nehmen, so verbraucht, daß sie nicht mehr den Mut und die Kraft fand, das Rasiermesser noch einmal in die Hand zu nehmen. Gegen Abend erschien der Vater. Carna fragte ihn, was das denn für neue Möbel seien, die er sich da bestellt habe. Zuerst verstand er überhaupt nicht, was sie meinte. Auch über den Vermesser war er mehr als erstaunt. Weder hatte er einen Handwerker bestellt noch irgendwo Einbaumöbel in Auftrag gegeben. Da verstand Carna. Hier war es jemandem nicht um Möbel gegangen, sondern um ihr Leben.

Ich habe mir über diese Geschichte viele Gedanken gemacht, denn es gibt zwei Möglichkeiten, den Vorgang zu erklären.

Erstens: Es wurde tatsächlich ein ganz normaler Handwerker mental benutzt, was dann so vor sich gegangen wäre, daß der arme Mann wahrscheinlich schon nach kürzester Zeit sich nicht mehr hätte erklären können, wie er die Hausnummern derartig verwechseln konnte.

Oder zweitens: Es hat sich einer ihrer Schutzgeister materialisiert, das heißt, sich durch Energieverdichtung kurzfristig das Aussehen eines Handwerkers zugelegt.

Es wird von verschiedenen Institutionen wahrscheinlich nicht gerne gehört werden, aber in Lourdes und Fatima wurde mit ähnlichen »Tricks« gearbeitet. Um zu helfen, muß mit Bildern gearbeitet werden, die eine entsprechende Wirkung erzielen. Daß dabei Informationen vermittelt werden, die durchaus ihre Gültigkeit haben, ist beweisbar.

Kein Mensch hätte damals in Spanien und Frankreich auch nur einen Finger gerührt, wäre den Kindern eine ganz normale Frau erschienen. Sie mußte sich also in einer Form zeigen, die den Kindern vertraut und von ihnen identifizierbar war. Die Gestalt, in der sie erschien, konnte schon damals in jedem katholischen Haushalt in mehr oder weniger kostbaren Bilderrahmen besichtigt werden: eine hübsche Dame in langem Kleid mit Schleier und dem Jesuskind auf dem Arm.

Wie konzentriert in allen diesen Fällen mit Energie gearbeitet wurde, zeigen auch das berühmte Rosenwunder, die sensationelle Sonnendemonstration von Fatima und auch die Entstehung der Quelle von Lourdes. Eine weniger angenehme Begleiterscheinung der verwendeten Hyper-Energie war, daß sie von den ihr länger ausgesetzten Personen sehr schlecht vertragen wurde. Sie starben in kurzem Abstand oder wurden schwer krank.

Dieser Preis wäre angemessen gewesen, hätte die Kirche der Botschaft die Würdigung angedeihen lassen, die sie verdient hätte. Doch leider hatte sich die hilfreiche, einer hohen Entität entstammende Geistform insofern verkalkuliert, als sie die Politik des Vatikans nicht ganz richtig einschätzte. Kritik oder Mißbilligung war und ist diese Institution nicht gewohnt, noch ist sie gewillt, sie zu akzeptieren. Nicht einmal dann, wenn diese aus einer sichtlich höheren Dimension erschallt.

Bis heute weiß man nur, daß der Papst erbleichte, als er die Botschaft las. Was jedoch dem hohen Herrn das Blut aus den Wangen trieb, weiß man bis zur Stunde nur aus bruchstückhaften Kolportagen. Doch der Einfallsreichtum der im Kosmos – in welcher Form auch immer – angesiedelten Geistenergie läßt mich durchaus hoffen. Nicht unberechtigt, wie nicht nur Carnas Geschichte zeigt.

Bevor ich die Zusammenhänge zwischen kosmischen Energien und Schutzgeistern im zweiten Teil des Buches zu erklären versuche, möchte ich noch von einer Begebenheit berichten, die sich in meinem eigenen Haushalt ereignet hat.

Eines schönen Abends im April des Jahres 1988 kam der Chef einer großen Münchner Presseagentur in meine Wohnung, um für eine Frauenzeitschrift Fotos zu machen. Ich zeigte ihm das gesamte Domizil, und als gründlicher Mensch wollte der Fotograf auch das Besenkammerl begutachten. Da ich auch an diesem unattraktiven Ort wirklich nichts zu verbergen habe, ließ ich ihn ohne Bedenken hinein und schaltete das Licht an, damit er auch meine Besen wirklich gut besichtigen konnte.

Plötzlich gab der Pressemann erstaunte Töne von sich und näherte sich ehrfürchtig einem in der Ecke des Raumes stehenden Bauernschrank, in dem ich meine Putzmittel aufzubewahren pflege.

»Oh«, sagte er beeindruckt, »ein ›Tiroler‹ aus dem 18. Jahrhundert. Warum steht er denn da herinnen?«

»Weil draußen kein Platz ist «, sagte ich ungerührt und schob ihn mit sanfter Gewalt aus der drangvollen Enge hinaus auf den Gang.

Dann arbeiteten wir fleißig drei Stunden lang und verabschiedeten uns danach mit den üblichen Bezeigungen vergangener, gegenwärtiger und vor allem künftiger Wertschätzung.

Es vergingen mehrere Wochen (!). Mein Auto mußte zum TÜV, sprich zuerst einmal in die Werkstatt. Der Kostenvoranschlag für das amtsübliche Frisieren meiner Rostlaube war gewaltig. Ich hatte die Wahl: entweder Auto in die Mülltonne oder Geld auf den Tisch. Leider waren nur der Tisch und die Mülltonne vorhanden. Und ohne Auto bin ich in meiner Triple-Funktion als Familienoberhaupt, Sängerin und Schriftstellerin schlichtweg aufgeschmissen.

Ich berief eine Krisensitzung in der Nacht um elf Uhr ein, mit meinen Schutzgeistern. Ich zweifelte keinen Moment daran, daß jeder sogenannte normale Mensch, der bei diesem Auftritt dabeigewesen wäre, an meiner geistigen Gesundheit gezweifelt hätte, und trotzdem kann ich mein Krisenrezept jedem nur allerwärmstens empfehlen.

Um es kurz zu sagen, ich schrie meine Schutzgeister an. Ich sagte, daß ich durchaus Verständnis für ihr Desinteresse am schnöden, weltlichen Mammon hätte, aber daß mich diese Ignoranz momentan mein Auto und meine letzten Nerven kosten würde. Ich bräuchte bis morgen mittag dreizehn Uhr 4000 DM und keinen Pfennig weniger, und das sei – bei aller Beachtung des mangelnden Zeitgefühls meiner Zuhörer – in vierzehn Stunden. Ich ließ noch einige zu diesem Thema passende Beschwerden nahtlos einfließen und beendete die Versammlung mit einer Lichtevokation. Selten habe ich auf der Gegenseite eine so tiefe Stille vernommen wie zu jener späten Stunde.

Am nächsten Vormittag um elf (!) läutete das Telefon. Der vorher genannte Chef der Agentur meldete sich und sprach erst über das Wetter, mein Befinden (danke, bestens), sein Befinden (ebenfalls bestens), die Lage der Nation im allgemeinen (weniger bestens), und dann kam es:

Er müsse seit jenem Tag im April immer wieder an meinen schönen armen Bauernschrank, der in meinem Besenkammerl ein seinem alten Bauernadel völlig unangemessenes Dasein fristen müsse. Ein Hauch von Ahnung durchzog mein angestrengt lauschendes Hirn.

»Willst du ihn haben?« fragte ich. Ein tiefer Seufzer erklang vom anderen Ende der Leitung.

»Was soll er denn kosten?«

Ich will es von ihm hören, dachte ich, aus seinem eigenen Munde. Und so antwortete ich mit einer Gegenfrage. »Also sag schon, was zahlst du freiwillig?«

Ich hatte mit Feilschen gerechnet, mit einem Vortrag über die schlechten Zeiten, das bevorstehende Sommerloch und das Ansteigen der Benzinpreise. Doch nichts von alledem!

Die Antwort kam wie aus der Pistole geschossen: »Ich geb' dir 4000 DM.«

Ich bekam einen Lachanfall. Der Gute mißverstand meine Fröhlichkeit und versicherte mir, daß er natürlich wisse, daß das Prachtexemplar viel wertvoller sei, aber die schlechten Zeiten, das bevorstehende Sommerloch und auch das Ansteigen der Benzinpreise würden sein Angebot auf keinen Fall über den genannten Preis steigen lassen.

Ich sicherte ihm Verständnis und Transportmöglichkeiten zu, und am selben Abend war er glücklicher Besitzer eines Tiroler Bauernschrankes und ich eines Schecks über 4000 DM.

Es war das einzige Mal, daß ich meine Jenseitigen mit finanziellen Problemen direkt konfrontiert habe, und ich bin sicher, daß es das letzte Mal war. »Man« hat begriffen.

Mit dieser Geschichte möchte ich meinen selbsterlebten Beitrag beenden, jedoch nicht ohne ein vielleicht (bestimmt!) auftauchendes Diskussionsthema von vornherein auszuklammern. Telepathie. Dieses Phänomen spielt sich anders ab, und jeder von uns hat es schon erlebt. Dieses »auf gleicher Wellenlänge sein« mit jemandem, das Einklinken in die Gedankenenergie eines anderen, ist eine ganz normale, ausbaufähige, trainierbare Fähigkeit der rechten Gehirnhälfte eines jeden Menschen.

Aber der Vorgang ist natürlich umkehrbar. Wir sind sowohl Sender als auch Empfänger. Soweit wird das, was ich sage, auch von der Wissenschaft akzeptiert. Weniger Gedanken hat man sich über die Schutzbedürftigkeit unseres empfindlichsten Organs – des Gehirns – gemacht.

Ich will zu diesem Thema nur einen ganz kurzen Beitrag geben. Wir alle wissen, was eine Gehirnwäsche ist. Die klarste Definition ist gewalttätige Mentaleinwirkung unter Verwendung audio-visueller, psycho-terroristischer Suggestionspraktiken. So weit, so gut. Aber – das funktioniert alles auch ohne Audio-Vision.

Vor vielen Jahren habe ich das dem Moderator Rainer Holbe von RTL in unangenehmer Weise demonstriert. Rainer Holbe ist ein exzellenter, ausgesprochen konzentrierter und disziplinierter Sprecher, den nichts aus der Ruhe, sprich aus seinem Vortrag bringen kann. Normalerweise.

Ich kam zum Interview zu Radio Luxemburg und zum ersten Mal zu Rainer Holbe. Wir hatten ziemlich schnell herausgefunden, daß wir beide uns für Themen esoterischer Art interessierten. Und so ließ er sich auf ein Experiment ein.

Ich kündigte ihm an, daß ich ihm während seiner nächsten Drei-Minuten-Ansage so massive Gegenimpulse infiltrieren würde, daß er sich seines Sprecherlebens nicht mehr werde freuen können. Rainer – der mich damals noch nicht kannte und auch mit der ganzen Thematik nicht so vertraut war wie heute – lachte mich aus und begann ungerührt seine Ansage.

Um es vorwegzunehmen: Ich habe das nie wieder gemacht und damals auch nur in der einzigen Art, die es in dieser aggressiven Form unter verantwortungsvoll miteinander umgehenden Menschen erlaubt – mit vorheriger Ansage. Rainer versprach sich wie ein Anfänger, verlor den Faden sowie die Satzformulierungsfähigkeit, und nur seine unglaubliche Routine rettete ihn vor dem totalen Untergang.

Wir haben später oft über dieses Experiment gelacht. Nur – es ist nicht zum Lachen. Es ist der Beweis dafür, daß wir unbedingt lernen müssen, mit unserem Gehirn richtig umzugehen, was auch für den Umgang mit Geistenergien – sprich Geistwesen – bewußter wie unbewußter Art ungeheuer wichtig ist.

Kein Mensch würde seinen Körper einem Kugelhagel, extremer Kälte oder Hitze, schädlichen chemischen Einflüssen und so weiter ungeschützt aussetzen. Unserem Gehirn jedoch muten wir diese Bedrohung täglich bedenkenlos zu.

Der Weg

Wir müssen uns klar werden, daß unser Menschenhirn die kosmischen Zusammenhänge, die Quintessenz der Wahrheit, der Vollkommenheit, nicht begreifen kann. Deshalb ist alles, was wir anbieten können, nur Denk-Modell. Wie logisch oder genial unsere Denk-Modelle manchmal auch erscheinen mögen, sie sind in Wirklichkeit nur ein Bruchteil, eine Ahnung vom Universal-Wissen.

Dieser zweite Teil soll Ihnen helfen, die Fähigkeiten zu erkennen und zu stabilisieren, die es Ihnen erleichtern werden, Kontakt mit Ihren Schutzgeistern aufzunehmen.

Wir befinden uns auf diesem Planeten Erde auf einem Stern, der zu den Schul-und-Lern-Planeten der unteren Klassen gehört. Indem wir hier inkarniert sind, haben wir die Bedingungen dieser Schule akzeptiert, denn diese Inkarnation, dieses Hineingeborenwerden war unsere eigene Wahl, unser eigener Entschluß. Das Lernprogramm dieser sogenannten Erde beinhaltet das vollständige Erfassen der Polarität, der Gegensätzlichkeit. Ein Programm, das im Reichtum seines Umfangs von keinem anderen Planeten überboten wird.

Eine einzige Inkarnation kann niemals ausreichen, um sich das erforderliche Wissen, die nötige Erfahrung anzueignen. Wir werden also so lange diesen Planeten als Ort unserer Schulung wählen, bis wir soweit gereift sind, daß wir fähig sind, an anderen Orten und in einer anderen Form zu inkarnieren. Wir haben in unserer irdischen Inkarnation einen materiellen Körper mitbekommen, dessen Gehirn den Anforderungen dieses Lebens angepaßt ist. Diese Anforderungen beziehen sich vor allem auf die Polaritäten, wie zum Beispiel Tag – Nacht, heiß – kalt, weich – hart, gut – böse, gesund – krank, außen – innen, Mann – Frau, ich – du und so weiter. Eine endlose Kette, die den Umfang des zu Erlernenden ahnen läßt.

Auch unser Gehirn besteht aus zwei Hälften, den sogenannten Hemisphären. Der rechten Hälfte ist die Intuition, das gefühlsmäßige Erfassen und Begreifen, der linken Hälfte die Ratio, die Vernunft, zugeordnet. Man sagt auch, daß die rechte Hälfte des Großhirns die weibliche Yin-Hälfte, die linke die männliche, die Yang-Hälfte sei. Diese Begriffe Yin und Yang stammen aus der chinesischen Philosophie, die den Ur-Ur-Anfang mit einem Kreis bezeichnete, der in eine Licht-(Yang) und Dunkel-(Yin) Hälfte geteilt wurde.

Abb. 1: Yang und Yin

Dieses Zeichen ist eine geniale grafische Erfassung der Welt der Gegensätze. Aus der Konstellation des menschlichen Hirns ergibt sich die Prädestination der rechten Gehirnhälfte und somit insgesamt die Prädestination des weiblichen Geschlechts für intuitive, sensitive und spirituelle Wahrnehmungen. Männer erhalten nur dann Zugang zur nichtstofflichen Welt, wenn sie es geschafft haben, ihrem Umgang mit materiellen Dingen nicht die Überbewertung zukommen zu lassen, zu der ihr Geschlecht neigt. Genauso ist es auch umgekehrt möglich, daß den Frauen ihre angeborene Intuition bei Überbeanspruchung des reinen Vernunftdenkens abhanden kommt.

Grundsätzlich ist es so, daß Männer sich ihr intuitives Bewußtsein erarbeiten müssen, während Frauen lernen sollen, es richtig einzusetzen. Ziel der Bemühungen beider ist eine gleichmäßige, ausgewogene Verwendung beider Gehirnhälften, das sogenannte androgyne Denken. Aus der Unfähigkeit dieser bilateralen Verwendung entspringen die meisten – wenn nicht alle – Mißverständnisse zwischen Mann und Frau, aber auch die gigantischen Anziehungskräfte zwischen den beiden Geschlechtern.

Daß viel mehr Frauen als Männer sich einer unsichtbaren Führung bewußt sind, habe ich im Laufe von zwanzig Jahren intensiver Befragung ebenfalls bestätigt bekommen, wobei die meisten Frauen denselben Denkfehler begingen, den ich aus meiner eigenen Jugend kenne:

Sie glauben, daß alles, was sie denken, ahnen, vorausfühlen, ihre eigene Denkleistung ist. Daß die meisten positiven Ergebnisse die Früchte einer intensiven »Teamarbeit« sind, fällt den wenigsten auf. Mich berührt es immer peinlich, wenn jemand »seine« Erfindung, »sein« Kombinationsvermögen und »seine« Leistung demonstriert oder belobigt bekommt.

In Anbetracht dessen, daß jegliches auf dieser Erde durch Menschen manifestierte Wissen aus einem riesigen kosmischen Allgemeinwissen geschöpft wird, ist sogar die Verleihung eines

Nobelpreises von einiger Peinlichkeit. Der Preisträger hat nichts erfunden. Das, was er wirklich geleistet hat, war lediglich, sein Hirn so weit aufnahmefähig zu machen, daß das entsprechende Wissen mit sehr viel Hilfe infiltriert werden konnte. Ich möchte nicht wissen, wie viele höhere Entitäten Blut und Wasser geschwitzt haben, bis sie einen Herrn Edison, einen Herrn Röntgen oder auch einen Herrn von Klitzing so weit hatten, daß das bekannte Endergebnis vorgelegt werden konnte. Alle Achtung vor der Arbeits- und Trainingsleistung, aber bitte nicht vor der Erfindung; die gab's schon vorher.

Wenn man bedenkt, daß auf anderen Planeten seit Jahrhunderten fröhlich (und auch verantwortungsvoll) mit Hyper-Energie umgegangen wird, dann ist jegliches Sich-auf-die-Brust-Trommeln angesichts einer Concorde oder einer Mondrakete nur beschämend. Aber dieser menschliche Hochmut resultiert eben aus seiner Unwissenheit.

Je intensiver und wissender ein Gelehrter war, desto demütiger wurde er, denn er mußte zwangsläufig erkennen, »ich weiß, daß ich nichts weiß« – oder anders ausgedrückt, »wir sind das Radio, der Sender ist außerhalb«.

Diese Erkenntnis schafft schon mal eine gute Basis, um mit Schutzgeistern oder jenseitigen Intelligenzen nutzbringend und zu aller Freude umgehen zu können. Eine weitere Basis ist eine sorgfältige, der Intelligenz und Neigung angepaßte Schulausbildung. Je größer das Grundwissen, je flexibler ein Hirn zu arbeiten gewohnt ist, desto leichter kann Neuwissen übermittelt werden. Je mehr man sich um geistige Qualität bemüht, um so elitärer wird der persönliche Hüter. Das Gegenteil kann auch passieren oder – um ehrlich zu sein – ist mir selbst passiert.

Während meiner Ausbildungszeit und auch noch am Anfang meiner Karriere hatte ich einen sehr anspruchsvoll agierenden Schutzgeist. Als ich während meiner Karriere das erlernte Wissen verflachen ließ, ja sogar verleugnete (auch Eitelkeit und Bequemlichkeit ist Verleugnung), lehnte er es eines Tages schlichtweg ab, mich weiter zu betreuen. Es dauerte sieben Jahre und bedurfte der Fürsprache eines Mittlers, bis ich ihn zurückbekam. Als er ausschied, kam meine ganze Schutzgeist-Truppe ins Wanken. Die Auswirkungen auf mein Lebensprogramm waren geradezu verheerend.

Zu jener Zeit erkannte ich die Wichtigkeit, aber auch die Gefährlichkeit des positiven Denkens. Wichtigkeit, weil positive Denkenergie der Katalysator für jenseitige Energieschübe ist. Gefährlichkeit, weil einseitig positives Denken zur geistigen Bequemlichkeit verleitet. Nichts und niemand kann uns über den Dual-Charakter unserer Erde hinwegtäuschen, der sich auch in unserem Denken abspielt und abspielen muß. Wir leben vom Wechselbad positiver und negativer Denkenergien, außerdem wird es für uns, die wir uns dem Wassermann-Zeitalter nähern, langsam Zeit, mit unserem kleingeistigen »gut = gut« –, »bös = bös«-Denkschema aufzuräumen.

Die Kraft, die stets das Böse will und doch das Gute schafft, hat – wie Goethe schon damals erkannt hat – etwas durchaus Kreatives. Es ist die Fähigkeit des richtigen Umgangs mit diesen beiden Denkenergien, die gelehrt werden muß, nicht die totale Negierung ihrer einen – negativen – Hälfte. Es hilft nichts, den Menschen nur das Polieren der einen Seite der Medaille beizubringen, die zweite Seite existiert und schreit nach Behandlung.

Ein Buch mit dem Titel »Die Kunst des ganzheitlichen Denkens« ist längst fällig.

Viel zu spät lernte ich dann um so schmerzhafter, daß positives Denken keineswegs ein starr auf freundlich-problemlosen Menschenumgang programmiertes Imaginations-Schema mit eingebauter Gesundheits- und Erfolgsgarantie sein darf, sondern einseitig verwendet wie ein Bumerang wirkt.

Nur ein kurzes Beispiel dazu: Zu einer Beratung erschien eines Tages eine Dame mittleren Alters, die seit Monaten ihre ganze Energie darauf verwandte, sich mit Hilfe des positiven

Denkens eine Verbesserung ihrer finanziellen Mißstände zu erwirken. Eine Nachprüfung ihres Schicksalsweges ergab, daß sie ihre jetzige Inkarnation vor allem dazu gewählt hatte, um über Beschränkung fehlende Erfahrungswerte aufzustocken. Grotekerweise hatte sie sich mit ihrer positiven Konzentration auf Verbesserung ihrer Lage ins eigene Schicksals-Handwerk gepfuscht.

Über dieses Paradoxon wurde ich mitten in einer städtischen Bücherei aufgeklärt, als ich mich mal wieder auf einer jener einschlägigen Werke des positiven Denkens stürzen wollte. Seltsamerweise war der Aufklärer derselbe, der mir die technischen Anweisungen für die Reparatur von Immys Auto gegeben hatte, was meine bis dato vertretene Theorie, daß Schutzgeister spartenmäßig arbeiten, bis ins Mark erschütterte.

Sein Plädoyer gegen die ausschließliche Verwendung positiven Denkens und schicksalskonträrer Imagination (O-Ton) war von literarischer Brillanz. Später hat er sich auch bei Gedichten immer wieder eingeschaltet, aber auch bei der Reparatur meines Anrufbeantworters, die ich damit problemlos bewältigte.

Trotzdem ging es in meinem Leben erst einmal für ein paar Jahre drunter und drüber, weil sich die Geistführer aus den vorher genannten Gründen distanziert hatten. Ein Gutes hatte dieser Rückzug für mich. Ich begriff auf diesem Weg den Aufbau der Hierarchien, die Rudolf Steiner immer wieder angedeutet hatte und die ich damals noch nicht verstanden hatte.

Das System ist relativ einfach: Zuerst muß man akzeptieren, daß der Mensch Besucher, Gast auf dieser Erde ist. Er ist nicht erdgemäßer Ur-Einwohner; das sind nur die Mineralien, Pflanzen und Tiere, also die Gruppe materialisierter Energieformen, die erschaffen wurde, aber selbst nicht erschaffen kann, Energieformen aus einer Energiegruppe ohne Individualcharakter also.

Dieser Dreiergruppe steht gegenüber die Gruppe der Schutz-

und Hilfsgeister, sodann die der Cherubs und Seraphs, der sogenannten Herrscher der zweiten Gruppe, und als Abschluß die OM-Entität, die vollkommene, allwissende Übermacht. Das Bindeglied zwischen der einen und der anderen Gruppe ist der Mensch, der einerseits materiell erschaffen wurde, andererseits aber auch erschaffen *kann*, kreativ sein *kann* und sich aufgrund seiner Individualität und Lernfähigkeit in die nichtmaterielle Gruppe hinein und in ihr hinaufarbeiten kann.

Innerhalb der Schutz-, Erzengel- und OM-Gruppe gibt es nochmals eine Vielzahl von Hierarchien, auf die ich aber nicht näher eingehen möchte.

Wer sich über das Ausmaß der Geist-Entitäten informieren möchte, möge sich an Franz Bardons Buch der magischen Evokation (siehe Seite 379) halten. Die darin angegebenen, den verschiedensten Sphären zugehörigen Geister sind schätzungsweise ein Millionstel der insgesamt vorhandenen.

Franz Bardon hat in seinem Werk eben *die* Wesen beschrieben, die er dank *seiner* Reife konfrontieren konnte und durfte.

In welchem Ausmaß die eigene Reife und Seelenqualität die Voraussetzung für den Umgang mit Wesen aus höheren Sphären ist, wird in diesem Buch besonders überzeugend demonstriert. Niemand, der an seiner Vervollkommnung nicht intensiv arbeitet, wird es jemals schaffen, auch nur in die Nähe, geschweige denn unter den Schutz höherer Geister zu kommen. Doch zunächst braucht uns nur zu interessieren, mit welchen nichtmaterialisierten Kräften wir in Verbindung treten können und wie.

Die erste Bedingung für eine bewußte kooperative Zusammenarbeit mit jenseitigen Wesen ist das Wissen, daß es sie wirklich gibt. Sie werden feststellen, daß Sie, je mehr Sie wirklich nach einer Bestätigung dieser durch die Wissenschaft nicht bewiesenen Theorie suchen, diese entsprechend der Intensität Ihrer Suche auch finden werden.

Das Such-und-Finde-Phänomen spielt sich übrigens sehr oft auch auf völlig anderen Gebieten ab, und sicher haben Sie es auch schon selber an sich erlebt.

Nehmen wir an, Sie beschließen eines Tages, Ihren Urlaub in Ägypten zu verbringen, und weil Sie nicht nur in der Sonne braten, sondern sich auch bilden wollen, verschaffen Sie sich vorher etwas Literatur über die Pyramiden.

Ihr Interesse verstärkt sich durch die Lektüre. Sie wollen mehr wissen, um hinter das Geheimnis zu kommen. Folgendes wird passieren: Sie werden in der Straßenbahn vor jemanden zu sitzen kommen, der sich mit seinem Nachbarn über Pyramiden unterhält; im Vorzimmer Ihres Zahnarztes wird die Zeitung, die Sie in die Hand nehmen, einen Artikel über Pyramiden enthalten; und am Abend werden Sie Ihren Fernseher genau dann anstellen, wenn ein Archäologe über die Sphinx spricht.

Der Witz ist, daß diese Vorgänge sich auch um Sie herum abspielen würden, wenn Sie sich in keinster Weise für Pyramiden interessieren würden, und demzufolge würden Sie auch in keinster Weise darauf reagieren. Nun aber, als Suchender, scheint Ihnen plötzlich Ihre ganze Umgebung nur mehr ein einziger Informant zu sein. Und so ist es mit allen Dingen, nach denen man sucht. Es scheint, als ob man Spezialantennen ausgefahren hätte und als ob alles und jedes nur darauf gewartet hätte, endlich sein Wissen via Antenne an Sie abzugeben. Diese nur im Anfang verblüffende Funktion hat im weitesten Sinn natürlich auch mit positivem Denken zu tun.

Nun möchte ich – das positive Denken betreffend – Sie um etwas bitten, was sicher nicht einfach sein wird, wenn Sie bis jetzt die übliche Form des positiven Denkens gepflegt haben. Ich möchte, daß Sie den Begriff »positives Denken« ab sofort umwandeln in den Begriff: »Optimal-Imagination«. Diese Form der Vorstellung beinhaltet nämlich x-mal mehr Energie als die übliche Formation von positiven Satz- und Vorstellungsbegriffen.

Die Voraussetzung, um mit der Optimal-Imagination wirklich umgehen zu können, ist das Wissen um das Programm, das Ihnen schicksalsmäßig zusteht, und um die Möglichkeiten, die sich Ihnen im Laufe Ihres Lebens bieten. Es hat keinen Sinn, sich in Wunschvorstellungen zu versteigen, die außerhalb Ihres Programms liegen. Ich habe es vorher schon einmal angedeutet und sage es jetzt noch einmal sehr eindringlich: Seien Sie generell vorsichtig mit Ihren Wünschen und der Intensität, mit der Sie Ihre Vorstellungen in die Realität zwingen wollen, denn – es könnte klappen.

Das klingt wie ein Scherz, ist aber mehr als ernst gemeint. Erinnern Sie sich bitte an die schöne Geschichte mit dem Mann, der seine gesamte Gedankenenergie darauf verwandte, noch einen Platz auf der total ausgebuchten Titanic zu bekommen. Tatsächlich sprang jemand ab, und freudestrahlend nahm er dessen Platz ein. Den Rest der Geschichte kennen Sie.

Ich bitte Sie eindringlich, bei jeder Art von Wünschen, die Sie sich in Ihrer Vorstellungswelt bilden, genauestens in sich hineinzufühlen.

Der Job, der Partner, hinter dem wir so her sind, vielleicht ist er nur der Lockvogel für eine Schicksalsfalle. Wahrscheinlich haben die wenigsten von Ihnen – möglicherweise sogar noch niemand – von diesem Begriff gehört. Und ohne meine Schutzgeister wäre ich auch bis heute ahnungs- und arglos. Eine Schicksalsfalle hat immer mit dem freien Willen zu tun und ist auf zwei Arten herauszubekommen: erstens durch genaues und in gemeinsamer Arbeit mit dem Schutzgeist überlegtes Abschätzen von Situationen und Angeboten und zweitens durch ein sorgfältig erstelltes astrologisches Kosmogramm.

Der zweite Punkt ist schwieriger zu erfüllen als der erste. Das kommt daher, daß wir in Deutschland (aber auch sonstwo) kaum Astrologen finden, die einwandfrei arbeiten und ihr Betätigungsfeld sowie ihre Aufgabe wirklich begriffen haben. Um es einmal mit aller Deutlichkeit zu sagen, ein Astrologe kann Ihnen in keinem Fall die Zukunft voraussagen. Sollte er versuchen, bei Ihnen einen gegenteiligen Eindruck zu erwecken, packen Sie Ihr Geld wieder ein, und gehen Sie schleunigst nach Hause.

Die Astrologie ist ein Zeitspur-Seismograph, der aussagt, welche Energieflüsse von welchen Planeten momentan auf Sie wirken, was soviel heißt wie: Wann ist eine Zeit reif und wann ist sie ungeeignet für bestimmte Aktionen?

Wir haben in unserem Leben unentwegt Entscheidungen zu treffen, die aus der Kraft unseres freien Willens resultieren. Diese Entscheidungen sind die Prüfsteine und auch die Signale ins Jenseits, wie weit der Reifeprozeß wirklich fortgeschritten ist. Und aufgrund dieser Entscheidung entwickelt sich unser Schicksal, an dessen Formung wir ebenso beteiligt sind wie die höchste Macht, der wir anvertraut sind. Der Vollkommenheit ist es gleichgültig, wie wir zu ihr gelangen, und dem Allkosmischen Gesetz ist es ebenfalls egal, wieviel Mühe es uns kostet, mit ihm klarzukommen – es existiert.

Das klingt brutal, und das ist es auch. Wenn wir die Menschenschicksale auf dieser Erde betrachten, dann kann uns nur ein wirklich aufgeklärtes Begreifen die allumfassende Güte und Gnade Gottes erfassen lassen. Wir existieren durch die göttliche Energie der OM-Gruppe, die uns die Grundlage gegeben hat, zu dem zu werden, was wir heute sind – Menschen. Aber in uns tragen wir das Programm und den Auftrag, der Vollkommenheit adäquat zu werden. Und der Weg dahin ist qualvoll, steinig und schön, denn das Ziel ist uns sicher, und die Ahnung, es zu erreichen, ist es, was uns aufrechterhält und uns vorwärtstreibt.

Wenn Sie bereit sind zu verstehen, was ich hier erkläre, dann werden Sie vielleicht auch für folgendes bereit sein: Achten Sie auf das Niveau Ihrer Gebete, wenn Sie sich an hohe Geistwesen oder sogar an die höchste Entität – an den Gottvater – wenden. Die hohen Entitäten sind kein Antragsbüro, und die Zugehörigen haben andere Aufgaben, als sich um den Lottogewinn von Frau Hinterhuber und den Beinbruch von Herrn Weber zu kümmern. Wenn etwas wichtig ist, dann ist es das Kollekivschicksal, und das Kollektivschicksal erfordert den restlosen Einsatz von jedem einzelnen.

Dieses »Liebe deinen Nächsten wie dich selbst« ist der Fahnenspruch unserer Existenz. Er besteht aus zwei Teilen, was gerne und zum Nachteil aller oft übersehen wird. Drehen wir den Satz um, worauf dieser wichtige Auftrag hinausläuft. »Liebe dich selbst – damit du deinen Nächsten auch lieben kannst.« Dieses »Sich-selbst-Lieben« hat nichts mit Egozentrik und Eigenliebe zu tun, sondern es ist das Erlernen des vorsichtigen Umgangs mit Menschen im allgemeinen und am geeignetsten Objekt im besonderen – nämlich an sich selbst. Wir sollten an uns zuallererst erfahren, was Verantwortung heißt.

Wir haben eine Seele *und* einen Körper, die *beide* gepflegt werden wollen und die mit sich selbst und mit der höchsten Entität, der sie entstammen, in Zusammenhang stehen. Aus *diesem* Begreifen entwickelt sich eine Korrelation mit dem Höchsten und nicht aus dem gedankenlosen Dahinplappern von Gebeten und Abhalten irgendwelcher vorzeitlicher Rituale.

Ich erinnere mich genau, wie erschüttert ich war, als ich diese Zusammenhänge zum ersten Mal begriff. Doch es war eine notwendige und gute Erschütterung, und deshalb will ich dieses Gedankengut unverfälscht, genauso wie ich es selbst erhalten habe, in Güte und Liebe, aber auch mit aller Entschiedenheit nun an Sie weitergeben.

»Liebe deinen Nächsten wie dich selbst!« O Liebe, Liebe! Dieses mißverstande Allmachtswort, dieses mißbrauchte Synonym der höchsten Entität. Was wird und was haben wir daraus gemacht? Unter diesem hehren Mantel erpressen wir unsere Partner, leben unsere Triebe aus, pressen wildfremde Nationen in unser alleinseligmachendes Kulturschema und malträtieren unsere Kinder. Die Früchte dieser Liebe sprechen bändeweise für sich. Lieben heißt nicht, den anderen sich bequem, gefügig und gleich zu machen, sondern lieben heißt frei-lassen, ent-lassen, sein-lassen.

Wenn Sie lernen, sich selbst zu lieben, dann werden Sie auch nicht mehr ab-hängig sein. Dann haben Sie die ungeheure Chance der Veränderung, des All-Ein-Seins. Das heißt nicht einsam sein. All-Ein sein ist ein Geschenk – ein-sam ist eine Prüfung. Eine Prüfung, die oft als Strafe empfunden wird und doch nur da ist, um uns aufzumachen, reifzumachen fürs All-Ein-Sein-Können. Wer *das* begriffen hat, ist reif für Partnerschaft. *Der* kann lieben, sich und seinen Nächsten, und *der* kann helfen ohne Pressalien im Hinterkopf, ohne Demonstration.

Hüten Sie sich vor Menschen, die dauernd und ungebeten Hilfe anbieten und mit ihrem eigenen Leben in keinster Weise fertig werden. Diese Hilfe bringt keinen Segen und sollte eigentlich nur als Hilferuf verstanden werden, ein Hilferuf nach Anerkennung und Liebe. Überhören Sie solche Hilferufe niemals. Versagen Sie niemals Ihre Hilfe jemanden, der Sie darum bittet. Das wiederum ist die Voraussetzung, damit Ihnen selbst geholfen wird.

»Aber wer hilft mir denn, wenn Gott so weit ist und alles andere sich nur ums Kollektiv kümmert?« werden Sie jetzt vielleicht fragen, genauso wie ich es vor vielen Jahren tat. »Wer ist denn dann an mir interessiert, dem Nichts, dem Staubkorn, der Ameise?«

Als ich das sagte, bekam ich einen der wenigen Rüffel von Rudolf Steiner. »Wie kannst du es wagen zu sagen, du bist nichts? Du bist Angehöriger der höchsten Allmacht, Mitarbeiter im und am kosmischen Gleichgewicht, beauftragt, die göttliche Idee durch deine Existenz zu verkünden und zu manifestieren.«

»Ja«, wehrte ich mich, »aber wer hilft *mir*?«

»Dein Alter Ego, dein höheres Ich«, antwortete mein Gruppenherr.

Es stellte sich im Laufe der Gespräche heraus, daß die ungestörte Kontaktaufnahme mit dem Alter Ego ähnlich einfach zu bewerkstelligen war wie mit dem Bundespräsidenten. Mein höheres Ich war zwar an mir interessiert, aber durch meine Unreife schwer ansprechbar.

Ich brauchte also Helfer, Mittler, mir gut Gesonnene, und das waren meine Schutzgeister sowie auch Geisterhelfer, die mir zwar nicht direkt zugeordnet, aber an mir interessiert waren, nachdem ich ihnen durch mein Interesse aufgefallen war. Ich lernte also, meine Denkstimmen zu differenzieren und ernstzunehmen.

Als ich zum ersten Mal an mein höheres Selbst geriet, bin ich vor Ehrfurcht fast in die Knie gegangen. Der Umgang mit meinen direkt zugehörigen Schutzgeistern und -helfern verlief allerdings weniger dramatisch.

Das erste, was mich mein Schutzgeist bat, war, ihn doch bitte nicht anzubeten. Er sagte, wir seien ein »Team« und hätten optimal zusammenzuarbeiten, und nur daß er den besseren Überblick und mehr Erfahrung habe, sei wirklich kein Grund, ihn anzubeten (O-Ton).

Ich fragte ihn, ob es dann das Gebet überhaupt gebe. Aus der Antwort, die ich bekam, ergibt sich jede Erklärung und erübrigt sich jede Deutung und Vermutung meinerseits:

»Jesus hat der Erde das gewaltigste Gebet hinterlassen, daß es jemals gab und geben wird. In Ehrfurcht und Demut gesprochen, bringt es dich in direkten Kontakt mit dem Allmächtigen Vater und beinhaltet das Erbitten aller Notwendigkeiten. Es lautet:

Vater unser,
Herrscher aller Himmel,
dessen Namen von allen
in Ehrfurcht genannt wird,
lasse deine Vollkommenheit in uns erstrahlen.
Lasse uns reifen durch deinen göttlichen Willen,

der in allem und durch alles wirkt.
Laß unsere Arbeit gute Früchte tragen
und lasse uns nicht schuldig werden,
noch anderen ihre Schuld zur Last legen.
Gib uns Kraft,
der Versuchung zu widerstehen,
und die Kraft,
das Böse zu überwinden,
um deiner würdig zu werden
in Ewigkeit. Amen!«

Eines ist hiermit für immer geklärt: Beten hat mit betteln nichts zu tun. Beten ist der Versuch, sich in eine göttliche Strömung und Schwingung einzuklinken, die uns soviel Energie vermittelt, wie wir zur Bewältigung unserer Probleme und zum Vorwärtskommen auf dem Weg zum OM benötigen.

Anbetteln und drangsalieren können wir notfalls unsere Schutzgeister. Auch beklagen darf man sich. Schlimmstenfalls kann man sogar verhandeln. Was man nicht darf, ist drohen und unverschämt fordern. Das wird bei aller Langmut und bei allem Überblick nicht gern gesehen. Vor allem darf man eins nie vergessen: Die geistige Qualität, die man selbst anbietet, ist genau dieselbe, die einem als Antwort geboten wird.

Damit komme ich zum Thema Okkultismus. Dazu gehört das sogenannte Tischerücken, Geister beschwören, schwarze und weiße Messen, mediumistische Séancen unterhaltenden Charakters und so weiter, und so weiter. Ich greife mir manchmal an den Kopf, wenn ich sehe, mit welcher Blauäugigkeit sich die Menschen an dieses gefährliche Thema wagen.

Es ist kein *Zufall*, daß ausgerechnet heute – wo ich über diesen Punkt zu schreiben habe – ein befreundeter Arzt aus Hamburg völlig konsterniert anrief und etwas ratlos anfragte, was er denn mit zwei Patientinnen tun solle, die nach zehn Stunden (!) Tischrücken nun völlig verwirrt seien und sich nicht mehr unter Menschen trauen würden, weil Satan und Gott (natürlich gleichzeitig, was sonst!) ihnen gedroht hätten.

Das ist nun genau das Thema, das ich vorher schon angekündigt habe. Den Körper zu schützen, das haben wir brav gelernt, nach dem Motto »zieht euch warm an«. Aber wie man den Geist warm, oder besser, klar hält, das hat man uns weniger gut beigebracht. Ich möchte gerne den Religionsunterricht erleben, in dem das Thema Okkultismus kompetent abgehandelt wird. Ich weiß nicht, wie lange es noch dauern wird, bis es sich endgültig und überall herumgesprochen haben wird: Es gibt Geistformen, die so gefährlich wie ein Rasiermesser, so vernichtend wie Heroin und so verheerend wie Salzsäure sind. Deswegen gilt für alle Anfänger: Hände weg von okkulten Spielereien! Sie sind so lebensbedrohend wie das Befahren der Autobahn in entgegengesetzter Richtung. Eine Séance darf nur im hermetisierten Raum mit hermetisierten Personen und unter Aufsicht eines Meisters der vierten Stufe (mindestens!) stattfinden.

Ich werde die unserem Thema angemessenen Formeln und ihre Anwendungen im dritten Teil des Buches angeben, und ich bitte schon jetzt, sie genauestens einzuhalten. Was ein Meister der vierten Stufe ist, will ich nur knapp erklären: Er muß durch fortgeschrittene Reife unschwer erkennbar und gesund sein; er muß seinerseits von einem Meister ausgebildet worden sein und die der vierten Stufe entsprechende Einweihung durchlaufen haben. Wer als Séance-Leiter mit dieser Information nichts anfangen kann, der höre auf, Séancen und Sitzungen – welcher Art auch immer – abzuhalten, denn er ist für alle Mitglieder verantwortlich wie ein Pilot für seine Passagiere. Wenn er sie nicht sicher durch den Kanal schleust, lädt er sich dasselbe *Karma* auf wie ein betrunkener, fahrlässiger Flugkapitän.

Unwissenheit schützt vor Strafe nicht. Das gilt auch hier. Jemand, der in geistiger Unreife Geister anruft, zu dem kommen sie auch, und zwar ebensolche: geistig unreife Foppgeister, erdnahe und unerlöste. Die Blödsinnigkeit ihrer Durchsagen wird nur noch von der Dummheit der Fragen überboten.

All dieser okkulte Firlefanz hat nichts mit der Anrufung und Befragung von Schutzgeistern sowie hoher Entitäten zu tun. Dazu gehört geistige Reinheit und Reife sowie ein ausgeprägtes Verantwortungsgefühl, moralische Festigung (nicht Starrheit) und ein geklärtes, dem Göttlichen angeschlossenes Bewußtsein.

Da ich annehme, daß Sie alle, die Sie dieses Buch lesen, sich um diese Voraussetzung bereits bemüht haben und auch willens sind, sich weiter darum zu bemühen, werde ich nun den Weg dahin in aller Ausführlichkeit beschreiben, denn ich möchte, daß Sie wirklich mit ihrem Schutzgeist sprechen und nicht mit irgendwelchen zur Schizophrenie führenden Chimären. Ich will, daß Sie diese wichtige Hilfe bewußt und in voller Kenntnis der Vorgänge in Anspruch nehmen können, und ich will Ihnen damit auch helfen, den Weg zum hohen Ziel – den Kontakt mit Ihrem hohen Selbst – zu ebnen.

Seit Ihrer Kindheit wurde Sie angehalten, in Ihrem Tagesablauf bestimmte Rituale aufzunehmen und zu erfüllen. Diese Rituale enthalten zum großen Teil Aktivitäten, die zur Erhaltung der äußerlichen Würde des Menschen und zur Erhaltung seiner Gesundheit beitragen.

Ich möchte Sie nun bitten, am Anfang und am Ende Ihres Tagesablaufes jeweils zehn Minuten als festen Bestandteil einzufügen, der zur Hygiene Ihrer Seele und Ihres Geistes gedacht ist. Diese zehn Minuten müssen, wenn Sie nicht allein leben, von den restlichen Familienmitgliedern als ein Zeitraum geachtet werden, in dem Sie in völliger Ruhe gelassen werden.

Suchen Sie sich einen Platz aus, an dem Sie in Meditationshaltung ungestört sich sammeln und mit der Allmacht in Kontakt treten können. Zünden Sie eine Kerze an, und setzen Sie sich mit dem Gesicht gegen Osten.

Beginnen Sie mit dem Kreuzzeichen. Sie können es so machen, wie Sie es wahrscheinlich gelernt haben – mit der rechten

Hand an die Stirne (im Namen des Vaters), auf die Brust (des Sohnes) und an die rechte und linke Schulter (und des Heiligen Geistes), Hände falten. (Amen).

Wenn Sie wollen, können Sie aber auch das Kreuz in einer anderen Art machen, die ich selbst verwende. Beide Arme werden seitwärts in einem weiten Bogen über den Kopf geführt und die Hände so weit wie möglich über dem Scheitel gefaltet (im Namen). Die gefalteten Hände berühren die Stirne zwischen den Augenbrauen (des Vaters), die Brust (des Sohnes). Die Arme breiten sich seitwärts waagrecht aus (des Heiligen Geistes) und kreuzen sich vor der Brust (Amen). Heben Sie nun Ihr Gesicht nach oben und sprechen Sie das »Vater unser«.

Nachdem Sie das Gebet gesprochen haben, lassen Sie einen Moment völliger Sammlung in sich eintreten, indem Sie sich mit Ihrem Schöpfer in Liebe und Dankbarkeit verbunden fühlen. Formen Sie keine Gedanken, sondern seien Sie nur Gefühl. Sollte es Ihnen anfangs Schwierigkeiten machen, dieses Gefühl zu erzeugen, so stellen Sie sich nur vor, daß Ihr ganzer Körper sich von unten nach oben mit warmem goldenem Licht füllt, das bis in Ihre Stirne steigt, nach oben entlassen wird und den ganzen Raum um Sie erhellt. Fühlen Sie die Kraft und den Schutz dieses Lichtes.

Das Wohlbefinden, das sich in Ihnen bald darauf ausbreiten wird, ist dem Gefühl der Liebe sehr ähnlich. Bald werden Sie wissen, wie es »schmeckt«, und werden es ohne Anstrengung erzeugen können. Baden Sie Ihren Körper in diesem Licht. Visualisieren Sie, daß Ihr Geist in diesem Licht ist und Ihren Körper von außen damit umgibt und daß sich in diesem Licht auch die Antwort Ihres Schöpfers auf Ihren Morgen- (Abend-)gruß sammelt.

Wenn Sie sich Ihres Gefühls voll bewußt sind, dann saugen Sie das Licht mit Ihrem ganzen Körper wieder in sich hinein, so daß Sie von innen her strahlen. Sagen Sie: »Ich bin die Liebe Gottes.« Legen Sie nun Ihre Hände mit nach oben gerichteten

Handflächen auf die Knie, und sagen Sie: »Für den heutigen Tag (die heutige Nacht) erbitte ich Schutz und Führung. Ich bin eins mit der Allmacht und meinen Schutzgeistern und danke für die mir erwiesene Hilfe.«

Lassen Sie das Gefühl, das dieser Spruch erzeugt, sich in Ihnen breit machen, und erfreuen Sie sich an dem Wohlgefühl, das entsteht. Es könnte sein, daß Sie mit dieser Übung, die Ihrer Stabilisierung dient, schon die ersten Kontaktaufnahme erreichen. Aber das wäre eher außergewöhnlich.

Dehnen Sie diese Übungen keinesfalls mehr als jeweils eine Viertelstunde aus. Die letzten Minuten müssen immer dem irdischen Sammeln gewidmet sein. Fühlen Sie den Druck des Bodens und den Halt, den er Ihnen gibt. Beenden Sie die Übung mir demselben Kreuzzeichen, mit dem Sie auch begonnen haben und dem Bewußtsein, daß Sie eben einen neuen Lebensabschnitt begonnen haben, umgeben von Wohlwollen und Liebe und mit der Sicherheit, daß sich alles zu Ihrem Besten fügen wird.

Wenn Sie es schaffen, diese Empfindung mit in Ihren Alltag oder Ihren Schlaf zu nehmen und Ihre Handlungen zu integrieren, werden Sie die wahrsten Wunder in Ihrer Umwelt erleben.

Irgendwann werden Sie feststellen, daß Sie geliebt (nicht beliebt) sind. Das kann in der vollendeten Form so weit gehen, daß wildfremde Menschen Ihnen auf der Straße etwas Liebes sagen oder tun.

Übrigens: Wenn so etwas passiert – und ich garantiere, es wird passieren –, dann danken Sie freundlich, aber retournieren Sie nicht an den Geber. Liebe soll fließen. Wenn also jemand zu Ihnen sagt, wie hübsch Sie heute wieder aussehen, dann sagen Sie bitte nicht: »Sie aber auch«, sondern nehmen Sie an: »Danke vielmals.« Zeigen Sie, daß Sie erfreut worden sind, und sagen Sie, was Sie fühlen.

Das positive Annehmen von Freundlichkeit ist ein ganz wichtiger Bestandteil der Ausbildung und Erhaltung Ihrer Liebes- und Sozialfähigkeit. Außerdem lädt es Ihren Solarplexus, Ihr Körperenergie-Zentrum wenige Zentimeter oberhalb des Nabels, auf.

Es hat keinen Sinn, jemandem, der zu Ihnen sagt: »Was für eine schöne Armbanduhr Sie haben«, zu antworten: »Ach die, die ist schon hundert Jahre alt.« Optimal ausgewertet ist der Vorgang nur, wenn Sie annehmen: »Danke, ich freue mich auch jeden Tag daran.« Oder: »Freut mich, daß sie Ihnen gefällt.«

Und weil wir gerade dabei sind: Worte wie Freude, freuen, Glück, glücklich, gut, gerne, fröhlich, froh, Liebe und so weiter haben energetische Kraft. Verwenden Sie sie so oft und so bewußt wie möglich. Das nur nebenbei.

Wenn Sie also nun, von Ihrer Lichtübung gestärkt, die Bühne des Alltags betreten, fangen Sie doch bitte an, Ihre Gedanken wahrzunehmen und merken Sie sich die Art und Färbung Ihrer eigenen Denkabläufe. Denken Sie bewußt. Diese Aufforderung wird Ihnen um so weniger stupid vorkommen, je öfter Sie sie praktizieren.

Der Alltag der meisten Menschen beginnt mit einem Verkehrsmittel, entweder mit einem allgemeinen oder einem eigenen. Diese Verkehrsmittel sind hervorragend geeignet, um Denkstimmen zu eruieren, denn sie zwingen uns in die Nähe von Menschen, die wir eigentlich nicht gesucht haben. Unsere Revieransprüche werden schmerzlich dezimiert, unsere Sinnesorgane belastet, unsere Geduld strapaziert.

Und genau *das* ist der Moment! Sie kennen Ihre Gedanken in solchen Situationen doch bis zum Überdruß (Gott, ist der Bus heute wieder voll; warum muß die Dicke denn so laut reden; ach, daß der Fahrer immer so stark bremsen muß; warum macht der Idiot den Blinker nicht raus und so weiter, und so weiter). Lassen Sie also ihr Tagesbewußtsein Ihren Alltag kommentieren und – hören Sie drüber.

Das wird nicht auf Anhieb gelingen. Nicht aufgeben! Es ist schon viel gewonnen, wenn Sie eines Tages in sich denken

hören: »Die Dicke schreit nur so, weil sie schwerhörig ist.«
Nehmen Sie es wahr. Es ist wahrscheinlich keine Vermutung,
sondern besänftigende Information.

Wie oft bin ich schon auf die Bremse getreten, bevor es mein
Vordermann tat, weil jemand in meinem Kopf sagte: »Brems!«
Ich kenne mich und meine Denkschemata. Ich denke nie
»brems«, wenn bremsen angesagt ist. Ich tue es re-aktiv.

Ihr Schutzgeist wird sich 99,9prozentig zuerst nicht mit hehren Durchsagen bemerkbar machen, sondern mit Alltagsbana-
litäten. Achten Sie vor allem auf Gedankenformen, die in der
Du-Form laufen. Ich hoffe für Sie, daß Ihnen ein Sprecher erspart bleibt, der Sie in der dritten Person anredet, wie es mir
selbst jahrelang erging (»Ja, hat sie denn keine Augen im
Kopf.«), oder etwa Althochdeutsch.

Jetzt kommen wir nochmals zu einem Punkt, der zu den wichtigsten im Umgang mit unseren Jenseitigen zählt: Ihre Mental-
pflege. Wir haben grundsätzlich in unserer Denkweise jede Freiheit. Niemand unserer Erdgenossen kann in unser Hirn schauen
(außer ein paar dafür besonders begabte Menschen), und niemand kann uns kontrollieren. Die Gedanken sind frei, so heißt
es. Und genau hierbei stoßen wir auf die größte Schwierigkeit
auf dem Weg zur Vollkommenheit und auch auf dem Weg zur
Kommunikation mit unseren Schutzgeistern.

Wir können es als gegebene Tatsache ansehen, daß ein Wesen,
welches eine Aufgabe als Schutzgeist übernimmt, von edler
Prägung ist und die göttlichen Gesetze kennt. Weiterhin ist es
leider so, daß unsere Schutzgeister unsere Gedanken voll mitbekommen. Können Sie sich vorstellen, was die Ärmsten mitunter mitmachen und ertragen müssen?

Ich gebe Ihnen hier schriftlich eine Garantie: Niemand, der
sich mit Gewalt, Pornographie, Unterdrückung, Haß und Rache abgibt, wird in Kontakt mit seinem höheren Selbst kommen. Kontakt wird er nur mit Geistwesen haben, die sich von
diesen Dingen angezogen fühlen, ihre niedrigen Bedürfnisse

über ihn ausleben wollen und mit Schutz nicht das geringste zu tun haben.

Eine Erzieherin sagte einmal zu mir: »In jedem Menschen schlummert ein feiges, kleines Schwein.« Sie hat leider recht. Aber – wie gesagt – es *schlummert* aber auch in jedem von uns der edle strahlende Ritter, der selbstlose Retter, der furchtlose Held, der barmherzige Sieger und der große Liebende. Alles, alles haben wir in uns schlummern. Es liegt in unserem freien Entscheidungsbereich zu wecken, was wir wollen.

Wie Sie sicher wissen, trägt der Mensch um sich herum seine Aura, die wie ein strahlender Mantel aussieht und manchmal bis zu zwei Metern wahrgenommen werden kann. Diese Energieabstrahlung des Menschen kann von sensitiven Personen farblich wahrgenommen werden.

Liebe Leser, Sie sollten Ihre Aura nach einem blutrünstigen Western, nach der Lektüre eines Schundromans, nach Betrachten eines schamlosen Bildes und nach dem akzeptierten Umgang mit einem an diesen Dingen sich erfreuenden Menschen sehen.

Es berührt mich immer wieder, wie wenig Bedeutung die Menschen den unsichtbaren Dingen zumessen. Kein normaler Mensch würde sich mit seinen Kleidern in (pardon) Scheiße wälzen und sich dann pfeifend unter seine Mitmenschen mischen. Doch Tausende tun genau das mit ihrer Aura. Da pumpen sie sich voll mit Sex und Brutalität, und dann werden das Baby der Freundin, der arglose Nachbar, die Verkäuferin im Lebensmittelgeschäft samt Kunden, die Schulkinder in der U-Bahn mit einer vor Negativ-Aufladung stinkenden Aura belästigt. Aber man sieht es ja nicht.

Wir haben einen freien Willen. Daraus ergibt sich, wir haben die freie Wahl. Also bitte: Wählen Sie! Und werden Sie sich Ihrer Verantwortung bewußt. Glauben Sie ja nicht, daß die Belästigung der Aura eines Mitmenschen unbemerkt und ungestraft bleibt, denn auch dazu sind Schutzgeister unter anderem da.

Der Mensch trägt in sich eine tiefe Sehnsucht nach Schönheit und Vollkommenheit. Deshalb wollen kleine Mädchen immer Tänzerin oder Mannequin werden (weibliches Prinzip: Schönheit, Weichheit, Lieblichkeit) und kleine Jungen meist Zugschaffner und Flugzeugkapitän (männliches Prinzip: Macht, Organisation, Vernunft). Das Programm sitzt geschlechtsspezifisch verteilt unverbrüchlich fest. Durch Erziehung kann es abgeflacht oder verstärkt werden, doch die Urprogrammierung bleibt, genauso wie die archaischen Überreste animalischer Gelüste: Das Reißen der Beute mit Klauen, das Wühlen in Exkrementen, das triebhafte Begatten eines wahllosen Partners, die Lust am Quälen eines Schwächeren – auch *das* sitzt in uns drin und soll überwunden und veredelt werden.

Man verschone mich mit gutgemeinten Hinweisen, daß man ja erst einmal alles gründlich erfahren muß und *nochmals* durchmachen und *nochmals* miterleben muß. Wir *haben* es schon erlebt, liebe Mitmenschen. Jetzt sind wir Menschen *ad imaginem dei*, nach dem Bild Gottes. Und wir sollten bestrebt sein, uns dessen würdig zu zeigen.

Ich bin wirklich nicht für Prüderie und Scheuklappenmethoden, aber was eine in dieser Beziehung sorglos gehandhabte Erziehung bringt, genießen wir ja momentan in vollen Zügen.

Doch wir haben ja einen mächtigen Schutz: unser Überbewußtsein, das in Zusammenarbeit mit unseren Schutzgeistern und den hohen Entitäten immer Rat weiß und dementsprechende Vorgänge in uns auslöst. Und so erzeugen wir pflichtschuldigst seit Jahrtausenden die passenden Krankheiten. Es hilft absolut nichts, Krebs, Leukämie, AIDS ausrotten zu wollen. Es hilft genauso wenig, wie es geholfen hat, Pest und Cholera ausgerottet zu haben. Es ändern sich doch nur die Krankheitsbilder, das tödliche Endergebnis bleibt.

Wenn wir der Aussage Glauben schenken, daß jede Krankheit eine psychische Voraussetzung benötigt, dann sollte die verheerende Ausbreitung von AIDS uns doch endlich einmal über die Zusammenhänge mit den vorher genannten Dingen zu denken geben. Eines wage ich jedoch zu behaupten: Kein Mensch mit einer intakten, bewußt gepflegten Aura wird AIDS bekommen, selbst dann nicht, wenn er mit einem Partner lebt, der HIV-positiv ist. Noch wahrscheinlicher ist, daß er überhaupt nicht in die Nähe eines Infizierten kommt.

Es bleibt also unerläßlich, seine Aura, sein Bewußtsein, seine Chakras (Energiezentrum des Körpers) in Harmonie zu halten, und dazu gehört ein aufgeklärtes Wissen über die Zusammenhänge. Dieses Wissen ist die Grundlage für einen einwandfreien Kontakt mit Schutzgeistern und Geistwesen höherer Sphären und bewahrt uns auch vor niedrigen Wesen, die nur nach Menschen suchen, über die sie ihre üblen Triebe ausleben können.

Fangen Sie also an, sich zu kontrollieren. Das wird Ihnen auch auf dem Gebiet der Ernährung nicht erspart bleiben. Es gibt auf diesem Sektor Ernährungswerte, die als allgemeingültig und unumstößlich angesehen werden können. Jeder Mensch weiß, daß man seinen Körper mit Kaffee und Butterbroten allein nicht optimal ernähren kann. Gemüse, Obst, Fleisch, Brot, Eier, Süßigkeiten sollten in vernünftiger Zusammensetzung und Ausgewogenheit eine profunde Basis darstellen.

Nun kommt aber ein Faktor hinzu, den man nicht übersehen sollte. Der Körper ist imstande, Mängel selbst zu erkennen und seine Bedürfnisse kundzutun. Lernen Sie also, auf Ihren Körper zu *hören*. Sicher kennen Sie den Heißhunger, den man plötzlich auf ein Stück Schokolade oder ein saftiges Steak mit Bratkartoffeln bekommen kann. Geben Sie diesen Gelüsten ruhig nach. Sie haben nichts mit Unmäßigkeit zu tun. Unmäßigkeit tritt erst dann ein, wenn die Quantität nichts mehr mit dem normalen Verbrauch zu tun hat und Ersatz wird für nichterhaltene Liebe, für Anerkennung und Erfolg.

Je mehr Sie ihre Psyche pflegen (bewußt denken!), desto mehr wird Ihr Körper gleichziehen. Wenn Sie sich gehenlassen, wird Ihre Aura instabil, und es kann Ihnen passieren, daß niedere Geistwesen sich über Ihren Körper *die* Befriedigung verschaffen, die sie in ihrer immateriellen Welt nicht mehr erlangen können. Menschen, die wahl- und gedankenlos Dinge konsumieren, sind oft unter eine solche Besetzung geraten. Vor allem kann man das auch bei Drogen und Genußmitteln feststellen.

Die meisten von uns haben für den grenzenlosen Verbrauch von Alkohol und Zigaretten oft keinerlei Erklärung. Sie agieren wie Getriebene – und genau das sind sie auch. Nur ein bewußtes Wahrnehmen kann helfen, und ein starkes, immer wiederkehrendes Imaginieren des Idealzustandes (ich will nicht so viel rauchen/trinken), und die wiederholten Versuche, ihn herzustellen, können zu Stabilisierung führen. Auch das gehört in das Gebiet der optimalen Imagination. Nichts ist einem Besetzer widerwilliger als ein Opfer, das unentwegt Idealkonditionen imaginiert oder sogar seine Schutzgeister um Hilfe bittet.

Das, worum es generell geht, ist, daß ein gesunder Körper in allem besser funktioniert und natürlich auch bessere Kontakte knüpfen kann als ein Körper, der ständig nur damit beschäftigt ist, sich gerade noch über Wasser zu halten.

Zu diesem Thema gehört natürlich auch der Schlaf, das effektivste Regenerationsmittel für Leib und Seele, das es gibt. Wenn Sie den vorher beschriebenen Morgen- und Abend-Rapport täglich durchführen, werden Sie bald keine Schlafstörungen mehr kennen. Das Nicht-schlafen-Können ist ja meist nichts anderes als die Angst, ausgeliefert zu sein oder etwas zu versäumen.

Wenn Sie sich des Schutzes und der Zusammenarbeit Ihrer jenseitigen Helfer sicher sind und in der Liebe Ihres Schöpfers leben, fallen alle diese Faktoren wie Existenzangst, Furcht vor Einsamkeit, Hilflosigkeit und so weiter automatisch weg. Aber das Bewußtsein muß in dieser Richtung geöffnet und geschult werden. Es ist wesentlich einfacher, sich selbst zu bemitleiden und bemitleiden zu lassen. Der Mensch ist ein Gewohnheitstier, und das Fatale ist – er gewöhnt sich einfach an alles und vergißt auch alles, was ihm längere Zeit hindurch widerfahren ist.

Bei mir heißt dieses Phänomen scherzhaft »das Witwen-Syndrom«. Ich habe zu oft erlebt, daß Witwen, die sich schon längst nicht mehr in der akuten Trauerphase befanden, ja sogar schon oft neue Partner hatten, Ausflüge in ihre längst vergangenen Trauerphasen machten, weil sie sich einfach daran gewöhnt hatten, monatelang beim Aufstehen, Mittagessen, Schlafengehen, Kaffeetrinken und so weiter sich kummervollen Gedanken hinzugeben. Irgendwann hatte sich die Psyche das Ritual angeeignet und es selb-ständig gemacht. Man ritualisiert vor sich hin und weiß eigentlich gar nicht mehr, warum.

Dasselbe spielt sich auch auf vielen anderen Gebieten ab, wie zum Beispiel der Unterdrückung, des Pflegetriebs, der Profilierung. Simples Beispiel ist die Frau, die nach Ableben ihres Kanarienvogels noch immer mit ihm spricht und Futter einkauft. Aus diesem Nicht-Bewußtsein heraus entstehen oft die groteskesten Situationen.

Ich hatte monatelang eine Frau in Beratung, die über Jahre hinweg unter ihrem trunksüchtigen Mann gelitten hatte, der sie immer – wenn er sich wieder hatte vollaufen lassen – schlug. Als er wieder einmal sternhagelvoll war, rannte er in ein Auto, was ihn sein verpfuschtes Leben kostete.

Man sollte meinen, daß ein normal denkender Mensch diese Schicksalsfügung als Erleichterung des Lebens mehr oder weniger erfreut hinnehmen würde. Aber weit gefehlt. Die Frau, die bald einen neuen, sehr ruhigen und ausgeglichenen Partner fand, kam zu mir, weil sie diese neue Partnerschaft als nicht erfüllend, wie sie selbst sagte, empfand.

Es kostete mich fast vier Monate, bis ich sie so weit hatte, daß sie sich eingestehen konnte, daß

a) die Schläge ihres ersten Mannes bei ihr einen masochistischen Trieb geweckt und befriedigt hatten, der latent in irgendeiner Psycho-Ecke geschlummert hatte,

b) die Aggressionslosigkeit ihres zweiten Mannes ein Geschenk des Himmels war und

c) eine Ehe ohne Schlagabtausch durchaus als erfüllt bezeichnet werden kann.

Dieses Beispiel ist nur eins von vielen, das zeigen soll, wie wichtig bewußtes Denken, Bewußt-Sein ist.

Viele Kümmernisse blieben uns erspart und viele Psychopharmaka ungeschluckt, wenn wir von Kind auf gelernt hätten, unsere Denkvorgänge mit Hilfe eines Bewußtseins zu kontrollieren, das sich an den Gesetzen und Regeln dieses Daseins orientiert und seiner Funktion sicher ist.

Das Sich-sicher-Sein fällt um so leichter, je mehr man sich des Teams bewußt ist, das einen umgibt und schützt und je besser man in der Lage ist, in sich hineinzuhören. Kein Schutzgeist wird es kommentarlos hinnehmen, daß seinem Schützling Schädliches widerfährt, und er wird mit Sicherheit dazu beitragen, die mißliche Situation günstig zu beeinflussen, aber er ist relativ machtlos, wenn sein Schutzbefohlener mit stiller Leidenschaft sich am Ungemach delektiert.

Noch einmal muß es gesagt werden – wir tragen die *imago dei*, das Bild Gottes, in uns, und unsere Schutzgeister tragen wesentlich zur Aktivierung dieses Gottzugehörigkeit-Bewußtseins bei. Hindern wir diese fruchtbare Zusammenarbeit also nicht durch Denkfaulheit und Ergebenheit in irgendwelche dumpfhirnigen Denkschemata niedriger Art.

Das *Cogito, ergo sum*, ich denke, also bin ich, sagt eigentlich alles. Descartes, der große französische Philosoph, begründete sein ganzes Denkvermögen auf dem Grundsatz, daß die Idee Gottes, des vollkommensten Wesens, die größte Realität beinhaltet. Viel größer als die Realität des menschlichen Ichs, das nicht die Ursache der Idee sein kann, weil sonst die Wirkung größer als die Ursache wäre, die damit ihren Ursprung außerhalb des »Ich« in Gott haben *muß*.

Damit sind wir wieder beim Dualismus von Geist und Materie. Fazit: Pflegen Sie Ihr Denken ebenso sorgfältig – wenn nicht sorgfältiger als Ihren Körper. Durch eine solche Lebensphilosophie wird unsere Existenz sicher nicht bequemer, denn konsequent wächst damit natürlich auch das Gefühl für Verantwortung für sich und für andere. Wobei mit »anderen« auch die Schutzgeister gemeint sind.

Wenn wir schon ein Team, eine Gruppe darstellen, dann muß uns natürlich auch klar sein, daß zum Beispiel eine negative Denkweise gleichermaßen auch unsere Jenseitigen belasten muß. Wir sind also Bemühungen auf diesem Gebiet nicht nur uns, sondern allen rundherum schuldig.

Wenn wir zu Recht davon ausgehen, daß wir ein auf dieser Erde inkarniertes Ebenbild unserer Schutzengel darstellen, lohnt sich diese heikle Arbeit doppelt. Sie ist die Grundlage der bewußten und fruchtbaren Verbindung mit diesen uns auf Biegen und Brechen verbundenen Wesen.

Nach wie vor bin ich mir sicher, daß eine kooperative Zusammenarbeit nur dann stattfinden kann, wenn der Mensch sich seiner Einmaligkeit und auch seiner Willensfreiheit voll bewußt ist. Ich weiß, daß dieses Wort »bewußt« von mir scheinbar zu oft verwendet wird, aber es ist von einer solchen Wichtigkeit, daß ich es immer und immer wieder verwenden werde.

Auf keinen Fall möchte ich, daß Sie glauben, bei einer geglückten Kontaktaufnahme nun an jemanden geraten zu sein, dem Sie ausgeliefert sind und dessen Vorschlägen und Hinweisen Sie blind folgen müssen. Vergessen Sie nie: Sie sind eine selbständige Individualität, und Ihr Mitspracherecht ist beträchtlich. Ihr Schutzengel, Ihre Schutzgeister wissen das. Niemals werden sie Ihnen Vorschriften oktroyieren oder kondensiertes Wissen servieren. Sie sind nicht dazu da, Ihnen die Arbeit abzunehmen, sondern Ihnen dabei zu helfen, und die Hilfe spielt sich nicht nur auf geistigem Gebiet ab.

Wir haben uns auf dieser Erde nicht ohne Grund in einen Körper inkarniert. Es wäre also ignorante Dummheit, eben diesem Körper nicht die Aufmerksamkeit zukommen zu lassen, die ihm gebührt. Diese Erde ist nicht nur ein Jammertal, und wir sind nicht inkarniert, um nur zeit unseres Lebens dahinzuleiden. Wir sollen mit unserem Körper Lust empfangen, Freude an ihm haben, das Dasein genießen.

Konstantin Wecker, der Liedermacher, sagt ganz richtig: »Wer nicht genießt, ist ungenießbar.« Ich sage es noch krasser: Ein nicht genießender Mensch ist für die Engel ein Klotz am Bein und für seine materielle Umwelt ein Greuel.

Welch ein Mißverständnis zu glauben, daß allein durch Kasteiung die alleinseligmachende Erleuchtung erlangt werden könne. Sicher – es gibt Menschen, die diese Erfahrung der absoluten Beschränkung als Weg zur Vervollkommnung aus verschiedensten Gründen gewählt haben und wählen. Aber es ist nicht die Norm. Das beste Beispiel ist Jesus selbst. Es ging den Weg konsequent bis nach Golgatha, aber er sorgte auch für Wein, Brot und Fische und wußte es zu schätzen, wenn eine schöne Frau seine Füße salbte.

Die gesunde Balance zu finden, ist jedermanns ureigenste Aufgabe. Lassen Sie sich also nicht erzählen, daß Sie zukünftig nur mehr Körner essen dürfen und Kräutertee trinken und daß Sexualität ein niedriger Trieb ist, der unterdrückt und zuletzt absorbiert werden muß. Die Leute, die solches predigen, sind meist genauso fragwürdig und konfus wie ihre Thesen.

Es mag durchaus sein, daß es manchem besser bekommt, ohne Fleisch zu leben und ohne den Hauch von Alkohol, aber es liegt an Ihnen, sich zu entscheiden, ob Sie gleichziehen wollen oder nicht. Diese fanatische Gleichmacherei so mancher Lehrer des Heils hat mich immer abgestoßen. »Was dem een sin Uhl, ist dem andern sin Nachtigall« und »leben und leben lassen« erscheinen mir als durchaus akzeptable Sprichwörter.

Ich sehe nicht ein, warum jemand sein heißgeliebtes Abendbier streichen muß, um zur Erleuchtung zu gelangen. Es ist der *richtige Umgang* mit den Gaben dieser Welt, den wir lernen sollen, und nicht die Negation. Das war eines der ersten Dinge, die mir mein Schutzherr vermittelte, und ich gebe es gerne weiter.

Im anschließenden und letzten Teil dieses Buches werden Sie die Möglichkeiten erfahren, wie Sie mit materiellen Mitteln den Kontakt mit Ihrem Schutzgeist aufnehmen können.

Ich halte diese Art für wesentlich schwerer und umständlicher als das reine In-sich-Hören und -Fühlen. Trotzdem gebe ich die Technik der Vollständigkeit halber weiter. Ich verwende sie selbst nur mehr sehr selten und ausschließlich bei schweren Zweifeln – an mir selbst.

Für den absoluten Anfänger muß – was diese Technik anbelangt – folgendes mit Nachdruck gesagt werden:

1. Training ist alles,
2. Vertrauen ist alles,
3. Kritik und Selbstvertrauen ist alles, und
4. diese Technik ist kein unterhaltsames Gesellschaftsspiel.

Wer das glaubt, mit dem wird gespielt werden.

Denn, wie schon vorher gesagt, wer den Kanal öffnet, der öffnet ihn allen und – wie man in den Wald…

Es wird Ihnen anfänglich, manchmal auch noch später, passieren, daß sich Foppgeister einschleichen, doch wenn Sie bis jetzt aufmerksam gelesen haben, werden Sie in der Lage sein, sich zu wehren. Außerdem werden die Unerwünschten ihr Interesse an Ihnen sowieso verlieren, wenn Sie Ihre geistige Integrität wahren und die Vorbereitungen strikt einhalten.

Von vornherein kann ich Ihnen außerdem sagen, daß es keinen Sinn hat, unsere Jenseitigen nach Dingen zu fragen, die mit Zeitabläufen und Zeitpunkten zu tun haben. Unsere Helfer können nämlich mit unserer Zeitrechnung absolut nicht umgehen. Wenn also auf eine zeitbezogene Frage mit dem Wort »bald« geantwortet wird, dann kann es sein, daß es am nächsten

Tag, aber auch erst in sieben Jahren passiert. Sicher ist nur, *daß* es passiert. Wenn wir ein Anliegen haben, bei dem die Zeit uns drängt und sich der Helfer doch bitteschön beeilen möchte, dann empfehle ich überdeutliche Angaben Ihrerseits (siehe Bauernschrank-Geschichte).

Man darf auch nicht übelnehmen, daß unsere Schutzgeister nur ein begrenztes Verständnis für finanzielle Schwierigkeiten aufbringen. Aus diesem Grund muß man in entsprechenden Situationen, für die durchaus jenseitige Anteilnahme besteht, ebenfalls sehr deutlich werden und klarmachen, worum es geht.

Ich hoffe, es ist ohne weitere Erklärung begriffen worden, daß Schutzgeister nicht mit Fragen nach Lottozahlen oder Fußballergebnissen belästigt werden dürfen – es sei denn, sie bekunden Interesse. Das gibt es nämlich auch. Ich habe in meinem jenseitigen »Bekanntenkreis« tatsächlich einen Tennis-Freak, dem es die größte Freude macht, Wettkampfergebnisse vorauszusagen. Und das mir, die ich mich für Sport nicht mehr interessiere als für das Innenleben eines Handstaubsaugers.

Übrigens, nur ganz nebenbei, wenn unsere Sportasse mitbekämen, was und wer da von drüben alles »mitspielt«, dann würde sich so manches im Leben und Verhalten unserer Champions verändern. Aber wie ich höre, hat es sich in Sportmanagerkreisen auch schon herumgesprochen, daß eine gute Vorhand und ein exzellentes Konditionstraining allein noch keine Sieger ausmachen.

Aber zurück zu unseren Engeln, sportbegeistert oder nicht. Ich werde oft gefragt, wie man mit ihnen sprechen soll. Darauf gibt es nur eine Antwort: ganz normal, aber in Respekt und Liebe. Ob wir uns dessen bewußt sind oder nicht – die uns nahestehendsten Wesenheiten sind Engel. Sie wissen, was wir denken, fühlen, planen, lieben und verdammen, so wie es ein intimer Freund, ein Lebensgefährte weiß. Es ist also sinnlos, etwas zu verheimlichen oder zu beschönigen oder gar zu lügen. Das würde nur die Intensität des Kontaktes negativ beeinflussen.

Ich bin oft gefragt worden, ob es bestimmte gute Zeiten gebe, um mit seinen Schutzgeistern Kontakt aufzunehmen. Meine Antwort war immer: »Nein, keine bestimmte.« Ich weiß, daß für Kontakte oft die Todesstunde Jesu – nämlich 15.00 Uhr – empfohlen wird. Meiner Erfahrung nach sollte jedoch der Kontakt so sein, daß Zeitabsprachen überflüssig sind.

Am Anfang meiner eigenen Kontaktaufnahme hielt ich es so, daß ich den Zeitpunkt des Meetings bekanntgab und ihn genau einhielt. Im Laufe der Zeit lernte ich dann, daß mein Schutzgeist keine Ansagen dieser Art brauchte, sondern immer für mich da war.

Das einzige, was eine Kontaktaufnahme wirklich nicht verträgt, ist Eile und Hast. Der Rapport mit Ihrem Engel sollte nur in innerer sowie äußerer Ruhe stattfinden. Wenn eine Entscheidung einmal blitzschnell getroffen werden soll und vor Nervosität oder Aufregung kein inneres Abhören erreicht werden kann, empfehle ich, sich Entscheidungshilfen über Medien – also über vermittelnde Elemente – zu verschaffen.

Ich arbeite in solchen Fällen ausschließlich mit Runensteinen, die sich als absolut zuverlässiges Mittel erwiesen haben. Es war sogar möglich, während schwieriger Verhandlungen Hinweise durch einen gezogenen Stein zu bekommen. Dazu gehört natürlich, daß man mit den Runen vertraut ist, ihren Doppelsinn begreift und ein Gefühl dafür entwickelt hat, welcher Stein einem »in die Hand will«. Wie immer funktioniert das Unternehmen über das Unterbewußtsein und dient allein dem »clear up« aufgeregter Hirne.

Wenn Ihnen zum ersten Mal ein klarer, bewußter Kontakt gelungen ist, werden Sie sich regelrecht »high« fühlen. Das hat damit zu tun, daß jedes Einklinken in höhere Entitäten ungeheure Energie vermitteln kann. Ich habe es selbst oft erlebt, daß man Kontakt aufnimmt, während man schon mit unverkennbaren Anzeichen einer Grippe kämpft und wenige Stunden später merkt, daß man keinerlei Beschwerden mehr verspürt. Er-

87

schöpfung, Depressionen, Angst, Sorge können mit Hilfe des Schutzgeistes neutralisiert, ja sogar in konträre Gefühle umgewandelt werden. Dies halte ich für die effektivste Begleiterscheinung positiver Jenseitskontakte.

Wer einmal erlebt hat, wie machtvoll ein solcher Energieschub auf die Psyche wirkt, der wird auch verstehen, worüber ich nun leider berichten muß, nämlich über negative Jenseitskontakte. Wie bereits gesagt, wenn der Kanal nach drüben einmal offen ist, ist er für alles offen. Es liegt nun an uns, unsere Sinne und unser Wahrnehmungsvermögen so weit zu schärfen, daß wir selektieren können.

Es gibt im Jenseits genug erdnahe, aber auch in entfernteren Sphären agierende Wesen, die es sich schon beinahe zur Aufgabe gemacht haben, über diesen Weg Menschen zu belästigen. Man wird mit ihnen relativ leicht fertig, wenn man die Spielregeln weiß und später, wenn die Erfahrung dazukommt, die Stimmfärbung der eigenen Leute kennt.

Natürlich kommen über den Kanal auch Wesenheiten, die nicht mit unserem Schutz beauftragt, uns aber trotzdem wohlgesonnen sind. Genau an diesem Punkt fängt die Selektion an. Ich möchte Sie nicht in dem rein technischen Teil dieses Buches entlassen, ohne nochmals von der Macht des Wortes gesprochen zu haben.

Teiresias, der blinde Seher, sagt zu seinem nach der grausigen Wahrheit suchenden König Ödipus: »Jedwedes Wort, das unseren Mund verlassen hat, gewinnt ganz eigene Macht.« Nichts kann wahrer sein als dieser Satz. Hüten Sie sich also künftig vor Sätzen, Worten, die Ihre Energie, Ihre Aura schwächen könnten. Dazu gehört vor allen Dingen folgendes volkstümliche Repertoire: Ich bin doch nicht so wichtig. Wer braucht mich schon? Ich bin doch ein Trottel. Das kann ich nicht. Nehmen Sie bitte auf mich keine Rücksicht. Und (was der Gipfel ist als Antwort auf einen Dank): Nicht der Rede wert!

Streichen Sie diese und ähnliche Redewendungen aus Ihrem

Gebrauch. Auch das gehört zur Bewußtheit. Wir sind wertvoll, der Beachtung, Rücksichtnahme und Liebe anderer wert, und wenn Sie jemandem Anlaß gegeben haben, sich bei Ihnen zu bedanken, dann ist das nur recht und billig (billig im Sinne von angemessen). Sagen Sie also bitte zukünftig: »Aber bitte, gerne geschehen, hat mir Freude gemacht zu helfen.«

Ein weiterer Mißbrauch des Wortes spielt sich beim Fluchen ab. Werden Sie sich bitte klar darüber, daß jedes gesprochene Negativwort Energie abzieht von Ihnen und Ihrer Umgebung. Und hüten Sie sich vor allem vor gedankenkoser Verwendung der höchsten Namen wie Gott, Jesus, Maria, Sakrament und weiterer, in höhere Sphären reichender Vokal- und Konsonantenkombinationen. Sie wirken immer. Und genau so, wie Sie sie verwendet haben! In Zorn und Wut ausgerufen, wirken sie wie ein schlechtgeworfener Bumerang, und die Wirkung ist schlimmer als nur eine Beule am Kopf. Prüfen Sie sich also in dieser Beziehung bis hinein in die intimsten Situationen.

Einige Zeit nach Beginn Ihrer Kontaktaufnahme werden Sie Veränderungen in Ihrem Leben bemerken. Das ist die notwendige Reaktion Ihrer Umwelt auf Ihre eigene Bewußtseinsveränderung. Vieles, was geschehen wird, wird Ihr absolutes Vertrauen erfordern. Bringen Sie den Mut auf, es zu haben. Alles ist dazu angetan, zu Ihrem Besten zu wirken. Aus der Kraft dieses Wissens sollte Ihnen unendliche Sicherheit erwachsen.

So, und bevor wir uns nun endgültig in die Technik stürzen, soll der gute alte Horaz noch zu Wort kommen. Er sagt: »Odi profanum vulgus et arceo«, was in sehr freier Übersetzung heißt, daß man Nicht-Eingeweihten gegenüber vorsichtig sein und über gewisse Dinge den Mund halten soll. Für Sie heißt das, freuen Sie sich an den Kontakten mit Ihren Schutzgeistern, aber reden Sie nicht wahllos mit jedem darüber. Es gibt Menschen, die in ihrem Bewußsein noch nicht so weit sind und von Ihrer Information überfordert sein könnten. Die daraus entstehenden Schwierigkeiten können Sie sich durch rechtzeitiges

Stillschweigen ersparen. Sie werden mit genügend Gleichgesinnten zusammentreffen, mit denen Sie Erfahrungen austauschen und Hinweise besprechen können. Aber eben nur mit
Gleichgesinnten.

Die Technik

Um zu den drei wichtigsten Faktoren, mit denen Sie arbeiten werden – nämlich Klang, Licht und Farbe – richtig umgehen zu können, müssen Sie über die Energiezentren, die sogenannten Chakras des Körpers, genau Bescheid wissen. Chakra heißt Rad oder etwas Drehendes. Der Begriff kommt aus dem Sanskrit, das eine uralte vorchristliche Sprache der Priester und Gelehrten Indiens ist. Wir Menschen besitzen sieben Chakras, die aus reiner schwingender Energie bestehen.

Ich habe in meinen Vorträgen immer wieder feststellen müssen, daß die Zuhörer entweder überhaupt nichts von Chakras wußten oder glaubten, sie befänden sich innerhalb des Körpers. Das stimmt nicht. Chakras sind die Energiezentren unseres Ätherleibs, dessen Strahlung Aura (lat.: Luft, Hauch) genannt wird.

Dieser Ätherleib umgibt den Körper wie ein Mantel und hat in sich sowohl Gottbewußtsein als auch allkosmische Energie gespeichert. Wissenschaftlich wurde die Energieabstrahlung unseres Ätherleibs erstmals durch die Verographie nachgewiesen. Ein spezielles Aufnahmeverfahren, das auch namentlich nach seinen Erfindern Semjon und Valentina Kirlian benannt worden ist.

Im Idealfall sind Chakras reibungslos funktionierende Sammel- und Durchgangsstationen für Energie, die sie aufnehmen und in alle Körperregionen weitergeben. Bei hochentwickelten Menschen dienen die Chakras auch als Empfangs- und Sendestation für die Kontaktaufnahme mit anderen Wesen. Sie werden also verstehen, wie wichtig das Chakra-System für Gespräche mit unseren Schutzgeistern und eine Harmonisierung der sieben Zentren die Voraussetzung für eine ungestörte Leitung nach drüben ist.

Jedes unserer sieben Chakras hat eine ganz bestimmte

Schwingungsfrequenz, die den einzelnen Frequenzen der Töne unserer Tonleiter entsprechen. Deswegen ist Musik in der Lage, uns in Aufregung zu versetzen oder beruhigend zu wirken. Jedes Chakra reagiert auch auf eine bestimmte Farbe, die in ihm vorherrscht und die nach dem Gesetz der Farbenlehre auf den Organismus wirkt. Jeder von uns kennt zum Beispiel die aufregende Wirkung von Signal-Rot und den beruhigenden Einfluß eines blauen Nachtlichts.

Hier nun also eine komprimierte Zusammenfassung der sieben Haupt-Chakras und ihrer Funktionen.

Das *erste Chakra* ist das sogenannte Wurzel-Chakra. Wirkungsbereich: unter dem Steißbein. Die zugehörige Lichtfarbe ist Rot. Die Frequenz entspricht dem Ton C. Dieses Zentrum ist zuständig für körperliches Wohlbefinden (vitale Energie), Heilung von Krankheiten, materielle Macht und Wirkung auf andere Menschen (Sexual-Energie).

Das *zweite Chakra* ist das sogenannte Milz-Chakra. Wirkungsbereich: wenige Zentimeter unter dem Nabel. Die zugehörige Lichtfarbe ist Orange. Die Frequenz entspricht dem Ton D. Von der Harmonie dieses Zentrums hängen die Qualität des Intellekts, die geistige Klarheit und die Fähigkeit zum logischen Denken ab. Im weitesten Sinn hat dieses Chakra mit Ausscheidung und Reinigung zu tun.

Das *dritte Chakra* ist der Solarplexus. Wirkungsbereich: wenige Zentimeter über dem Nabel. Die zugehörige Lichtfarbe ist Gelb. Die Frequenz entspricht dem Ton E. Dieses Zentrum speist das Selbstbewußtsein, die Intuition, die allgemeine Sensitivität und unterstützt die Umwandlung von Grob-Stofflichem in Seelisch-Geistiges.

Das *vierte Chakra* ist das Herz-Chakra. Wirkungsbereich: in der Nähe der Brustbeinspitze. Die zugehörige Lichtfarbe ist Grün. Die Frequenz entspricht dem Ton F. Durch dieses Zentrum schwingen die Energien zur Erzeugung von Liebesfähigkeit (geben/nehmen), Wachstum, Reichtum und Wohlstand (geistig/seelisch). Dieses Chakra ist das Lebensfreude-Zentrum und auch das Jenseits-Kontakt-Chakra, in Zusammenarbeit mit dem Solarplexus die Grundlage für eine saubere Jenseits-Verständigung.

Das *fünfte Chakra* ist das Kehlkopf-Chakra. Wirkungsbereich: in der Halswölbung. Die zugehörige Lichtfarbe ist Blau. Die Frequenz entspricht dem Ton G. Dieses Zentrum ist vor allem Quelle des Klanges und der sprachlichen Verständigungsmöglichkeit, also ein Verteiler schöpferischer Energie und als solcher auch fähig zu heilen.

Das *sechste Chakra* ist das Stirn-Chakra, das auch das dritte Auge genannt wird. Wirkungsbereich: zwischen den Augen. Die zugehörige Farbe ist Indigo-blau. Die Frequenz entspricht dem Ton A. Alle Einsichten in die geistige Welt laufen über dieses Zentrum, auf dem die psychologischen Fähigkeiten des Menschen basieren.

Das *siebte Chakra* ist das Scheitel-Chakra. Wirkungsbereich: aus der nach dem Säuglingsalter zugewachsenen großen Fontanelle. Die zugehörige Farbe ist Violett. Die Frequenz entspricht dem Ton H. Über dieses Zentrum kann die absolute Verbundenheit mit der kosmischen Energie (Prana) erreicht werden, das Einswerden mit der göttlichen Entität, die Bewußtheit des All-Eins-Sein.

Dieses sind also die sieben Hauptzentren. Es gibt noch eine Vielzahl von Neben-Chakras, auf die ich aber nicht näher eingehen möchte, da sie für Jenseitskontakte eine eher untergeordnete Rolle spielen.

Das, was wir anstreben, ist eine unsere Versuche unterstützende und begünstigende Harmonisierung unserer Gesamtenergie. Beginnen Sie mit der Arbeit an Ihren Chakras erst, wenn Sie mit dem Lichtritual keine Schwierigkeiten mehr haben. Denn wenn Sie nicht gelernt haben, kosmisches Licht generell zu visualisieren und fließen zu lassen, werden Sie mit dem differenzierten Umgang mit Licht/Farbe erst recht nicht fertig.

Als erstes wählen Sie die Übungshaltung, die Ihnen am bequemsten ist. Lassen Sie sich von niemandem erzählen, daß Sie im Lotussitz zu arbeiten haben, womöglich auch noch mit qualvoll verrenkten Knien. Mit Übungshaltungen ist es wie mit einem Essen: Man möge sie bitte dem Bedarf entsprechend dosieren.

Der Tag wird kommen, wo Ihnen der Lotussitz ein inneres Bedürfnis sein und die Übung zur Zen-Meditation geraten wird. Doch vorher setzen oder legen Sie sich so, wie es Ihnen am richtigsten vorkommt. Spielen Sie vorerst keine Meditations-Musik. Das hat nichts damit zu tun, daß ich was gegen Musik hätte, aber wenn Sie zufällig an eine Kassette geraten, die in G-Dur spielt, dann werden Sie ganz schön Schwierigkeiten haben, Ihr Wurzel-Chakra optimal zu erfühlen, das in C schwingt.

Also bitte, erst mal Ruhe, warmhalten und wiederum in sich hineinfühlen. Spüren Sie den Boden, wie er Sie trägt und sichert, und seien Sie sich dieses Schutzes bewußt.

Und nun beginnen Sie zu atmen. Das tun Sie zwar schon die ganze Zeit, aber ich möchte gerne, daß Sie den Atem überall hineinschicken, und sei es in den großen Zeh. Machen Sie sich ein Spiel daraus, einen Punkt Ihres Körpers geistig festzustellen und ihn mit Luft zu füllen. Wenn Sie das können, fangen Sie an, mit Ihrem Atem den ganzen Körper zu füllen. Brustkorb, Becken, Beine, Nacken, Kopf, alles füllt sich beim Luftholen (Yang) und gibt gerne wieder ab im Ausatmen (Yin).

Blasen Sie sich bitte nicht krampfhaft auf. Es geht hier nicht um viel, sondern um bewußt atmen. Genießen Sie den Vorgang, bis es so weit ist, daß Sie fühlen: Ich brauche nichts mehr zu tun, ich werde geatmet. Das ist der Moment, wo Sie anfangen können, Ihre Atemluft zu färben.

94

Ich kenne Chakra-Lehrbücher, die mit den abenteuerlichsten Farben arbeiten, zum Beispiel leuchtendes Gelb im ersten Chakra und Mittelblau als Zugehörigkeitsfarbe beim zweiten Chakra. Ich befürworte für den Anfänger die Arbeit mit den allgemein bekannten Farben, die meiner Auflistung zu entnehmen sind. Allerdings empfehle ich immer der entsprechenden Farbe einen Schuß von leuchtendem Gold zuzugeben. Also visualisieren Sie Ihr Wurzelzentrum, und füllen Sie es mit Hilfe Ihres Atems mit gold-rotem Licht. Merken Sie, wie sich Ihr Unterleib erwärmt, die Wärme in die Oberschenkel, ja bis in die Füße ausstrahlt? Denken Sie an das Anschwellen der Farbe im Zentrum wie an einen mehr und mehr aufgeblasenen Luftballon.

Wenn Ihr erstes Chakra gefüllt ist, lassen Sie die Frabe darin stehen, und bilden Sie aus ihr die Farbe für das zweite Chakra – ein schönes Gold-Orange. Fühlen Sie, wie Ihr Bauch angenehm zu vibrieren anfängt, ein Gefühl der Dehnung im Becken auftritt und wie das Gold-Orange immer wieder durch jeden Atemzug verstärkt wird.

Nun bauen Sie Ihre Farbskala auf Gelb aus und schicken die strahlendste Sonnenfarbe, die Sie sich nur vorstellen können, in Ihren Solarplexus. Wenn Sie es richtig machen, werden Sie am Ende der gesamten Übung Hunger haben. Ihr Magen entkrampft sich. Um Ihre gesamte Mitte legt sich ein Reif von Wärme und Wohlsein. Die All-Einheit atmet Sie. Nichts kann Ihnen geschehen. Alles ist gut und in Ordnung.

Ihre drei Grund-Chakras schwingen in satter Farbharmonie. Lassen Sie das Gold von unten nach oben durchfließen, bis es bereit ist, sich aus dem Gelb des Solarplexus zu lösen und hinaufzusteigen bis ins Herz-Chakra, wo es sich in ein helles Grün verwandelt. Ihr Brustkorb weitet sich, Ihr Herzschlag wird intensiver und ganz gleichmäßig, in beiden Schultern spüren Sie den Fluß von gold-grüner warmer Farbe.

Ihr Atem fließt warm und gleichmäßig durch die Kehle, und

genau an dieser Stelle lassen Sie nun das Gold-Grün hoch-
fließen und sich in ein wunderschönes Blau verwandeln. Ihre
Wangen werden warm. Ihr Speichelfluß vermehrt sich. Im
Nacken spüren Sie ein wohliges Ziehen. Die Wärme überzieht
Ihr ganzes Gesicht und sammelt sich schließlich im sechsten
Chakra zwischen den Augen.

Das Blau des Halszentrums steigt durch Ihren Gaumen,
durch die Nase bis ins dritte Auge, wo es sich in ein intensives
Indigo verwandelt. Vielleicht nicht beim ersten Mal, aber nach
circa einem Monat werden Sie das Indigo-Blau bei geschlossenen Augen sehen. Ziehen Sie das Gold nun von ganz unten her-
auf bis in die Stirn, fühlen Sie, wie alle Chakras gleichmäßig vibrieren und wie das Gold alles verbindet, reinigt, intensiviert,
heilt, löst und sich mit dem Indigo-Blau des dritten Auges
mischt, eins wird, nach oben in Ihren Scheitel steigt und sich als
sattes Violett dort sammelt.

Fühlen Sie, wie Ihr Hirn hell wird, wie das Violett immer intensiver und röter wird, und entlassen Sie es wie eine Feuer-
flamme nach oben. Fühlen Sie: Ich bin die vollkomene Harmonie, ich bin Teil der göttlichen Schwingung, ich bin voller Liebe
und Hingabe. Ich bin bereit.

Wenn Sie wirklich so weit sind, dann werden Sie hören. Seien
Sie ohne Furcht, ohne Bedenken. Ihr Schutzgeist liebt Sie und
hat nur auf diesen Moment gewartet. Hören Sie ihn mit Freude
und Dankbarkeit.

Das war die Chakra-Übung für die Begabten und schon
Geübten. Aber ich hätte wirklich Gedächtnisschwund, wenn
ich mich nicht erinnern würde, wie leicht sich alles liest und
wie schwer für die Anfänger diese Dinge umzusetzen sind.

Als ich diese Übung einmal in einem Kursanatorium durch-
führte, merkte ich, daß von dreißig Leuten nur zwei sie wirklich umsetzen konnten. Ich war sehr betreten. Augenscheinlich
hatte ich meine Schützlinge überfordert. Ich meldete Hilfsbe-
dürftigkeit nach »oben«. Das, was mir dann »einfiel«, hat mei-

nen Kurs zu einem vollen Erfolg werden lassen.
Jeder bekam sieben Gläser.

Glas eins: Blutorangensaft,
Glas zwei: Orangensaft,
Glas drei: Orangensaft mit Mineralwasser,
Glas vier: Waldmeisterlimonade,
Glas fünf: Heidelbeersaft, verdünnt mit Wasser,
Glas sechs: Heidelbeersaft mit Zitrone,
Glas sieben: Sauerkirschsaft mit Zitrone.

Und dann tranken wir die Farben in unsere Chakras. Durch
die Gleichzeitigkeit des Trinkens verstärkte sich auch noch die
Wirkung. Probieren Sie's, aber vergessen Sie das Atmen nicht
dabei, und werden Sie nicht ungeduldig, wenn nicht alles auf
Anhieb so klappt, wie Sie es gerne hätten.

Das Erzeugen der Schwingung, die das Kontaktieren ermöglicht, ist anfänglich nicht leicht. Das wirkliche Empfinden des
»Ich-bin-bereit« erfordert Vertrauen, Demut und immer wieder Geduld. Um so schöner wird es sein, wenn Sie die ersten
Erfolge Ihrer Mühen ernten.

Zuerst werden Sie vielleicht nur einen Summton hören oder
Töne oder ein leises Rauschen, auch ein sanfter hoher Pfeifton
ist als Ouvertüre schon vermeldet worden. Generell kann man
sagen, daß die Premiere sich völlig individuell abspielt. Auf jeden Fall werden Sie eines Tages eine Stimme hören, die anders
klingt als Ihre Denkstimme. Diese Stimme muß ruhig, gütig
und wohlklingend sein. Sollte sich ein Stimmorgan rühren, das
Sie – in welcher Weise auch immer – unangenehm berührt, so
sagen Sie ganz ruhig: Kehre zu den Deinen zurück, im Namen
des Vaters, des Sohnes und des Heiligen Geistes.«

Nochmals, weil es so wichtig ist, sage ich es: Mit all diesen
Übungen öffnen Sie einen Kanal nach »oben«, und wie jeder
Kanal ist auch dieser a) beidseitig befahrbar und b) der Allgemeinheit zugänglich. Es liegt nun an Ihnen, der Allgemeinheit
klarzumachen, wer erwünscht ist und wer nicht.

Wenn Sie eine profunde Basis aus Gottverbundenheit und Liebe anbieten, werden die Ihnen Verbundenen keine Schwierigkeit haben, Ihre Kontaktanfrage zu erwidern, während die Unerwünschten Sie meiden werden.

Das System

Funktionierende, der zeremoniellen Magie zugehörige Rituale weiterzugeben, bedeutet für den, der diese Aufgabe übernimmt, immer vor allem eins: Verantwortung.

Ich habe lange überlegt und mich beraten, ob ich mir diese Verantwortung aufladen soll. Daß ich es nun tue, hat mit folgenden Gedanken zu tun: Als wir Kleinkinder waren, hat man sorgfältig darauf geachtet, daß wir mit Messer, Gabel, Schere und Licht nicht zu früh in Kontakt kamen. Trotzdem ist zur rechten Zeit der Moment eingetreten, wo wir lernten, mit diesen Dingen umzugehen. Wir haben uns geschnitten, gebrannt und gestochen, und heute gehen wir selbstverständlich mit allen diesen Werkzeugen und Elementen um – wir haben gelernt. Genauso ist es mit den Systemen, die ich hiermit weitergebe. Wir sind alt genug, um zu verstehen, worum es geht.

Wir wissen, daß ein Messer zum Schneiden unseres täglichen Brotes, aber auch zum Töten eines Menschen verwendet werden kann. Es liegt bei uns, die Grenzen zu wahren. Ich habe die aus dem bewußten Umgang mit nichtmateriellen Entitäten erwachsenden Konsequenzen, Pflichten und Verantwortlichkeiten hinlänglich und mehrmals betont.

Ich möchte auch nicht versäumen, auf folgendes hinzuweisen: Wer einmal anfängt, an diese heiligen Dinge Hand anzulegen, hat sich auf ein Gebiet begeben, aus dem es kein Zurück mehr gibt. Wer also auch nur das geringste Gefühl der Angst oder der Unsicherheit empfindet, der höre am besten hier an dieser Stelle zu lesen auf. Der Zeitpunkt der Reife wird im richtigen Moment kommen.

Diejenigen, die sich bereit fühlen, möchte ich nun mit dem mir von dem holländischen Ehepaar übertragenen System vertraut machen.

Sie benötigen dazu zwei Holzlatten von je fünfzig Zentime-

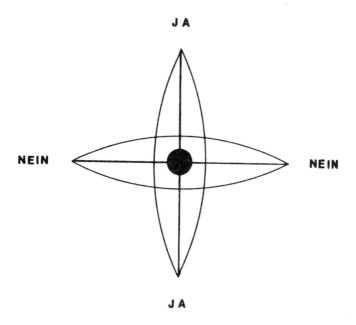

Abb. 2: Ja und Nein

tern Länge und zirka vier Quadratzentimetern Stärke. Achten Sie darauf, daß Sie leichtes Holz verwenden. Legen Sie die beiden Latten übereinander, und schlagen Sie in der Mitte einen Nagel durch, der ungefähr fünf Zentimeter über die beiden Hölzer herausragen muß. Drehen Sie nun die beiden Latten in Kreuzform. Nun nehmen Sie ein Papier mit den Maßen vierzig mal fünfzig (fünfzig mal sechzig) Zentimeter. Schreiben Sie in die linke ober Ecke das Wort »Nein«, in die rechte obere Ecke das Wort »Ja«, in die Mitte schreiben Sie »Willkommen in Gottes Namen«, darunter schreiben Sie von links nach rechts in vier Reihen die 26 Buchstaben des Alphabets sowie die Kombinationen SCH und CH. Als fünfte Reihe schreiben Sie die Zahlen Null bis Neun. Bemühen Sie sich, die Buchstaben und Ziffern gleichmäßig und formschön zu setzen. Es gibt diese sogenannte Planchette auch als Quija-Board zu kaufen. Nach meiner Erfahrung sollten diese Dinge jedoch selbst gefertigt werden und durch Ihr eigenes Herstellen Ihre Schwingungen bereits aufnehmen.

Besorgen Sie sich nun ein violettes Seidentuch in entsprechender Größe und bewahren Sie Ihre Planchette, Ihre Tafel, in dieses Stück Stoff gerollt, an einem dafür geeigneten Ort auf. Diese Rolle sollte von niemandem außer von Ihnen selbst berührt werden.

Nun ist es an der Zeit, einen Partner, eine Person Ihres Vertrauens zu finden, die Ihr Sekundant werden soll. Es kann natürlich auch vorkommen, daß sich Ihr Sekundant als Séancen-Leiter entpuppt, doch das wird sich erst während der ersten Sitzung herausstellen. Vorerst gilt es, jemanden zu finden, der bestimmt ist, mit Ihnen gemeinsam die Kontaktaufnahme zu vollziehen. Überstürzen Sie nichts. Warten Sie, bis sich in Ihrer Umgebung jemand zeigt, von dem Sie sicher wissen, daß er sich der Tragweite der Handlung bewußt ist, und der Ihrer geistigen Reife gleich oder überlegen ist. Lassen Sie sich niemals aus Neugier dazu verführen, wahllos Leute in Ihr Geheimnis einzuweihen. Wenn Sie einen Menschen gefunden haben, der Ihnen vertrauenswürdig erscheint, verabreden Sie sich für den ersten Versuch möglichst spät abends.

Um diese Tageszeit ist die Allgemein-Schwingung beruhigter als am Tag, was Ihrer Unternehmung nur förderlich sein kann. Wählen Sie einen Raum, in dem Sie mit Sicherheit absolut ungestört sind und in dem sich kein Telefon, kein Fernseher oder ähnliche größere elektrische Geräte befinden.

Um Ihre Planchette richtig plazieren zu können, benötigen Sie einen entsprechend großen Tisch, der im Idealfall aus Holz sein sollte. Sorgen Sie dafür, daß der Raum ungefähr eine Stunde vor Beginn Ihrer Sitzung von keinem Unbeteiligten mehr betreten wird. Lüften Sie ausgiebig. Sodann zünden Sie mehrere weiße Kerzen an und verteilen sie gleichmäßig im Raum. Besorgen Sie sich Räucherstäbchen, aber übertreiben Sie bitte

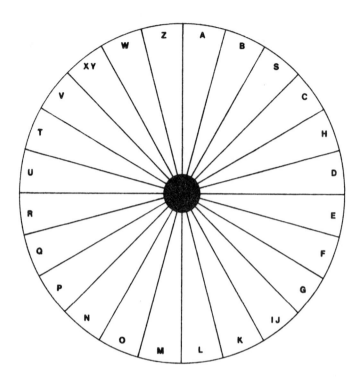

Abb. 3: Buchstaben-Planchette

nicht. Ich habe Séancen-Zimmer erlebt, wo die Teilnehmer sich vor Rauch nicht mehr sehen und vor Husten nicht mehr hören konnten. Es soll nur der Hauch eines Wohlgeruchs im Zimmer liegen. Am besten ist natürlich Weihrauch, der aber leider nicht leicht zu beschaffen ist. In indischen Geschäften und im esoterischen Fachhandel wird man manchmal fündig.

Ich höre immer wieder von Sitzungen, die im »mystischen Halbdunkel« stattfinden. Ich selbst lege Wert auf einen lichten, sauberen Raum und empfehle das auch weiter.

Breiten Sie nun auf dem Tisch zuerst das violette Tuch und dann darauf Ihre Buchstabentafel aus. Sorgen Sie für zwei bequeme Stühle. Wenn Sie irgendwann einmal »Profi« sind, werden Sie sich einen Knie-Sitzer anschaffen. Dieses Möbel entlastet die Wirbelsäule ungemein, die Energie kann ungehemmt fließen, und was das vor allem bei so einer Unternehmung für eine Rolle spielt, brauche ich wohl nach allen Erklärungen nicht mehr zu betonen.

Es ist schon schwierig, einen integren Sekundanten zu finden, noch schwieriger ist es, eine dritte Person aufzutreiben, die mitschreibt. Ich wünsche Ihnen dieses Glück sehr, bereite Sie aber jetzt schon darauf vor, daß Sie sich wahrscheinlich mit einem Tonbandgerät begnügen müssen, es sei denn, Sie verfügen über ein exzellentes Gedächtnis.

Wenn Ihr Sitzungspartner kommt, unterhalten Sie sich erst mal ein Weilchen miteinander. Trinken Sie ein Gläschen Wasser oder Saft (kein Alkohol und kein Nikotin bitte) oder ein Täßchen Tee, und reden Sie von erfreulichen Dingen. Je entspannter, liebevoller die Atmosphäre ist, desto größer sind Ihre Chancen.

Wenn Sie das Gefühl haben, daß »alles stimmt«, setzen Sie sich gegenüber an den Tisch, so daß Sie die Planchette von vorne, Ihr Sekundant sie von rückwärts sehen. Reichen Sie sich beide Hände, und sprechen Sie gemeinsam das »Vater unser«. Bleiben Sie nach Beendigung des Gebetes noch eine Weile in dieser Stellung und hüllen Sie Ihren Partner in goldenes Licht.

Nun nehmen Sie das Holzkreuz und legen sich und Ihrem Partner je zwei Enden auf den Zeigefinger der rechten und linken Hand. Halten Sie das Holz *nicht* fest, es soll locker aufliegen. Der Nagel soll ungefähr zwei Zentimeter über der Mitte der Planchette schweben. Die Arme dürfen *nicht* aufgestützt sein.

Anfänglich werden Sie wahrscheinlich Rückenschmerzen bekommen. Hier hilft sofort richtiges Atmen, wie es in der Atemübung beschrieben ist. Sollten die Schmerzen unerträglich werden, beenden Sie die Sitzung sofort.

Und nun rufen Sie Ihren Schutzgeist. Nennen Sie Ihren Namen und geben Sie Ihrer Bereitschaft und Freude Ausdruck. Es ist wahrscheinlich, daß das allererste Zeichen eines jenseitigen Kontakts sich als Zittern oder Kreisen des Kreuzes ankündigen wird. Im Idealfall werden Sie das Gefühl haben, Ihr Partner zieht das Kreuz in eine bestimmte Richtung. Folgen Sie diesem Zug mit aller Feinfühligkeit.

In den ersten Sitzungen werden Sie nur mit »Ja« und »Nein« arbeiten können. Lernen Sie an diesem Gefühl des Ziehens und Niederdrückens, das Sie in Ihren Händen empfinden werden, wie die Feinarbeit mit den Buchstaben sich dann letztlich gestalten wird. Im Idealfall bewegt sich das Kreuz zielsicher und plaziert den Nagel bestimmt und einwandfrei auf die Buchstaben, die hintereinander wahrgenommen sinnvolle Worte oder Sätze ergeben müssen.

Bewahren Sie Ruhe und Geduld. Wenn Sie das Gefühl haben, daß »jemand« am Werk ist, fragen Sie sofort nach seinem Namen, klären sie unter Umständen zunächst mit »Ja« und »Nein« seine Zugehörigkeit und Funktion. Stellen Sie keine blödsinnigen Fragen (check-up-questions). Beleidigen Sie die Jenseitigen nicht mit Unsinn wie: »Wo war ich im letzten Urlaub?« oder »Wie ist der Name meiner Katze?« (alles schon vorgekommen, leider).

Fragen Sie, was man Ihnen zu sagen wünscht und was Sie verbessern können. Beenden Sie die Sitzung sofort, wenn gesagt wird; »Hier ist Gott oder der Satan oder Napoleon oder Cäsar oder dergleichen.« In diesem Fall stimmen Ihre Voraussetzungen nicht, und Sie müssen entweder einen günstigeren Termin abwarten oder noch gründlicher an sich selbst arbeiten.

Es kann bei diesen Sitzungen auch vorkommen, daß sich Ihnen bekannte Verstorbene melden. Gehen Sie auf diesen Kontakt nur ein, wenn Sie dabei das Gefühl des Friedens und der Liebe haben. Selbst wenn Sie Ihre Oma bei Lebzeiten noch so sehr geliebt haben, sollte sie sich in einer fahrigen und verworrenen Art melden, beenden Sie die Konversation unverzüglich mit den besten Wünschen und der klaren Aufforderung, sich zurückzuziehen.

Dehnen Sie Ihre erste Sitzung niemals länger als eine Stunde aus. Fast bin ich geneigt zu sagen: dreißig Minuten. Sie müssen erst lernen, mit diesen Energien richtig umzugehen. Dann wird Ihnen auch eine längere Sitzung nicht das Geringste ausmachen. Im Gegenteil – Sie werden sich nachher wie eine frischgeladene Batterie vorkommen.

Nach einwandfreien Sitzungen habe ich oft tagelang nur minimal Schlaf benötigt und sah frisch und blühend aus. Und so muß es immer sein. Bei Sitzungen, die auch nur die geringsten Spuren der Erschöpfung oder Niedergeschlagenheit hinterlassen, hat etwas nicht gestimmt. Unter Umständen muß Ihr Partner ausgetauscht werden, oder Sie selbst waren nicht in Ordnung.

Nochmals: Bewahren Sie Geduld! Geben Sie nicht auf. Versäumen Sie nie, um gute Kommunikation zu bitten. Es empfiehlt sich, vor den Sitzungen die Fragen aufzuschreiben, die man beantwortet haben will. Denn wenn ein Kontakt zustande kommt, ist man meist so überwältigt, daß man sich an nichts mehr erinnert.

Wenn eine Frage, die Sie stellen, nicht Ihren Erwartungen entsprechend beantwortet wird, bohren Sie nicht, schauen Sie lieber nachher die Antwort genau an, die Ihnen zunächst nichts gesagt hat. Es wird oft vorkommen, daß Sie nach einigem Nachdenken durchaus auf eine sinnvolle Aussage kommen.

Wenn Ihr jenseitiger Sprecher sich verabschiedet, dann gehen Sie bitte darauf ein. Eine solche Kontaktaufnahme kostet beide Seiten Energie, und unsere »Jenseitigen« können besser als wir beurteilen, wann eine Konversation beendet werden muß. Bedanken Sie sich, und schließen Sie genauso, wie Sie angefangen haben – mit dem Sprechen des »Vater unser«.

Wenn das System funktioniert, werden sich Ihnen unglaubliche Möglichkeiten erschließen. Dieses zu erarbeiten ist nun Ihre Aufgabe.

Eines Tages wird Ihnen nun genau das passieren, was mir widerfahren ist. Sie werden eine bestimmte Aussage (wörtlich) brauchen, und kein Sekundant wird verfügbar sein.

Ich war in dieser Situation, als Immy Schell von mir wissen wollte, was ihr verstorbener Mann auf der Fahrt nach Wien immer gesagt habe. Es war spät abends, als sich mir dieses Problem stellte, und ich war zunächst ziemlich »aufgeschmissen«, aber trotzdem nicht gewillt, klein beizugeben. Innerhalb einer Viertelstunde kam ich auf folgendes, auch von Einzelpersonen durchführbares System: den Pendel-Kontakt.

Ich war damals noch nicht so ein geübter Pendler wie heute und hatte zunächst unglaubliche Schwierigkeiten mit dieser Methode, für die man folgendes Handwerkszeug braucht: einen Pendel aus Metall oder Glas (Berg-Kristall), eine Buchstaben-Planchette nach dem in Abb. 3 dargestellten Muster und einen Zahlenhalbkreis, falls man Jahreszahlen erhalten möchte oder Fragen stellt, die mit Zahlen zu tun haben (Abb. 4). Um den Kreis herzustellen, brauchen Sie nicht unbedingt einen Zirkel, ein Teller, den Sie umrunden, erfüllt denselben Zweck.

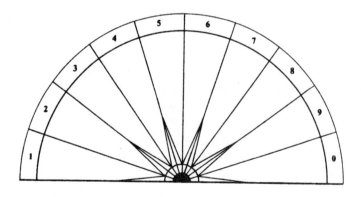

Abb. 4: Zahlenhalbkreis

Setzen Sie sich nun an einen Tisch, auf dem Sie Ihren Ellbogen bequem aufstützen können, wickeln Sie sich Schnur oder Kette, an dem das Pendel hängt, um den rechten Zeigefinger und halten sie mit dem Daumen fest. Verkrampfen Sie sich bitte nicht. Halten Sie nun das Pendel genau über den Mittelpunkt des Buchstabenzirkels, und rufen Sie, wen Sie zu sprechen wünschen, oder sagen Sie nur, daß Sie Hilfe brauchen und um was es geht.

Um es ehrlich zu sagen: An diesem ersten Abend habe ich die Geduld verloren. Ich war viel zu aufgeregt und hastig und erlebte dadurch ein echtes telekinetisches Phänomen, was ich in meiner Schusseligkeit aber erst nachher begriff: Dadurch, daß das Pendel an meiner unruhigen Hand mir keine klaren Angaben liefern konnte, sagte ich mir: »Okay, wenn ich nicht kann, dann soll's doch der Kohut selber machen«, nahm das Pendel, hängte es an einem langen Zwirnsfaden an dem Haken auf, der eigentlich für das alljährliche Befestigen des Adventkranzes gedacht war, legte den Buchstabenzirkel so darunter, daß das Pendel genau über dem Mittelpunkt schwebte, setzte mich bequem daneben und wartete.

Zuerst schwang das Pendel unkontrolliert in verschiedenste Richtungen, doch plötzlich verharrte es leise zitternd über dem Mittelpunkt und begann dann gegen jedes physikalische Gesetz von der Mitte aus ohne Gegenschwung auf die Buchstaben zu zeigen, die zuletzt das Wort »zurückfliegen« bildeten.

Während dieses Vorgangs spielte sich in meinem Kopf die im biographischen Teil beschriebene Konversation ab. Das Wort, um das es ging, bildete sich nach dem »Wart mal, ich muß nachdenken...« Zwischen diesem Satz und dem »Nein, zurückfliegen ist besser« lagen etwa fünf Minuten. Solange dauerte es, bis das Wort sich via Pendel formierte. Dieser Versuch war der erste und letzte mit einem selbständig schwingenden Pendel.

Ab diesem Tag übte ich jeden Tag eine ruhige Viertel- bis Halbestunde lang. Zuerst nur mit »Ja« und »Nein« (siehe Abbildung 2). Als sich die Ergebnisse hierbei als hieb- und stichfest erwiesen (man glaubt gar nicht, was man mit nichts als »Ja« und »Nein« alles herauskriegen kann), wechselte ich auf den Buchstabenzirkel über (Abbildung 3).

Es dauerte etwa ein halbes Jahr, bis ich perfekt war und ab sofort von jedem Sekundanten unabhängig war, wenn ich wollte. »Zufällig« bekam ich in dieser Zeit eine Lehrerin, die mir die richtige Verwendung von Vokalen und Konsonanten beibrachte. Mit Hilfe dieser magischen Formel (um nichts anderes handelt es sich nämlich) gelang es mir, meine Umgebung so zu hermetisieren, daß unerwünschte Geistwesen sich keinen Zutritt mehr verschaffen konnten.

Die beiden Formeln, die für Sitzungen am wichtigsten sind, heißen:

1. D - S - S   und
2. J - H - W

Sie werden folgendermaßen verwendet: Holen Sie tief Luft, und sprechen Sie im Ausatmen siebenmal hintereinander deutlichst und scharf akzentuiert die D-S-S-Formel. Dieser Vorgang wird insgesamt siebenmal wiederholt (also 49mal D-S-S). Erst wenn Sie keine Wirkung zu verspüren glauben, verfahren Sie in derselben Weise mit der J-H-W-Formel.

Ich selbst verwende die Kombinationen inzwischen so, daß ich sie mir als brennende Riesenbuchstaben mitten in den Raum hinein imaginiere und sie bis zur Beendigung der Kontaktaufnahme stehen lasse. Am Schluß löse ich die Imagination in weißem Licht auf, das ich durch den Solarplexus aufsauge.

Diese imaginäre Schutzwand funktioniert hervorragend und nicht nur bei Kontakten mit dem Jenseits. Ich habe damit schon öfter unangenehme Menschen buchstäblich in die Flucht geschlagen, das heißt, aus meiner Umgebung entfernt.

Nun wissen Sie also alles, um mit Ihren geistigen Helfern in Kontakt zu treten. Pflegen Sie dieses Wissen. Es ist kostbar.

Zuletzt möchte ich doch nicht versäumen, Ihnen eine letzte

und wichtige Möglichkeit der Problemlösung mit Hilfe von Schutzgeistern mit auf den Weg zu geben, die ich gern und erfolgreich verwende, wenn der Alltagsstreß mir nicht die Ruhe gönnt, die ich brauche, um optimale Lösungen abzufragen: den Traum.

Im Schlaf löst sich Ihre Seele vom Körper und hat in diesem Zustand ungeahnte Möglichkeiten. Konzentrieren Sie sich vor dem Schlafengehen auf Ihren Schutzgeist. Schildern Sie das Problem, und bitten Sie um Hilfe im Schlaf. Entweder werden Sie die Lösung träumen oder mit ihr aufwachen. Manchmal benötigt man mehrere Anläufe und – viel Geduld und Vertrauen.

Auch wenn Ihre Bemühungen nicht sofort Früchte tragen, verlieren Sie niemals den Glauben, denn er ist Ihr Kraftwerk, das die Grundlage für alle Ihre Erfolge ist.

Es bedarf der Mensch der inneren Treue
Der Treue zu der Führung der geistigen Wesen
Er kann auf dieser Treue auferbauen
Sein ewiges Sein und Wesen
Und das Sinnensein dadurch
Mit ewigem Licht
Durchströmen und durchkraften.

Rudolf Steiner

Teil 2
Zeugnisse von Schutzgeistern

Einführung

Als ich im Sommer 1988 die Arbeit an meinem ersten Buch über Kontakte mit unsichtbaren Wesen beendete, hatte ich nicht die geringste Ahnung, was ich mit meinen Überlegungen, Ausführungen und Erfahrungen auf diesem Gebiet auslösen würde. Für viele Menschen waren die Mitteilungen die reinste Erlösung, denn sie hatten Ähnliches erlebt, wagten jedoch nicht, über das, was ihnen widerfahren war, zu sprechen, aus Angst, man könnte sie für geistesgestört oder schlichtweg für »g'spinnert« halten. Ich gebe gerne zu, daß es an einer großen Portion Mut nicht mangeln darf, wenn man diese Hemmschwelle, die Anzweiflung, überwinden will.

Was mich selbst betrifft, hatte ich damit weniger Schwierigkeiten, weil ich mit Hilfe jenseitiger Geistenergien schon jahrelang hatte arbeiten dürfen und aus diesem Grund »Erfolge« vorzuweisen hatte, die mir die Diskussion erleichterten und eher zur Überschätzung meiner geistigen Fähigkeiten führten als umgekehrt.

Leider ist und bleibt es in unserer Gesellschaft dabei, daß das, was geglaubt werden soll, auch sichtbar bewiesen werden muß und daß man annimmt, daß die Krönung menschlichen Geistes der momentane Stand der Naturwissenschaft ist.

Immer wieder bin ich betroffen von den Streitsituationen, die zwischen Esoterikern, Geisteswissenschaftlern und den sogenannten Vertretern der »reinen Wissenschaft« heraufbeschworen werden – aus barer Unkenntnis der gegenseitigen Fachgebiete. Ich habe gesehen, wie sich Physiker, Chemiker, Anthropologen, Mathematiker und so weiter mit Astrologen, Pendlern, medial Begabten und Parapsychologen buchstäblich in den Haaren lagen, was manchmal um so komischer oder erbärmlicher war, je mehr sie eigentlich von den gleichen Dingen sprachen und, angefeuert von ihrer eigenen Intoleranz, sich über Tatsachen stritten, die von beiden Seiten bis dato widerspruchslos anerkannt und verwendet worden waren.

Nie werde ich eine »Talkshow« in bayrischen Gefilden vergessen, in der es darum ging, ob »Sterne lügen können«, in deren Verlauf auch heiß diskutiert wurde, ob der Mond wohl eine Einwirkung auf den Menschen habe. Von der nutzlos zerredeten Zeit der Shows, an denen teilzunehmen ich nur das Mißvergnügen als Zuschauer hatte, ganz zu schweigen! Ein praktizierender Esoteriker *lebt* seine Lehre des sogenannten geheimen Wissens, zu dem auch und an erster Stelle die Liebe und Achtung gehört, die er seinen Mitmenschen schuldet. Wenn er nun an einen »Talkmaster« gerät, der sich auf einer Stufe befindet, der diese Gesetze noch weitgehend verschlossen geblieben sind, dann wird der wahre Esoteriker Angriffen gegenüber immer scheinbar wehrlos bleiben, da er sich hüten wird, das Risiko einzugehen, auf ein Niveau heruntergezogen zu werden, das dem hohen Anspruch, den esoterische Themen nun einmal erfordern, schaden könnte.

Ich bewundere jeden, der die würdevolle und heitere Ruhe des eingeweihten Meisters in jeder Lebenssituation vorzuweisen hat. Ich habe sie nicht, wie ich in *allem* von der Stufe des Eingeweihten doch weit entfernt bin, wie mir scheint, nicht nur in Talkshows, wo meine guten Engel alle Hände voll zu tun haben, mich auf dem Sitz zu halten, wobei sie manchmal zu recht drastischen Mitteln greifen. So geschehen zum Beispiel bei einer derartigen Veranstaltung im Norddeutschen Fernsehen, wo ich nach der ersten Frage des Moderators Hände wie Blei bekam. Wenn ich heute die Aufzeichnung dieser Sendung anschaue, erscheint es mir noch immer wie ein Wunder, daß es gelungen ist, mich, eine grundsätzlich mit Händen und Füßen redende Person, von einem Moment zum anderen mit völlig persönlichkeitskonträren Bewegungen auszustatten. Auch so kann Beistand aussehen!

Jedenfalls haben alle diese mehr oder weniger kompetenten

Sendungen *die* Menschen aufhorchen lassen, die entweder schon längst auf dem Wege waren oder reif für die ersten Schritte auf diesem Gebiet.

Das war die angenehme Seite der Medaille.

Die weniger angenehme waren die Berge von Briefen, die über mich hereinbrachen, angefüllt mit Fragen, Beratungswünschen und Berichten von eigenen Erlebnissen.

Nach dem Motto: Lieber ganz als nur fragmentarisch habe ich mir nach dem fünfzigsten Brief gesagt, daß es wenig Sinn hat, fünfzigmal dasselbe in einzelnen Briefen niederzuschreiben. Deshalb habe ich nach schweren Kämpfen gegen meine Abneigung bezüglich jeglicher Tätigkeiten an Schreibmaschinen beschlossen, alle Fragen, sprich, alles, was in meinem ersten »Kontakte«-Buch nicht ausgeführt ist, in diesem Nachfolgeband nun »nachzuliefern«.

Manche Ideen, die mir seit langem geläufig waren, müssen zum Beispiel eingehender erklärt werden, da ich von meinen Lesern erfahren habe, daß durch meine selbstverständliche Verwendung von Begriffen manchmal Stolpersteine entstanden sind.

Erstaunt und erfreut war ich über das große Interesse an den rein geistigen Mitteilungen, die ich aus der unsichtbaren Welt und vor allem von Rudolf Steiner erhalten habe, wobei die Fragen sich vor allem auf die Bildung und die Form der »Gruppen« konzentriert haben.

Ich habe alle meine Mitschriften und Unterlagen ausgegraben und erarbeite dieses Buch fast ausschließlich auf diesen Grundlagen. Manche Mitteilungen, die ich bekommen habe, mußte ich durch Literatur vervollkommnen, vor allem was die Genetik und das menschliche Gehirn betrifft. Die diesbezüglichen Literaturangaben finden Sie, wie immer, am Ende des Buches, wobei ich darauf geachtet habe, daß es sich um allgemein verständliche und gut lesbare Bücher handelt.

Grundsätzlich aber möchte ich kein Geheimnis daraus machen, daß es mir primär um die Erweiterung Ihres Bewußtseins geht und nicht um das spektakuläre Veröffentlichen von »Botschaften aus der Vierten Dimension«. Denn alle Existenz von jenseitigen Geistenergien hilft uns relativ wenig, wenn wir sie nicht empfangen und umsetzen können.

In den Briefen, die mich erreicht haben, sind meterweise Schutzengel-Geschichten enthalten, mit denen ich mühelos ein weiteres Buch füllen könnte und die auch sicher äußerst unterhaltsam sind, jedoch habe ich mich entschlossen, nur in einigen Fällen auf Berichte dieser Art zurückzugreifen, weil ich glaube, daß der Lerneffekt, der durch das reine Geschichtenerzählen erreicht wird, durchaus gesteigert werden kann, wenn man mit den *Ergebnissen* weiterarbeitet. Ich überlasse also diesen Teil der Berichterstattung meinem lieben Freund Rainer Holbe, der, wie ich von ihm gehört habe, mit einem noch in diesem Jahr erscheinenden Werk diesbezügliche Interessen befriedigen will.

Zu den Mitteilungen und Anweisungen, die ich bekommen habe, gibt es natürlich ergänzende Erläuterungen und auch eigene Überlegungen. Diese sind unschwer an den persönlichen Formulierungen zu erkennen.

Es wird in diesem Buch auch ein Thema enthalten sein, das gewiß so manchem von Ihnen ein gequältes Seufzen entlocken wird: Extraterrestrier, oder auf gut Deutsch gesagt, außerirdische Besucher. Ich beschäftige mich schon sehr lange mit diesen Phänomenen, aber eigentlich immer auch mit dem Gedanken, ob hinter allen diesen Beobachtungen, Entführungen und UFO-Erscheinungen nicht doch eine kollektive Wahnidee versteckt sein könnte. Aber dann hatte ich eines Tages das wirkliche Vergnügen, einen mit ganz ausgezeichnetem Fotomaterial untermauerten Vortrag zu hören, der meine bis dahin gehütete Meinung gehörig ins Wanken brachte. Doch davon werde ich ein bißchen später detailliert berichten. Ich kann aber eines schon vorwegnehmen: Es könnte sein, daß wir uns an den Gedanken gewöhnen müssen, daß unsere hilfreichen Schutzgeister nicht nur aus der Vierten Dimension, sondern vielleicht auch aus dem Hyperraum kommen könnten.

Über hundertmal ist an mich die Frage gestellt worden, wie ich denn auf die Idee gekommen sei, ein Buch über Kontakte mit Schutzgeistern zu schreiben. Diese Frage ist von allen an mich gestellten am leichtesten zu beantworten: Es war nicht meine Idee. Bei einer Esoterikausstellung in München sprach ich vor zwei Jahren über Reinkarnation und Karma und kam im Rahmen dieser Themen auch auf jenseitige Geistenergien zu sprechen. Die Steigerung des allgemeinen Interesses innerhalb weniger Minuten war beinahe körperlich zu spüren. Am Schluß kam ein Ehepaar zu mir und fragte, ob ich nicht mal einen Vortrag nur über dieses Thema halten könne, und sofort schlossen sich dieser Anfrage mehrere Hörer an. Damals sagte ich, daß ich mich diesem Thema noch nicht gewachsen sähe und mich erst eingehender damit auseinandersetzen müsse. Aber ich ging nach Hause und merkte, daß mir da eine Saat ins Schreiberherz gesetzt worden war, die von Tag zu Tag immer mehr zu keimen begann und mich immer mehr drängte, mich hinzusetzen und an dem Thema zu arbeiten. Und so fing ich, fing es an...

Ich hatte mir keine Sekunde Gedanken über die »Aktualität« des Stoffes gemacht, nach dem Motto: Was ist denn am esoterischen Büchermarkt noch nicht ausgereizt? Sondern ich schrieb im Grunde eigentlich auf Anfrage und auf meinen eigenen inneren Drang hin. Ich dachte mir, daß sich außer den paar Vortragsbesuchern sicher auch noch einige andere Menschen für diese Dinge interessieren könnten, aber ich hätte nie gedacht, daß sich »die einigen anderen« als Tausende entpuppen würden. Langsam kommt mir eine Ahnung, was Steiner eventuell gemeint haben könnte, als er sagte: »Du sollst beitragen, die Gruppe zu sammeln.«

In verschiedenen Briefen haben mir Leute auch Unterlagen

zugeschickt, die Niederschriften von Jenseitskontakten auch aus der Zeit 1973–75 enthielten. Sie taten es deshalb, weil sie ebenfalls mit Rudolf Steiner oder mit nichtinkarnierten Mitgliedern seiner Gruppe gesprochen hatten, wobei ihnen, manchmal sogar wörtlich, dieselben Mitteilungen gemacht worden waren wie mir. Es ist auffallend (oder logisch?), daß sich, über Deutschland verstreut, richtige »Nester« bildeten, wobei weiterhin bemerkenswert ist, daß die Kontaktnehmer nur in höchst vereinzelten Fällen voneinander wußten. Wahrscheinlich ging es ihnen genau wie mir: Ich kam gar nicht auf die Idee, daß dieses Wunder auch noch jemandem in der allernächsten Nachbarschaft widerfahren könnte.

Alle, die mit ähnlichen okkulten Dingen in Berührung gekommen sind, werden mir bestätigen können, daß man vor allem am Anfang so fasziniert und überwältigt ist, daß man an alles andere denkt, als das Erlebte in die Welt hinauszuposaunen. Je klarer und feingeistiger der Kontakt sich gestaltet, um so mehr hat man das Gefühl, man müsse das Mitgeteilte hüten und bewahren.

Ich war mir immer sicher, daß die Zeit gesetzmäßig in einer absehbaren Spanne reif sein würde für das Wissen, das mir vermittelt worden war, und das ständig wachsende Interesse spricht für die Richtigkeit dieser Annahme.

Von Zeit zu Zeit bin ich auch auf sogenannte Kongresse eingeladen worden und habe mit Unbehagen, ja oft auch mit Beschämung miterleben müssen, wie die »Erleuchteten« gegenseitig übereinander herzogen, wobei jeder für sich in Anspruch nahm, daß er der einzige und wahre Verkünder der einzigen und ewigen Wahrheit sei und alle anderen »arme Fehlgeleitete« und »vom Satan Mißbrauchte« wären. Besondere Blüten treibt diese Geisteshaltung in den Kreisen, die glauben, mit dem »Chef der Raumfahrtsflotte, genannt Ashtar« Kontakt zu haben. Wäre es nicht so traurig mitanzusehen, wie Menschen, die doch bemüht sind, jeder auf seine Weise eine Bewußtseinserweiterung zu erlangen, sich gegenseitig das Leben schwermachen, so könnte man fast über die gegenseitigen Anfeindungen lachen.

Die ganze Misere rührt meiner Meinung nach aus der Folgerung, die besagt, daß jeder, der es schafft, Kontakt mit Außerirdischen welcher Art auch immer herzustellen, ein Privilegierter sei. Diese Annahme ist genauso hochmütig wie die Überzeugung, daß Akademiker die besseren Menschen in unserer Gesellschaft seien.

Die Kontaktaufnahme mit Jenseitigen steht *jedem* offen, und es ist nur eine Frage der Reife und der Bereitschaft, ob er diese Möglichkeit in Anspruch nehmen will oder nicht. Die Fähigkeit dazu schlummert in uns allen. Sich darüber zu streiten, ob die Kontakt-Ergebnisse des Herrn X. wertvoller sind als die der Frau Y., weil ja Herr X. nur mit »guten Geistern« verkehrt, ist genauso müßig wie die Diskussion, ob der Lehrer X. an der Einstein-Schule besser ist als Herr Professor Y. am Schiller-Gymnasium.

Es ist eine Tatsache, daß wir alle zu gegebener Zeit das »Abitur« machen müssen und daß jeder die freie Wahl hat, wie er diesen Abschluß erreichen will. Viele Wege führen nach Rom, und der Erleuchtung ist es, wie es so schön heißt, völlig gleich, wie wir sie erlangen. Ich meine, wir sollten einander gegenüber ein bißchen toleranter sein, denn auch auf diesem Gebiet lautet eines der ersten Gebote »Liebe Deinen Nächsten«.

Ich werde später, in der themenbezogenen Aufteilung, noch näher auf die Frage eingehen, was gute und was böse Geister sind, wobei ich aber gleich vorausschicken möchte, daß sich mein Verhältnis zu den Polaritätsbegriffen etwas anders gestaltet als landläufig üblich. Wir sind durchaus in der Lage zu erkennen, mit wem wir es hier auf dieser Erde zu tun haben, wenn es sich um »gute« oder »böse« Mitmenschen handelt. Gesichter und Körpersprache, Stimme und Augen, Äußerungen und Handlungen von Menschen geben uns ein klares Bild von der Persönlichkeit, mit der wir es zu tun haben. Um so klarer, je mehr Erfahrungen wir im Umgang mit den Mitbewohnern unseres Heimatplaneten sammeln konnten und je mehr auch wir in der Lage waren, diese Erfahrungen bewußt zu speichern. Genauso verhält es sich beim Umgang mit den unsichtbaren Wesenheiten: Wir müssen lernen, mit ihnen umzugehen, und wir müssen Erfahrungen sammeln, damit wir unterscheiden können, ob wir es mit jemandem zu tun haben, auf dessen Gegenwart und Umgang wir Wert legen, oder ob er uns eher unangenehm vorkommt und wir ihn aus diesem Eindruck heraus lieber meiden sollten. Nach wie vor gilt hüben wie drüben das Sprichwort »Gleich und gleich gesellt sich gern«, wobei wir uns aber davor hüten müssen, die üblichen Wertmaßstäbe anzulegen. Es muß durchaus nicht sein, daß die aus der unsichtbaren Dimension empfangenen Mitteilungen eines diesseitigen »Herrn Präsidenten« allein aufgrund seiner weltlichen Position von vornherein wertvoller und aussagekräftiger sind als die einer sogenannten »einfachen Hausfrau«. Es sind die innere Reife, die Qualität des Charakters, die Lernfähigkeit und die spirituelle Bereitschaft eines Menschen, die ihn auf diesem Gebiet qualifizieren, und nicht der äußere schöne Schein.

Bestes Beispiel dafür ist die Hamburger Hausfrau, die dem berühmten Hamburger UFO-Kreis angehörte, und eines Tages, nämlich genau am 4. Juli 1961, plötzlich Mitteilungen aus dem Weltraum erhielt, deren Quelle die, wie sie sich selbst bezeichneten, »Älteren Brüder« waren, Bewohner eines fernen Planeten. Diese Aufzeichnungen sind als »Blaue Hefte« gesammelt und auch verlegt worden und leider viel zu wenig bekannt. Denn diese Niederschriften sind von hohem spirituellen Wert und von einer wohltuenden allgemeinen Verständlichkeit, und ich behaupte, daß die Lektüre dieser Schriften eine Veredelung der Denkungsweise herbeiführt, wenn der Leser gewillt ist, das Geschriebene auch wirklich aufzunehmen.

Ebenso wie ich in meinen Büchern erhebt auch diese Dame in ihren Schriften keinen Anspruch auf den Nobelpreis in Literatur. Es wird auch keine positive Kritik von Herrn Reich-Ranicki erwartet. Hier geht es um Vermittlung von Gedankengut oder, wie ich schon in meinem letzten Buch ausdrücklich betont habe, um Denkmodelle, die auch für andere von Interesse und Wert sein könnten.

Und noch etwas möchte ich hier ein für allemal klären: Ich bin weder ein Guru noch eine Erleuchtete. Ich habe mich nur ein bißchen länger mit den esoterischen Themen und Lehren beschäftigt als die meisten. Es geht mir wie der berühmten Gesangslehrerin, die zwar sehr gut unterrichten konnte, deren eigener Gesang jedoch nicht unbedingt als Ohrenweide zu bezeichnen war. Ich lebe so wie alle anderen auch: Man bemüht sich, fällt, steht wieder auf, gewinnt, freut sich, fällt wieder auf die Nase, und lernt, lernt, lernt...

A propos Privilegierte: In letzter Zeit hörte man viel über Atlantis und seine momentan in bemerkenswerter Anzahl wiedergeborenen Bewohner. Diese Theorie wäre schön und gut, wenn sie nicht höchst eigenartige Auswüchse bekäme. Denn es wird so dargestellt, als ob es etwas ganz Besonderes wäre, Atlantier (oder Atlantide) gewesen zu sein. Allen Leuten, die sich in dieser Vorstellung gesonnt haben, muß ich hier leider diesen schönen Zahn ziehen, denn die Atlantier gehörten zu den Wurzelrassen der Menschheit, und es wäre eher etwas Besonderes, nachweislich *niemals* dieser Rasse angehört zu haben als umgekehrt.

Ich werde über Atlantis und seine Bewohner ebenfalls ausführlicher berichten, möchte aber diesen Punkt schon vorher geklärt wissen.

Es hört sich nämlich allmählich so an, als ob alle zwischen dem Jahr 1940 und heute Geborenen, die im Besitze einer hellen Haut, heller Augen und roter bis weißblonder Haare sind, die einzigen und wahren wiedergeborenen Atlantier und damit etwas ganz Besonderes darstellen würden. Atlantier wurden und werden immer wieder geboren werden, interessant wird die Sache erst dann, wenn die Mischungen aus der atlantidischen Zeit sich wieder inkarnieren, denn diese Leute waren diejenigen, die schon damals das *logische* Denken beherrschten, und zwar auf der Basis einer tiefen Verbundenheit mit den Gesetzen dieser Erde und den Gesetzen des Kosmos. Die Ur-Atlantier waren nämlich reine Gedächtnis-Denker, standen also auf einer Entwicklungsstufe, die den heutigen Verwendungsmöglichkeiten des Gehirns weit unterlegen waren. Die »Macher« auf Atlantis waren demgegenüber die Eingeweihten, die von den Urstämmigen wie Götter verehrt wurden, als deren Abkömmlinge man sie verstand. Die Inkarnationen dieser Eingeweihten und ihrer direkten Nachfahren – das sind die wahren Privilegierten. Und diese haben auch ein gemeinsames Merkmal, über das auch alle, die damit zu tun haben, Bescheid wissen. Deshalb ist es auch unnötig, darüber zu reden, denn – wem würde es nützen? Man würde wieder anfangen zu denken, daß diese Leute etwas ganz Besonderes wären, was sie in Wirklichkeit aber erst dann sind, wenn sie ihre Fähigkeiten, die das Privileg ausmachen, zur vollen Entfaltung gebracht haben und zum Wohle der Menschen einsetzen.

Sie sehen also, daß das Wort »Privileg« nur ein Synonym für Pflichtbewußtsein, Demut, Nächstenliebe und Verantwortungsbewußtsein ist. Und wie ich, wie es so schön heißt, aus zuverlässiger Quelle gehört habe, ist in dieser Interessengemeinschaft jeder willkommen, der sich der harten Schule der Veredelung und Bewußtseinserweiterung zum Wohle der Allgemeinheit unterziehen will. Also, an die Arbeit und »welcome to the club«! Atlantis sind *wir!*

Ich habe mir lange überlegt, wie ich dem Fragenkatolag der Leser und Briefeschreiber am besten zu Leibe rücken könnte, und habe dann beschlossen, thematisch geordnet zu arbeiten. Damit haben Sie die Möglichkeit, sich nach Belieben das Gebiet herauszusuchen, das Sie momentan am meisten interessiert, und sind nicht gezwungen, das Buch von vorn bis hinten kontinuierlich durchzuackern. Sie werden auch beim Wieder- oder Nachlesen (hoffentlich!) Gesuchtes leichter finden.

Einige Informanten haben sich mit Namen zu erkennen gegeben, wogegen andere Mitteiler es vorgezogen haben, namenlos zu bleiben, sich aber als der »Gruppe« zugehörig erklärten und bisweilen in so erheblichem Maße zur Klärung mancher Fragen beigetragen haben, daß ich, wo es mir angebracht schien, von meiner Gewohnheit abgewichen bin, grundsätzlich nur mit Wesenheiten zu sprechen, die sich mir namentlich manifestieren.

Da mein Hauptinformant noch nicht allzu lange tot ist und somit alle seine Angelegenheiten noch unter das Copyright fallen, gebe ich ihn namentlich nicht an, da ich nicht dasselbe Schicksal erleiden möchte wie das österreichische Ehepaar Coudris, das Mitteilungen von C. G. Jung erhielt, sie veröffentlichte und prompt Schwierigkeiten mit den Inhabern der Verlagsrechte bekam. Ich glaube jedoch nicht, daß die Fachleute unter Ihnen Schwierigkeiten haben könnten, das Geschriebene richtig zuzuordnen. Wichtig ist eigentlich nur, ob Ihre innere Stimme das Gesagte akzeptiert, denn im Grunde tragen wir alle das universelle Wissen und die Antworten auf alle Fragen tief in uns drinnen. Es ist nicht nötig, Wissen zu etikettieren und durch superbe Namen zu rechtfertigen.

Ich habe die Durchsagen natürlich sprachlich vervollkommnet, da die Protokolle im Frage- und Antwort-Wechsel, in dem sie auch stattgefunden haben, niedergelegt sind, was ich Ihnen gerne ersparen möchte, da die meisten Kontakte zu einer Zeit stattgefunden haben, in der mein theoretisches Wissen noch nicht so ausgebildet war, und ich manchmal recht verständnislos herumgefragt habe, bis ich endlich begriff, was gemeint war.

Das Quintessentielle der Durchsagen ist aber strikt beibehalten und ebenso die DU-Form, in der ich immer angesprochen wurde.

So, und bevor es jetzt los geht, möchte ich mich noch bei all denen bedanken, die mir geholfen haben. Wildfremde Menschen haben mir die rührendsten, aufmunterndsten Briefe geschrieben, haben mich bestärkt, angefeuert und mir ihre Verbundenheit bestätigt. Aber auch mein enger Freundeskreis, wozu ich auch meine familiäre Umgebung zähle, hat mir auf verschiedenartigste Weise den Rücken gestärkt. Danke, Euch allen.

Die erste Durchsage, 1971

Mein liebes Kind, Du wirst es nicht leicht haben,
denn Du wirst oben sein und unten sein,
und Du darfst durch diese Prüfungen den
Glauben nicht verlieren, das Wissen
nicht verleugnen.
Vergiß nie, wir sind bei Dir und Du bist uns immer
angeschlossen und verbunden.
Wir sind eine hohe energetische Macht,
und Du kommst aus uns.
Also habe keine Angst, denn das ist das einzige,
was unsere Verbindung stören und sogar
unterbrechen kann.
Sei fröhlich und fürchte Dich nicht,
wir sind bei Dir.

Die Gruppe

Du hast mich gefragt, was ich meine, wenn ich sage »unsere Gruppe«. Ich habe dir gesagt, daß ich der Gruppenherr bin.

Das heißt, daß ich in dem Energie-Konglomerat einen Anteil am Potential habe, der es mir ermöglicht, in angemessenem Umfang auf die Entwicklung der ganzen Energieform Einfluß zu nehmen. Dies ist das Ergebnis eines über viele Jahrtausende erfolgten Reifeprozesses.

Es ist ein Fehler anzunehmen, daß alle auf Eurem Planeten inkarnierten Menschen demselben Energiepotential entstammen.

Es gibt so viele Vorgeschichten wie Fingerabdrücke. Manche von Euch waren schon oft auf dem Planeten, den Ihr Erde nennt, andere sind zum erstenmal dort beheimatet, während wiederum einige freiwillig Gast Eurer weltlichen Existentia sind. Schon daraus muß sich ergeben, daß es verschiedene energetische Zugehörigkeiten gibt, die Du auch mit geistig-seelischen Schwingungen gleichsetzen kannst.

Das heißt nun nicht, daß alle, die dem gleichen Potential entstammen, auf dem gleichen Wissensstand sind oder der gleichen Meinung. Aber sie fühlen, wenn sie aufeinandertreffen, eine unerklärliche Verbundenheit. Diese muß nun nicht in jedem Fall zu Freundschaft oder liebevoller Vertrautheit führen, aber sie stärkt auf unmerkliche Weise das Gemeinschaftsgefühl, ein überaus wichtiger sozialer Faktor.

Nicht jeder, zu dem Du Dich hingezogen fühlst, ist nun gleich als Mitglied Deiner Gruppe zu klassifizieren. Es gibt viele Gruppen, die sich in ihren Schwingungen sehr ähnlich sind, Du würdest sagen: Sie sind miteinander befreundet.

In diesen Gruppen herrscht eine hierarchische Ordnung, die aus der Reife, aber auch aus den Verwendungsmöglichkeiten ihrer Mitglieder resultiert.

Leider ist es mir unmöglich, Dir so manche Begriffe aus unserer Dimension zu erklären, da wir nicht der Materie unterworfen sind, also auch keine Sprache in Deiner Verständlichkeit pflegen und natürlich auch Eurer Zeitbegriffe entbunden, Du könntest auch sagen, von ihnen erlöst sind.

Wir benötigen keine Zeit, da wir, wie ich schon sagte, nicht an Materie gebunden sind.

Du begreifst es vielleicht am besten, wenn Du Dir die Zeit wie eine riesige Spirale vorstellst, die sich in ständiger Rotation befindet. Ist Dein Standort im äußeren Bereich, so wirst Du die Bewegung der Spirale ganz stark wahrnehmen, befindest Du Dich aber im Mittelpunkt, so merkst Du zwar, daß sich irgendwo etwas bewegt, aber es betrifft Dich selbst nicht. So gesehen bist Du im Außenbezirk und ich im Ruhepol in der Mitte.

Niemals sind alle Mitglieder einer Gruppe gleichzeitig inkarniert oder im Immateriellen befindlich.

Momentan sind von unserer Gruppe 318 Mitglieder auf dem Planeten Erde als Menschen eingeboren. Doch diese Zahl bewegt sich natürlich täglich nach oben oder nach unten. Neu-Geborene gesellen sich dazu, und Heimkehrer verlassen den Gast- und Schulplaneten Erde.

Ja, es gäbe Möglichkeiten, Gruppenmitglieder und ihre Zusammengehörigkeit festzustellen. Die eine Möglichkeit ist das vollendete Lesen eines astrologischen Kosmogramms, die andere Möglichkeit würde sich aus der Aufschlüsselung des individuellen genetischen Codex, der Helix, ergeben. Doch das ist ein Geheimnis, das noch lange nicht entschlüsselt werden und leider wieder über den Weg des Mißbrauchs entdeckt werden wird.

Der Mißbrauch besteht in der Mißachtung der universellen Gesetze. In zehn Jahren wirst Du, was ich heute sage, besser verstehen, vor allem, wenn Du Dich etwas mit dem Thema Genetik beschäftigst.

Nicht alle Mitglieder der Gruppe sind dazu inkarniert, Dir das Leben rein äußerlich gesehen leichter zu machen. Mit vielen von ihnen verbindet Dich ein persönliches Schicksal, auch Karma, und so wird Dein Zusammentreffen mit den Gruppenzugehörigen nicht immer freudvoll, jedoch immer von einem gewissen Lehrwert sein.

Natürlich heiraten auch Gruppenmitglieder in ihrer erdischen Inkarnation des öfteren. Aber das ist nicht die Regel. Sicher wäre das sehr einfach für alle Beteiligten, aber Du vergißt den freien Willen.

Jede Partnerwahl ist auch eine Prüfung. Das hast Du schon gemerkt und wirst es in Zukunft noch viel mehr merken (mein Gott, wie recht er hatte!).

Aber Du hast ja treue Freunde an Deiner Seite, die alle aus unserer Gruppe stammen und die Dir in Deiner Entwicklung zur Seite stehen werden.

Selbstverständlich können Eltern Kinder bekommen, die aus einer anderen Gruppe stammen als der Vater oder die Mutter, deren Gruppenzugehörigkeit untereinander ja auch meistens verschieden ist. Da wirken ganz andere, höhere Gesetze. Eine Seele, egal aus welcher Gruppe sie stammt, sucht sich ihre Eltern nur nach Kriterien aus, die ihre Möglichkeiten der Verwirklichung auf geistigem, seelischem und körperlichem Gebiet optimal gewährleisten. Die eigene Zugehörigkeit bleibt durch Geburt unverändert.

Ja, es kann geschehen, daß die Zugehörigkeit geändert wird, das heißt, daß die Gruppe gewechselt wird. Auch dies hat mit dem freien Willen zu tun.

Jede Gruppe hat eine Grundschwingung, vielleicht verstehst Du es besser, wenn ich sage, daß jede Gruppe an ihre Mitglieder Mindestforderungen stellt. Werden diese durch eine negative Entwicklung unterschritten, kann es geschehen, daß der Wechsel in eine Gruppe stattfindet, die der neu entstandenen Schwingung besser entspricht. Das ist keine Strafe, nur eine selbstverständliche eigenverantwortliche Auslösung.

Es kann auch geschehen, daß die hierarchische Spitze in einer

Gruppe expandiert und sich dadurch selbst herauslöst. Sie bildet dann wiederum eine neue Gruppe, die im Energiepotential wesentlich dichter ist als die Konzentration der Gruppe, aus der sie hervorgegangen ist. Auch dies ist eine Form von, wie Ihr sagen würdet, Evolution.

Ich bin nicht der einzige Gruppenherr in unserer Gemeinschaft. Das Wort Gruppenherr ist auch Deinem Sprachgebrauch sehr angepaßt. Ja, wenn Du willst, ist es ähnlich einem Minister in Eurem politischen System. Wenn Du Dich aufgrund Deines bildhaften Gedächtnisdenkens nicht immer gegen das naturwissenschaftliche Verständnis in Form von Chemie und Physik so vehement gewehrt hättest (Das ist sehr milde ausgedrückt. Ich war die Katastrophe der Schule!), dann wärst Du jetzt in der Lage, über Erklärungen dieser Art eine vollkommenere Begrifflichkeit des Gruppenaufbaus und meiner Stellung darin zu erhalten.

Denn was außen ist, ist innen, was im Großen ist, ist auch im Kleinsten, und alles Unsichtbare hat auch eine Entsprechung im Sichtbaren. Das Gesetz der universellen Energie wirkt überall.

Jede Gruppe hat ein Wissens- und Reifepotential, das Du in Anspruch nehmen kannst, wenn Du aufnahmefähig bist. Je mehr Du Dein Bewußtsein schulst und ausbildest, desto fähiger wirst Du, Dich in dieses Potential einzuklinken. Je mehr Du die Idealschwingung der Gruppe erreichst, desto perfekter kann die Kommunikation ablaufen.

Ein Hilfsmittel ist zum Beispiel die Meditation. Wichtig ist auch, daß Du Deine Chakras in Harmonie und Ordnung bringst und in Ordnung erhältst.

Es gehört zum Reifeprozeß, die Energie, die durch Deinen Körper fließt, in die richtigen Bahnen zu lenken und richtig zu verwerten und einzusetzen.

Natürlich hat das auch mit Gefühlen zu tun.

Eine der wichtigsten Verbindungsleitungen zu uns, Deiner Gruppe, ist das Gefühl der Liebe. Und zwar nicht die individu-

elle, sondern die generelle Liebe, die universelle, die Nächstenliebe. Solange Du Gefühle des Hasses, der Rache, des Neides und der Mißgunst in Dir nährst, störst Du den Energiefluß von uns zu Dir empfindlich.

Kontrolliere Dich täglich.

Natürlich kannst Du nicht alle Menschen von heute auf morgen pauschal lieben, aber versuche sie doch erst einmal zu verstehen. Vielleicht fällt es Dir dann leichter, tolerant zu sein.

Denke immer daran, daß wir Dich sehr lieben und Dir täglich Schwingungen der Liebe übermitteln.

Du brauchst eigentlich nichts weiter zu tun, als sie zu empfinden, also sie zu erkennen, und sie weiterzugeben.

Leider gibt es auch feindliche Gruppen.

Das sind Gruppen, die sich dunklen Mächten angeschlossen haben und die immer wieder versuchen, Mitgliedern der Gruppen, die nach dem Licht streben, zu schaden und sie auf ihre Seite zu ziehen.

Aus diesen Reihen kommen auch die Versucher. Nicht die liebevollen Prüfer, über die wir schon einmal gesprochen haben (darauf werde ich im Kapitel über Engel, Schutz-, Natur- und Hilfsgeister zu sprechen kommen), sondern Versucher, die ihre Freude daran haben, Menschen straucheln und verzweifeln zu sehen.

Veredle Deinen Charakter durch Kontrolle Deiner Gedanken und Taten. Das ist der beste Schutz gegen diese Wesenheiten. Ein beharrlich nach dem Licht strebender Mensch ist ihnen ein Greuel.

Diese Wesenheiten sind auch inkarniert. Sie sind oft von blendender Erscheinung und brillantem, funkelndem Geist. Oft befinden sie sich in exponierter Stellung in Kultur, Wirtschaft, Wissenschaft und Politik. Oft werden sie von höchsten Entitäten ganz bewußt zur Prüfung ganzer Völker benützt. Das Gefährliche ist, daß sie oft die edelsten Grundideen der Menschheit in mißbräuchlichster Weise für sich verwenden,

*oft sogar als unbewußte Werkzeuge einer höheren dunklen
Macht.*
Denk an Hitler.
*Es liegt an Euch, ob Ihr noch einmal versagt. Ihr müßt Euch
über Eure Zugehörigkeit klarwerden.*
*Pflege den Kontakt zu Deiner Gruppe, ich habe Dir bereits
angedeutet, wie.*
*Die Gruppe muß sich nun langsam sammeln und sich mit
Mitgliedern befreundeter Gruppen zusammenschließen.*
Jeder von Euch muß dazu beitragen.
Es ist das Wort, das das Erkennen der Zugehörigkeit bringt.
*Wenn Du Sprachrohr der Wahrheit bist, wird sich das Sammeln
von selbst ergeben.*
*Wir wissen, daß Du weit davon entfernt bist, vollkommen zu
sein, aber wir sind ja bei Dir, um Dir zu helfen und beizuste-
hen.*
Also, fürchte Dich nicht. Liebe!

Alle diese Durchsagen kamen, wie ich schon vorher andeutete,
nicht so flüssig und verständlich hintereinander und natürlich
auch nicht an einem Abend. Aus den vielen Fragmenten, die ich
alle aufgehoben habe, ergibt sich jedoch genau der zuvor wie-
dergegebene Inhalt.

Ich habe mir in den Jahren danach die Aufzeichnungen immer mal wieder hervorgeholt, durchgelesen und mit zunehmen-
der Reife immer besser verstanden.

Manche Anschlußfragen habe ich erst wesentlich später versucht zu hinterfragen, wobei zu diesen Zeitpunkten der Informant ein erst vor kürzerer Zeit verstorbener, spirituell sehr
hochstehender östlicher Politiker war, der sich als mein Vater
aus meiner englischen Inkarnation vorstellte.

Viele der Durchsagen gestalteten sich zu dieser Zeit, also in
den achtziger Jahren, oft so, daß ich die Information direkt ins
»Hirn« geliefert bekam, nachfragte und erst nach Bestätigung,

manchmal auch jenseitiger Korrektur oder Verbesserung niederschrieb. So geschah es auch mit den eigenen Überlegungen und Folgerungen.

Natürlich sind viele Fragen auch offen geblieben oder nicht so klar beantwortet worden, daß ich es wagen würde, meine Schlußfolgerungen nun als vollendete Durchsagen hier anzubieten.

So fragte ich einmal: »Wie wird man denn Mitglied einer Gruppe?« Als Antwort erhielt ich: »Zugehörigkeit entsteht durch freien Willen.« Ich möchte das so interpretieren, daß die energetischen Schwingungen einer Gruppe auf gewisse Existenzen anziehend oder abstoßend wirken. Genauso wie wir auf der Erde die Möglichkeit haben, uns verschiedensten Strömungen anzuschließen, scheint auch im Jenseits das Gesetz des »Gleich und Gleich gesellt sich gern« zu wirken.

Zweifellos werden jedoch Gruppenzugehörige in verschiedensten Formen und auf verschiedensten Planeten inkarniert, und zwar nicht nur zum Zwecke der eigenen Weiterentwicklung, sondern auch, um das Wissens- und Erfahrungspotential der gesamten Gruppe anzuheben.

Ich weiß das aus dem Umstand heraus zu deuten, daß ich bei entsprechender Gelegenheit einmal ziemlich scharf belehrt wurde, als ich kurz an vorzeitiges Abdanken dachte. Es wurde mir gesagt, daß eine solche Entscheidung meinerseits die »Qualität der ganzen Gruppe mindern würde«. Wenn man über diese Aussage länger nachdenkt, bekommt das Wort »Verantwortung« einen beinahe bedrohlichen Beigeschmack, denn dann hat alles, aber auch wirklich alles, was ich tue und denke, einen direkten und sofort erkennbaren Einfluß auf eine nahestehende Gemeinschaft.

Unter diesem Aspekt bekommt das sogenannte positive Denken einen ganz anderen, nämlich gemeinnützigen Anstrich.

Wenn einer der Gruppenherren wechselt, sei es aus Gründen der Weiterentwicklung oder auch der Reinkarnation, ist die

Veränderung in der Gruppe spürbar, was ich auch selbst erlebt (erfühlt) habe.

Als mein Gruppenherr 1976 anfing, sich auf seine Wiedergeburt vorzubereiten, war schon in dieser Vorbereitungszeit ein Wechsel, ja lassen Sie mich ruhig sagen, des Umgangstones zu verspüren. Er wurde strenger. Nicht weniger gütig, aber von strenger Güte. Es steht mir zwar keine Kritik zu, aber als besonders hilfreich habe ich diese Veränderung vor allem in meiner damaligen Lebenslage nicht empfunden. Ich hatte das Gefühl, mein neuer Gruppenherr sei jemand, der schon länger keine Inkarnation auf dieser Erde mehr durchgemacht hatte. Alles drehte sich nur mehr um geistige Expansion und geistige Entwicklung (nicht mehr Entwicklung) und geistige Reife. Meine schüchternen Einwände, daß ich hier nicht nur als Geist, sondern auch als Körper mit all seinen Bedürfnissen zu existieren habe, wurden geradezu ignoriert, was sich aber wiederum schlagartig änderte, als mein »englischer Vater« auftauchte.

Keiner kann mir erzählen, daß diese Gruppenherren vollkommen und allwissend sind. Manchmal kam es mir tatsächlich so vor wie in der Politik: Nicht immer ist der, welcher an der Spitze sitzt, das non plus ultra. Manchmal ist anscheinend auch im Jenseits das Angebot ein bißchen mager. Vor allem, wenn sich hohe Entitäten aus ihren Gruppen lösen, um freiwillig zu inkarnieren. So hilfreich und segensvoll sie dann auf materieller Ebene auch agieren mögen – es sei mir die Bemerkung gestattet, daß es mir manchmal lieber wäre, die edlen Meister würden »drüben« bleiben.

So edel kann ein Meister gar nicht sein, daß die Menschen es nicht schaffen würden, mit seiner Hinterlassenschaft doch noch Schindluder zu treiben.

Das beste Beispiel ist Jesus Christus. Wenn ich mir überlege, was die Botschaft dieses Giganten war und was sich gewisse Institutionen erfrecht haben, daraus zu machen, um ihr Schäfchen über unseres Christus Botschaft ins Trockene zu bringen, könnte ich heute noch täglich die Wand hinaufgehen.

Ob man Herrn Qualtinger mochte oder nicht (ich mochte ihn sehr), manchmal, oder besser, des öfteren sagte er wirklich umwerfend kluge Dinge, wie zum Beispiel bei einer Lesung in Hamburg, als er schwitzend vor Engagement von sich gab: »Wer an Gott glaubt, braucht ka Religion.« (Bei manchen Aussagen wirkt das Wiener Idiom durchaus unterstützend, so habe ich es belassen). Je länger man über diesen, im ersten Moment so simpel scheinenden Satz nachdenkt, desto gewaltiger wird seine Aussage und sein Wahrheitsgehalt, nach dem Motto: »Hat Gott *das* nötig, was wir so unter Religion verstehen?«

Obwohl ich Unterlagen habe, werde ich auf dieses Thema nur andeutungsweise im Kapitel »Das Gebet« eingehen, und ich gebe auch zu, warum: Ich bin zu feige. Denn was in meinen Niederschriften über religiöse Organisationen zu lesen ist, und zwar im Rundumschlag, war selbst für mich, die ich, wie sich langsam herumgesprochen hat, kein Freund solcher Institutionen bin, von schärfstem Kaliber. Ich möchte lieber warten, bis die Zeit noch ein bißchen reifer geworden ist und die Dinge noch ein bißchen offensichtlicher. Dann werde ich mit größtem Vergnügen auch diese Unterlagen herausgeben.

Doch lassen Sie uns jetzt zu einem Thema kommen, das unser Interesse noch viel mehr in Anspruch nehmen sollte.

Das Ich, das Du (al), die Gemeinschaft und die Vollkommenheit

Du bist aus dem Allwissen entstanden, und Du kehrst ins Allwissen zurück.

Das Allwissen ist in der Vollkommenheit, die Vollkommenheit ist allwissend.

Die Vollkommenheit ist der kosmische Ur-Kern, der alle Pläne des Universums enthält, das Ur-Wissen, aber auch die Sehnsucht nach noch größerer Vollkommenheit, denn alles, was existiert, kann sich sowohl vergrößern als auch verkleinern.

Die Vollkommenheit schließt den Plan der materiellen Schöpfung, aber auch das Inbild sämtlicher geistiger Formen ein.

So wie die kleinsten Euch bekannten Teilchen sich verändern können, so kann sich auch die universelle Vollkommenheit verändern, jedoch nicht in ihrer Grundsubstanz, sondern in ihrer Form.

Ein Fehler ist es anzunehmen, daß Negatives schlecht und Positives gut ist. Beides sind ausgleichende Teile, die das Vollkommene ausmachen.

Die universelle Macht, die Ihr Gott nennt, besteht aus vielen Geistformen, aus positiven und negativen.

Durch die Fähigkeit, die Ihr mit dem Begriff Willensfreiheit bezeichnet, hat jedes Teil des universellen Ganzen die Möglichkeit, sich in jede gewünschte Richtung zu entwickeln.

Verliert es aber innerhalb dieser Entwicklung den ungetrübten Kontakt zum Ganzen oder auch zu seinem Gegenpol, was durch plankonträres Expandieren geschehen kann, so verliert es den Halt im Göttlichen und muß über Umwege wieder zurück in die Vollkommenheit finden. Ein Weg ist die materielle Inkarnation.

Jedes auch noch so kleine Teil trägt in sich den Plan davon, was es in der Vollkommenheit darstellen soll.

Vollkommenheit erzeugt wieder Vollkommenheit, denn ihr sind keine Grenzen gesetzt. Wäre es so, dann wäre die Vollkommenheit unvollkommen, weil sie nicht sehr willensfrei wäre.

Vollkommenheit heißt nicht, in sich zu erstarren.

Du, die Du aus dem Ur-Wissen stammst, bist nun wieder auf dem Weg dahin.

In Dir ist alles Wissen gespeichert. Aber Du kannst es nicht umsetzen, denn Du bist vorerst noch gebunden an Deinen Körper, der Dich auf einen bestimmten Punkt Deiner Entwicklung zwingt. Vorerst bist Du noch allein, ein Ich, ein Suchender, doch Du bist nicht mehr weit entfernt von Deiner Ergänzung, Deinem Dual, das Du verloren hast, als Du Dich von der Vollkommenheit löstest.

Der nächste Schritt, in der Gemeinschaft verantwortlich zu wirken, steht Dir bald bevor.

Doch zuerst mußt Du die Dual-Gemeinsamkeit bewältigen und in Frieden in ihr leben, bevor Du Frieden in die Gemeinschaft bringen kannst.

Dein Dual triffst Du in dem Moment, in dem Du sein Bild klar vor Deinem geistigen Auge erstehen lassen kannst.

Dein Überbewußtsein hat dieses Bild nie verloren.

Erinnere Dich an Friedrich Rückert, wie er sagte:

In jedem ist ein Bild
Des, was er werden soll
Solang er das nicht ist,
Ist nicht sein Friede voll.

Du kannst auch ruhig sagen:

In jedem ist ein Bild
Dessen, den er lieben soll...

Dieses Bild ersteht erst klar vor Dir, wenn Du die Reife hast, es zu ertragen.

Vorerst wirst Du an Menschen geraten, die diesem Bild ähnlich sind, und manchmal wirst Du denken, Du seiest schon am

Ziel. Werde nie ungeduldig, denn der Zeitpunkt ist nach weisestem Ratschluß gewählt.

Denke nie, daß mit der Findung Deines Duals eine Zeit der Ruhe gekommen ist, denn es ist in Wirklichkeit der Beginn einer neuen Ära Deiner Entwicklung, was immer mit viel Arbeit verbunden ist. Erkenne die Aufgabe und freue Dich an ihr.

Natürlich wirst Du Dein Dual wiedererkennen. Zwischen Euch besteht eine tiefe, über Jahrtausende währende Verbundenheit, die nur durch Dein eigenes Fehlverhalten gestört werden könnte.

Es ist nur eine Frage Deiner Entwicklung, oder wie Ihr sagt, der Zeit.

Doch die eigentliche Aufgabe besteht darin, in der Gemeinschaft aufzugehen, dergestalt, daß das Ich nicht mehr zählt. Wenn Du das erreichst, dann bist Du reif für den weiteren Schritt, eine nicht erdische Inkarnation unter völlig verschiedenen physischen und psychischen Bedingungen.

Es würde Dir jetzt nichts nützen, Dir diese Inkarnationen genau zu beschreiben. Bewältige zuerst Deine jetzige Inkarnation. Sie ist die Voraussetzung für jede weitere Entwicklung.

Bis zum »Pausenzeichen« (—————) ist die Durchsage ohne sprachliche Veränderung wiedergegeben. So wie sie hier steht, so habe ich sie bekommen, und zuerst nur andeutungsweise verstanden, weil es mein Gott-Bild sehr durcheinanderbrachte zu hören, daß der Höchste, den ich mir immer als eine allmächtige Einzelgestalt vorgestellt hatte, nun plötzlich ein aus vielschichtigen Geistenergien bestehendes Wesen sein sollte.

Die vielsagende Aufforderung meines ersten jenseitigen Tutors »Werde selbständig und unabhängig in Deinem Denken« kommt mir immer kostbarer vor, je älter ich werde und je mehr ich merke, daß mich Bücher und Lehrer, zumindest in Deutschland, kaum mehr weiterbringen können. Man wird mit dermaßen viel Blödsinn konfrontiert, der bei näherer Betrachtung nichts anderes ist als (Entschuldigung hüben und drüben) geistiger Schrott. Aber genau das ist es. Es gibt kein treffenderes Wort auf dieser Welt.

Im einfachsten Wort steckt oft die reinste Wahrheit, die vollkommenste Information. Hüten Sie sich vor Leuten, die dieses einfache Wort mißachten oder sich darüber mit ihrem eigenen, ach so brillanten Geist meinen erheben zu müssen. Wenn ich mich recht erinnere, war die Bergpredigt auch nicht durchsetzt mit akademischen Begriffen und wissenschaftlichen Abhandlungen. Und zeige mir doch mal einer etwas Vollkommeneres!

Aber auch auf diesem Themengebiet muß man natürlich Erfahrung sammeln, seine Intuition schärfen und sein Beurteilungsvermögen fordern, bis man weiß, wo man beruhigt »Nein, danke« sagen darf.

Übrigens, was die Sprache des ersten Teils der Durchsage angeht: Zuerst habe ich mich furchtbar an den ständigen Wiederholungen bestimmter Begriffe gestört, deren Verwendung mir manchmal wie Wortspiele vorkamen, bis ich begriff, daß eben diese Worte und Wortkonstellationen dazu angetan sind, das Unterbewußtsein aufzuschlüsseln. Lesen Sie diesen Absatz ein paar Mal und in Ruhe, dann werden Sie, genau wie ich es tat, merken, was für ein Geheimnis hinter dieser etwas eigenartigen Sprachführung steckt.

Das Wort »Sprachführung« ist mir eine liebe und willkommene Überleitung zum nächsten Thema. Es handelt davon, wie man beten soll.

In meinem letzten Buch habe ich ein »Vater Unser« aufgeschrieben, das ich im Jahr 1974 diktiert bekommen habe.

Die Reaktion auf dieses »Vater Unser« war geradezu unglaublich. Nicht nur in Briefen, sondern auch bei Vorträgen. (Ich beende regelmäßig meine Ausführungen mit diesem Gebet.) Manche Zuhörer fingen zu weinen an, andere berichteten von einem »warmen Gefühl im Magen«, andere verwenden es wie Aspirin – und es wirkt.

Zu meiner Schande muß ich bekennen, daß ich, als ich dieses Gebet geschenkt bekam, wieder einmal überhaupt nicht begriff, was mir da vermittelt worden war. Ich dachte mir nur: »Aha, ein etwas anderes Vater Unser«. Dem Zusatz »Die Macht liegt in der Verwendung der richtigen Worte« habe ich damals keine besondere Aufmerksamkeit gezollt, weil ich von Rhythmus-Magie so gut wie gar nichts verstand und deswegen auch den Hinweis nicht verstehen konnte. Die Stallaterne ging mir erst 1987 (!!) auf, als ich meine restlichen Mitteilungen über die Wirkung des gesprochenen Wortes noch einmal durchging.

Das Gebet und das Wort

Am Anfang war das Wort, und das Wort war bei Gott, und Gott war das Wort.

Wort ist Energie, ist Macht, ist fähig, alles, was der, der es verwendet, verwenden kann, zu erzeugen.

Das Wort erzeugt Schwingungen, überträgt seine Energie auf seine Umgebung und breitet diese bis in die Unendlichkeit aus. Deswegen überlege genau, was Du sprichst.

Je bewußter Du Worte verwendest, desto wirksamer werden sie sein. Kein Wort ist zufällig entstanden. Die Abfolge von Vokalen und Konsonanten hat einen Sinn und eine Wirkung. Das beginnt bei der Verwendung des Wortes Gott. Es darf nie gedankenlos verwendet werden. Denn es beinhaltet konzentrierteste energetische Schwingungen, die immer, ich betone immer, wirksam werden.

Werde Dir auch darüber klar, was geschieht, wenn Du betest. Gewöhne Dir an, Deine Gebete in eigene Worte zu kleiden, denn sie geben Deine eigene und momentane Schwingung wieder und können Dich eher in die von Dir gewünschte und verwandte Energieform einbringen als auswendig Gelerntes.

Außerdem erleichtert das eigene Formen von Gebeten das innere Sammeln und das Darstellen von Bitten und Danksagungen.

Erinnere Dich, wie nutzlos Du das Beten von sogenannten »Rosenkränzen« empfunden hast. Diese Empfindung war damals richtig. Es hätte nur genützt, wenn jemand in Deiner Dich lehrenden Umgebung begriffen hätte, daß das Erzeugen von immer wiederkehrenden Wortrhythmen ebenfalls eine Wirkung haben kann. Doch davon hat in Deiner Umgebung damals niemand etwas gewußt.

Das Herunterleiern von Gebeten ist absolut wirkungslos. Ein Gebet ist nur von Nutzen, wenn es tief empfunden ist.

*Das gewaltigste Gebet, das es gibt, ist das »Vater Unser«.
Werde Dir bei jedem Satz bewußt, was der tiefere Sinn dessen
ist, was Du aussprichst.*

»Vater Unser, Herrscher aller Himmel.«

*Mit diesem Satz erklärst Du Dich einer hohen energetischen
Macht zugehörig, die Du als Deinen Vater, als Deinen Schöpfer
bezeichnest. Er hat nicht nur Dich geschaffen, sondern er ist Er-
schaffer und Herr des ganzen Universums. Und Du bist nach
dem Plan dieses Universums erschaffen, das sich in Deiner
kleinsten Zelle widerspiegelt.*

»Dessen Name von allen in Ehrfurcht genannt wird.«

*Jeder, der sich bewußt ist, daß er diesen Ursprungs ist, wird
den Namen dieser vollkommenen Energie nur mit Ehrfurcht
und Demut nennen. Der Name ist Gott. Nicht nur Menschen
»nennen« diesen Namen, sondern alles, was er erschaffen hat,
alles, was existiert, trägt Sein Wort, Seinen Namen in sich, jedes
Tier, jede Pflanze, jeder Stein ist eine Lobpreisung der Vollkommenheit und somit eine Verkörperung, eine Nennung Seines
Namens.*

»Lasse Deine Vollkommenheit in uns erstrahlen.«

*Der Plan Seiner Vollkommenheit existiert in uns, und durch
ihn existieren wir. Du hast die Pflicht, in jeder Form die Vollkommenheit anzustreben. Zeige Dich immer bereit, im Plan
mitzuwirken, den Plan durch Dich wirken lassen zu wollen, das
heißt, erlebe Dein Schicksal mit wachem Bewußtsein und mit
Dankbarkeit, denn es ist Dein selbstgewählter Weg zur Vervollkommnung. Je mehr Dir die Gnade der Erkenntnis dieser Vollkommenheit gewährt wird, desto leichter wird Dein Weg sein.*

*»Lasse uns reifen durch Deinen göttlichen Willen, der in al-
lem und durch alles wirkt.«*

*Dein Weg der Reife vollzieht sich nach einem universellen
Plan, der Dir nach dem Gesetz des freien Willens individuelle
Möglichkeiten offenläßt. Je mehr es Dir gelingt, Dich durch in-
nere Harmonie der göttlichen Harmonie anzuschließen, desto*

leichter wirst Du auch mit Deiner Umgebung umgehen können. Damit sind nicht nur Menschen gemeint. Auch die Materie fügt sich dem Gesetz der Harmonie. Spirituelle Wesenheiten bestehen ganz aus ihr. Fühle Dich immer als Teil eines Ganzen, fühle Dich mit allen und allem verbunden – das ist der Grundgedanke der Liebe.

»Laß unsere Arbeit gute Früchte tragen«.

Suchen, reifen heißt arbeiten. Hadere nicht mit Deinem Schöpfer wegen Rückschritten, Rückschlägen und schmerzlichen Erfahrungen. Sie sind nur notwendige Meilensteine auf Deinem Weg. Vergiß nie: Nur das Ergebnis zählt. Du bist doch sonst auch gerne bereit, für Qualität mehr als gewöhnlich zu zahlen, tiefer in die Tasche zu greifen, finanzielle Opfer zu bringen. Warum verhältst Du Dich nicht genauso, wenn es um Deine Lebens-Erfahrung und Reife geht? Bewahre immer die Hoffnung und den Glauben, daß Du Hilfe auf Deinem Weg bekommst und daß die Früchte Deiner Arbeit gut sein werden.

»Und lasse uns nicht schuldig werden.«

Du fragst mich, was das Wort »Schuld« in diesem Zusammenhang meint. Schuldig werden heißt, gegen die universellen Gesetze zu verstoßen. Natürlich haben auch die zehn Gebote mit den universellen Gesetzen zu tun. Moses bekam sie einst von entwickelteren, erfahreneren Wesenheiten mitgeteilt, und sie stellen die Grundlagen einer funktionierenden Gemeinschaft dar. Bei Euch gibt es Gesetzesbücher, die beinhalten, wie Verstöße gegen die Gesellschaftsordnung geahndet werden müssen. Es gibt auch ungeschriebene Gesetzesbücher. Du trägst ihre Weisungen in Deinem Gewissen. Wenn Du gegen Dein Gewissen handelst, wirst Du schuldig.

»Noch anderen ihre Schuld zur Last legen.«

Ihr habt einen schönen Spruch, der besagt, daß Ihr zuerst vor Eurer eigenen Türe kehren sollt. Man läuft oft als Richter Gefahr, sich über den stellen zu wollen, dessen Vergehen man zu richten hat. Auch ein Richter ist ein Diener des Nächsten. Ein

Diener ist ein Helfer. Seine erste Pflicht ist, dem Angeklagten seine Schuld bewußt zu machen und ihn zu empfundener Reue zu führen. Ein jeder trage des anderen Last und stehe ihm in Liebe bei. Gerade dann, wenn er schuldig geworden ist.

»Gib uns die Kraft, der Versuchung zu widerstehen.«

Die Versuchung ist eine Prüfung der Willensfestigkeit, und zeigt auch, wie reif ein Mensch ist. Sie ist wichtig und notwendig. In dem »Vater Unser«, das Ihr betet, heißt es: Und führe uns nicht in Versuchung. Das ist nicht richtig wiedergegeben. Es ist nicht der Vater, der Euch in Versuchung führt, sondern die Versuchung tritt an Euch heran, damit Ihr Klarheit über Euch selbst erlangt und lernt, mit dem freien Willen verantwortungsvoll umzugehen. Im Moment der Versuchung, die immer verlockend und schön erscheint, braucht Ihr die Kraft, alles, was Ihr gelernt habt, zugleich zu verwenden. Um die Gnade dieser Kraft bittet den Vater, und er wird Euch beistehen, denn er liebt Euch.

»Und die Kraft, das Böse zu überwinden.«

Mit dem Erkennen des Bösen ist es noch nicht getan. Es genügt nicht, sich dagegen zu entscheiden, sondern Ihr müßt auch den Kampf dagegen aufnehmen. Dadurch könnt Ihr Euch selbst vom Bösen erlösen. Ihr seid keine abhängigen Kinder, sondern Mitstreiter, keine Ausgelieferten, sondern in die Gemeinschaft des Lichts Wachsende und Reifende.

»Um Deiner würdig zu werden in Ewigkeit.«

Durch die Kraft der Überwindung, des Wachsens und der Erkenntnis sowie durch die Kraft der Liebe werdet Ihr auf dem Weg zur Vollkommenheit, zu Gott, immer weiter kommen. Dieser Weg ist steinig, aber notwendig, um ans Ziel zu gelangen. Nur wenn Eure eigene Schwingung der Schwingung der Vollkommenheit entspricht, könnt Ihr von ihr aufgenommen werden. Dann seid Ihr würdig, in der Nähe Gottes zu weilen.

A M E N

Dieser Aufschlüsselung des »Vater Unser« folgte damals eine tiefe Stille, und ich wagte lange nicht, dieses »gesammelte Schweigen« mit meinen Fragen zu durchbrechen.

Aber dann war meine Neugier stärker als die Wirkung der Stimmung, und ich erkundigte mich, wie es denn geschehen konnte, daß die Urform des »Vater Unsers« sich im Laufe der Zeit so verändern konnte, daß der Sinn nicht mehr dem entsprach, was es ursprünglich zu bedeuten hatte.

Es wurde mir erklärt, daß die Urform zwar niedergelegt war, aber beim Brand der berühmten Alexandrinischen Bibliothek den Flammen zum Opfer gefallen sei.

Da mir nur ein Brand im Jahre 47 *vor* Christi Geburt bekannt war, fing ich an, in meinen Lexika zu wühlen und fand bald heraus, daß es noch einen Brand gegeben hatte, den unseligerweise auch noch die Christen selbst gelegt hatten in der frommen Absicht, den heidnischen Serapis-Tempel, der ihnen schon lange ein Dorn im Auge gewesen war, warm abzutragen. Leider sorgte der entstehende Funkenflug dafür, daß bei diesen Aufräumungsarbeiten auch gleich noch die restliche Bibliothek in Flammen aufging. Das war im Jahre 347 nach Christi, und hätten die gottesfürchtigen Eiferer geahnt, was sie mit ihrem pyrotechnischen Unverständnis anrichten würden, hätten sie vielleicht auf diese Demonstration christlicher Toleranz verzichtet.

Am Anfang der achtziger Jahre geriet ich einmal »zufällig« in einen philologischen Vortrag über Sprachen der Südsee. Ich wollte mich gerade anfangen zu langweilen, als der Vortragende mit seinen Zuhörern ein hochinteressantes Experiment startete. Er las uns Worte der uns völlig unbekannten Sprachen vor und stellte uns jeweils zwei deutsche Begriffe zur Auswahl, aus denen wir gefühlsmäßig denjenigen herausfinden sollten, der dem Fremd-Wort entsprach, wobei die Begriffe diametral entgegengesetzt waren.

Wir griffen fast niemals daneben.

Der Klang des fremdländischen Wortes vermittelte eine Schwingung, die der Bedeutung unserer eigenen Sprache genau entsprach. Man braucht dazu gar nicht bis in die Südsee auszuwandern, das Experiment funktioniert genauso gut mit allen anderen Sprachen.

Erst Jahre später kam ich in den Besitz der sogenannten Lichtformeln, mit deren Hilfe man so gut wie alles erreichen kann, vorausgesetzt, man hat einen Lehrer, der einen im Umgang unterweist, so daß man in die Lage versetzt wird, die Formeln richtig zu verwenden. Diese Formeln bestehen nur (!) aus Konsonanten und Vokal-Kombinationen, die auf den ersten Blick völlig willkürlich zusammengestückelt erscheinen. Erst wenn man gelernt hat, mit geschärftem inneren und äußeren Ohr die durch die Tonfolgen erzeugte Schwingungsenergie wahrzunehmen, dann wird einem klar, warum man mit diesen Formeln heilen, töten, wecken, einschläfern und auch Liebe und Haß erzeugen kann.

Sollte zufällig jemand aus der Musikbranche diese Zeilen lesen: Wer hinter das Geheimnis dieser Formeln kommt und diese richtig einsetzt, der ist in der Lage, einen »Hit« nach dem anderen zu produzieren. Nur: Wer einmal soweit ist, dieses Mysterium zu begreifen, der interessiert sich nicht mehr für »Hits«

Außerdem gehört dazu auch noch das Wissen, welcher Ton zu welchem Vokal, welche Harmonie zu welchem Konsonanten gehört. Anfänglich dachte ich in meinem kindlichen Unverstand, daß die Aufschlüsselung so schwierig doch nicht sein könne, doch dann wurde mir im Laufe des Lernens immer klarer, daß mich, selbst wenn ich 90 Jahre alt werden würde (was der gütige Gott verhüten möge) nur ein Hauch der Ahnung von den astronomischen Potenzierungen streifen kann, die sich aus den Kombinationen der uns zur Verfügung stehenden Laute mit den uns bekannten Tönen ergeben. Mit einem Computer, so glaube ich, könnte man das Phänomen mathematisch vielleicht aufschlüsseln.

Aber wo sind die Esoteriker, die in der Lage sind, das Geistige mit dem Materiellen im Sinne der Geheimlehre zum Wohle aller zu verbinden?

Obwohl, da gibt es einen Schweizer, der sich gern in der Maske eines Spät-Punks zeigt und seinen furiosen Geist und sein ebensolches Temperament mit dem Mäntelchen des biederen Schweizer Idioms kaschiert. Ich meine den ingeniösen Hans Custo, der es als Mathematiker und Physiker geschafft hat, diese seine beiden Fachgebiete in die Wissenschaft der Musik und in die Astrologie einzubringen, alles unter einen Hut zu packen, und der dabei ganz erstaunliche Ergebnisse vorzuweisen hat.

Dieser Hans, so meine ich, wäre in der Lage, das Geheimnis der Formeln zu knacken. Allein die Tatsache, daß dieser Mann einen Astro-Computer entwickelt hat, den bis jetzt kein Mensch zu reparieren, geschweige denn zu kopieren imstande ist, läßt mich hoffen.

So muß ich mich also einstweilen noch mit den paar Formeln begnügen, die ich beherrsche und die mir bei ihrer Verwendung viel Freude bereiten, und warten, bis Hänschen Custo aus den Gegensätzlichkeiten seiner toskanischen Zurückgezogenheit und Amsterdamer Lebenslust frische Denkenergien und neue Schaffensimpulse gewonnen hat.

Und ich muß begreifen lernen, daß jedes Wort, genausogut wie jede Tat, im Akasha gesammelt wird – in der Bibliothek des Unendlichen.

Die Akasha-Chronik

Die Erde, auf der Du lebst, existiert bedeutend länger, als Eure Wissenschaftler annehmen. Ebenfalls bewohnt der Mensch diesen Planeten seit unendlich langer Zeit. Er hat sich entwickelt aus den Urzellen, aus denen alles stammt, was diese Erde bewohnt und belebt. Eine Amöbe und ein Mensch bestehen aus derselben Zell-Energie. An einem bestimmten Punkt der Evolution wurde auf den Menschen dergestalt eingewirkt, daß er befähigt wurde, zu denken und selbst schöpferisch zu wirken. Diese Einwirkung kam von außen und ist nicht erdischen Ursprungs.

Diese Erde hat durch Jahrmillionen Wesenheiten beherbergt, deren Spuren zum Teil völlig verschwunden, zum Teil so verwischt sind, daß sie nicht mehr erkannt werden können. Manche der Spuren sind noch vollständig erhalten, werden aber von Euch nicht verstanden oder mißdeutet.

Eine der Hinterlassenschaften solcher Existenzen sind zum Beispiel die Pyramiden. Sie sind natürlich keine Grabstätten. Die Räume, die Eure Wissenschaftler als Grabkammern bezeichnen, waren die Räume, in denen die Einweihung vollzogen wurde. An diesem Punkt der Pyramide herrscht bei einer bestimmten Mondstellung diejenige energetische Konzentration, die es dem Adepten ermöglichte, den Zustand zu erreichen, in dem die Einweihung durchführbar ist.

Die Göttersagen, die Du kennst, sind Fragmente von Geschehnissen, die sich auf der Erde tatsächlich zugetragen haben.

Es gibt bei Euch Menschen, die glauben, daß Euer Planet vor langer Zeit schon einmal von außerplanetarischen Besuchern bewohnt worden ist. Das ist nicht ganz richtig. Denn die Wesenheiten, die auf die Entwicklung der Menschen so großen Einfluß genommen haben, stammen nicht von irgendwelchen Planeten, sondern sie sind energetische Entitäten, die in der Lage sind, auf die Materie in jeder Form Einfluß zu nehmen.

(An dieser Stelle fragte ich, ob das im weitesten Sinne auch mit der Unbefleckten Empfängnis Marias zu tun haben könnte. Diese Frage wurde bejaht).

Deshalb war es auch überhaupt möglich, Bauwerke von der Größe der Pyramiden zu erstellen oder Riesensteinblöcke nahtlos übereinanderzuschichten.

Diese Wesenheiten konnten sich in menschenähnliche Körper materialisieren. Ich sage deswegen menschenähnlich, weil sie nur äußerlich so aussahen wie Menschen. Ihre Gehirne waren im Gegensatz zu den Gehirnen der damaligen Erdenbewohner ungleich vollkommener ausgebildet. Dadurch waren sie befähigt, Leistungen zu vollbringen, die von den Hominiden als Wunder bezeichnet wurden. Die »Götter« aus Euren Sagen sowie auch die in der Bibel vorkommenden »Söhne Gottes« waren solche sich aus der kosmischen Energie materialisierende Wesenheiten.

Manche von ihnen mißbrauchten ihre Fähigkeiten, spielten mit ihren Kräften, so daß die Ergebnisse den erdgebundenen Schöpfungsplan störten. Erinnere Dich, daß Du schon oft von den Vermutungen einiger Eurer Wissenschaftler gehört hast, daß es auf der Erde riesenwüchsige, sogenannte Enakssöhne gegeben habe. Das ist richtig. Es gab auch Menschentiere, die durch unerlaubte Paarungen zustande kamen, in Umgehung des Schutzes durch den genetischen Code, der normalerweise solches verhindert.

Aber es wurde nicht nur mit den Geschlechtskräften gespielt, sondern auch mit atomaren Energien. Das führte zur Katastrophe.

(Ich fragte, ob der Untergang von Atlantis mit solchem Mißbrauch zu tun gehabt haben könnte. Die Antwort lautete: »So ist es gewesen.«)

Wer die Gesetze der Natur nicht achtet, die Gesetze der Materie mißbraucht, der wird dadurch bestraft, daß sich die Ordnung von selbst wieder in die ursprüngliche Form einzubringen versucht. Dies kann in Form einer Katastrophe stattfinden, was in diesem Fall so geschehen ist. Diese Katastrophe hat das Bild der Erde völlig verändert. Wenn Du heute den amerikanischen und den europäischen Kontinent zusammenschieben würdest, so könntest Du sehen, daß diese Erdteile fast nahtlos zusammenpassen. Der fehlende Verbindungsteil versank damals im Meer. Das ist 15.000 Jahre her.

Der versunkene Erdteil hieß Atlantis. Die Bewohner waren die Atlantiden, die von den Lemuriern abstammten. Sie pflegten das empirische Denken, das Erfahrungsdenken. In besonderen Tempeln wurden die Besten von ihnen ausgebildet. Die Lehrer waren die Menschenähnlichen, von denen ich vorher gesprochen habe.

(Nun wollte ich wissen, warum sich die Wissenschaftler, sofern sie überhaupt an eine Existenz dieses Erdteils glauben, bis heute nicht einigen können, wo Atlantis tatsächlich gelegen war. Die Antwort war erstaunlich, aber äußerst logisch.)

Atlantis hatte mehrere Kolonien. Diese Kolonien wurden natürlich nach dem Mutterland errichtet. Deshalb findest du Pyramiden in Ägypten und in Mexiko, deswegen gleichen sich Ortsnamen oder Bezeichnungen auf verschiedenen Kontinenten bis heute.

Außerdem kamen bei der Vernichtung von Atlantis nicht alle Bewohner um. Viele waren vorgewarnt oder hatten eine Vorahnung, andere konnten im letzten Moment fliehen. Sie flüchteten zum Großteil in die Kolonien.

Die Katastrophe war eine Folge von Fehlverhalten über Generationen hinweg. Die Atlantiden konnten mit Solar-Energie umgehen, die sie durch Verwendung von bestimmten Kristallen speichern und auch verstärken konnten. Sie konnten diese Energie auch konservieren und nach Belieben einsetzen. Durch die falsche Verwendung dieser Energie-Konzentrate kam es zur Katastrophe. Atlantis versank im Meer.

Alle diese Ereignisse kann ein reifer, begnadeter Mensch aus der Akasha-Chronik erfahren. Das Akasha ist die geistige Bibliothek Eurer Erde. Doch sie ist mit keinem Geschichtsbuch zu vergleichen, das Du kennst, denn sie hütet die unvergänglichen Ereignisse, die sich der sinnlichen Wahrnehmung entziehen. Deswegen wird auch der beste Archäologe keine Beweise für die Vorkommnisse der frühesten Zeit finden können, es sei denn, er ist ein eingeweihter, inspirierter Mensch, der die Zeichen richtig zu deuten weiß.

Das Tor des Akasha öffnet sich nur demjenigen, der auch sonst Kontakt mit der geistigen Welt pflegt. Ihm eröffnet es seine Bilder, vermittelt es sein Wissen.

Die Voraussetzung ist ein gesteigertes Bewußtsein und ein geschärftes Erkenntnisvermögen.

Das Akasha öffnet sich jedoch nicht nur, um Bilder der Vergangenheit heraufzubeschwören, sondern auch, um seinem Beschauer die Fehler bewußt zu machen, die in und über Urzeiten begangen worden sind, und um ihm die Möglichkeit zu geben, auf die Entwicklung der Menschheit Einfluß zu nehmen, die im Begriff ist, diese Fehlhandlungen zu wiederholen und eine ähnliche Katastrophe wiederum auszulösen.

(Ich warf ein, daß die Entdeckung der Kristallenergie noch nicht begonnen habe.)

Die Menschen haben noch immer nicht gelernt, Energie richtig zu konservieren... Du wirst das merken, wenn die Anzahl der Atomkraftwerke sich vermehrt. In der gleichen Anzahl werden sich die Unfälle mehren, die mit der Unfähigkeit des Menschen zu tun haben, diese Kräfte zu konservieren.

(Diese Durchsage kam 1979. Von Tschernobyl noch keine Spur.)

Natürlich ist in der Akasha-Chronik nicht nur das Schicksal des ganzen Planeten, von ganzen Volksstämmen und die großen historischen Ereignisse gespeichert, sondern auch das Schicksal und die Taten eines jeden Einzelnen. Deswegen können begnadet wirkende Seher den Menschen ihren Lebensab-

*lauf voraussagen, da sich bestimmte Punkte im Leben immer
wieder repetieren.*
   *Jedoch kann nie vorausgesagt werden, wie der Mensch sich
verhalten wird, da er im Besitz des freien Willens ist. Deswegen
kann seine Reaktion auch nicht aus dem Akasha ersehen werden. Zukunftsbezogene Mitteilungen werden nur dann gegeben, wenn es der Bestimmung des Fragenden dient. Eine Voraussage kann auch eine Führung sein, darf aber nur reifen Menschen gegeben werden, die eine solche Weisung unter Wahrung
ihrer Eigenständigkeit zu verwenden fähig sind...*
   *Und solche Voraussagen darf nur ein Mensch machen, der
wiederum befähigt ist, die geistigen Gesetze zu durchschauen.
Ein Chemiker, der sein Fach beherrscht, kann Dir auch vorher-
sagen, was die Verbindung bestimmter Stoffe ergeben wird. Er
hat die Erfahrung, er braucht es nicht mehr auszuprobieren.
Genauso ist es mit den geistigen Gesetzen. Für den Wissenden
ist es keine Kunst vorherzusagen, welches Ergebnis eine bestimmte Handlung nach sich ziehen wird. Ihm ist der Ablauf
vertraut. Er »erinnert« sich.*
   *Und genau aus solchen Erinnerungsbildern, Engrammen,
setzt sich die Chronik des Akasha zusammen.*

Anfänglich konnte ich mit der Vorstellung dieser Groß-Biblio-
thek in Geistform wenig anfangen, doch dann wurde mir klar,
daß ich mir dieses Phänomen nicht anders vorzustellen hatte
als einen Mega-Computer mit unendlichem Speichervermö-
gen.
   Ich begann, über die Zusammenhänge von Speicherung und
Karma nachzudenken. Wenn jede meiner Taten in diesem System gespeichert ist, dann konnte die Vorstellung einer Bank
mit einem Soll-und-Haben-Konto nur die folgerichtige Überlegung sein. Danach müßte Karma, ganz gleich, ob Gruppenkar-
ma oder Einzelkarma, mit einem entsprechenden Ausgleich der
Taten doch aufzulösen sein. Nur so könnte der ewige Kreislauf

von Schuld und Sühne unterbrochen werden. Dazu gehörte aber ein ganz wichtiger Faktor: die Erkenntnis von Ursache und Wirkung, das Begreifen der Folgerichtigkeit der karmischen Gesetze.

Wenn ich die Inkarnation auf dieser Erde immer wieder vor allem deswegen gewählt habe, um über das Gesetz der Schuld und Sühne reif zu werden für eine nicht-erdische Existenz, dann mußte dieser ewige Kreislauf der terrestrischen Inkarnation über den bewußten Ausgleich der Punkte, in denen ich mich schuldig gemacht hatte, am ehesten zu erreichen sein.

Damit stieß ich sofort auf das erste und größte Problem aller Leute, die nach längst vergangenen Fehlern und Schulden suchen: Wie könnte ich mich am besten erinnern?

Ich geriet an zahlreiche mehr oder weniger namhafte Reinkarnations-Rückführer und machte dabei die Erfahrung, daß zwar alle irgendwelche Bilder in mir wachriefen, aus denen sie dann glaubten, die verschiedensten Zeiten, Orte und Taten früherer Leben entnehmen zu können, wobei sich die Ergebnisse nie gegenseitig deckten. Also, wenn der eine sagte, ich sei Priesterin in Ägypten gewesen, dann war ich beim anderen gleichzeitig Schauspielerin in Griechenland, und bei einem Dritten Schriftgelehrter im Alten Rom. Wenn ich alle Angaben, die ich im Laufe der Jahre von Rückführern bekommen habe, hier auflisten würde, dann müßte ich das Buch um mindestens drei Sonderseiten verlängern.

Schließlich kam ich zum Ergebnis, daß der einzige Mensch, der diese heiklen Fragen beantworten könnte, ich selbst sein müsse. Wie aber sollte ich die Erinnerung aktivieren? Hatte ich doch schon Schwierigkeiten, mich an meine früheste Kindheit zu erinnern.

Ich fing auch an, in meinem Freundes- und Bekanntenkreis herumzufragen, ob hier wohl Erfahrungen oder Techniken bekannt seien, stieß aber immer wieder auf dieselben Rückführungs-Techniken, die bei mir selbst schon nichts gebracht hatten. Auffallend war bei diesen Recherchen übrigens, daß es überall sehr viele Könige, Fürsten, Priester, Gelehrte, also Menschen in hohen und höchsten Positionen gegeben hatte, aber anscheinend befand sich in meinem engen Umkreis niemand, der auch nur eine einzige Inkarnation als Putzfrau, einfacher Arbeiter, Hausfrau oder Handwerker gefristet hätte. Das gab mir zu denken.

Auch auf den damals schon stattfindenden esoterischen »Meetings«, heute heißen sie Kongresse, fand ich nur ehemalige Hohepriester, Reinkarnationen von Adam und Eva, mehrere ehemalige Staatsoberhäupter und viele Persönlichkeiten, die sich in früheren Jahrhunderten einen großen Namen in der Kultur oder den Wissenschaften gemacht hatten. Irgendwas konnte da wohl nicht stimmen.

So blieb mir also nur mehr eine Möglichkeit, dieses Problem zu klären: Meine jenseitigen Helfer mußten mir mal wieder unter die Arme greifen. Und das taten sie denn auch.

Reinkarnation und Karma

Warum suchst Du so beharrlich nach dem, was Du in früheren Leben gewesen bist?

Schau Dich an, schau Dein Leben an. Darin spiegelt sich alles, was Du jemals warst, und alles, was Du jemals getan hast.

Alle Talente, die Du jemals hattest, sind in Dir gespeichert, alles Wissen, das Du Dir angeeignet hast, ist über Dein Überbewußtsein abrufbar.

Du bist, als Du geboren wurdest, als Du Deine Seele wieder in einen Körper gegeben hast, über die Schwelle des Hüters gegangen, über eine Grenze vom Immateriellen zum Materiellen.

Mit dem Eintreten in den Körper hast Du die Bedingungen der Materie akzeptiert. Dazu gehört auch das Vergessen. Dieses Vergessen ist eine Gnade und hat einen tiefen Sinn: Du sollst Dich ganz auf Dein jetziges Leben konzentrieren können und alle Möglichkeiten haben, Deinen freien Willen ausleben zu können, ohne Beeinflussung durch Erinnerungen an frühere Handlungen und Situationen.

(Ich fragte, ob die Rückführungen nützen könnten, ob sie überhaupt möglich seien.)

Wenn es der Reife und der Bestimmung eines Menschen entspricht, dann ist es möglich, ihn gewisse Zusammenhänge erkennen zu lassen. Vor allem in seinen ersten sieben Lebensjahren kann ein guter Beobachter viele Hinweise auf frühere Existenzen des Kindes erhalten. Vorlieben, Talente, Abneigungen, Ängste und Verhaltensformen geben Aufschluß über schon früher gepflegte Lebensgewohnheiten.

(Hier drängte sich zum ersten Mal die Frage nach genetischen Grundlagen auf. Schließlich setzt sich meine Helix ja aus den Eigenschaften meiner Eltern und Altvorderen zusammen.)

Diese Überlegung ist ganz richtig und widerspricht in keinster Weise den Gegebenheiten, denn Du hast Dir Deine Eltern auch unter diesem Aspekt ausgesucht. Nicht immer sind diese Dir bekannte und vertraute Personen, in einer Umgebung, die es Dir problemlos ermöglicht, Dich in Deinen Lebensablauf einzuschalten.

Die genetische Konstellation Deiner Eltern muß so gestaltet sein, daß Du die Möglichkeit hast, auf dieser Grundlage den Anforderungen, die Dein Lebensprogramm an Dich stellen wird, gerecht zu werden. Dazu gehören selbstverständlich auch gewisse Mängel, die Du aus karmischen Gründen gesucht und akzeptiert hast, um Dich daran schulen zu können und Dein Sozialempfinden zu schärfen.

Eine Behinderung ist niemals ein Zufall, sondern der Betroffene soll über diesen Mangel und die sich daraus ergebende Beschränkung bestimmte Erfahrungswerte in seinem Bewußtsein speichern, die ihn in Zukunft vor Fehlentscheidungen bewahren sollen.

Nimm zum Beispiel an, ein Mensch hat in seinem früheren Leben nur seinen eigenen egozentrierten Bedürfnissen gelebt, sich nie um die Rechte seiner Mitmenschen gekümmert, nie wahrgenommen, daß er auch einmal die Sorge eines anderen mitzutragen verpflichtet ist. Er wird, wenn er gut beraten ist und diese Beratung auch annimmt, in seiner nächsten Inkarnation einen Mangel akzeptieren, der ihn zwingt, diesen Fehler aus seinem früheren Leben auszugleichen.

Ich gebe Dir dieses Beispiel, weil sich in Deiner engsten Umgebung ein solcher Fall abspielt. (...was stimmte.) Du weißt, wen ich meine. Dieser junge Mensch muß über seine schwere Hörbehinderung lernen, in unentwegter Konzentration auf seine Umwelt zu leben, auf jede Mundbewegung, jede Regung des Gesichtsausdruckes, jede Äußerung der Körpersprache zu achten, und er muß schmerzlich erfahren, daß er selbst dagegen unfähig ist, sich in der Vollständigkeit seiner Empfindungen zu äußern. Die dadurch entstehende Isolation führt ihn durch den schweren Lernprozeß des Erkennens der Wichtigkeit des Näch-

sten, der Liebe zum Nächsten, zu der Reife, die ihn befähigt, sich in ein soziales System nutzbringend einzufügen.

So gibt jede Behinderung demjenigen, den sie unmittelbar betrifft, aber auch seiner Umgebung die Möglichkeit, über diese Erschwerung der Umstände die Erkenntnis zu bereichern und den Reifeprozeß zu beschleunigen und zu vervollkommnen. Niemals darf ein solcher Umstand als Strafe empfunden werden.

(Hier stoppte ich, weil ich mich überfordert fühlte. Ich sagte, daß ich, wenn ich heute ein debiles Kind zur Welt bringen würde oder von heute auf morgen zum Krüppel werden würde, dieses Schicksal sehr wohl als Strafe empfinden würde.)

Weißt Du, es ist leider so, daß der Mensch nur über den Schmerz, das Leid lernt. Versuche Dich doch selbst zu erinnern: Wann hast Du auch nur ein einziges Mal durch Glück einen Lernprozeß durchlebt? Selbst wenn du dafür dankbar bist, ist es eine Erholung. Doch gefordert wird der Mensch durch Leid.

(Diese Aussage reizte mich maßlos. Paßte sie doch genau in das von mir so oft bemängelte Schema des Jammertales, in dem wir uns hier – ach! befinden.)

Nein, die Erde darf nicht als Jammertal bezeichnet werden, genausowenig wie Eure Schulen als Orte der Strafe. Beides sind wichtige Stationen auf einem Weg der Entwicklung, der nicht immer als angenehm empfunden wird. Denke nur daran, welche Ängste Du und Deine Klassenkameraden vor Prüfungen ausgestanden habt. Aber erinnere Dich auch, wie Ihr Euch auf die gemeinsamen Schulausflüge gefreut habt.

Vergleiche es mit den Aufgaben, die das Leben an Dich stellt, und Du wirst bemerken, daß es kaum einen Unterschied gibt. Es gibt Zeiten des Ausruhens, des Genießens und Zeiten der Anspannung und des sich Verausgabens. Nur – wer sich ausruht, der lernt nichts. Gleichwohl, die Zeit des Ausruhens stellt einen wichtigen und notwendigen Gegenpol zu der Zeit der Arbeit dar. Die Ruhe muß genauso eingehalten werden, wie die

Arbeit diszipliniert durchgeführt werden muß. Sieh Dir in den Horoskopen der Menschen einmal an, wie ausgewogen die Konstellationen der Energien für diese gegensätzlichen Zeitqualitäten sorgen.

Aber auch dieses Angebot unterliegt dem freien Willen des Menschen. Er kann die Möglichkeiten wahrnehmen oder nicht.

Denk einmal nach, wie es war, wenn Du früher ohne Rücksicht auf die Anforderungen des nächsten Tages bis spät in die Nacht aufgeblieben bist. Danach warst Du nicht fähig, den Aufgaben, die auf Dich zukamen, gerecht zu werden. Genauso ist es mit den großen Aufgaben und Prüfungen, die Dir Dein Lebensplan zubringt. Wenn Du psychisch und physisch nicht gewappnet bist, wirst Du sie nicht zufriedenstellend hinter Dich bringen können, wirst Du unter diesem Zustand leiden und Dein Leben als Last und Qual empfinden.

Selbst schwere Schicksalsschläge können gut überwunden werden, wenn der Betroffene aus glücklichen Stunden seines Lebens die Kraft gezogen hat, die ihm hätte gewährt werden können. Dies hat auch mit Erkenntnisfähigkeit und auch mit Dankbarkeit zu tun. Wer nur auf die Widrigkeiten im Lebensablauf reagiert, der hat natürlich allen Grund, die, wie du so schön sagst, »Jammertal-Arie« zu singen.

(Noch einmal kam ich auf die Intensität von Schicksalsschlägen zu sprechen.)

Mancher Schicksalsschlag mag Dir grausam und ungerecht vorkommen, aber, obwohl ich weiß, daß Du Dich über Sprichwörter immer lustig machst, möchte ich Dir hiermit in Abänderung eines allgemein bekannten Spruches versichern, daß niemand mehr aufgeladen bekommt, als er verdient hat. Das, was der Mensch heute erleiden muß, hat er in früheren Zeiten anderen Menschen in ähnlicher Weise zugefügt. Das heißt nicht, daß das Vorkommnis dasselbe ist, sondern nur, daß die Intensität des Leidensgefühles sich gleicht. Du hast doch oft erlebt, daß bei manchen Kindern ein leichter Ton des Mißfallens genügt, um sie zu mahnen und sie von einer unrechten Handlungsweise abzubringen. Bei anderen Kindern sind jedoch viel schärfere Maßnahmen notwendig, damit sie begreifen lernen. So ist es auch mit Seelen. Nicht jede braucht dieselbe Katastophe mitzuerleben, die sie einst verursacht hat. Die Empfindung jedoch muß die gleiche sein.

(Nun wollte ich wissen, ob die Effizienz von Schicksalsschlägen nicht wesentlich größer wäre, wenn der Betroffene die Hintergründe durchschauen, sprich im Zusammenhang erkennen könnte.)

Wenn Du Dich an alle Deine Taten, gute wie böse, erinnern könntest, wäre das eine größere Belastung als eine Hilfe in bezug auf Deine Einsicht. Dein Überbewußtsein hat alle Deine Werke registriert und bringt die Ereignisse in den richtigen Zusammenhang.

(An dieser Stelle fielen mir die Selbstmörder ein, wahrscheinlich auch deswegen, weil sich ein naher Freund wenige Wochen vorher das Leben genommen hatte.)

Auch der Selbst-Mord ist ein Akt des freien Willens, wenn auch ein Verzweiflungsakt, der aus einer Störung der Aura und der Chakras herrührt. Schon oft habe ich Dir gesagt, daß die Angst die zersetzendste aller Gedankenenergien ist. Die Aura wird durchlässig wie ein mottenzerfressener Mantel, die von den Chakras erzeugte Energie kann nicht mehr gehalten und auch nicht mehr im nötigen Maße ersetzt werden; der Mensch wird wehrlos. Ein Gefühl der Lähmung kommt auf. Bekommt der Angegriffene keine Hilfestellung, ist er Mächten der Vernichtung ausgeliefert, die Du nicht als negativ ansehen darfst, sondern die nichts anderes tun, als nicht existenzfähige Organismen zu eliminieren.

Die Schuld besteht nicht im Akt des Selbstmordes, sondern im Zulassen der negativen Gefühle, die dazu führen. Aber auch Drogensucht, Alkoholismus und mißbräuchliche Verwendung konzentrierter Energien (gemeint ist Magie) kann dazu führen,

*daß ein Mensch die Unfähigkeit signalisiert, sein Lebenspro-
gramm im geplanten Ablauf weiter durchzuführen. Die Signale, die er im Zustand dieser Zersetzung aussendet, bewirken die
vorher bereits genannten Abläufe. Der Selbst-Mord ist nur die
Folge.*

Diese Durchsage habe ich im ersten Moment und auch im Laufe mehrerer Tage nur schwer verdaut. Warum, so überlegte ich,
konnten Schutzgeister so einen Vorgang zulassen? Warum griffen sie nicht ein?

In meiner Überlegungs-Sackgasse gefangen, suchte ich meine
Freundin Nati, eine Astrologin, heim. Ich wollte wissen, ob
man denn Selbstmorde im Horoskop sehen könne, und zwar
nicht nachher, wenn schon alles zu spät ist, sondern vorher.

Man konnte.

Über die karma-astrologischen Kenntnisse meiner Freundin
fand ich heraus, daß fast alle Selbstmörder in ihrer Wiedergeburt an einen Punkt geraten, wo sie nochmals die Möglichkeit
bekommen, mit der damals nicht bestandenen Situation nun
fertig zu werden.

Und dann fand ich etwas heraus, was für mich am allerinter-
essantesten war. Ich hatte in meinem eigenen Horoskop eine
ganz eklatante Selbstmordkonstellation, und zwar nicht an einem *bestimmten* Punkt meines Lebens, sondern *immer.*

Langsam wurde mir klar, warum dieses Thema mein Interesse so geweckt hatte und warum sich in meiner Umgebung so
viele Menschen herumtrieben, die Selbstmordgedanken hegten
oder diesen Gedanken sogar in die Tat umsetzten.

Mit vereinten Kräften fanden wir schließlich meinen persön-
lichen Hintergrund heraus, den ich nicht aus profilneurotischen
Gründen hier wiedergebe, sondern weil er die Komponenten
Sucht und Schwarze Magie ausschließt.

Es stellte sich heraus, daß ich bereits eine sogenannte hoch-
entwickelte Seele gewesen war, im Begriff, mein letztes Leben

auf diesem Planeten zu absolvieren. Doch dann geriet ich in eine Prüfungssituation, die praktisch mein ganzes Können und meine ganze Kraft auf die Probe stellen sollte, und ich versagte so kläglich, fiel auf eine Versuchung so erbärmlich herein, wie es niederschmetternder nicht hätte geschehen können.

Das Erwachen war qualvoll. Nicht, daß ich mich bei dieser Gelegenheit umgebracht hätte, nein, so weit ließ es mein Wissen nicht kommen. Ich lebte noch einige zerquälte, reuevolle Jahre und starb dann, zu allem Überfluß auch noch von meiner Umgebung hochgeehrt, was meinen Zustand eher noch verschlimmerte, da ich wußte, wie ungerechtfertigt diese Gefühle meiner Umwelt waren.

»Drüben« angekommen, bedurfte es keiner langen Diskussionen; es war klar, daß ich praktisch in den mittleren Stufen wieder anfangen durfte.

Ich mußte also wieder inkarnieren, auf wesentlich niedrigeren Stufen als zuvor, unter wesentlich unangenehmeren Umständen und in einer Umgebung, die mich schlichtweg zur Verzweiflung brachte. Zu allem Unheil begann ich mich auch noch zu erinnern.

Nicht daran, was im letzten Leben war, das hätte ich vielleicht noch ertragen, sondern wie es *drüben* gewesen war.

Ich lebte in einer latenten Todessehnsucht. Auf jeder Brücke, auf jedem Turm hatte ich die größte Mühe, nicht hinunterzuspringen; es war wie ein leckeres Angebot, bei dem ich nur zuzugreifen brauchte, wie es schien.

Die schönsten Erfolge, die herzlichste Zuneigung konnten mich nicht darüber hinwegbringen, daß ich eigentlich ganz woanders hätte sein können. Und das stellte die eigentliche Strafe dar. Ich konnte kein Glück, und was noch schlimmer war, ich konnte keine Liebe empfinden, denn mein Versagen hatte mich auch von meinem Dual getrennt, mit dem mich die innigste, reinste und vollkommenste Liebe verbunden hatte, zu der ein menschliches Wesen fähig sein kann.

Aber ich hatte nicht alles verloren.

Ich hatte mir zumindest das Wissen bewahrt, wie man einen löchrigen Aura-Mantel wieder stopft, ja sogar recht ordentlich wieder auf Vordermann bringen kann. Und indem ich mein Wissen verwendete, wurde ich langsam wieder stabil. Und ich verwendete es nicht nur für mich. Bei mir versammelte sich alles, was in sich den Drang verspürte, dieses Leben nicht mehr mitmachen zu wollen.

Ich erkannte, daß ich über diese Aufgabe nur hinwegreifen konnte, wenn ich so schnell wie möglich wieder lernte, bedingungslos zu lieben und zu akzeptieren.

Das alles ist nun schon drei Inkarnationen her, und es ist noch immer in meinem Horoskop zu sehen.

Ich fragte mich, um wieviel intensiver diese unselige Geschichte in meinen Annalen zu sehen sein würde, hätte ich mich damals oder in den darauffolgenden Leben dem inneren Drang ergeben, mich umzubringen.

Die gute Nati meinte dazu, die Folgen wären katastrophal gewesen.

Als ich meine jenseitigen Helfer zum gleichen Thema befragte, kam die Antwort, daß diese Vermutung durchaus richtig sei.

In Gesprächen mit Ärzten und Psychologen wurde mir bestätigt, daß in 99 % aller Fälle der Selbstmordgefährdete seine Absichten vorher kundtut. Dieser Hilferuf muß von uns allen ernst genommen werden, denn er zeigt an, daß jemand nicht mehr in der Lage ist, seine Aura selbst zu stabilisieren. Das einzige Mittel, ihn von dieser Krebserkrankung seines Schutzmantels zu heilen, ist die Liebe.

Als ich mit Befragungen zu diesem Thema begann, erhielt ich im Laufe der Zeit eine solch unglaubliche Fülle von Informationen, daß ich zuerst völlig ratlos vor dem Zettelberg meiner Unterlagen saß und mich fragte, wie ich diese Durchsagen, die in engstem Zusammenhang standen mit Karma, Reinkarnation, Energie und damit mit *allen* Themen, die überhaupt besprochen werden könnten, zusammenfassen sollte.

Es kam eine mentale Aufforderung, die ich befolgte und die aus diesem Grund eine »Neufassung« darstellt. Ich fing an, völlig willkürlich die Papiere hintereinanderzuschichten und erhielt eine »zufällige« Reihenfolge, die logischer nicht hätte sein können.

Der folgende Abschnitt enthält, natürlich gekürzt, da vieles wiederholt worden war, 102 Einzelaussagen und Hinweise, die ich innerhalb von 15 Jahren in verschiedensten Ländern, unter manchmal unglaublichen Umständen (Hotelzimmer, Bühnengarderoben, Wartehallen) erfragt, aber auch unerwartet bekommen habe. Viele der Durchsagen sind gefärbt von meinen eigenen Lebensumständen, die der Grund für so manche Frage waren, und von deren Beantwortung ich nun erhoffe, daß sie meinen Lesern Hilfe, Trost und Freude bringen, so wie es mir selbst geschehen ist.

Sexus, Eros, Agape – Der Weg zur vollkommenen Liebe

Du kommst aus der Liebe, bist von ihr erschaffen worden und wirst in sie und durch sie an Deinen Ursprung zurückkehren.

Liebe ist eine Erfahrung, die Du zuerst an Dir selbst begreifen mußt, ehe Du sie an andere weitergeben kannst.

Liebe gehört zu den tiefsten Bedürfnissen des Menschen. Aber nicht nur der Mensch, sondern der ganze Kosmos lebt von dieser Schwingung des Energieaustausches. Wer sich von dieser Schwingung absondert, wird lebensunfähig und anfällig für negative Impulse.

(Wenn ich aus der Liebe komme, warum habe ich mich dann jemals aus ihr gelöst oder so weit von ihr entfernt, daß ich nun erst wieder erlernen muß, diese Schwingung zu erzeugen, um wieder in ihr leben zu können?)

Alle, die Ihr auf der Erde lebt, auf ihr inkarniert seid, wart beteiligt an der willentlichen Loslösung aus dem Ur-Licht, aus der Umgebung Eures Schöpfers, der Euch Gaben verliehen hatte, die Euch IHM ähnlich gemacht haben. Ihr konntet schöpferisch tätig sein. Diese Fähigkeiten habt Ihr mißbraucht und Euch damit immer weiter vom Ur-Sprung entfernt, so daß Eure Schwingungen immer weniger feinstofflich, immer dichter wurden, bis sie zuletzt sich nurmehr in der Materie ausdrücken und aufhalten konnten. Damit habt Ihr Euch in einen Käfig und auf die Stufe eines Lernprozesses gestellt, der Euch zwingt, Euch von ganz unten wieder in die hohen Schwingungen der göttlichen Liebe, der Ur-Kraft hinaufzuarbeiten.

(Hat diese Loslösung etwas mit dem Sündenfall zu tun gehabt?)

Ja, der Sündenfall bestand in der willentlichen Abspaltung von der Ur-Kraft und in der Gründung einer eigenen gegensätzlich wirkenden Widerstands-Energie. Anführer war der aus derselben energetischen Entität wie Christus stammende Lucifer, ein hohes Geistwesen, das sich über seinen Schöpfer erheben wollte und die Gesetze nach seinem Gutdünken ändern wollte. Das wäre nur möglich gewesen mit der Unterstützung vieler Millionen von Engelwesen. Doch nicht alle schlossen sich dem Ruf des ehemaligen Lichtträgers an. Diejenigen jedoch, die ihm nachfolgten, verloren immer mehr an Kraft und feinstofflicher Energie, bis sie letztlich in der Materie erstarrten.

Als sie erkannten, wohin sie geraten waren und was sie mit ihrem Widerstand ausgelöst hatten, waren sie verzweifelt und versuchten nun reumütig wieder in die Feinstofflichkeit der Christus-Energie zurückzukehren. Doch eine Rückkehr war auf diesem Wege nicht mehr möglich, denn durch ihre Veränderung konnten sie in dieser hohen Energie nicht mehr existieren.

So mußten sie eine über Jahrmillionen dauernde evolutionäre Entwicklung der Materie abwarten, in deren Ablauf sie gezwungen waren, sich im Bewußtsein ihrer Abspaltung gefangen zu sehen.

Erst als die Evolution so weit fortgeschritten war, daß sie eine materielle Form darbot, die beseelt werden konnten, bekamen die Gefallenen eine Möglichkeit, sich auf diesem Weg wieder in die hohe Energie des Ursprungs zurückzuentwickeln.

(Ich bin also ein gefallener Engel?)

Du bist ein Geistwesen, das sich dem Widerstand angeschlossen hatte.

(Sind alle auf diesem Planeten solche Gefallenen?)

Ja, fast alle. Einige hohe Geistwesen haben sich bereit erklärt, unter den Gesetzen der Materie den Menschen dienlich zu sein (zu inkarnieren). Doch deren gibt es nicht allzu viele.

(Wer oder was sind dann unsere Schutzengel? Sind das Wesen, die sich auch Lucifer angeschlossen haben, oder sind es Angehörige der göttlichen Ur-Kraft?)

Ihr seid alle Angehörige der göttlichen Ur-Kraft, sonst könn-

tet Ihr gar nicht existieren. *Nur ein Teil von Euch hat diese Kraft mißbraucht. Eure Schutzengel sind Euch ähnlich und geistig zugehörig und zum größten Teil denselben Weg gegangen wie Ihr. Sie sind in ihrer eigenen Entwicklung von Eurer Entwicklung abhängig. In den Entscheidungen unterstehen sie höheren Wesen, deren Weisungen sie zu entsprechen haben. Ihr Reifegrad ist verschieden und entspricht der Reife des Schützlings, den sie begleiten. Ein Engelwesen unterscheidet sich von Dir dadurch, daß es keine freie Willensentscheidung benötigt, da es reiner Ausführender der Gesetze ist.*

(Endlich begriff ich: Es gibt Schutzengel und Schutzgeister.)

Das ist richtig. Sie unterscheiden sich durch die Verwendung des freien Willens. Jedoch alle unterstehen denselben Gesetzen, und damit vor allem dem Gesetz der Liebe, dem Gesetz des Gebens und Nehmens.

Die Grundschule der Liebe ist die Erfahrung am eigenen Leibe, im wahrsten Sinne des Wortes. Über den Sexus, die ausschließlich körperliche Liebe, lernt der Mensch Gefühle zu empfinden, die ihn an den Anfang des Lehrweges sensueller Empfänglichkeit stellen. Die Nähe, Wärme eines anderen, die durch ihn erfolgende Befriedigung sexueller Bedürfnisse und Triebe sind die untere, aber notwendige Erfahrungsstufe der Liebe.

Die nächste, verfeinerte Stufe ist diejenige des Eros, die zwar auch die Geschlechterliebe beinhaltet, aber unter der Beigabe des sehnsuchtsvollen, hingebenden Begehrens. Es zählt nicht mehr nur die eigene körperliche Befriedigung, sondern als genauso wichtig wird die Befriedigung durch die Gefühle des anderen empfunden, die als Re-Aktion entgegengebracht werden. Der Geschlechtspartner wird nicht mehr nur als Objekt der Begierde klassifiziert, sondern als geliebter, ersehnter und ergänzender Teil des eigenen Selbst.

Über diese Form des Liebesaustausches wird die Agape erlernt, die allumfassende, selbstlose Liebe, die Nächstenliebe, die nichts fordert, nichts erwartet, nicht berechnet, die nur um ihrer selbst gegeben wird und in ihrer Schwingung der Liebe Gottes in ihrer Feinstofflichkeit am nächsten kommt.

Sie beinhaltet den Verzicht, das Vergeben, das Mitleid, das Mit-Glück, die Neidlosigkeit, die Dankbarkeit, die Freude am Bereiten von Freude, die Bereitschaft zur Hilfe, aber auch die Zufriedenheit mit sich selbst, die nichts zu tun hat mit Eigenliebe, sondern nur mit der Erkenntnis, in Gott geborgen zu sein. Nach dieser Form der Liebe strebt jeder auf dem Weg zur Vollkommenheit.

Wenn eine Liebesbeziehung auf der Basis der Erwartung von Erfüllung bestimmter Wünsche und Projektionen beruht, so mußt Du nicht enttäuscht sein, wenn Deine Gefühle nicht in dem Maße erwidert werden, wie Du es Dir erhoffst. Denn die Liebe fordert und erwartet nicht. Sie ist sich selbst genug.

Eifersucht ist nur ein Ausdruck von Unreife. Solange Du Deinen Partner als Eigentum betrachtest, hast Du von der reinen Form der Liebe noch nichts begriffen. Liebe ist auch Vertrauen und das Wissen, daß Dir nichts »weggenommen« werden kann. Ein Partner, der Dir Anlaß zu Eifersucht gibt, reagiert auf diese Projektion. Denn würdest Du die Sicherheit des Wissens um die Gesetze der Liebe ausstrahlen, dann würdest Du einen ähnlich denkenden Partner anziehen. Dadurch, daß Du dieses Gesetz noch nicht voll erkannt und auch nicht verinnerlicht hast, wirst Du immer wieder an Partner geraten, die Dir helfen sollen, diesen wichtigen Punkt zu erlernen. Natürlich ist dieser Vorgang schmerzlich. Doch solange Du noch besitzen willst, kannst Du nicht reif sein für die reine Form der Liebe. Wenn Du erst einmal weißt, daß Du in der Liebe eingebettet bist, dann wirst Du auch keine Angst mehr davor haben, verlassen oder betrogen zu werden. Jemand, der Dich betrügt, zeigt doch nur, daß Deine Liebe ihn nicht erfüllt, ihm nicht genügt, so daß er weiter suchen muß. Der Fehler liegt also bei Dir.

Natürlich gibt es auch Versuchungen und Prüfungen. Wenn Deine Liebe reif genug ist, wirst Du keine Schwierigkeiten ha-

ben, zu verstehen und zu verzeihen. *Den freien Willen, den Gott Dir zugebilligt hat, den solltest Du auch Deinem Partner zubilligen.*

(Wie ist es denn nun eigentlich mit diesem schönen Satz: Bis daß der Tod Euch scheidet. Heißt das wirklich, daß ein Paar, auch wenn es sich absolut nicht mehr versteht, auf Gedeih und Verderb zusammenbleiben muß?)

Ein Paar, das sich im Bund der Ehe findet, hat diese Form der Gemeinsamkeit nicht zufällig erfahren. Sie sollen ein gemeinsames Programm durchleben, aneinander, miteinander lernen, sich Hilfe und Stütze, aber auch Reibungsfläche sein. Wenn das Programm erfüllt ist oder erkannt wird, daß es nicht erfüllt werden kann, dann soll sich das Paar in Frieden trennen. Vielleicht wird jeder einzelne auf einem anderen Wege die Reife erlangen, die ihn dann zu einem anderen Zeitpunkt befähigt, die Gemeinsamkeit wieder aufzunehmen.

(Kann das auch in einer späteren Inkarnation sein?)

Meistens sogar ist es in einer anderen Inkarnation, wobei Ehepaare sich nicht immer wieder als solche treffen, sondern die nichtbewältigten Probleme oft auch über den Weg der Elternschaft oder in einer anderen Form der Verwandtschaft bewältigen müssen. Erspart wird ihnen die Aufgabe jedoch nicht.

(Wie ist es denn, wenn in einer Ehe Kinder vorhanden sind und die Eltern erkennen, daß ein Zusammenleben unmöglich ist?)

Nicht alle Elternpaare haben die Reife zu erkennen, daß ihre eigenen Probleme zurückgesteckt werden müssen, solange das Kind sich noch in der frühen Entwicklung befindet. Ein Kind hat das Recht, jede Rücksicht zu fordern. Wenn die Streitigkeiten der Eltern eine ungestörte Entwicklung nicht mehr zulassen, so müssen sich die Eltern sogar trennen. Das Kind soll bei demjenigen Elternteil bleiben, der ihn in seiner Reifung bis zum Zeitpunkt der Trennung am engsten begleitet hat und der die weitere Entwicklung gewährleisten kann. Manchmal ist auch keiner der beiden Elternteile geeignet, das Kind zu erziehen. In diesem Fall wird sich schicksalsmäßig immer eine Person anbieten, die diese Aufgabe verantwortungsvoll übernimmt. Die Pflicht der Eltern ist es dann, an der Erziehung des Kindes nicht aus egoistischen Gründen festzuhalten, sondern zum Wohle des Kindes zu verzichten.

(Du hast mir doch immer gesagt, jedes Kind sucht sich seine Eltern selbst aus. Was für einen Grund hat es, sich bei Eltern zu inkarnieren, die letztlich ihrer Aufgabe nicht gewachsen sind?)

Eine Seele inkarniert sich nicht immer deshalb bei Eltern, um in dieser Umgebung nun bis zur Vollendung der Jugendreife zu bleiben. Manchmal wird nur die genetische Basis verwendet, die das Elternpaar zu bieten hat, damit sich auf den charakterlichen und begabungsmäßigen Komponenten der elterlichen Gen-Möglichkeiten das Schicksalsprogramm des Kindes entfalten kann.

Die Vererbungslehre widerspricht doch in keiner Weise der Reinkarnationslehre. Es gibt eine materielle Helix, genauso wie es eine immaterielle Helix gibt. Wird eine Inkarnation geplant, so wird ein Elternpaar gewählt, dessen DNS-Code der immateriellen Helix des Inkarnierenden entspricht. Weiterhin wird natürlich auch der Zeitpunkt der Zeugung und Geburt sorgfältig gegeneinander abgewogen. Beide (!!) Zeitpunkte spielen eine wichtige Rolle. Eure Ärzte sollten endlich begreifen, daß ein künstlicher Eingriff in den Geburtsablauf, sofern er sich nicht als unumgänglich erweist, ein Verbrechen ist.

Ähnlich verhält es sich mit dem künstlichen Verzögern von Todeszeitpunkten. Kein Mensch, der das Gesetz der Liebe begriffen hat, wird auf die Idee kommen, diese Mittel in Anspruch zu nehmen.

Ein Arzt, der das Gesetz der Liebe nicht begriffen hat, ist nicht wert, in diesem Beruf zu wirken.

(Wie ist es denn mit Sterbehilfe?)

Ein vorzeitig beendetes Programm ist und bleibt ein Pro-

*gramm, das in einem anderen Leben nachgeholt werden muß.
Das verfrühte Beenden ist ein Akt des freien Willens, aber dadurch ändert sich nicht der eigentliche Ablauf. Er wird nur verschoben. Derjenige, der sogenannte Sterbehilfe leistet, nimmt große Verantwortung auf sich.
(Aber Sterbehilfe kann doch auch ein Akt der Liebe sein?)
Unter jedem anderen Aspekt wäre es Mord.
(Also ist Sterbehilfe unter dem Aspekt der Liebe legitim?)
Das habe ich nicht gesagt. Kein Eingriff in einen natürlichen schicksalsmäßigen Ablauf ist legitim. Keiner, dem Sterbehilfe geleistet wurde, wird sich im Jenseits bei seinem Sterbehelfer bedanken. Es wäre besser gewesen, dem Betroffenen sein Leid zu erleichtern und vor allem ihm den Sinn seines Zustandes zu erklären. Das ist Nächstenliebe.*

Im Laufe dieser Gespräche kamen wir nach den Themen Sterbehilfe, Ärzte, Geburt auch auf das Thema Abtreibung zu sprechen. Die Aussagen dazu waren kurz und prägnant und gehören natürlich nur im weitesten Sinn zu dem Thema Liebe. Ich möchte kein eigenes Kapitel daraus machen, da die Durchsagen knapp gehalten wurden, aber sie haben eine Information enthalten, die ich unbedingt weitergeben will:

*Jede Abtreibung ist ein Eingriff in einen natürlichen und schicksalsmäßigen Ablauf und ist damit illegitim. Nichts geschieht in Gottes Plan zufällig, also auch nicht das Entstehen eines Kindes.
(Wie vereinbart sich denn eine solche, oft nicht freiwillig angenommene Pflicht mit dem freien Willen?)
Du hast die Möglichkeit, der Seele, die sich bei Dir zu inkarnieren wünscht, zu sagen, daß Du Dich überschätzt hast und Dich momentan nicht in der Lage siehst, diese Pflicht auf Dich zu nehmen. Setze Dich auch mit Deinen Schutz-Wesenheiten in Verbindung. Es kann geschehen, daß die Seele sich noch einmal zurückzieht und zu einem späteren Zeitpunkt bei Dir inkar-*

niert. Dies kann jedoch nur mit ihrer Einsicht und bei günstigen Schicksals-Möglichkeiten stattfinden.

Es wird ja auch von umgekehrter Seite manchmal so prakti-ziert. Ein natürlich verlaufender Abgang hat als Ursache oft, daß der sich Inkarnierende erkennt, daß die Bedingungen doch nicht ideal sind, oder daß sich später eine Möglichkeit bietet, die beiden Teilen, Mutter wie Kind, nützlicher ist. Kein Abgang ist jedenfalls zufällig.

(In diesem Zusammenhang versuchte ich auch die wichtige Frage zu klären, ab wann der Embryo beseelt ist.)

Im Zusammenhang mit Abtreibung ist diese Frage irrelevant; ich hoffe, Du weißt das. Es spielt keine Rolle, ob Du einen be-seelten oder einen unbeseelten Embryo umbringst, der Eingriff ist und bleibt in jedem Fall ein Eingriff in einen schicksalsmäßi-gen Ablauf. Was die Beseelung an und für sich betrifft: Sie spielt sich so individuell ab, wie es der Menschennatur im allgemeinen entspricht. Sie ist ebenfalls ein Akt des freien Willens. Es gibt Seelen, die sich erst im Augenblick der Geburt im Körper ein-finden.

(Was ist der früheste Zeitpunkt?)

Der Zeitpunkt der Zeugung.

Wenn ich daran denke, wie viel Zeit ich mit allen möglichen Leuten »verstritten« habe beim Versuch, dieses Thema auszu-diskutieren. Die Lösung war, wie immer, logisch. Die Gesetze gelten immer und auf jedem Gebiet. Wer die Gesetze begriffen hat, kann sich so manche Diskussion und die damit verbundene kostbare Zeit sparen.

Ich habe in einigen Fällen übrigens miterlebt, wie diese gei-stige Beendigung einer Schwangerschaft funktioniert hat. In *al-len* Fällen jedoch fand eine spätere Schwangerschaft statt.

Das Aufnehmen einer Menschenseele, das Heimatgeben, ist eine Form der Nächstenliebe, zu der man sich, bevor man in-karniert, bereit erklärt. Vergleichbar einer Abtreibung wäre es zum Beispiel, einen freundlichst eingeladenen Gast in unfreundlichster Weise in der Kälte vor der Türe stehenzulassen, schlimmstenfalls verhungern zu lassen. Es passiert in unserem Leben nichts, in das wir nicht eingewilligt hätten, bevor wir auf diesen Planeten inkarnierten. Das mag für manchen völlig unglaubwürdig klingen. Kein Mensch diesseits der Schwelle des Vergessens wird in der Lage sein zu verstehen, was eine Seele dazu bewogen haben könnte, sich auf eine Inkarnation einzulassen, die schließlich unter grauenvollsten Umständen im KZ zu enden bestimmt war. Und doch es ist so. Die letzten Schleier über dem Geheimnis wird niemand lüften, der in einen Menschenleib gebunden ist.

Ich hatte das »Glück der späten Geburt«. Ich wüßte gerne, wer diesen blödsinnigen Begriff geprägt hat. Die Mitmacher, Häscher, Mörder, Verräter im Dritten Reich waren unsere Eltern, und wir haben ihren genetischen Code als Startrampe für unsere eigene Inkarnation gewählt. Das heißt, die Komponenten, die unsere Eltern so weit kommen ließen, daß sie blind und taub wurden, sind in uns enthalten. Wir können nur alle zu Gott beten, daß er, wenn an uns »Spätgeborene« eine ähnliche Versuchung herantritt, seine schützende Kraft in uns so stark werden lassen möge, daß wir in der Lage sind, diese Versuchung zu erkennen, was die Voraussetzung ist, um sich ihrer überhaupt erwehren zu können.

Diese Kraft Gottes ist nichts als Liebe, Nächstenliebe, und wenn diese Kraft in den dunklen Jahren bis in die Seelen der Menschen gelangt wäre, dann hätte es diese Greueltaten nicht gegeben. Selig die, die sich damals widersetzt haben, die für ihren Widerstand sogar in den Tod gegangen sind, die ihr Leben riskierten, um nicht nur Freunden, sondern sogar wildfremden Menschen zu helfen, die das Hohelied der Liebe praktizierten und weitertrugen, angstlos und in vollem Gottbewußtsein.

Dem sagenhaften chinesischen Philosophen Lao-tse, von dem niemand genau weiß, wann und wo er gelebt hat, wird das grandiose Tao-te-king zugeeignet, ein Werk, das dem Menschen die Kunst vermitteln soll, sich in die Kraft des Welt-Urgrundes zu versenken. Dieses schmale Buch hat auf das Gehirn dieselbe Wirkung wie Bergluft auf die Lungen. Sehen Sie selbst, warum.

Lao-tse schreibt über die Auswirkungen eines lieblosen Daseins:

Pflicht ohne Liebe macht verdrießlich.
Verantwortung ohne Liebe macht rücksichtslos.
Gerechtigkeit ohne Liebe macht hart.
Wahrheit ohne Liebe macht kritiksüchtig.
Klugheit ohne Liebe macht betrügerisch.
Freundlichkeit ohne Liebe macht heuchlerisch.
Ordnung ohne Liebe macht kleinlich.
Sachkenntnis ohne Liebe macht rechthaberisch.
Macht ohne Liebe macht grausam.
Ehre ohne Liebe macht hochmütig.
Besitz ohne Liebe macht geizig.
Glaube ohne Liebe macht fanatisch.

Aus den edelsten Eigenschaften des Menschen wird ohne Liebe nichts anderes als Charakterlosigkeit und Schwäche. Ich finde, daß dieser kurze Auszug aus Lao-tses Werk klarer vor Augen führt, was Liebe bedeutet, als eine stundenlange moraltheologische oder philosophische Abhandlung.

Im Rahmen des Themas Liebe möchte ich auch auf den Begriff Toleranz zu sprechen kommen.

Das Wort Toleranz hat seine etymologische Wurzel in dem lateinischen Wort tolerare = leiden.

Fast alle Diskussionspartner, die ich in ein Gespräch und in Gedanken über diesen Begriff verwickelt habe, sind davon ausgegangen, daß Toleranz etwas Gutes, Feines und Edles sei. Und die Diskussion wurde immer dadurch extrem erhitzt, daß ich die Meinung vertrat, das Wort Toleranz sei ein »excuse for everything«. Tolerante Leute sind für mich der Inbegriff von Mundhaltern, von Menschen, die Konfrontationen scheuen, Unbequemlichkeiten lieber aus dem Wege gehen, als sie aus demselben zu räumen, ewige Einstecker, die dann irgendwann plötzlich und unerwartet überraschend aggressiv reagieren, weil ihre »Toleranzgrenze« überschritten ist.

Ich bin kein Lao-tse, aber ich wage mich anhand eines Satzes an eine Fortsetzung seiner vorher aufgeführten Aufschlüsselung: Ertragen ohne Liebe ist Toleranz. Oder einfacher gesagt: Wer (nächsten-)liebt, braucht keine Toleranz.

Einer der schauerlichsten Auswüchse von »Toleranz« war die antiautoritäre Erziehung, unter deren Nachwirkungen wir heute noch zu leiden haben. Ich halte diese Form der pädagogischen Betätigung für das Lieb- und Gedankenloseste seit der Erfindung des Keuschheitsgürtels.

Natürlich ist es weitaus bequemer, antiautoritär zu sein, als sich konsequent nach den gültigen Regeln einer guten Erziehung zu richten. Jede Mutter, jeder Vater und jeder Erzieher weiß, wieviel Nerven es kostet, die gesteckten Vorsätze einzuhalten. Ausrutscher sind nicht nur normal, sondern manchmal sogar angebracht, denn schließlich sind wir ja keine Roboter. Aber diese Ausrutscher ändern nichts an der grundsätzlichen und notwendigen Linie einer begriffenen Erziehung, die wir unseren Kindern und Jugendlichen schuldig sind. Sie ist eine weitere Form der Liebe. Erziehung *ohne* Liebe ist Terror, Drill, Dressur und Ausleben niedriger Machtgelüste. Erziehung *mit* Liebe, aber *ohne* Strenge ist Bequemlichkeit, Schlamperei und eine Projektion eigener Liebesbedürftigkeit. Sowohl das eine wie das andere pädagogische Fehlverhalten geht zu Lasten des Heranwachsenden.

In Diskussionen mit jugendlichen Vortragsbesuchern werde ich oft auf das Thema Autorität angesprochen und habe dabei immer wieder festgestellt, daß die jungen Menschen absolut nichts gegen Autorität haben, wenn sie von jemandem kommt, der wirklich eine Autorität ist. Noch nie waren Vorbilder so gefragt wie heute, und noch nie waren sie so rar.

Die Frage »Wen soll ich mir denn als Vorbild nehmen?« ist eine Frage, der ich mich schamhaft entwinde, weil mir auf die Schnelle immer nur Herr von Weizsäcker einfällt und ich doch eigentlich so gerne auch mal einen Namen zur Verfügung hätte, dessen Träger jünger als 60 ist.

Wo sind sie denn, die frühgereiften Persönlichkeiten, die es zuletzt in den 20er und frühen 30er Jahren zu bewundern gab, die Revolutionäre, deren Widerstand nicht grundsätzlichem Opportunismus entsprang, sondern einem tiefen Gerechtigkeitssinn, unbestechlicher Wahrheitsliebe und einer ungebrochenen Sehnsucht nach Vollkommenheit und Schönheit?

Und wo sind vor allem die Geistlichen von der Persönlichkeit eines von Erxleben und eines von Galen?

Das Wirtschaftswunder und das nachfolgende allgemeine Wohlergehen hat anscheinend niemandem wohlgetan. Denn vor lauter Konjunktur und vor lauter Bildung für alle sind die subtilen Formen der Nächstenliebe scheinbar überflüssig geworden. Die Folge ist eine sich immer weiter ausbreitende, schleichende Verarmung, zum Teil Folge der Arbeitslosigkeit, und – eine weitere Blüte einer gedankenlosen (Bildungs-)Politik –, des »Numerus Clausus«. Ein Sauerbruch hätte mit seinem Mist-Zeugnis heute nicht die geringste Chance, sein Genie den Menschen zur Verfügung zu stellen. Wieviel ignorante Dummheit gehört dazu anzunehmen, daß ein Einser-Schüler allein durch seinen brillanten Notendurchschnitt für Fächer wie Medizin, Rechtsprechung, Psychologie, also schlichtweg für alle Wissensgebiete, die nur in Verbindung mit Intuition an den Mann und die Frau gebracht werden dürfen, prädestiniert ist?

Das Ergebnis sind promovierte Akademiker, deren ausgeprägter Geschäftssinn sie zu einer Stellung im mittleren und oberen Management befähigen würde, die aber von den intuitiv erfaßbaren Geheimnissen der Kunst des Heilens und Richtens so viel wissen wie die das Land in heuschreckenartigen Schwärmen überfallenden Illustriertenvertreter vom Inhalt ihrer bunten Blättchen.

Es wird dabei gänzlich übersehen, daß es das *Talent* ist, das auf die Bestimmung eines Menschen hinweist.

Ich habe einen auf dem Gebiet der Gentechnik genial begabten 19-jährigen am Numerus Clausus scheitern sehen, der noch Erinnerungsfragmente aus vergessener Vorzeit in seinem Hirn herumtrug, die dieses Thema betreffen. Leider war er aber für Sprachen so begabt wie ein Staubsauger, auch in der eigenen deutschen, was ihm einen Notendurchschnitt bescherte, der ihm ein Studium unmöglich machte. Er hat, als er keinen Ausweg sah, eine Schreinerlehre absolviert und betreibt sein Spezialgebiet heute nur mehr hobbymäßig in der Stille.

Was mich selbst betrifft, so erinnere ich mich noch heute sehr gut, wie ich unter allen mathematischen Fächern litt. Ich habe ein Bild- und Klang-Gedächtnis, merke mir also Sprachen, Texte, Melodien wie ein Papagei und habe auch keine Schwierigkeiten, auf diesen Gebieten kreativ zu werden.

Meine ganze Schulzeit geriet zum Horrortrip, weil niemand erkannte, daß dieses Kind überall hingehörte, nur nicht auf ein mathematisch-naturwissenschaftliches Gymnasium. Ich kann bis heute nicht mit den Grundbegriffen von Algebra umgehen, und eine chemische Formel ist für mich ein böhmisches Dorf. Meine Prüfungen habe ich dadurch bestanden, daß mich mathematisch Begabte, also Abstrakt-Denker, abschreiben ließen, wofür ich mich dann mit »meinen« Fächern bei Gelegenheit revanchierte.

Bei Klassentreffen in späteren Jahren stellte sich heraus, daß keiner der ehemaligen Mathematiker jemals Sprachen gebraucht hatte, außer ein paar Brocken Englisch, die sie in jedem

Billig-Kurs schneller und zeitsparender vermittelt bekommen hätten denn in kostbarer 19-jähriger Schulzeit, wogegen mir in meinem Leben auf mathematischem Gebiet nie mehr abverlangt wurde als die vier Grundrechnungsarten und das Errechnen von Prozenten, worin ich mit Hilfe meines Mickey-Mouse-Computers unter gleichzeitigem Abspielen der amerikanischen Bundeshymne zum wahren Meister geworden bin.

Fazit: Ich habe Jahre von Zeit verschwendet an ein Wissensgebiet, das mein Gehirn überhaupt nicht in der Lage ist zu fassen. Wieviel nutzvoller wäre es bei Erkenntnis meiner cerebralen Möglichkeiten gewesen, mich um so sorgfältiger auf den Gebieten zu schulen, mit denen mein Fassungsvermögen etwas anfangen konnte und die auch später meinen Lebensweg zeichneten: Theater, Musik, Schriftstellerei, Sprachen. Aber nein. Je schlechter meine Auffassung funktionierte, desto mehr Zeit wurde auf eben diese Gebiete in Form von Nachhilfestunden und Sonderkursen verwendet, da es sich angeblich um Dinge handelte, ohne die ein normales menschliches Leben heutzutage nicht möglich sei. Wenn ich daran denke, wieviel Kraft und Energie es mich nach meiner regulären Schulzeit gekostet hat, meine lückenhafte Bildung auf den Gebieten, die meine Domäne hätten sein können, auf Vordermann zu bringen, überkommt mich noch heute ein Gefühl, das man nicht unbedingt als Dankbarkeit bezeichnen kann gegen die Leute, die mich jahrelang gezwungen haben, mich mit Themen herumzuschlagen, die ich bis heute nicht habe verwenden können.

Wann endlich, so frage ich mich, wird unser Schulsystem erkennen, daß es Gehirne verschiedener Genese gibt, mit unterschiedlicher Reife, unterschiedlichen Erfahrungswerten, und daß diese Verschiedenartigkeit mit der Anzahl und den Formen von Inkarnationen zu tun hat, die eine Seele durchlaufen hat?

Was für eine Zumutung, einen Menschen, der 30 und mehr Wiedergeburten hinter sich hat, genauso unterrichten zu wollen wie einen erst zum vierten Male Inkarnierten…

Und wann wird außerdem erkannt werden, daß es Tag- und Nachtgeborene gibt, die ihren Einstieg in dieses terrestrische Zeitsystem nicht ohne Grund zu eben diesem Zeitpunkt gewählt haben?

Immer wieder höre ich die gefällige Geschichte, daß »alles nur Gewöhnung ist« und nur eine Sache der inneren Einstellung.

Ich kenne Hunderte von Menschen, die nachts geboren wurden und sich mit Disziplin und gutem Willen in ein am Tage ablaufendes Programm eingefügt haben und die niemals aufgehört haben, darunter zu leiden, da sie in sich einen Ur-Rhythmus tragen, der sie vor zwei Uhr nachts überhaupt nicht zur Ruhe kommen läßt. Alle diese Leute geben auch zu, daß ihre Arbeitsleistung bis zum Mittagsläuten gleich Null ist und daß sie sich mühsam von Wochenende zu Wochenende hangeln, wo sie dann ihrer eigentlichen Tageseinteilung ungehindert frönen können: nämlich bis mindestens zehn Uhr vormittags zu schlafen. Die konzentrierteste Arbeitsleistung erbringen diese Nachtgeborenen zwischen zwei Uhr nachmittags und Mitternacht. Das heißt, wenn ihr Arbeitstag zu Ende ist, dann geht die Energiekurve erst nach oben. Eine Energie, die im und für den Beruf und auch in der Schule nie vollkommen genützt werden kann.

Allmählich bin ich dafür, daß sich diese Menschen zu einer Interessenvereinigung zusammenschließen. Es ist ja nicht so, daß es ab 12 Uhr mittags keine Möglichkeiten der beruflichen Betätigung mehr gäbe. Nur wissen die meisten Menschen nicht um diese Zusammenhänge. Nur zehn Prozent wissen ja überhaupt, zu welcher Tageszeit sie das Licht dieser Welt erblickt haben, geschweige, daß ihre vormittägliche chronische Müdigkeit (meist von findigen Medizinern als Kreislaufschwäche deklariert) damit zusammenhängen könnte.

Ich habe von meinen Bekannten und Freunden eine Liste zusammengestellt und herausgefunden, daß alle Nachtgeborenen, die sich durchsetzen konnten, Berufe haben, die sich am Nachmittag und nachts abspielen. Machen Sie sich doch einmal selbst den Spaß und fragen sie Ihre Morgenlerchen und Nachteulen, zu welcher Zeit sie dem Mutterschoß entschlüpft sind. Sie werden sich wundern!

Mein ganzes Mitleid jedoch gilt den Kindern, den Schülern, die den Grund-Rhythmus ja noch viel klarer in sich tragen als wir Erwachsene. Da muß so ein armes, um zwei Uhr nachts geborenes Würmchen doch tatsächlich um sieben Uhr früh aufstehen, und es wird verlangt, daß es ab spätestens acht Uhr 15 Leistung erbringt. Und dann wundern sich Lehrer und Eltern über die mangelnde Konzentration!

Mein Traum von Schulen, die am Vormittag die Taggeborenen und am Nachmittag die Nachtgeborenen unterrichten, wird mit Sicherheit genauso ein Traum bleiben wie der von Lehrstätten, die sich nach einer gemeinsamen Grundschule auf die individuelle Ausbildung von Bild- und Abstrakt-Denkern spezialisieren.

Auf dieser Basis könnten dann auch die Talente eines jeden einzelnen wirklich zum Tragen kommen, sich tatsächlich herauskristallisieren. Talente sind unter anderem ja auch die Hinweise, auf welcher Basis sich das Schicksal abspielen soll. Doch wie immer, können auch hier der freie Wille, oder besser gesagt, die Umstände, in die wir uns hineinschieben lassen, eine ungeheure Rolle spielen. Wieviele begnadete Künstler sind nie zur vollen Entfaltung ihres Talents gelangt, weil ihre Eltern befanden, daß die Ausübung eines solchen Talentes nur eine »brotlose Kunst« sei. Überschattet von dieser kleingeistigen Einstellung wird dann eine »gesicherte Existenz« als Beamter oder Angestellter gewählt und damit das Talent buchstäblich verschenkt, das nunmehr verdammt ist, als Hobby sein Da-Sein zu fristen.

Talent ist eine Verpflichtung. Nicht umsonst wurde es uns gewährt, nicht umsonst haben wir eine genetische Basis erwählt, die diesem Talent seine Umsetzung auf materieller Basis ermöglicht. Viele verpfuschte Schicksale beruhen auf der Negation von Veranlagungen, der Unterdrückung von wegweisenden Begabungen.

Die diesbezügliche Durchsage gebe ich wörtlich wieder. Sie stammt aus den Jahren vor meiner Karriere als Sängerin. Und nicht umsonst spielt in dieser Durchsage auch Astrologie eine nicht zu übersehende Rolle.

Veranlagungen, Talente und die Pflicht, sie zu erkennen

Als Du Dich zu Deiner jetzigen Inkarnation entschlossen hattest, wurde Dein Schicksalsplan sorgfältig zusammengestellt.
Es ist dies unter Deiner Mitarbeit und mit Deiner Zustimmung geschehen. Du hast um die Möglichkeit der Verwirklichung mehrerer Talente gebeten, die Du im Laufe vieler Inkarnationen angesammelt und angereichert hast, und da es im Rahmen Deines Schicksalsablaufes und der Vervollkommnung Deiner Persönlichkeit dienlich war, hast Du eine elterliche genetische Grundlage zur Verfügung gestellt bekommen, die es Dir ermöglicht, alle Deine Fähigkeiten zu verwirklichen. Diese Talente wurden Dir aber nicht zur Verfügung gestellt, um Deiner Eitelkeit Genüge zu tun, sondern vor allem, um anderen zu nützen. Mit Deinen Talenten sollst Du anderen helfen, Freude bereiten und ihren Weg bereichern und erleichtern.
Solltest Du dieser Pflicht nicht nachkommen wollen, so wird sich das mißbrauchte Talent gegen Dich kehren.
Du trägst in Dir tiefes Wissen um die Heilkräfte von Tönen, um die Wirkungen von Rhythmus und Klängen, von der Macht der Musik.
Dieses Wissen umzusetzen ist Deine Aufgabe.
In Deiner Stimme wird die Macht sein.
Wenn Du sie mißbrauchst, wird sie Dir genommen werden.
Gesang ist fließende Energie.
Du bist also verpflichtet, für ein harmonisches Inneres zu sorgen, da die Energie durch Dich fließt, von Dir gefärbt wird und so an andere weitergegeben wird. Das, was Du bist, wirklich bist, wirst Du in anderen widerspiegeln und auslösen. Und es wird auf Dich zurückkommen. Du bist nicht der Erzeuger, aber der Mittler.

Wenn Du die Energie negativ veränderst, so bist Du dafür verantwortlich.

Tritt nie vor Menschen, wenn Du dich nicht eins mit der Harmonie fühlst, wenn Du nicht voller Gedanken der Liebe bist.

Du darfst nie daran denken, was Du für Deine Leistung bekommen wirst, denn Du bist zuallererst der Geber, und das ist es, worauf Du dich konzentrieren sollst. Jeder Ton, den Du singst, jedes Wort löst etwas aus und kommt auf Dich zurück. Prüfe also, was Du singst und sagst.

Selbstverständlich soll Dein Lebensunterhalt durch Deine Talente gesichert sein, aber da Du mit fließender Energie zu tun hast, sollst Du auch die Dinge, die damit zu tun haben, fließen lassen.

Versuche nie zu halten, zu horten.

Was Du bekommst, sollst Du weitergeben.

Du mußt das rechte Maß selber finden, damit umgehen lernen.

Eine gleichmäßige, begriffene Energievermittlung ist besser als eine emotionale, unverstandene. Mag sein, daß Du äußerlich gesehen mit letzterer mehr auslöst, doch erstere ist die wahre Kunst. Die Liebe der Menschen wirst Du durch ihr Lachen und ihr Weinen bekommen, nicht durch die Befriedigung triebhafter Bedürfnisse.

Lachen und Weinen löst Verknotungen in den Chakras.

Doch zuerst mußt Du das Lachen und Weinen in Dir tragen, bevor Du es bei anderen auslösen kannst.

Durch Dich werden sich Menschen selbst erkennen, weil Du alles in Dir trägst, was ein Mensch in sich tragen kann, Gutes wie Böses. Deswegen mußt Du Herr Deiner selbst werden, denn Du darfst nur Spiegel sein.

Die Liebe, die Bewunderung, die man Dir entgegenbringen wird, meint eigentlich nicht Dich, sondern das, was Du vermittelst. Sei also demütig und dankbar, daß Du Mittler sein darfst.

Und prüfe genau, für was Du Dich als Mittler hergibst.

Laß Dich nicht mißbrauchen. Damit würdest Du Deine Auf-
gabe verraten. Du hast in Deinem Kosmogramm das 10er Haus
in den Zwillingen stehen. Es ist also Deine Pflicht, Deine Talen-
te an die Öffentlichkeit zu bringen. Aber Du hast auch den
Mond in den Fischen stehen, bist also mit einem hohen Maß an
Intuition ausgestattet, die Dich auch durchlässig macht für vie-
les.

Deswegen wirst Du die Balance zwischen Öffentlichkeitsar-
beit und Zurückgezogenheit sehr sorgfältig halten müssen, sonst
wirst Du aus dem Gleichgewicht kommen.

Es stört Dich, daß ich so viel von Pflicht spreche? Deine ganze
Inkarnation ist eine selbstgewählte Pflicht, an der Du um so
mehr Freude haben wirst, je mehr Du ihr nachkommst.

Du mußt unbedingt lernen, in der Harmonie zu leben.

Versuche nicht, in einer Zeit der Ruhe (er meint Saturn-Zei-
ten, die Zeiten der Beschränkung und auch manchmal der Iso-
lation, der Zurückgezogenheit sind) Dich mit Dingen zu be-
schäftigen, die Unruhestifter sind. Wenn Du Dich gegen die Ru-
he stellst, wird sie Dich zwingen, sie zu achten (sic!). Wenn Du
Dich in sie fügst und sie nicht als Beschränkung empfindest,
wirst Du gestärkt und klar aus ihr hervorgehen. Nimm den
Wechsel dankbar an: HANDLE NICHT DAGEGEN! Du hast
Dich bei Deiner Geburt in den Ablauf der Gestirne so einge-
fügt, daß Dein Mitschwingen in der von ihnen erzeugten Ener-
gie-Konstellation Dir nur nützen kann. Lerne die Vorzeichen
zu deuten, die Zeichen zu lesen, und handle nicht dagegen.

(Dieser Hinweis schien so wichtig, daß er zweimal kam.)

Das Wichtigste aber ist, daß Du die Menschen liebst, für die
Du der Mittler bist.

Du hast auch das Talent der Sprache gewährt bekommen, zu-
sammen mit der Ausdrucksform der Schrift.

Erst in der vollkommenen Verbindung wirst Du die Einheit
von Musik, Gesang, Schrift und Sprache verstehen und vermit-
teln können.

(Was ist die vollkommene Verbindung?)
Wenn Melodie, Harmonie und Rhythmus genau übereinstimmen mit der Schwingung des dazu verwendeten Wortes.
Und wenn der Mittler im Stande der Liebe ist.

Wenn ich diese Durchsagen heute schreibe und durchlese, dann komme ich mir vor wie der berühmte Herr Müller, der von jemandem die Lottozahlen der kommenden Woche vorausgesagt bekam, aber leider vergaß, den Schein abzugeben. Doch ich will jetzt nicht mein persönliches Schicksal kommentieren, sondern das, was Sie dieser Durchsage entnehmen können.

Nur so viel sei gesagt: Jedesmal, wenn ich anfing, etwas anderes zu tun als das mir Bestimmte, dann geriet mein Leben in so abstruser Weise aus den Fugen, daß ich das Gefühl hatte, mir würde hartnäckig der Boden unter den Füßen weggezogen.

Die Rolle der Astrologie in dieser Durchsage ist nicht zu übersehen. Deswegen werde ich noch einmal kurz darauf eingehen.

Hier wird klar und deutlich gesagt, für was Astrologie verwendet werden soll, nämlich um Eigenschaften, Bestimmungen, Richtungen klarzustellen und um festzustellen, wann die Zeit für bestimmte Aktionen günstig ist und wann nicht. Zeiten der Stagnation haben einen tiefen Sinn, Einsamkeit kann ein Geschenk sein, Krankheit eine Chance, wenn man bereit ist zu akzeptieren, stillzuhalten, fließen zu lassen. Zeiten der Expansion sind nicht dazu da, bescheiden in der Ecke zu sitzen und sein Nestchen auszubauen. Für Hinweise dieser Art wären wir unseren Astrologen dankbar.

Wie schaffe ich es, größtmögliche Harmonie in mir, mit meiner Umwelt, mit den stellaren Einflüssen herzustellen?

Auch hierbei kann uns ein guter Astrologe helfen – wenn er was kann...

Grundtenor dieser Talent-Geschichte jedoch ist, daß Begabungen mit viel Liebe zum Wohl von anderen verwendet werden sollen, wodurch ein Kräfteaustausch (Geben – Nehmen) stattfindet, der Körper und Geist in Harmonie, das heißt gesund erhält. So einfach ist das. Und so schwer.

Nur eine Geschichte dazu: In jungen Jahren half ich in einer Boutique aus, um mein Taschengeld zu verbessern. Der Laden ging nicht besonders gut, so daß ich viel Zeit hatte, täglich die Zeitungen zu studieren.

Vor lauter Langeweile las ich auch die Anzeigen. In einer stand zu lesen: *Sängerin für Wochenende in große Diskothek gesucht.*

Wochenende war ich noch nicht ausgelastet, also schrieb ich auf die Chiffre-Nummer, unter Angabe meiner Arbeitsadresse.

Einige Tage später öffnete sich die Ladentüre, und herein traten zwei Männer. Der eine eher untersetzt, etwas mollig, aber mit einem markanten Gesicht, der andere von unvergeßlicher Erscheinung: groß, schlank, mit hellen, durchdringenden Augen und einer fast durchsichtig erscheinenden Haut. Der eine war der Diskothekenbesitzer, der andere – Thorwald Dethlefsen.

Um sein Studium zu finanzieren, arbeitete der künftige Psychologe als Veranstalter von Jugendnachmittagen in der Diskothek, arrangierte die Programme, fungierte als Moderator und beriet den Gastwirt, wie mir schien, nicht nur in dieser Richtung. Und auch ich kam, während er auf dem Tisch stehend Girlanden arrangierte, in den Genuß seines damals schon beachtlichen esoterischen Wissens, das er jedoch niemals aufdrängte, sondern immer beiläufig und in passenden Situationen von sich gab. Er beobachtete meine Auftritte mit scharfem Blick, erkannte schnell die Qualität, aber auch den Fehler, den Mangel. »Du wirst erst Erfolg haben, wenn Du sie liebst«, sagte er und machte eine Kopfbewegung zum vollbesetzten Saal hin. »Zuerst mußt Du *sie* lieben. Wenn Du das kannst, dann wirst Du Erfolg haben.« Er sah mich nachdenklich an. »Sehr viel Erfolg«, fügte er dann hinzu.

Leider war es mir nur kurze Zeit vergönnt, von ihm zu profitieren, und ich wäre auch damals noch nicht weit genug gewesen, die Dinge zu verstehen, die er dann meisterhaft in seinen Büchern weitergegeben hat. Doch das vorerst Wichtigste hatte er mir vermittelt. Ich hatte es zwar noch nicht verstanden, denn ich war der Ansicht, daß man gefälligst *mich* zuerst zu lieben hatte, doch der Same, die Ahnung des Wissens war gesät. Danke, Hermes!

Ich bin der Ansicht, daß man Dinge nur mit Freude weitergeben kann und auch nur Freude damit erzeugen kann, wenn man sich selbst daran erfreut. Deswegen sind unsere Ämter so freudlos, manche Restaurants so dumpf, viele Läden so unergiebig. Überall da, wo Leute arbeiten, nur um zu arbeiten, das heißt, Geld zu verdienen, entsteht eine ungute Atmosphäre. Überall da, wo Menschen ohne Talent sich betätigen, entsteht ein liebeleerer Raum, der instinktiv ungern betreten wird.

Es ist nie zu spät für Talent. Ich kenne Hausfrauen, Beamte, Fußballer, Handarbeitslehrerinnen, Tiefbauingenieure und Stewardessen, die von heute auf morgen begriffen, um was es ging und »ausstiegen«. Und einstiegen in ein erfülltes und besseres *Sein*.

Es gehört nur anfänglich Mut dazu, denn der Entschluß heiligt das Ziel, und ich habe keinen, der den (berechtigten) Absprung wagte, scheitern sehen.

Das soll jetzt aber nicht heißen, daß jeder, der sich gerade nicht »fühlt«, nun das Handtuch werfen soll. Der Entschluß muß eine wirkliche Basis haben.

Es hat keinerlei charismatischen Hintergrund, wenn Fräulein Prittlbauer heute mit ihren 46 Jahren beschließt, Opernsängerin zu werden, weil sie in ihrem Busen schon immer den geheimen Drang zur Bühne und zu Höherem im allgemeinen verspürt hat.

Auch Talent hat eine reelle Grundlage. Und wirkliches Talent ist immer gepaart mit Berufung. Wie das Wort schon sagt, ruft da etwas. Wir brauchen also nur hinzuhören und zu vertrauen. In die Berufung.

In der vorhergehenden Durchsage ist eines meiner Talente unbeachtet geblieben. Wahrscheinlich, weil es ein Teiltalent ist: Ich kann beobachten.
Und das tue ich denn auch mit Hingabe seit Jahrzehnten.
Ein Ergebnis meiner Beobachtung möchte ich Ihnen nicht verschweigen: Keiner der Menschen, die in ihrer Bestimmung mit liebevoller Hingabe arbeiten oder gearbeitet haben, ist an Krebs erkrankt oder gestorben, keiner an einer unheilbaren Krankheit, keiner ist dahingesiecht.
Diejenigen, die krank wurden oder ewig dahinkränkelten, trugen alle in sich eine tiefe und unerfüllte Sehnsucht nach »etwas anderem«. Manchmal konnten sie es mit Worten nicht benennen. Und manchmal doch. Dann hieß es:
»Weißt Du, eigentlich bin ich ja...« oder »Eigentlich wollte ich ja immer...«.
Diese beiden Ausreden, und nichts anderes sind sie, sind der schlimmste Vorwurf, den sich ein Mensch selbst machen kann. Denn er gibt zu, daß er *wußte,* daß seine Bestimmung jenseits seiner eigentlichen Betätigung liegt. Und er hat nichts unternommen.
Solche Leute leben in einem unentwegten Dauerfrust, in einer konstanten Negativ-Eigenschwingung. Und dann wundern sich solche armen Geschöpfe, wenn sie dauernd krank sind. Ganz zu schweigen von der Verwunderung der armen Ärzte, die nicht wissen, mit was sie diese Patienten noch behandeln sollen. Es würde die Krankenversicherungen in der ganzen Welt sehr entlasten und auch verbilligen, wenn wir uns alle in unsere Bestimmung einfinden würden.
Natürlich bleiben dann noch immer genug Krankheiten.
Nämlich die, durch die wir lernen sollen, unsere Fehlhandlungen und unsere negativen Gedanken zu kontrollieren, und

auch die gnädigen Krankheiten, die uns, manchmal auch etwas ungewollt, die Ruhepause verschaffen, die wir uns absolut nicht gönnen wollten. Wie hieß es doch vorher so schön? Du mußt lernen, die Vorzeichen zu deuten.

»Wie kann man denn einen Beinbruch vorher deuten«, sagt jemand aus dem Hintergrund.

Man kann. Auch ein Beinbruch kommt niemals ohne Ankündigung, wie man mir sagte...

Krank-Werden und Gesund-Sein

Du bekommst immer die Krankheit, die Du verdienst.
In Deinen Krankheiten projizieren sich Deine Verdrängungen, das, was Du nicht wahrhaben willst, das, was Du von Dir schieben möchtest. Deine unentwegten Kopfschmerzen kommen daher, daß Du Dich mit Deinen Problemen nicht auseinandersetzen möchtest. Wenn Du Kopfschmerzen hast, hast Du eine Entschuldigung dafür, daß Du an nichts denken möchtest.
(Es folgte eine Auflistung der Probleme, mit deren Bewältigung ich zeitlebens Schwierigkeiten hatte und habe und die ich aus verständlichen Gründen hier nicht wiedergeben möchte.)
Deine Anfälligkeit für Erkältungskrankheiten hat damit zu tun, daß Du nicht fließen lassen kannst. Du willst immer halten, das ist der Fehler. Du kannst Liebe nicht halten, Erfolg nicht halten; und auch Wohlstand und Ansehen unterliegen dem polaren Gesetz des Wandels. Die Angst um den Verlust liegt Dir wie ein Stein auf der Brust, läßt Dich nicht richtig atmen. Daher kommen Deine bronchialen Beschwerden. Du fühlst Dich ständig überlastet, bedroht, unsicher. Deswegen hast Du auch diese Rückenschmerzen und Ischias.
Dein Körper reagiert auf die physische Belastung, die Du ihm unentwegt zumutest.
Du meinst auch noch immer, daß Liebe mit Leistung und Leid verbunden sein muß. Du hast Dir dieses Empfindungsschema vermitteln lassen und hast es in Deinem Unterbewußtsein akzeptiert, da Du als Kind Liebe mit Leistung erkaufen mußtest. Doch nun bist Du reif genug, um diesen an Dir begangenen Fehler zu erkennen und aus Deinem Unterbewußtsein zu verbannen. Die Liebe Deiner Nächsten gehört zu Deinen Geburtsrechten, so, wie es zu Deinen Geburtspflichten gehört, den Nächsten zu lieben.
Alle Empfindungen, alle Gedanken, die Du hegst, manifestie-

ren sich in Deinen Geist- und Körperzellen und hinterlassen dort Spuren im positiven wie im negativen Sinne.

Negative Gedankenschwingungen schwächen Deine Körperzellen und Dein Immunsystem; Dein Schutzmantel wird porös, durchlässig, und so können sich die Auswirkungen manifestieren in Form von Krankheit.

(Aber es gibt doch auch erbliche Krankheiten?)

Ich habe Dir schon einmal erklärt, daß die genetische Basis nur die Grundlage ist, auf der sich Dein Programm in physischem wie psychischem Sinne abspielen kann. Wenn Du zum Beispiel eine Mutter wählst, die anfällig für Schuppenflechte ist, dann tust Du das, weil Du das gleiche Problem zu verarbeiten hast wie sie, was in diesem Falle nur die Bildung eines Schutzpanzers darstellt, der vor unerwünschten Einflüssen und vor Angriffen schützen soll. Dieses vermehrte Schutzbedürfnis, diese Angst vor Verletzung war aber schon vorhanden, bevor Du inkarniert wurdest. Die Psoriasis der Mutter gibt Dir nur die Möglichkeit, Dich in Deiner Genetik in diesem Punkt anzuschließen.

So ist es auch mit Krebs.

Die Erb-Bereitschaft geht von Dir aus. Es ist also keiner Deiner Vorfahren »schuld« an irgendwelchen Krankheiten, in die Du Dich eingeklinkt hast, denn es ist ja Dein freier Wille, diese Konstellation zu übernehmen oder nicht.

Jede Krankheit spiegelt die Symptome der Zeit, in der sie auftritt. Krebs ist ein Spiegel heutiger Probleme.

(Man sagt, Krebs wird durch Streß hervorgerufen. Stimmt das?)

Das kommt darauf an, was Du unter Streß verstehst. Im normalen Sprachgebrauch wird Streß als Synonym für berufliche Überbelastung verwendet. Wenn Du es aber gleichbedeutend mit Überforderung auf seelisch-geistig-körperlichem Gebiet nimmst, dann stimmt die Annahme.

Ich sagte vorher: ein Spiegel. Wenn ein Mensch Krebs be-

kommt, so machen sich seine Körperzellen selb-ständig, sie befreien sich aus dem gemeinschaftlichen Zusammenhalt, sie eröffnen eine Kolonie auf eigene Rechnung, unter eigener Regie, auf Kosten der Allgemeinheit, also des Körpers. Siehst Du den Zusammenhang?

Oder nimm die Depression. Depression entsteht aus der Angst, gewissen Anforderungen nicht gewachsen zu sein, aus der Empfindung, aufgelastete Verantwortung nicht mehr er-tragen zu können. Der Betroffene flüchtet sich in eine psychische Starre. Dadurch entzieht er sich der Pflicht, mitmachen zu müssen im allgemeinen Programm, durch das er sich überfordert fühlt.

(Nicht umsonst wurde dieses Thema angesprochen. Depressionen kannte ich seit Jahren zur Genüge. Meine Frage nach Heilung entsprang also einem höchstpersönlichen Interesse.)

Wenn Du glaubst, Du kommst dem Übel mit Tabletten bei, so sage ich Dir, daß dies ein folgenschwerer Trugschluß ist. Du schiebst nur auf, um später mit einer noch schwereren Form des Leidens konfrontiert zu werden. Geheilt werden kann dieser Mangel nur dadurch, daß Du lernst, mit Deinen Ängsten umzugehen, das heißt, ihnen ins Gesicht zu schauen und Dich ihnen zu stellen. Dazu gehört zuallererst Ehrlichkeit Dir selbst gegenüber. Vielleicht die Ehrlichkeit zuzugeben, daß Du Deine Ziele zu hoch gesteckt hast, Dich auf Dinge eingelassen hast, die außerhalb Deiner Möglichkeiten liegen, Deine Grenzen nicht geachtet hast. Eine Depression ist immer ein Zeichen dafür, daß Dein Lebensprogramm nicht mehr in der Dir zugedachten Form abläuft. Du mußt also das Programm wieder ins Lot bringen, womöglich mit Hilfe anderer.

Setze Dich mit der Zeit vor der Depression auseinander. Sie hat zu dieser Erscheinung geführt. Wann hast Du angefangen, aus Deinem Programm herauszubrechen? Versuche, Schritt für Schritt wieder ins Gleichgewicht zu kommen, nicht mit Gewalt von heute auf morgen. Der Vorgang der Stabilisierung muß sich

genauso langsam vollziehen wie der Vorgang der Destabilisierung.
(Was ist mit der Schlaflosigkeit?)
Schlaflosigkeit ist nichts anderes als die Angst vor Schlaf, die Angst, das Wach-Sein loszulassen. Menschen, die nicht bewußt leben, haben Schwierigkeiten, sich dem Schlaf hinzugeben. Je klarer eine Grenze ist, desto bewußter kann sie überschritten werden. Lasse Dich nicht von anderen leben, dann bist Du auch Herr über Deinen Schlaf.
Je bewußter Du lebst, je klarer Du die Zeichen erkennst (schon wieder!) je direkter Du reagierst, desto widerstandsfähiger wirst Du in jeder Beziehung werden.
Vor allem: Fürchte Dich nicht!

Da war es schon wieder, dieses »Fürchte Dich nicht!« Ich kam mir eigentlich nicht besonders furchtsam vor. Es mußte also »eigentlich« etwas anderes gemeint sein. Wenn das Wort »fürchten« am Ende einer langen Besprechung über Krankheit kam, und nicht nur einmal kam, dann mußte es noch eine andere tiefere Bedeutung haben. Ich holte meine Tagebücher heraus und forschte nach, zu welchen Gelegenheiten ich es vorgezogen hatte, krank zu werden.

Und siehe da, es war immer anläßlich von Lebenssituationen, die entweder eine Veränderung anzeigten, oder in denen meine Vorstellungen sich nicht mehr verwirklichen ließen, oder in denen ich mich in meinem Stolz oder meiner Eitelkeit verletzt gefühlt hatte. Immer jedenfalls sah ich mich unterbewußt veranlaßt, mich gegen etwas wehren zu müssen. Wobei das »etwas« in einem Fall meine persönliche Umgebung war, im anderen Fall ein beruflicher Programmpunkt, der mir nicht behagte, und in einer anderen Situation wollte ich wohl bestätigt bekommen, wie unersetzlich ich war.

Beachtlich war auch, daß vor jedem Ernstfall verschiedene »Probeläufe« stattgefunden hatten.

Vor schweren Erkältungen wurde ich auffallend heiser oder hüstelte tagelang herum. »Richtig« krank wurde ich allerdings erst, nachdem niemand von diesen Symptomen Notiz genommen hatte.

Bei einem Armbruch, so stellte ich bei nachträglichen Recherchen fest, war ich vorher mindestens dreimal ausgerutscht oder angeeckt, was mich wenige Tage später jedoch nicht davon abhalten konnte, vom Rad zu fallen. Ich frage mich heute, wie ich überhaupt auf die Idee kam, auf ein Rad (!) zu steigen. Ich *kann* nämlich überhaupt nicht Radfahren.

Um es kurz zu sagen: Jede Krankheit wird von Ihnen selbst erzeugt, was automatisch die Logik beinhaltet, daß *Sie* es auch sein müssen, der diese Krankheit wieder in Ordnung bringen muß. Und zwar nicht äußerlich, dafür haben wir ja unsere Ärzte, sondern innerlich, in Ihrem Bewußt-Sein. Der begnadetste Heiler kann mit den genialsten Behandlungsmethoden nur scheitern, wenn er sie an einen Patienten verwendet, der nicht begreifen will oder der nicht bereit ist, an seinem Heilungsprozeß bereitwillig mitzuarbeiten.

Wer nicht gesund sein will, signalisiert nichts anderes, als daß er nicht bereit ist, in und an der Gemeinschaft mitzuarbeiten. So dirigiert er sich selbst ins Abseits. Wiederum ist hier liebevolle Hilfe angesagt.

Gott schenke uns liebevolle, die Ganzheit begreifende Ärzte, die sich die Mühe machen, uns über die Zusammenhänge aufzuklären. Das kostet Zeit und bringt wenig Geld, was dem Anspruch unseres Zeitgeistes widerspricht. Welcher Arzt nimmt sich denn heute noch die Mühe, jeder Behandlung zum Beispiel den entsprechenden Ernährungsplan beizufügen?

Ich mußte satte vierzig Jahre alt werden, bis ich begriff, daß mein Essen eine gewaltige Rolle in meinem Leben spielt. Und natürlich nicht nur in *meinem* Leben. Aber leider muß man immer zuerst an sich selbst lernen.

Wie ich schon sagte, beobachte ich gerne. Ich bin bissig genug, heute zu sagen, es wäre besser gewesen, ich hätte die anderen ein bißchen weniger und mich selbst ein bißchen mehr beobachtet, dann wären mir gewisse Zusammenhänge schon früher aufgefallen. Die Rolle, die mein profundes Desinteresse meinem Körper gegenüber in meinem Leben spielt, habe ich bezeichnenderweise erst in den letzten Jahren herausgefunden. Dazu gehört natürlich auch die verheerende Form meiner Verköstigung. Ich würde mein persönliches Futterprogramm hier nicht so an die Öffentlichkeit bringen, wenn ich nicht aus Erfahrung wüßte, daß ich mit diesem destruktiven Verhalten durchaus nicht allein auf weiter Flur stehe.

Ich weiß nicht, wie oft mir in den Durchsagen meine Ernährungsfehler vorgehalten wurden. Ich habe auf diese Ermahnungen immer nur sehr vage reagiert, weil mir dieses Thema als zu wenig geistig erschien. Wie in vielem habe ich die Zusammenhänge nicht durchschauen können. Die Folge war, daß ich Kreislaufstörungen, Gedächtnisschwächen und schlechte Zähne bekam, ganz zu schweigen von dem Mißverhältnis der Proportionen, das sich im Lauf der Zeit einzustellen begann. Ich muß vorausschicken, daß ich ein »Zuckerfresser« bin, also das Schlimmste, was es ernährungsmäßig gesehen überhaupt gibt. Für Leute, die sich mit Nahrungsmittel-Bedürfnissen auskennen, ist jetzt natürlich schon alles klar: Aha, da hat eine versucht, sich Liebe zu erfressen. Mag schon sein. Aber das ist gar nicht der Punkt, auf den ich eigentlich kommen will.

Denn es zeigte sich, daß ich Süßigkeiten kiloweise (fr-)essen konnte, und dabei kein Gramm zunahm. Ich war dünn wie ein Strich. Also sah ich auch keine Veranlassung, meinen Ernährungsplan zu ändern. Bis im »Alter« dann plötzlich die schon vorher geschilderten Zipperlein auftraten.

Plötzlich sah ich mich gezwungen, mich mit den ernährungswissenschaftlichen Dingen zu beschäftigen, die ich ja längst gelernt hatte. Und sofort begannen sich um mich »Myriaden« von Menschen zu sammeln, die ebenfalls Ernährungsprobleme hatten (siehe Thema Selbstmord). Ich hatte also die hehre Freude, meine Fehler auch noch stündlich durch meine lieben Mitmenschen vor Augen gehalten zu bekommen, die auf einmal nichts Dringenderes zu tun hatten, als mich unentwegt mit Futter-Problemen zu konfrontieren.

Zum ersten Male erinnerte ich mich auch, daß meine Oma mir schon als junges Mädchen meine vier Stück Zucker immer mit der Bemerkung verbitterte: »Wirst bald sklerotisch werden.« Aber wer nimmt sowas schon ernst mit 13 Jahren?

Also grub ich meine Bücher aus, kaufte neuere Werke dazu und begriff plötzlich, was ich angestellt hatte mit meiner jahrelangen Ignoranz. Plötzlich erschien mir das Thema gar nicht mehr so ungeistig wie noch vor ein paar Jahren, und so wandte ich mich an einen »Jenseitigen«, der mir durch seine Schnauze und sein Fachwissen von Anfang an aufgefallen war. Da hier keine Copyright-Bedenken bestehen, kann ich den Urheber der folgenden Aussagen ohne weiteres nennen, denn der Mann ist seit mehreren Jahrhunderten tot. Es handelt sich um den Leibarzt Karls des IV., eines Kaisers des Heiligen Römischen Reiches Deutscher Nation.

Ich weiß nicht, habe leider nie nachgefragt und bekomme ihn zu meinem Bedauern momentan auch nicht »an die Strippe«, um zu klären, ob er zwischen dem 14. und dem 20. Jahrhundert zwischenzeitlich noch einmal »niedergekommen« war. Denn seine medizinischen Kommentare und Anweisungen waren immer äußerst präzise, treffend und durchaus nicht veraltet. Zwischendurch beliebte es ihm, seine Traktate mit altertümlichen lateinischen Begriffen zu spicken, was er aber nur tat, wenn jetztzeitliche Kollegen seine Meinung erheischten. Sprach er mit mir, machte er sich meistens lustig, war immer ziemlich respektlos (kein Wunder), erwies sich aber als menschlichster Tröster und Berater in Notlagen.

Als »Bezahlung« für seine Beratungen forderte er mich regelmäßig auf zu singen, wobei er genaue Anweisungen bezüglich der Programmauswahl von sich gab, was nicht immer ohne Schwierigkeiten für mich ablief, denn er liebte französische Volkslieder. Manchmal gab er ein Lied »in Auftrag«, und ich hatte dann meine liebe Mühe, das Material aufzutreiben. Wo findet man heutzutage schon Lieder aus dem 14. Jahrhundert? Noch dazu aus Frankreich!!

Wir gaben uns jedenfalls die größte Mühe miteinander, was, soweit es mich betrifft, reiche Früchte getragen hat.

Ich weiß nicht, wo der Mann, der sich Lukas nannte, abgeblieben ist. Manchmal meine ich, ihn kurzfristig zu hören, schaffe es aber seit zehn Monaten nicht mehr, ihn eindeutig zu »channeln« (ha, ha).

Seine Anweisungen in Richtung Ernährung, Kräuterheilkunde und Heilung durch Wasser waren äußerst interessant, wurden aber noch übertroffen von der Art und Weise, wie er den Hofklatsch seiner Zeit kolportierte.

Meine Kenntnisse über Margarete Maultasch, eine 1318 geborene Tiroler Landgräfin, die mit Johann von Böhmen, einem Bruder Karls IV., verheiratet war, stammen fast ausschließlich aus dieser Quelle.

Ich habe den Stil der Durchsagen beibehalten, damit Sie Ihren Spaß daran haben können, aber auch, damit Sie sehen, wie verschieden der Durchsagemodus sein konnte. Manchmal kam es vor, daß ich mehrere Sprecher gleichzeitig serviert bekam, die sich dann selbst ins Wort fielen oder sich gegenseitig verbesserten. Ich weiß nicht, was ich dafür gäbe, diese Sitzungen in den Bereich des allgemein Hörbaren bringen zu können. So muß eben die Schrift genügen, die im O-Ton gehalten ist.

Ernährung und Körperertüchtigung

Würdest Du bitte zuerst lüften?
Wenn Du schon nicht an die Luft gehst, dann mach wenigstens einmal pro Woche die Fenster auf. ... Danke.
Stell bitte den Zigarettenfriedhof hinaus, der Gestank ist mir unerträglich.
Ich habe nicht gesagt, daß ich es riechen kann, ich habe gesagt, daß der Gestank unerträglich ist.
(In einer längeren Diskussion wurde geklärt, daß die Schwingungsqualität der Atmosphäre durch Nikotin wesentlich herabgemindert wird.)
Nein, Du brauchst überhaupt keine Brille. Du brauchst nur einen Monat lang frisches Gemüse zu essen. Du hast bestes Augenmaterial. Aber das beste Material kann der Attacke nicht standhalten, die Du tagtäglich dagegen reitest.
Erzähl mir nichts, 14 Stück Zucker!! Und das ist nur das, was ich in den letzten zwei Stunden gesehen habe. Wenn Du wüßtest, was Zucker mit Deinen Körpersäften anrichtet. Was ist das Schreckliches, was Du in diesem durchsichtigen Papier liegen hast?
(Es waren Madeleines, kleine Marmorkuchen.)
Eine abscheuliche Schwingung, garstig geradezu ... nein, da ist keine Milch drinnen, nur Zucker, billiger Kakao und Trockenpulver. Erzähl mir nichts, es ist alles nur eine Sache der Gewöhnung. Du hast Deinem Geschmackssinn ja keine Chance gegeben, sich in eine andere Richtung zu entwickeln. Du bist total festgefahren. Ich kann das nicht ändern. Das mußt gefälligst Du tun.
Ich hab's schon gesagt, Du sollst frisches Gemüse essen, ja sicher meine ich rohes Gemüse, aber nicht nur wegen der Vitamine, sondern vor allem wegen der Lichtzellen.
(Wegen was??)

Pflanzen speichern Lichtzellen. Noch nie gehört, was?
(Was speichert denn Fleisch?)
Die Angst der Tiere vor dem Schlachten. Das ißt Du alles mit,
das breitet sich alles aus in Deinem Körper.
Erzähl mir nichts, es gibt Pflanzen-Eiweiß, und ein Ei hat
mehr Eiweiß, als Du verwerten kannst. Du kommst aus der Mi-
neral-, der Pflanzen- und der Tierwelt von Deiner rein körper-
lichen Abstammung her gesehen. Deine Ernährung sollte aus
allen drei Bereichen sein.
(Steine essen, was?)
Schon mal was von Kieselerde gehört oder von Magnesium
oder von Eisen? Du solltest eine Woche lang nur Brennesseltee
trinken und Löwenzahn essen. Nein, ohne Essig und Öl!
Das ist zum Reinigen. Du bist innerlich völlig verdreckt. Bei
Dir arbeitet deshalb alles langsamer.
Das kommt auch daher, daß Du dich nicht bewegst. Kein
Mensch erwartet, daß Du Hochleistungssportlerin wirst. Einmal
Schwimmen in der Woche hilft gar nichts. Du mußt jeden Tag
etwas tun.
Erzähl mir nichts, Du hast heute mindestens eine Stunde
nutzlos am Telefon vertan. Schade um die kostbare Zeit. Zum
Kaffeetrinken hast Du auch Zeit, mehr als nötig.
Zweimal eine Viertelstunde Gymnastik würde schon genügen
– bei offenem Fenster, versteht sich, und vor dem Essen.
Du solltest viel mehr Tee trinken – nein, nicht schwarzen Tee,
sondern Kräutertee. Und Mineralwasser mit ein bißchen Meer-
salz darinnen. Ein paar Körnchen, oder Zitrone.
Kümmere Dich mal um Trennkost, das wäre gut für Dich.
Man trennt Kohlehydrate und Eiweiß. Das ist hervorragend für
den ganzen Organismus, weil es bewirkt, daß die Körpersäfte
sich eindeutig entwickeln können. Sehr wichtig für die Verdau-
ung.
Du darfst keinen Salat und kein Obst am Abend essen. Das
gärt nachts.

Da redet Ihr immer von Polarität, aber in der Ernährung kriegst Du das überhaupt nicht hin. Ich will es Dir einfach machen: Wenn Du für alles Süße, das Du vertilgst, dieselbe Menge Nahrungsmittel in saurer Konsistenz zu Dir nehmen würdest, dann... Soll das Spaß machen? Ich habe Dir doch gesagt, trenn Eiweiß und Kohlehydrate, das meine ich mit süß und sauer. Wenn Du den Ausgleich einhalten würdest, könntest Du nie dick werden.

(Ich bin nicht dick!)

Wart's nur ab, wenn Du erst jeden Tag ein paar Stunden am Schreibpult sitzt! Dann wird's erst losgehen mit den Verdauungsschwierigkeiten. Dann wirst Du Dich erst über Deine Augen beklagen können. Das hat aber nur mit den übersäuerten Körpersäften zu tun; benutz ja keine Brille.

Außerdem atmest Du falsch, zu flach nämlich, und Du hast eine grauenvolle Haltung. Wenn Du richtig atmen würdest, würde sich Deine Haltung automatisch ändern. Ja, beim Singen machst Du's richtig, aber anscheinend atmest Du nur richtig, wenn Du dafür bezahlt wirst. Du quetschst dauernd Dein Zwerchfell. Was das macht? Da befindet sich Dein Solarplexus, Dein Energiemittelpunkt, Hauptumschlagplatz für Energie in Deinem Körper. Man sieht eben immer wieder, daß Dein Bewußtsein nicht richtig ausgebildet ist. Sonst würdest Du das alles selber merken.

Erzähl mir nichts! Wenn Du es weißt und trotzdem nichts tust, dann ist es um so schlimmer. Wie soll das werden, wenn Du alt bist? Dann willst Du wohl Deine armen Enkel mit den Folgen Deiner Nachlässigkeit belasten.

Außerdem muß ich Dir sagen, daß Du schneller altern wirst, wenn Du nicht in der Lage bist, Energie ungehindert fließen zu lassen, ohne Blockaden.

Zucker baut Blockaden auf, alle Genußmittel bauen Blockaden auf, Nikotin baut Blockaden auf, wenigstens trinkst Du nicht, das würde gerade noch fehlen.

Wenn Du Deine Intuition doch auf dieses Gebiet verwenden würdest! Hör doch einmal in Deinen Körper, nach innen, bevor Du Dir Eßbares in den Mund schiebst. Und richte Dich nach dem Ja und nach dem Nein, das Du hörst. Du kannst doch pendeln. Pendle doch einmal Deine Nahrungsmittel aus. Geht ganz einfach. Einigen wir uns darauf, daß senkrechter Pendelausschwung für Dich geeignetes Essensmaterial ist und waagrechter ungeeignetes. Das mußt Du aber dann öfter machen. Manchmal ist etwas, was gestern negativ war, am nächsten Tag notwendig.

Beschäftige Dich doch auch ein bißchen mit Kräuterkunde.

(Es gibt schon eine Maria Treben!)

Ja, der wiedergeborene Kneipp (!!) hat viel Ahnung; ich wünschte, Du hättest einen Bruchteil davon. Überhaupt wünschte ich, Ihr würdet mehr mit Kräutern heilen, dann bräuchtet Ihr die Chemie nicht mehr. Ich habe allein sieben Jahre lang nur die Verschiedenartigkeit und die Wirkungen der Kräuter und Pflanzen studiert. Und die Heilkraft der Farben auch. Ihr habt das alles vergessen. Aber die Zeit wird kommen, wo ihr das alles wieder hervorholen müßt, weil Ihr sonst nichts mehr habt.

(Leider ließ er sich zu dem Thema nicht weiter befragen, aber ich glaube, daß er damit auf eine Zeit anspielen wollte, von der viele Hellseher und Propheten gesprochen haben: die Zeit nach der großen Katastrophe, die uns angeblich noch in diesem Jahrtausend bevorsteht.)

Wenn ich Lukas' Angaben heute durchlese, dann kommen mir seine Durchsagen viel inhaltsträchtiger vor, als ich sie vor Jahren empfunden habe. Natürlich hat er seine Informationen meinem Wissensstand angepaßt, der, wie ich zugeben muß, sehr gering war.

Wenn man die Hinweise auseinandernimmt, dann kommt man auf Gebiete, die einzeln behandelt von größter Wichtigkeit sind.

Lukas hat sich zum Beispiel immer gegen das Wort »Sport«
gewehrt. Er bestand auf »Körperertüchtigung«. Als Jogging
einstens kurzzeitig zum Volkssport zu werden drohte, unter-
hielt ich mich mit ihm darüber, und er sagte wörtlich, das sei
der größte Blödsinn, den er seit langem auf diesem Gebiet beobachtet habe. Aber wirklich in Rage geriet er über Aerobic.
Eine einzige Schädigung, so alterierte er sich immer wieder, so
eine nachhaltige Schädigung müsse gesetzlich verboten werden.
Nun, dieses Thema hat sich gottlob von selbst erledigt, da die
Mängel zu offensichtlich waren.

Von Lukas habe ich auch, leider erst Anfang letzten Jahres,
gelernt, daß jede beginnende Erkältung dadurch gestoppt werden kann, daß man mit Salzwasser inhaliert und *gleichzeitig* die
Füße bis fast zu den Knien in heißes Salzwasser stellt. Dabei
darf man keine feste Nahrung mehr zu sich nehmen, sondern
nur die berühmten Kräutertees trinken. »Nimm ja keine Vita-
mintabletten«, sagte er zu solchen Anlässen immer wieder, »du
fütterst auch den Gegner.«

Durch ihn lernte ich auch, wie wichtig Atmen, richtiges Atmen ist. Die Anweisungen führe ich hier nicht auf, weil sie sich
mit den Empfehlungen des Atem-Therapeuten Johannes Walter
vollkommen decken, der ein ganzes Buch nur über dieses Thema geschrieben hat.[*]

Alles in allem wurde mir gesagt, daß Krankheit
   a) durch Einwirkung negativer Gedankenenergie auf die Zel-
     len des geistigen und physischen Leibes,
   b) durch die Blockade des Energieflusses zwischen den sie-
     ben Chakras
   c) durch Aufarbeitung karmischer Regresse
zum Ausdruck kommt.

Also dachte ich, daß einer der wichtigsten Punkte wohl das
positive Denken sein müsse. Wenn negative Gedanken Krank-

---

[*] Johannes Walter, Die heilende Kraft des Atmens, München 1988.

heit erzeugen, dann erzeugen positive Gedanken Gesundheit. Also: Völker der Erde, denkt positiv. Dachte ich.

Der Unsinn des positiven Denkens und seine Notwendigkeit

Stelle Dir vor, daß jedes gedachte Wort einen Ton erzeugt, und jeder Satz eine Melodie, die ewig bestehen bleibt und die jedermann nach Belieben abhören kann.

Ihr redet immer sehr viel von positivem Denken, und Ihr meint, daß Ihr Euch damit das Leben »schöndenken« könnt. Das ist vollkommen falsch. Wenn Du zum Beispiel jemanden haßt, weil er Dir Unrecht getan hat, dann mußt Du zuerst Deinen Haß erleben und erfühlen lernen, damit Du begreifen kannst, daß er sinnlos ist und Du ihn ohne Bedauern ablegen kannst. Aber zuerst mußt Du ihn wirklich empfunden haben. Erst dann kannst Du ihn durch Mitleid und Verständnis ersetzen. Die vollkommene Auflösung des Hasses geschieht nur durch Liebe. An ihr zerbricht der intensivste Haß.

Wenn Du jemandem sein Glück oder seinen Erfolg neidest, dann mußt Du diesen Neid bis ins Innerste empfinden lernen, um erkennen zu können, daß es lächerlich ist, Neid zu empfinden.

Wer neidet, hat nur selbst unerfüllte Wünsche und Ansprüche. Wenn Du lernst, Deinen Platz zu erkennen, Deine Aufgabe zu erfüllen, dann wirst Du die Reife bekommen, Deinen Neid durch Bewunderung und freundliche Anteilnahme zu ersetzen.

Vollkommen aufgelöst wird der Neid durch die Liebe. An ihr zerbricht der intensivste Neid. Unterdrücke Deine negativen Empfindungen nicht, sondern lebe sie aus. Nur dadurch lernst Du, mit ihnen umzugehen. Wenn Du sie unterdrückst, wirst Du aggressiv werden und diese Aggression wird sich gegen Dich selbst kehren.

Aus der Verarbeitung Deiner Negativ-Empfindungen muß sich Dein positives Denkvermögen genauso kontinuierlich entwickeln wie alles, was einen Reifeprozeß erfordert. Dazu hast

*Du Dich inkarniert, um zu lernen, mit diesen Gefühlen umzu-
gehen. Du würdest also gegen Dich selbst arbeiten, wenn Du sie
unterdrücken würdest.*

*Hüte Dich vor Menschen, die immer betont edel und gütig
wirken wollen und die für alles Verständnis zu haben scheinen.
Diese Menschen erweisen sich im Ernstfall als die erbittertsten,
nachtragendsten und haßerfülltesten Gegner, die ihr Verhalten
dann damit rechtfertigen, daß sie das Recht und die Gerechtigkeit verkörpern, als deren Vollstrecker sie sich berufen fühlen.
Sie sind die Ärmsten der Armen.*

*Ihr seid alle auf diesem Planeten Erde versammelt, um zu
lernen und um aneinander zu lernen. Keiner soll sich besser
vorkommen als der andere, keiner sich als der Richter des anderen aufspielen. Wäret Ihr vollkommen, dann hättet Ihr Euch
nicht auf der Erde inkarnieren müssen.*

*Dein Gehirn ist ein Energiezentrum mit der Fähigkeit zu sen-
den und zu empfangen. Du bist imstande, mit Deinen Gedanken energetische Gedankenbilder zu erzeugen, die so machtvoll
sein können, daß sie von der Materie nachvollzogen werden
müssen.*

*Deshalb ist größte Vorsicht geboten im Umgang mit Gedan-
kenenergie. Denn wenn Du Dir mit Gedankenbildern ein
Schicksalsumfeld heraufbeschwörst, das Deinen Lebensplan
überfordert, so wird sich das materialisierte Bild gegen Dich
wenden, und Du wirst für Deine Anmaßung zahlen müssen.*

*(Erinnern Sie sich an die allseits bekannte Geschichte von
dem Mann, der über Nacht zum Lottomillionär geworden war
und sich in begeisterten Reden äußerte, wie froh er sei, daß das
ewige finanzielle Elend nun ein Ende habe. Genau derselbe
Mann besaß Monate später keinen Pfennig mehr, und die
Schulden standen ihm bis zum Hals. Bezeichnenderweise hatte
dieser bedauernswerte Mensch verkündet, daß er unentwegt
und felsenfest daran geglaubt habe, im Lotto zu gewinnen.
Natürlich erfüllt sich so eine Imagination, wenn sie tagtäglich*

intensiv vollzogen wird. Doch zum Segen wird sie nur, wenn sie sich in das allgemeine Schicksalsprogramm fügen kann. In diesem Fall trug die Erfüllung der Imagination nur dazu bei, den Mann noch direkter mit seiner ursprünglichen Schicksalskonstellation, der Reifung durch Beschränkung nämlich, zu konfrontieren.)

Sei also vorsichtig mit Deinem Begehren und Deinem Wünschen. Lerne, in Dich zu hören.

Vor allem lerne, die Qualität des allerersten Eindruckes von Menschen und Situationen zu bewahren. Er ist der intuitive, also richtige Eindruck.

Erinnerst Du Dich, was Du dachtest, als du N. N. (er nannte den Namen eines Mannes, der in meinem Leben eine wichtige Rolle gespielt hatte) zum ersten Mal sahst? Kannst Du Deine Gedanken von damals, die Gedanken der ersten Minuten nachvollziehen?

(Ich konnte.)

Na bitte!

Erinnere Dich auch an die Gefühle, die Du bei Deinen zahllosen Umzügen bezüglich Deiner Wohnungen hattest. Was wäre Dir alles erspart geblieben, wenn Du Dich nach Deinem ersten Eindruck gerichtet hättest! Aber das hat auch alles damit zu tun, daß Du kein wirkliches Vertrauen in Deine Führung hast.

Das wäre zum Beispiel positives Denken!! Liebevolle Konzentration auf Deine Geistführer und Helfer, das wäre die Form von positivem Denken, die Du vermitteln solltest, nicht den Unsinn von schönen Kinobildern, die der Verwirklichung des Schicksalsplanes nur entgegenwirken.

(Woher soll ich denn nun wissen, welche Bilder, Imaginationen angemessen sind und welche nicht?)

Die Frage kann nicht Dein Ernst sein! Wie oft haben wir schon von Astrologie und ihrer sinnvollen Verwendung gesprochen? Du hast doch gelernt, ein Kosmogramm zu lesen, dann wirst Du doch auch in der Lage sein zu erkennen, welche Möglichkeiten Dir die Konstellationen lassen und welche nicht!

(Gesetzt den Fall, ich durchschaue meine Möglichkeiten. Wie bringe ich eine optimale Imagination zustande?)

Konzentriere Dich auf das, was Du möchtest. Stelle dir einfach den Anfang der Geschichte vor und lasse sie laufen, bis sie an einen Punkt gelangt, wo sie stagniert. Diesen Punkt schau Dir genau an, arbeite ihn genau aus, so daß Du, wenn Dir die Situation realiter widerfahren würde, in jedem Fall damit zurecht kommen könntest. Wiederhole das Bild solange, bis Du das Gefühl hast, daß es bis ins kleinste Detail »stimmt«, und dann behalte es bei, lasse es jeden Tag wieder erstehen. Du wirst sehen, daß sich Deine Lebensumstände in eine Richtung formieren werden, die der Erfüllung des Bildes immer näher kommen. Erwünsche Dir nichts voreilig. Überlege, was für Dich wirklich von Nutzen sein könnte.

(Ich mußte an das Märchen denken von dem Mann, der in den Himmel zu kommen glaubt und dem als Belohnung für seine angeblichen guten Taten nun tagtäglich seine Lieblingsspeise serviert wird. Es dauert nicht lange, bis er ihrer überdrüssig wird und mit Schrecken feststellen muß, daß die Hölle viele Gesichter hat.)

Du brauchst jetzt nicht anzufangen, Dich vor Deinen eigenen Bildern zu fürchten. Du mußt nur darauf achten, daß sie mit liebevoller Vorstellungskraft geformt werden. Was für einen Platz spielen Deine Nächsten in Deinen Imaginationen? Oder bist es nur Du selbst, die in Deinen Imaginationen eine Rolle spielt?

Positives Denken sollte nichts anderes sein als die Erzeugung liebevoller Gedankenenergie, die auf Menschen oder Situationsabläufe imaginiert wird.

Wenn Du geliebt werden willst, dann stelle Dir nicht vor, daß Du geliebt wirst, sondern schicke den betreffenden Personen Deine Liebe. Wenn Du Erfolg haben willst, dann stelle Dir nicht vor, wie Du Dich in Deinem Ruhm sonnst, sondern welche Freude Du durch Deine Aktivitäten Deiner Umwelt bereiten könntest.

Das ist positives Denken: Das Streben nach Glück und Liebe, um anderen Glück und Liebe weitergeben zu können.

So, das war es also. Positives Denken – eine Form der Nächstenliebe. Und in dieser Form wahrscheinlich der Schlüssel zum Paradies, zum Frieden.

Aber was für eine Forderung an unsere alltäglichen Gedankengänge! Ich glaube, es ist uns allen viel zu wenig bewußt, wie sehr wir miteinander verbunden sind. Durch unsere Herkunft, durch unsere Bestimmung, durch unsere Gedanken, Worte und Taten.

Wem ist es schon bewußt, was er mit einem Menschen teilt, mit dem er sich im selben Zimmer befindet. Daß der andere zum Beispiel die Luft einatmet, die man selbst in seinen Lungen gehabt hat, und umgekehrt?

Wenn der andere Empfänger und Sender ist wie ich, wieviel Aufmerksamkeit bin ich ihm schuldig, wieviel Zuwendung? Oder ist es gerade diese aufgezwungene Gemeinsamkeit, die uns so stumpf macht für die Gefühle und Erwartungen unseres Nächsten?

Der Nächste! Wie gerne sehen wir in unseren Nächsten nur diejenigen, die uns nahestehen und die wir lieben. Dabei sind es doch gerade die Außenseiter, die unsere Zuwendung, unsere guten Gedanken und unsere Hilfe brauchen. Aber wer setzt sich denn schon hin und projiziert auf den Penner, den er am Nachmittag in der Fußgängerzone hat herumlümmeln sehen, Gedanken des Lichtes und der Liebe? So bitter es auch aufstoßen mag – aber genau das war in der obigen Durchsage gemeint. Das positive Denken ist ein sozialer Vorgang. Oder sollte es zumindest sein.

Wir können also guten Mutes alle Bücher wegwerfen, die uns

einreden wollen, daß positives Denken dazu verwendet werden soll, uns die Vorteile zu verschaffen, die uns ein angenehmes Leben bescheren könnten. Das sind Gedankenmuster, die zwar wunderbar in unseren Zeitgeist passen, die aber leider mit den tiefen Zusammenhängen des Lebens nicht das geringste zu tun haben.

Obwohl ich ein Verfechter und ein engagierter Vermittler der positiven Imagination bin, komme ich immer mehr zu der Erkenntnis, daß es allen Beteiligten mehr nützt, sich zehn Minuten am Tag vor ein schönes Bild, in die Schwingung einer schönen Musik, in den Schein einer Kerze zu setzen und nur das *Gefühl* der Liebe in sich aufsteigen zu lassen und es an *alle* und *alles* weiterströmen zu lassen.

Wenn Du im Stande der Liebe bist… Drehen wir diesen Satz doch einfach einmal um, damit seine Bedeutung besser zu erkennen ist: Wenn Du imstande bist zu lieben, dann bist Du mitten im Strom einer Kraft, die Dich fähig macht, alles zu erreichen, was Du nur willst.

Dieses »Im-Stand-der-Liebe-Sein« spricht sich leicht dahin und ist sehr schwer auf Dauer durchzuhalten, vor allem wenn man unter Streß steht und einem alles auf die Nerven geht, was sich bewegt. Aber gerade dann wäre es am allerwichtigsten.

Tägliches Training heißt die Lösung. Wenn Sie erst einmal festgestellt haben, wie Ihre Umwelt auf Sie reagiert, wenn Sie dieses Gefühl der All-Liebe in sich tragen, werden Sie nichts lieber tun als zu trainieren.

Dieses Training ist die effektivste Form des positiven Denkens. Wenn Sie es durchhalten, werden Sie wahre Wunder erleben.

Dann werden Sie auch immer stärker, immer autarker werden und sich nicht mehr von irgendwelchen äußeren Einflüssen abhängig fühlen, auch nicht von Menschen. Bald werden Sie mehr Hilfe geben können, als Sie selbst in Anspruch nehmen müssen. Und wenn Sie Hilfe brauchen werden, dann wird es

207

Ihnen leicht fallen, darum zu bitten, weil Sie wissen werden, daß Sie sich in einem Kreislauf der Liebe und der Hilfe befinden, in dessen Kette Sie ein tragendes Glied darstellen. Außerdem sind Sie in diesem Zustand der Liebe in bestem Kontakt mit ihren Schutzgeistern und sonstigen unsichtbaren Begleitern, und je höher Ihre Schwingung dadurch wird, desto weniger werden die Wesen (hüben und drüben) an Ihnen Freude haben, auf deren Umgang Sie eigentlich schon immer gern verzichtet hätten.

Ich habe in meinem letzten Buch zwar viel von Geistwesen gesprochen, aber ich habe, was ihre Herkunft und Aufgaben betrifft, noch einiges Material, das Sie sicher interessieren wird. Hier ist es.

Engel, Schutzgeister – Wer sie sind und was sie bewirken können

Ja, jeder Mensch hat Schutzengel. Ohne Schutzengel würde er gar nicht inkarnieren. Das wäre wie ein Kind ohne Eltern.

Manche dieser Schutzgeister haben schon Inkarnationen auf Eurer Erde hinter sich, andere sollen durch Dich erst lernen, wie es ist und was es heißt, inkarniert zu sein. Die Geistwesen, die zu Deiner Führung bereitstehen, sind jedoch erprobte Begleiter. Du bist also kein Versuchskaninchen für Engel.

Es gibt die verschiedensten Arten dieser Wesen. Du weißt ja, daß die Erde eingeteilt ist in das Mineralreich, das Pflanzenreich, das Tierreich und das Menschenreich. Was Du nicht weißt, ist, daß jeder dieser Bereiche seine ganz eigenen und speziellen Schutzgeister hat. Was Du auch nicht weißt, ist, daß der Planet Erde an und für sich, das Erdinnere und auch die Atmosphäre, die ihn schützt, von Entitäten bevölkert ist, die für sein Wohlergehen zuständig sind.

(Sind das die berühmten Elfen, Dämone und Gnome?)

Wenn ich sie Dir alle aufzählen würde, Du würdest es nicht glauben! Du redest immer nur von den Schutzengeln. Aber erzähle den Menschen doch auch von den Hütern der Wahrheit, der Gerechtigkeit, der Gnade, des Wissens.

(Davon weiß ich nichts. Wie soll ich ihnen erzählen?)

Du weißt doch, daß unter den Engeln eine hierarchische Ordnung besteht. Die Engel, die der Christus-Entität am nächsten sind, haben die höchste Stellung in diesem System und insofern einen freien Willen, daß sie selbst entscheiden dürfen, wo sie wirken möchten. Wenn jemand es geschafft hat, bis in die Nähe der Gottheit zu kommen, dann wird er sich natürlich immer dazu entschließen, für die Gottheit direkt zu wirken. Das geschieht am segenbringendsten dadurch, daß sich diese Engel darum bemühen, die hohe OM-Schwingung unter die Men-

schen zu bringen, in ihre Gedanken und Gebete einzuflechten. Sie heben damit die Gesamtenergie der Menschen, aber auch die individuelle Spiritual-Energie. Deswegen ist es so wichtig, daß die Menschen von der Existenz dieser Engel wissen, denn ein bewußter Umgang mit ihnen steigert die Möglichkeiten der Vermittlung gewaltig.

(Was verstehst Du genau unter Vermittlung?)

Du hast doch schon viel über das Wort und den Klang gehört. Ein jeder Gedanke hat einen Klang, wenn Du so willst. Und Gebet hat einen ganz besonderen Klang. Hohe Geistwesen können die Schwingung dieses Klanges aufnehmen, verstärken, verfeinern und in dieser angereicherten Form zurückschicken.

(Erinnert mich irgendwie an eine Waschanstalt, eine geistige, meine ich.)

Der Vergleich hinkt nur deswegen, weil Deine Wäsche nur gereinigt, aber nicht verbessert aus der Waschanstalt kommt. Die Gedankenenergien, die Du beim Gebet aussendest und die von den Engeln aufgenommen werden, kommen jedoch in ihrer ganzen energetischen Struktur verbessert zu Dir zurück.

Der Gedanken- beziehungsweise Energieaustausch mit diesen Entitäten kann so hoch sein, daß er die Form einer Einweihung annimmt. Erlangen die Gedanken eine Kristall-Schwingung, also eine sehr hohe Qualität, so können ihre Energien bis in den Lichtkreis Christi weitergeleitet werden und so zu seiner Stärkung beitragen.

(Ich habe nicht gewußt, daß die Christus-Energie uns nötig hat!)

Du stammst aus dieser Energie und bist mit ihr in Verbindung, direkt und indirekt. Also bist Du auch verpflichtet, an ihr mitzuarbeiten. Das ist doch der Weg! Du trägst doch in Dir das Wissen um alle göttlichen Eigenschaften, und je mehr Du Dir Deine Zugehörigkeit be-wußt machst, um so wahrscheinlicher ist es, daß Du mit Deinen Gedanken immer höhere Energien, zuletzt Christus-Energien freisetzt.

Denke nur an den Satz: »Wo zwei oder drei in meinem Namen versammelt sind, da bin ich mitten unter ihnen.« Gedankenenergie kann unglaubliche Formen annehmen, wenn sich mehrere Personen zusammensetzen. Dieses war ursprünglich der Gedanke der Heiligen Messe, die Menschen durch gemeinsame hohe Gedankenenergie zu stärken und zu schützen. (Aber es werden doch auch heute noch Messen abgehalten?) Diese Messen sind nur noch ein Fragment des ursprünglichen Vorganges. Es beginnt schon damit, daß niemand den Raum während einer Messe betreten oder verlassen darf. Er durchbricht damit den Energiekreis, der sich bei einer solchen Versammlung bilden kann.

Was bei Euch auch anscheinend niemand mehr weiß, ist, daß ein solcher Raum, in dem sich eine energetische Invokation abspielt, nicht in Straßenkleidern betreten werden darf. Es ist ein heiliger Raum. Selbst wenn der Kreis sich wieder aufgelöst hat, ist es unmöglich, daß zum Beispiel eine Touristengruppe in die bestehende hohe Schwingung einbricht und sie damit verändert oder gar zerstört. Ihr geht recht gedankenlos mit Euren heiligen Räumen um. Aber ich mache keine Vorwürfe. Wie sollt Ihr es wissen, wenn Ihr eine Führung habt, die nicht einmal die Grundregeln beherrscht und anerkennt.

(Wie man sieht, erfreuen sich unsere kirchlichen Organisationen auch im Jenseits außerordentlicher Beliebtheit.) Mit dem Wort »Organisationen« ist schon alles gesagt. Gott braucht keine Organisationen. Er braucht Menschen, die seine Liebe widerspiegeln. Die Engel sind dabei seine Helfer, für die Allgemeinheit und für den einzelnen. Sie führen SEINEN Willen aus, sie leben in SEINEM Willen, deshalb brauchen sie keinen eigenen.

Die Elemente Feuer, Wasser, Erde und Luft haben alle ihre eigenen Schutzwesen, die dafür sorgen, daß das elementare Gleichgewicht erhalten bleibt. Diese Wesen stehen sowohl untereinander als auch mit der höchsten Wesenheit in unmittelbarer Verbindung.

Doch ich weiß, daß Dich vor allem die Engel interessieren, die mit den Menschen und ihren Schicksalen zu tun haben.

Zuerst ist es wichtig zu wissen, daß sich Engel in allen Dimensionen bewegen und aufhalten können, jedoch ohne den Einflüssen ausgesetzt zu sein, die Du kennst.

Jeder Engel, der es bis zum Beschützerengel gebracht hat, steht weit über der Stufe eines Wesens, das sich noch einmal inkarnieren muß. Bis ein Beschützerengel reif ist, die Verantwortung für einen einzelnen Menschen zu übernehmen, wird er als Helfer bei der Betreuung von Menschenseelen eingesetzt, die noch nicht so hoch entwickelt sind und deren persönlichen Schutzgeistern er dient.

Wird er Schutzgeist eines einzelnen Menschen, so begleitet er ihn vom Moment der Fleischwerdung bis zum Moment des Todes. Manche zeigen sich ihren Schützlingen auch noch im Jenseits, aber das ist nicht die Regel. Der Engel ist seinem Schutzbefohlenen ähnlich und kann Einfluß auf sein Tun nehmen. Er wählt sich seinen Schützling selbst aus und begleitet ihn manchmal sogar über mehrere Leben hinweg.

(Berät er ihn schon vor der Geburt?)

Nein, dafür gibt es ganz bestimmte Engel, die sich nur um die Vorbereitung der zum Inkarnieren bestimmten Seelen kümmern.

(Arbeiten die persönlichen Schutzengel schon mit diesen eben genannten Engeln zusammen?)

Ja, sicherlich, denn der Schutzengel will sich vorbereiten. Aber vor allem arbeitet er mit den Engeln zusammen, die Du als die Hüter des Karma kennst. Du weißt ja, daß in der Akasha-Chronik alles wie auf einem mentalen Film aufgezeichnet ist. Auch Deine früheren Leben sind darin enthalten, mit allen guten und schlechten Taten. Bevor Du inkarniert wirst, wird auf der Basis dieser früheren Leben in Zusammenarbeit mit Dir Dein künftiges Lebensprogramm erarbeitet.

In diesem Arbeitsprozeß, der viele, viele Jahre dauern kann, wirkt Dein künftiger Schutzengel nicht aktiv mit. Erst wenn Du an den Engel der Geburt weitergegeben wirst, tritt Dein Schutzengel an Deine Seite. Gemeinsam mit dem Geburtsengel verschafft er Dir die Energien, die Du brauchst, um den Wechsel überstehen zu können; er begleitet Dich vorbei am Hüter der Schwelle des Vergessens, und das ist der Punkt, wo Du an Deinen Schutzengel übergeben wirst.

Er gibt Dich erst wieder ab, wenn der Zeitpunkt Deines Todes gekommen ist, und zwar an die Todesengel, die ähnlich wie die Geburtsengel arbeiten, jedoch diametral in der Verwendung der Energien. Wenn die einen dazu beitragen, den physischen Körper zu bilden, so bewirken die anderen, daß sich derselbe langsam auflöst.

(Weil wir gerade beim Auflösen sind: Darf ein Mensch nach seinem Tod verbrannt werden?)

Der Menschenleib kommt aus der Erde und soll in sie zurückkehren, so wie die Menschenseele in ihre Heimat zurückkehrt. Lasse Dich nicht verbrennen. Der Feuertod hat eine eigene Bedeutung und auch eine ganz besondere Auswirkung, die nur als geplanter Schicksalspunkt eine Berechtigung hat. Wenn es Dir bestimmt ist, daß Dein Leib von den Hütern des Feuers übernommen wird, so wird es Dir schicksalsmäßig widerfahren. Ansonsten soll Dein physischer Körper von den Energien des Erdreiches aufgenommen werden. Dies ist auch für Deine Seele wichtig, da der Lösungsprozeß sich lange nicht so schnell vollzieht, wie Ihr alle immer annehmt.

(Wieviele Schutzengel hat denn nun ein Mensch eigentlich?)

Du mußt unterscheiden zwischen Dir zugeteilten Schutzgeistern und Wesen, die sich von Dir angezogen fühlen und freiwillig sich Deiner Behütung zur Verfügung stellen. Schutzengel hast Du nur einen, Schutzhelfer je nach Deiner Reife und nach der Größe Deiner Aufgabe in größerer oder kleinerer Anzahl, gerade und genau so viele, wie Du brauchst. Normalerweise bleibt Dir diese Schutztruppe Dein ganzes Leben erhalten.

Außergewöhnliche Umstände lassen aber schon einmal einen Wechsel zu.

(So, wie das bei mir einmal geschehen ist?)

Bei Dir ist kein Wechsel des Schutzengels und auch kein Wechsel der engen Schutztruppe vorgekommen, nur die Wesenheit, die für einen bestimmten Abschnitt Deiner spirituellen Entwicklung verantwortlich war, sah sich nicht mehr in der Lage, Dir dies anhand des geplanten Lebensprogrammes in der knappen, noch zur Verfügung stehenden Zeit zu vermitteln. Als sie von der Änderung des Lebensprogrammes erfuhr, hat sie sich geweigert, unter diesen Umständen weiter mitzuwirken. Sie glaubte nicht, daß Du die Änderung überstehen würdest.

(Wer hat geändert, warum hat man geändert?)

Als Dein Lebensweg entworfen wurde, dachte man, daß Du Dein Vorbereitungsprogramm in 35 Jahren schaffen würdest. Als Du dreißig wurdest, war klar, daß dieses Vorhaben unter Beibehaltung des ursprünglichen Planes zum Scheitern verurteilt war.

(Hat man mich dazu befragt?)

Selbstverständlich. Du hast eingewilligt. Es waren mehrere und lange Gespräche nötig, um das nun ablaufende Programm einzusetzen, denn es mußten nochmals die Hüter des Karma befragt werden, weil sich ja auch diese Änderung im Rahmen des Akasha abspielen mußte.

(Ist so eine Änderung üblich?)

Nein. Aber wir hatten keine Wahl.

(Kann man um eine solche Änderung, wenn man sie für unbedingt nötig hält, selbst bitten?)

Das tut Ihr doch andauernd. Im Gebet.

(Ja, aber doch nicht gleich des ganzen Lebensprogrammes!)

Das ist wahr.

(Also...?)

Nein, Du kannst eine solche grundsätzliche Änderung nicht selbst erwirken; das ist es doch, was Du wissen willst, und nicht, ob Du sie erbitten kannst.

(Was war der Zweck der Änderung, was sollte das Ergebnis sein?)

Du solltest die Abgründe Deiner Persönlichkeit voll erkennen, damit Dir in Deiner entscheidenden Lebensphase dann niemand mehr etwas würde anhaben können.

(Wann ist die entscheidende Lebensphase?)

Es ist das Siebte Lebensjahrsiebt. (Also von 42–49.)

(Gilt das für alle Menschen?)

Was die spirituelle Entwicklung betrifft, ja. Es ist auch für Deine Schutzgeist-Truppe und für Deinen Schutzengel die Zeit, wo man sehen wird, was die ganze Arbeit wert war. Du würdest wieder sagen, wo die Karten auf den Tisch gelegt werden müssen.

(Was geschieht, wenn man, oder besser, wenn ich versage? Werdet Ihr dann womöglich wieder etwas ändern?)

Nein! Diese Änderung war eine Gnade und eine Chance. Dein Lebensplan ist ab einem bestimmten Zeitpunkt wieder in seinen ursprünglichen Ablauf zurückgekehrt. Nun liegt alles bei Dir.

Wichtig ist vor allem, daß Du den Menschen, die sich zusammen mit ihren eigenen Schutzgeistern bereit erklärt haben, Dir den Spiegel vor Augen zu halten, nicht gram bist, sondern dankbar. Es haben um Dich viele gelitten, die Dich lieben. Hüben wie drüben.

(So ist die Macht der Schutzengel und Geister größer, als ich dachte!)

Sage besser, ihr Einfluß. Ja, der kann gewaltig sein. Aber sie gehorchen immer dem höchsten Willen.

Als ich diese letzte Durchsage bekam, war ich lange sehr betreten. Und zuletzt sehr dankbar und beeindruckt.

Ich hoffe nur, daß es vielen Menschen vergönnt ist, eine solche Erklärung für Schicksale zu bekommen, die uns immer wieder zu der Frage treiben: Warum *das* ausgerechnet *mir!*

Schicksal ist wirklich, wie Thorwald Dethlefsen sagt, eine Chance. Mehr noch: Es ist eine Gnade. Nur, wenn man mitten in einem solchen Schicksalsablauf steckt, dann durchschaut man die Wohltat nicht als solche.

Deswegen ist es ungeheuer wichtig, es immer wieder zu sagen – der Lehrplan erfüllt sich vor allem über das Leid. Es ist also unumgänglich, zu Leid und Glück die rechte Beziehung zu bekommen und diese Vorgänge nicht als feindliche Eingriffe zu betrachten. Wie wichtig vor allem in solchen Lebensmomenten der enge Kontakt zu unseren Beschützern ist, muß doch langsam jedem klarwerden. Man kann unmöglich mit allem allein fertig werden, ohne das Wissen, daß um uns, mit uns Hohe Wesen sind, die uns in Liebe Schutz und Hilfe, Trost und Beistand spenden.

»Glaubst Du das wirklich, was Du da erzählst, von diesen Engeln?« fragte mich meine Mutter. »Ich weiß es«, sagte ich, »und ohne dieses Wissen würde ich nicht mehr leben.«

Ich frage mich, wie Menschen überhaupt leben können ohne dieses Wissen. Ganz abgesehen davon, daß eine Zusammenarbeit mit diesen hohen Entitäten aus unseren Normal-Gehirnen Super-Gehirne machen kann. Diese Wesenheiten vermitteln nämlich Energien, die die Gehirnfunktionen in höchstem Maße stimulieren. Es liegt an uns, sie zu nützen.

Wir sind an einem Punkt der Evolution angekommen, wo wir in der Lage sind, mit diesen Energien wirklich umzugehen, sie wirklich umsetzen zu können.

Erste Anzeichen machen sich schon in der ganzen Welt bemerkbar. Anscheinend bin ich nicht die einzige, die weiß. Gott sei Dank!

Tiere – unsere Gefährten und Lehrer

Nein – das hier ist keine Durchsage in der Form, wie Sie sie bis jetzt kennengelernt haben. Ich hatte auch überhaupt nicht vor, über Tiere zu schreiben, und ich gebe auch zu, daß ich mich mit dem Thema bis jetzt nicht allzu sehr abgegeben habe. Tiere haben mich, um ehrlich zu sein, nur interessiert, wenn sie meine Hausgefährten waren oder wenn Konrad Lorenz darüber sprach.

Durch eine Nachbarin angeregt, begann ich mich für Tierversuche zu interessieren und fühlte mich zwar angewidert, aber nicht animiert, mich irgendwelchen Aktionen anzuschließen, die diesem grausigen Treiben Einhalt gebieten wollten.

Deshalb verwunderte mich das, was mir geschah, um so mehr. Und es passierte, wie immer, völlig unerwartet.

Ich saß als Zuhörer in einem Vortrag, der im Rahmen der Baden-Badener Esoterik-Ausstellung gegeben wurde, und lauschte, wie ich zugeben muß, mehr gelangweilt als angesprochen den abgelesenen Ausführungen einer Dame. Schließlich bat sie um Fragen. Es kamen die üblichen Erkundigungen über Inkarnationen und Karma, die ebenso üblich beantwortet wurden.

Und dann passierte es. Jemand stellte die Frage, wann ein Tier denn soweit sei, daß es in einen Menschenleib überwechseln könne. Ich weiß nicht, ob ich es schaffen werde, *das* wiederzugeben, was sich wie eine Sturzflut von Stimmen im selben Moment in mein Gehirn ergoß.

Ich hörte kaum noch die Antwort der Vortragenden, die dahin tendierte, daß ein Tier ab einem bestimmten Reifegrad eines Menschenleibes würdig sei.

»Wirst Du bitte sofort aufstehen und diesen Unsinn stoppen!?« setzte sich eine Stimme in meinem Kopf schließlich klar durch.

»Es ist nicht mein Vortrag«, sagte ich, »und ich habe nicht vor, mich hier als Erleuchtete zu profilieren. Um was geht's hier, bitte?«

»Es geht hier vor allem darum, daß Du Dir etwas ohne Widerspruch anhörst, von dem Du genau weißt, daß es nicht stimmt.«

»Ich weiß nicht genau...«, erwiderte ich verunsichert, »ich habe mich mit diesem Thema noch nicht so genau auseinandergesetzt.«

»Das ist doch die Höhe, daß jemand mit Deiner Ausbildung sich mit einer solchen Ausrede aus der Affäre zu ziehen versucht! Es sitzen hier 51 Leute, 51 Suchende, für deren Fehlinformation Du verantwortlich bist!«

»Moment mal«, sagte ich, »ich kann doch nicht für alles verantwortlich sein, was hier auf dieser Messe erzählt wird.«

»Du bist verantwortlich für alles, was Du als falsch erkennst und dem Du nicht widersprichst!«

Ich stand auf und ging.

Abends in meinem Hotelzimmer setzte ich mich hin, nahm den Bleistift in die Hand und sagte: »Also ... bitte!«

Zuerst hörte ich gar nichts, aber dann kamen ein paar Stimmen, die aber nicht mit mir, sondern untereinander sprachen, etwa so: »Nein, Du ... mach Du ... also, wer spricht jetzt...?« Dann wurde es ganz still, und eine Stimme profilierte sich sehr klar:

Guten Abend. Entschuldige, daß wir uns so eingemischt haben heute nachmittag, aber es wäre sehr wichtig gewesen, diesen Irrtum gleich an Ort und Stelle aufzuklären.

Also höre: Tiere unterscheiden sich von Menschen vor allem und insbesondere dadurch, daß sie keine Individualseele haben, sondern einer Gruppenseele angehören. Deswegen verhält sich zum Beispiel ein Hund aus Australien genauso wie ein Hund aus Mexiko oder Skandinavien. Ein Pferd aus Japan kann wie ein Pferd aus Kanada trainiert werden, und eine neuseeländische Kuh würde sich auf einer deutschen Weide genauso verhalten wie zu Hause.

Auch ein Tier wird wiedergeboren, aber immer innerhalb der Tiergruppen. Natürlich steigert es im Laufe seiner Wiederkehr auf diesem Planeten sein Bewußtsein, und diesen Bewußtseinsstufen angepaßt ist auch die Form des Körpers. Aber immer bleibt dieses Bewußtsein auf der Stufe des Instinkts und dem des Menschen weit unterlegen.

(Aber es gibt doch Haustiere, die sich sehr individuell verhalten?)

Der enge Umgang mit dem Menschen prägt jedes Tier, besonders diejenigen Tiere, die als Haustiere prädestiniert sind, also Hund und Katze. Durch den Aufenthalt im Energiekreis der Menschen kann ein Tier Verhaltensformen entwickeln, die vom Beobachter als individuell mißdeutet werden können. Es ist aber nichts anderes als eine Form des Abrichtens. Jedes Tier will seinem Herrn gefallen und wird das tun, worauf sein Herr positiv reagiert.

(Aber es gibt doch auch Tiere, die absolut bösartig und hinterhältig sind?)

Alles, was auf dieser Erde existiert, unterwirft sich ihren Gesetzen. Dazu gehört vor allem die Polarität. Die emotionale Ausdrucksskala des Tieres reicht von der Aggression bis zur Depression. Je nach Reifegrad, Veranlagung und Erfahrungswerten wird sich ein Tier im Rahmen dieser Möglichkeiten entwickeln.

(Tiere sind besonders feinfühlig, oft hellsichtiger als Menschen?)

Bei weitem feinfühliger, weil ihre Gehirne nicht vom Intellekt überlagert sind und weil sie noch in ungestörter Verbindung zu ihrer Gruppe und ihren Beschützern existieren. Ihre Sinne sind auch noch nicht so abgestumpft. Denke an das Gehör eines Hundes, an das Gesicht eines Adlers; wie verkümmert ist doch allein Euer Geruchsinn!

(Wer sind die Beschützer der Tiere?)
Wesenheiten, die später einmal zum Schutz der Menschen beitragen werden.
(Vom Körper her gesehen stammt der Mensch vom Tier ab. Also müßten Mensch und Tier doch eng verbunden sein?)
Der Mensch stammt nicht vom Tier ab. Es wurde zur Materialisation geistiger Menschenbilder allerdings Material verwendet, das sich auf einer gemeinsamen Entstehungsbasis entwickelt hat.
(Wie sind diese geistigen Menschenbilder entstanden?)
Durch die Vorstellungs- oder besser Schöpfungskraft höchster Wesenheiten.
(Warum wurden diese Bilder, die doch nach Gottes Bild und Gleichnis entstanden sein müssen, überhaupt in Materie umgesetzt?)
Die Feinstofflichkeit dieser Geschöpfe hat sich durch ihre Entfernung aus dem Licht so vergrößert, daß eine Rückkehr in die Feinstofflichkeit nur über die Materie möglich war. Du siehst, daß Ihr also eine völlig andere Herkunft habt als die Tiere.
(Also nimmt die Wiedergeburtskette der Tiere als animalische Wesen nie ein Ende?)
O doch. Sie bereiten sich in ihrer Daseinsform als Tier durchaus auf höhere Existenzstufen vor.
(Wie werden diese aussehen?)
Menschenähnlich.
(Also doch?)
Ja. Aber nicht auf dem Planeten Erde und nicht in der Stofflichkeit, die Dir bekannt ist. Tiere haben eine andere Herkunft und eine andere Entwicklung.
(Wo kommen sie her?)
Sie entstammen dem Planeten Erde und seinen energetischen Schwingungen. Sie entstammen dem terrestrischen Schöpfungsplan.
(Und wir nicht?)

Nicht in dieser Form. Ihr seid Gast auf dieser Erde, benutzt sie als Schule, als Lehrplatz. Die Tiere sind die eigentlichen In-Wohner der Erde, so wie Eure Pflanzen und Mineralien.

(Na, dafür gehen wir mit ihnen aber ziemlich rüde um!)

Rüde nennst Du das? Wir nennen das Frevel. Denke an das Wort: »Was Ihr dem Geringsten meiner Brüder getan habt, das habt Ihr mir getan.« Denke außerdem an das Gebot: »Du sollst nicht töten!« Das Tier ist ein Lebewesen, entstammt derselben Schöpferkraft wie Du, besteht körperlich gesehen aus derselben Substanz wie Du. Es sollte Dein Gefährte sein, nicht Dein Nahrungsmittel. Ein Tier hat wesentlich niedrigere Zellschwingungen als ein Mensch, animalische Schwingungen also. Diese nimmst Du alle auf, wenn Du Fleisch ißt.

(Gilt das für alle Tierarten?)

Am ehesten könntet Ihr noch den Verzehr der Tiere des Wassers und der Luft verarbeiten, deren Zellschwingung feiner ist als die der Tiere der Erde.

(Aber es hat doch auch schon Kannibalen gegeben?)

Das sind unbeseelte unterentwickelte Geschöpfe gewesen. Ein Mensch, der einen anderen Menschen umbringt, um sich dadurch zu ernähren, steht auf tierischer Stufe.

(Du hast vorher gesagt, daß die Tiere sich auf einem anderen Planeten inkarnieren. Ist dieser Planet in unserem Sonnensystem?)

Es gibt einen Planeten in Eurem Sonnensystem, der vorzugsweise für die erste Menschwerdung eines Tieres verwendet wird. Aber auch in den anderen Systemen kann sich diese Form der Weiterentwicklung entfalten.

(Wird sich der Mißbrauch der Tiere und der Natur durch den Menschen an ihm rächen?)

Ja. Ein gequältes, geschundenes Tier reagiert mit Angst und Aggression. Diese geistige Energie bleibt erhalten. Wenn sie sich dadurch potenziert, daß Ihr Tausende und Millionen von Tieren quält und schindet, kommt sie auf Euch zurück in Form von

*Vernichtung und Elend. Genauso reagiert eine ausgebeutete Er-
de.*
*(Worin besteht denn nun die schwerwiegendste Ausbeutung
der Erde?)*
In der Störung ihres Gleichgewichts.
(Wodurch kommt diese Störung zustande?)
*Durch überirdische und unterirdische Atomversuche. Alle
diejenigen, die an diesen Versuchen beteiligt sind, sind Mörder.
Auch die Verseuchung der Luft ist ein Verbrechen, gegen das
die Erde sich wehren wird, die Natur angehen wird. Wehe
Euch!*
(Du sprichst, als wäre es schon zu spät!)
*Wenn Du mich fragst, ich sehe keinen Ausweg mehr. Das
hängt auch damit zusammen, daß Eure Schutz-Entitäten sich
immer weniger motiviert sehen. Ihr habt unablässig warnende
Hinweise bekommen, seid unentwegt gemahnt worden. Aber
Ihr habt nicht reagiert. Glaube nicht, daß die Erdbeben von
Eurer Erde erzeugt wurden. Sie wurden sämtliche durch unterirdische Atomversuche ausgelöst. Ihr bringt das Gleichgewicht
des ganzen Kosmos durcheinander. Das ist der schwerste Ver-
stoß gegen die Nächstenliebe, den es gibt. Ihr steuert auf Eure
Vernichtung zu.*
*(Was soll ich tun?? Seid ihr nicht in der Lage, Zeichen zu set-
zen, die allgemein als Warnung verstanden werden können?)*
*Was willst Du denn noch?? Eure Luft ist verheerend gewor-
den, Eure Krankheiten sind verheerend geworden, alles ist ra-
dioaktiv verstrahlt, die Jahreszeiten mutieren, bald werden es
die Lebewesen auch tun. Aber Eure hab- und machtgierigen
Führer führen ihr verbrecherisches Programm weiter durch.*
(Was sollen wir tun?)
*Wehrt Euch doch endlich. Warum wählt Ihr diese Menschen
immer wieder zu Euren Anführern? Eure Mitschuld besteht
darin, daß Ihr Euch nicht wehrt! Daß Ihr den Angriff fürchtet!
Daß Ihr bequem seid! Daß Ihr gleichgültig und lieblos seid!*

(Aber man kann die Menschen doch nicht zur Erleuchtung zwingen!)

Nein! Aber man kann von denen, die wissen, verlangen, daß sie nicht zu Hause sitzen, sondern ihr Wissen den anderen weitergeben. Auch das ist Nächstenliebe. Es ist gut und schön, daß Ihr Gedanken der Liebe erzeugt und daß Ihr meditiert, aber das ist nur die Vorbereitung, die Stärkung für den Kampf, den Ihr draußen zu führen habt. Von Meditation allein wird sich nichts ändern. Steh auf und kämpfe, heißt es in der Bibel. Dann steht doch endlich auf und kämpft! Schließt Euch endlich zusammen, übernehmt doch endlich die Verantwortung, steht doch endlich auf, oder wollt Ihr wieder eine Vernichtung zulassen wie vor zehntausend Jahren?

(Ich kann Deinen Zorn körperlich spüren. Wer bist Du?)

Ich BIN!

Ich bin! Das war jemand, mit dem ich noch nie gesprochen hatte, von dem ich glaubte, daß er sich eigentlich überhaupt nicht mehr sprechen ließe. Ab und zu hatte ich gehört, daß er sich wieder mal irgendwo gezeigt hätte, aber nie bekam ich klare Angaben. Ich will den Namen nicht sagen. Nur so viel – er wird als aufgestiegener Meister bezeichnet. Ich hoffe sehr, daß ich es noch einmal im Leben schaffe, in seine Schwingung zu geraten. Wer rechnet mit einer solchen Konfrontation in einem Baden-Badener Hotelzimmer?!

Wieder zu Hause angekommen, kümmerte ich mich um Aufzeichnungen, die im Jahre 1932 in Amerika erfolgt waren. Bezeichnenderweise wies er schon damals auf diese Entwicklung hin, die wir jetzt in vollem Ausmaß zu beklagen haben.

Diese Aufzeichnungen sind geheim und werden nur in einem Zirkel weitergegeben, der sich in einer Bruderschaft im Sinne dieses Meisters zusammengeschlossen hat. Ich meine, es ist langsam an der Zeit, sie der Öffentlichkeit zu übergeben. Außerdem entnehme ich der vorangegangenen Durchsage, daß es außerdem wohl an der Zeit ist, daß die maßgebenden Mitglieder der Bruderschaft sich der Unbequemlichkeit der Konfrontation mit der Öffentlichkeit stellen.

Ich vertraue dem »Zufall«. Er wird dafür sorgen, daß der Richtige diese Zeilen liest. Und der wird wissen, wer »ich bin« ist. Und ich hoffe, daß die entsprechenden Leute dann reagieren.

Aber wiederum kann ich mir nicht vorstellen, daß ich die einzige bin, die diese Aufforderungen vermittelt bekommen hat. Ich bin immer versucht zu fragen: Wo bleiben denn die anderen?

Ich tröste mich immer wieder damit, daß ich mir sage, Südengland und Kalifornien sind zwar weit, aber doch auf dieser Welt. Denn dort spielt sich im Moment die Quintessenz der spirituellen Entwicklung ab. Darüber bin ich sehr froh. Aber noch mehr würde es mich beglücken, wenn sich die Lehrer dieser Gemeinschaften auch ein bißchen um Deutschland kümmern würden. Wie soll denn jemals eine internationale Zusammenarbeit stattfinden, wenn jeder nur für sich klüngelt? Die Zeit ist mehr als reif!! *Das* ist also keine Ausrede mehr.

Es kann auch nicht nur an der Sprachbarriere liegen. Chris Griscom hat's doch auch geschafft, und sie kann doch bei weitem nicht die einzige gewesen sein, die uns zur Weiterführung bestimmt war. Aber wahrscheinlich ist's in Amerika wesentlich anders als in Deutschland. Die wirklich Großen bleiben lieber zu Hause in ihrem hermetisch geschützten Kämmerlein, weil sie es scheuen, sich der Tortur des Kräfteverlustes von Vortragsreisen und Diskussionen auszusetzen.

Und wenn es einer dieser Berufenen doch über sich bringt, das Vortragspodium zu betreten, so fühle ich mich immer wieder eigenartig berührt durch den Umstand, daß in den meisten Fällen eine Vorlesung gehalten wird, die man nachher auch noch auf Kassetten nachhören kann, aber daß eine Diskussion mit der Zuhörerschaft vermieden wird. Ja, ich weiß, wieviel

Kraft es kostet. Aber das ist die Aufgabe. Und wenn die Fragen zum hundertsten Mal kommen. Egal. Dann wird man sie eben zum hundertsten Mal beantworten und bitte genauso sorgfältig wie beim ersten Mal. Auch das ist eine Form der Nächstenliebe, würde von drüben wieder gesagt werden.

Ich habe sehr viel über die Aussage nachgedacht, daß die Schutz-Entitäten sich immer weniger motiviert sehen. Ich will ja nicht übertreiben. Aber das ist die bedrohlichste Mitteilung, die ich je bekommen habe.

Wenn wir davon ausgehen, daß unsere Schutzengel uns ähnlich sind, sich an uns orientieren, dann heißt das nämlich nichts anderes, als daß Fortgeschrittene, die eigentlich prädestiniert wären zu lehren, aufzurütteln, zu korrigieren und zu unterweisen, am Resignieren sind.

Ist das Ende schon so nahe, so unabänderlich, daß diejenigen, die in der Lage wären, es vielleicht noch zu verhindern, oder auch nur zu lindern, aufgegeben haben?

Es ist nicht Fünf vor Zwölf!! Es schlägt soeben die zwölfte Stunde. Aber bevor der letzte Schlag nicht getan ist, solange können wir das Pendel noch anhalten. Aber wir müssen es *tun*. Und nicht tatenlos herumsitzen und sagen, daß eine Vernichtung vielleicht das Beste ist, weil die Schäden schon irreparabel sind. Und daß zur Reparatur anderes Menschenmaterial nötig sei als das, was wir im Moment zur Verfügung haben.

Gütiger Himmel, ich weiß, daß sich vor kurzem einige hohe Seelen freiwillig inkarniert haben. Ja, glaubt Ihr vielleicht, das haben sie getan, damit wir alle zu Hause sitzen dürfen und uns damit entschuldigen, daß das gegenwärtige »Menschenmaterial« es nicht wert ist, gerettet zu werden? Und sie sind beileibe nicht die einzigen, die ihre ganze Kraft und Liebe zur Verfügung stellen, damit dieser Planet nicht demnächst völlig aus dem Gleichgewicht gebracht und dadurch das ganze Sonnensystem gefährdet wird.

Ich spreche von unseren Brüdern und Schwestern im Weltraum, von den Bewohnern anderer Sonnensysteme, die sich die größten Sorgen um unsere Entwicklung machen.

Unsere Beschützer im Weltraum

Mir geht die Ignoranz und Überheblichkeit der Leute langsam auf die Nerven, die die Existenz von unbekannten Flugobjekten anhaltend und hartnäckig leugnen. Und das tun sie zum großen Teil nicht aus Unwissenheit, sondern aus Furcht, daß sie, wenn sie wirklich die Informationen an die Öffentlichkeit gäben, die sie in Archiven verschlossen halten, ihre eigene Macht einbüßen könnten. Ich weiß definitiv von Mitgliedern des CIA (US=amerikanischer Geheimdienst), daß man mit dem diesbezüglichen Material ganze Straßenzüge pflastern könnte. Befragt, warum diese Informationen nicht endlich an die Öffentlichkeit gegeben werden, kommt immer dieselbe Ausrede: Wir wollen die Menschen nicht beunruhigen.

Ich weiß nicht, wieviele Menschen es inzwischen schon gibt, die UFOs mit eigenen Augen gesehen haben und die mit der Besatzung persönlich in Kontakt gekommen sind. Aber kaum machen diese Menschen den Mund auf, werden sie von Ignoranten und angeblichen Hütern des Geheimnisses (welches, bitte??) so lächerlich gemacht, daß sie nie mehr wagen, über ihre Erlebnisse zu sprechen. Genauso verfährt man mit Fotomaterial. Es wird als Fälschung erklärt und verschwindet dann wieder in den berühmten Archiven in immerwährender Vergessenheit.

So geschah es auch mit dem hervorragenden Fotomaterial, das ein gewisser Billy Eduard Meier von UFOs gemacht hatte, die auf einer Wiese in einem Waldstück unweit von seinem Bauernhof in Schmidrüti, Schweiz gelandet waren. Billy, der weder ein begnadeter Fotograf noch ein Mensch ist, der nun fürderhin sein Brot mit der Veröffentlichung seiner Aufnahmen verdienen will, wurde wegen seiner Fotos in einer Weise verunglimpft und angegriffen, die zu denken geben sollte. Eine besternte Illustrierte gab erst im Jahr 1988 einen Artikel zum besten, in dem sich äußerst gut informierte Journalisten zum Thema »Ist da jemand – Leben im Weltraum«, äußerten, und dabei kundtaten, daß alle UFOs auf den Fotos des Billy Meier mit Zwirnfäden in die Landschaft gehängt worden seien.

Ein Glück, daß Billy schon etwas abgebrüht scheint, was Angriffe aus dieser Richtung betrifft. Denn es *muß* ihn betreffen.

Ich kenne dieses Fotomaterial. Es besteht aus einer Vielzahl von Aufnahmen, Dias, Farb-Fotos, zum Teil geschmückt mit Kratzern von Katzenpfoten und Kinderfüßen, die in seiner Küche, wo er sie am Boden herumliegen ließ, achtlos darübermarschierten. Was bezeichnend ist für den »Fanatismus«, mit dem dieser Mann und seine Mitarbeiter eine Veröffentlichung dieser Vorkommnisse betreiben.

Hätte Billy Meier diese UFOs wirklich mit Zwirnfäden in die Landschaft gehängt, dann wäre er heute noch damit beschäftigt, seine Modelle im schönen Schweizerwald an den verschiedensten Stellen zu postieren. Ganz hervorragende Arbeit hätte er in diesem Fall auch als Trickfilmspezialist leisten müssen. Denn eines Tages, als eines von »Billys« UFOs sich mal wieder am Schweizer Himmel vergnügte, wurde es von einem Düsenjäger der Schweizer Luftwaffe gesichtet, der die Verfolgung aufnahm. Die Fotos, sekundenschnell hintereinander geschossen, zeigen einen recht irritiert manövrierenden Piloten, der mit den blitzschnell wechselnden Standpunkten seines mit Hyperenergie arbeitenden Gegenübers nicht so recht umzugehen wußte. Eine beachtliche Reaktion, wie ich meine, auf Modelle, die mit Zwirnsfäden in die Gegend gehängt wurden! Aber Spaß beiseite, dafür ist das Thema zu ernst.

Ich will jetzt auch gar nicht seitenlang von Billy Meier und seinen sicherlich beachtlichen Erlebnissen mit UFOs und deren Piloten berichten, sondern davon, was mir selbst widerfahren ist.

Nein, nein, keine Angst, ich habe kein UFO gesehen. Aber ich habe etwas anderes erlebt. Und obwohl ich wieder mal Gefahr laufe, daß meine Umgebung an meiner geistigen Gesundheit zweifelt, ist das Erlebnis so wichtig, daß ich es erzählen werde.

Zur Vorgeschichte gehört, daß ich jemand bin, der, was UFOs betrifft, immer eine etwas gespaltene Meinung hatte. Auf der einen Seite dachte ich mir, daß die kollektive Wahnidee mal wieder zugeschlagen hätte, auf der anderen Seite aber hatte ich in mir eine tiefe Sicherheit, daß es diese Dinge tatsächlich gibt.

1987 geriet ich zum ersten Mal in einen Vortrag eines Mitarbeiters von Billy Meier. Die Dias waren mehr als erstaunlich. Aber das Erstaunlichste für mich persönlich war, daß ich überhaupt nicht erstaunt war, sondern daß mir alle diese gezeigten UFO-Modelle und Ufonauten-Waffen mehr als vertraut vorkamen, ja eher ein bißchen veraltet erschienen. (Seltsamerweise sagte der Referent in einem späteren Vortrag, daß dies die »älteren« Modelle seien). Irgendwie, ganz weit im Hinterkopf drinnen, hatte ich das Gefühl, schon mal »Besseres« gesehen zu haben.

Es war zwischen Weihnachten und Neujahr 1987. Ich saß auf meinem leicht ergrauten Kuschelsofa und beäugte meinen Fernseher. Diejenigen unter Ihnen, die schon mentale Kontakte erlebt haben, werden verstehen, was ich meine, wenn ich sage, daß es plötzlich unruhig in meinem Kopf und im Raum wurde, diese typische Schwingungserhöhung eintrat, die einer Durchsage, einer Mitteilung vorausgeht. Ich wollte mir die Arbeit an diesem Tag leicht machen und ging deshalb zu meinem Schreibtisch, nahm meine Planchette heraus und hielt mein Bergkristall-Pendel darüber.

Das Pendel schlug mit einer Präzision und einer Geschwindigkeit aus, die selbst mir ungewohnt war. Die folgende Wiedergabe ist absolut wortgetreu:

Guten Abend. Mein Name ist Upasu.
(Aha, dachte ich, ganz was Neues, aber auf jeden Fall jemand

mit beachtlich reiner und ausgeprägter Energieübertragung. Ich sagte: Guten Abend, Upasu, aus welcher Dimension stammst Du?)

Ich stehe eben 4.000 Meilen über Dir in einem unserer Basislager.

(Moment mal, dachte ich, was denn für Basislager? Seit wann wohnen meine Geister denn in Lagern? Also fragte ich vorsichtig – man kann ja nie wissen –: Was für ein Lager meinst Du denn?)

Ich meine eine unserer Raumstationen.

(Mein Gehirn schaltete eine Sekunde auf »nein, danke«, aber dann fragte ich doch weiter: Was für eine Raumstation?)

Es handelt sich um eine Station, die ungefähr 34 Kilometer lang ist.

(Ich legte mein Pendel weg und dachte, jetzt träfe mich gleich der Schlag. Dann sagte ich mir: Also entweder ist das ein Fopp-Geist, dann bin ich in der Lage, das festzustellen, oder ich bin aus Gründen, die sich meiner Kenntnis entziehen, soeben in Kontakt mit einem Außerirdischen gekommen. Das war es wert, geklärt zu werden. Ich entschloß mich, den Stier bei den Hörnern zu packen und fragte: Hast Du einen Nachnamen?)

Ja, mein vollständiger Name ist Upasu Arasatha. Ich bin Sohn des Atarsatha.

(Woher kommst Du, woher stammt Du?)

Ich stamme von den Plejaden*. Ich bin Tagurer von Sorxerma. Ich habe eine Frau. Ihr Name ist Adaga.

(Was machst Du auf dieser Raumstation und wer ist noch bei Dir?)

Ich bin Kommandant, ich habe einen Mitkommandanten; er ist eine Frau, ihr Name ist Mubasa. Diese Raumstation ist wie eine Kolonie und mit allem ausgestattet, was man zum Leben

---

* Siebengestirn am nördlichen Himmel im Sternbild des Stiers

braucht. Diese Station ist eine Form unserer geistigen Expansion, aber auch ein Mahnmal und ein Warnzeichen für Gegner.
(Warum sieht man Dich nicht auf dem Radarschirm. 4.000 Meilen müßten von uns aus doch zu erfassen sein?)
Normalerweise ja. Aber unsere Station ist umgeben von einem Schild aus sich unablässig bewegender Hyperenergie.
(O je, meine Physikkenntnisse! Alles schon mal gehört, aber nichts begriffen. Wie wirkt denn diese Hyperenergie?)
Wenn ein Propeller sich mit Höchstgeschwindigkeit bewegt, was siehst Du von ihm?
(Nichts.)
Genauso wirkt Hyperenergie. Sie beschleunigt die Bewegung der Teilchen so vehement, daß die Konturen der Materie nicht mehr mit menschlichem Auge oder irgendwelchen Euch zur Verfügung stehenden Mitteln festzustellen sind.
(Also, dachte ich mir, wenn das ein Fopp-Geist ist, dann wirkt er ungemein seriös. Ich setze die Unterhaltung fort: Was für eine Sprache habt Ihr denn? Sag mal was ... Guten Tag, oder so...)
Wir sprechen eine Sprache, die Du zwar nicht kennst, die aber auf der Erde schon einmal gesprochen wurde, als wir dort noch Kolonien hatten. Das ist Tausende von Jahren her. Guten Tag heißt bei uns »Elado«, was ungefähr Eurem »Willkommen« entspricht, und »Auf Wiedersehen« heißt »Tomu bel«. Kommt es Dir nicht vertraut vor?
(Ja, sagte ich und lauschte der Schwingung der Worte nach, die mir so gar nicht fremd waren. Warum hast Du Dich bei mir gemeldet?)
Weil ich in zehn Minuten bei Dir sein werde. Leg Dich aufs Sofa.

Also, ich meine, alles, was recht ist, das war sogar mir ein bißchen zuviel. Aber dann dachte ich, was kann es mir schon schaden, wenn neben meinem Weihnachtsbaum ein Plejader auf-

taucht? Warum also eigentlich nicht. Ich holte mir aus dem Schlafzimmer eine Wolldecke, damit der Hauch des Weltalls, sollte er mich ereilen, mich unbeschadet streifen möge, legte mich auf meinem Sofa lang und harrte der Wunderdinge, die da angesagt waren. Ein Plejader in meiner bescheidenen Hütte. Wow!

Und so lag ich und lag ich, es vergingen fünf Minuten, dann zehn, schließlich eine halbe Stunde und noch ein paar Minuten mehr. Penny, sprach ich schließlich zu mir selbst, da bist Du jetzt auch einmal auf eine tolle Verlade hereingefallen. Plejaden und so, ha, ha. Ich wollte gerade meine Wolldecke wieder aufrollen, als folgendes geschah, und zwar genauso geschah, wie ich es jetzt beschreibe.

Von einer Sekunde zur anderen verdrei-, wenn nicht vervierfachte sich mein Herzschlag, meine Netzhaut verschob sich, anders kann ich es nicht beschreiben, und plötzlich wurde alles durchsichtig. Ich war bei völligem Bewußtsein. Ich richtete mich auf meinem Sofa auf und starrte auf das Wunder, das mein eigenes Wohnzimmer war. Meine Pflanzen sahen aus wie reines Glas, in dem Spiralen und Mäander in unglaublichen, nie gesehenen Farben kreisten und pulsierten. Ich erhob mich und ging <u>durch</u> meinen Couchtisch hindurch. Während ich ihn durchschritt, hatte ich nur das Gefühl von angenehmer Wärme, sonst nichts. Ich ging zu meiner englischen Book-Case und fuhr mit meiner Hand quer <u>durch</u> meine ganzen Bücher. Wieder dieses warme gute Gefühl. Ich drehte mich um, ging zu meinen Pflanzen, stellte mich mitten in sie hinein und befand mich augenblicklich in einer Symphonie von Farben, Wärme und leisen Tönen. Es war einfach unbeschreiblich. Ich bewegte mich auf mein Fenster zu, und in dem Moment, wo ich eben durch die Balkontür gehen wollte, begriff ich und verspürte in derselben Sekunde eine Woge von atemloser Angst. Als hätte mich ein Katapult geschleudert, landete ich mit einem Ruck wieder auf dem Sofa, mein Herzschlag retardierte innerhalb weniger Augenblicke, meine Augen normalisierten sich, ich bekam einen

Schweißausbruch und hyperventilierte für ungefähr zehn Sekunden. Dann war ich wieder völlig normalisiert.
Ich rannte zu meinem Schreibtisch und riß mein Pendel an mich.

(Was war das?)
Das war eine mental übertragene Lichtenergie-Transmission.
Auch das hat mit Hyperenergie zu tun.

Als erste Aktion ergriff ich mein Telefon und rief einen befreundeten Psychologen an.
»Weißt Du«, sagte er, »wenn Du LSD genommen hättest, dann wäre das alles ganz leicht zu erklären.« Ich hatte nicht einmal Aspirin im Haus. Und Drogen kenne ich nur vom Hörensagen.
»Vielleicht«, so meinte er, »wäre das alles noch zu erklären, wenn Du vorher hyperventiliert hättest, aber ohne Vorbereitung, ohne Autosuggestion (man erinnere sich: Es geschah in dem Moment, als ich eben meine Wolldecke wieder einrollen wollte, also keine Form von Hypno-Zustand) habe ich keine Erklärung für diesen Vorgang.«
Als nächstes rief ich einen Alt-Philologen an, und nannte ihm die Namen und die Worte.
»Nein«, sage er, »*kennen* tue ich diese Worte nicht. Aber eines sage ich Dir, es klingt astrein wie eine dieser Uralt-Sprachen des Mittelmeerraumes.«
Ich brauchte vier Tage fast keinen Schlaf, und meine Periode verschob sich um 6 Tage, was es noch nie gegeben hatte.
Ich habe es zwar geschafft, mit diesem Upasu noch einige Male in Verbindung zu treten, aber ein Erlebnis wie diese Energie-Transmission habe ich nie wieder geschenkt bekommen.
Das Wichtigste an diesem Kontakt waren jedoch die Aussagen, die ich von Upasu und auch Mubasa bekam. Wie schon bei den Schutzgeist-Gesprächen werde ich auf das Frage- und Antwort-Spiel weitgehend verzichten und eine Zusammenfassung der

Aussagen und Angaben versuchen. Es hat fünf Kontakte gegeben, wovon zwei Gespräche sehr lang und ausführlich waren.

Wir begrüßen Dich mit Freude.
Wir können mit Dir in Verbindung treten, weil Du fähig bist,
die notwendige Frequenz, auf der wir unsere Gedankenenergi-
en vermitteln können, herzustellen.

Es hat keinen Sinn, Dein Erlebnis und Dein Wissen an Men-
schen weitergeben zu wollen, die nicht bereit und nicht aufnah-
mefähig für Mitteilungen dieser Art sind. Um diese Dimension
zu erfassen, bedarf es eines hohen Reifegrades und eines funk-
tionierenden Erinnerungsvermögens, denn viele, die auf Eurer
Erde inkarniert sind, stammen von den anderen Planeten des
Sonnensystems, in dem ihr lebt, ab.

Die Anzahl der Planeten in diesem System ist zwölf. Euer
Planet wurde als vorletzter in dem System erschaffen. Er ist
nicht der einzig bewohnte, nur sind die Lebensformen auf den
anderen Planeten den dortigen Bedingungen angepaßt und für
Euer Wahrnehmungsvermögen nicht erfaßbar.

Wir auf den Plejaden haben Körper, die den Euren sehr ähnlich
sind. Wir unterstehen demselben Schöpfungsgedanken, daher
sind sich die materiellen Ausdrucksformen menschlicher Körper
innerhalb dieses Sonnensystems untereinander sehr ähnlich. Auch
unsere Flora und Fauna ist aus diesem Grunde sehr ähnlich.

Wir sind Euch in der Entwicklung einige tausend Jahre vor-
aus. Wir könnten Euch natürlich in vielem behilflich sein, aber
das würde einen Eingriff in Eure natürlich wachsende Reife
und Entwicklung bedeuten, so beschränken wir uns auf eher
unsichtbare Hilfestellung, die vor allem darin zum Ausdruck
kommt, daß wir uns die größte Mühe geben, das von Euch aus
dem Gleichgewicht gebrachte Kräfteverhältnis wieder in eine
ausgewogene Balance zu bringen. Ihr würdet schon längst nicht
mehr leben aufgrund radioaktiver Verstrahlung, wenn nicht
von außen immer wieder hilfreich ausgeglichen worden wäre.

Nein, wir sind nicht die einzigen, die Euch helfen.

Auch die anderen Planeten sind Euch in der Entwicklung voraus, manche sogar weiter als wir. Von ihnen stammen einige der UFOs, die manche von Euch gesichtet haben und deren Aufgabe es ist, Material von der Erde nach oben zu bringen, damit man feststellen kann, welche Formen Euer unüberlegter und gedankenloser Vernichtungsfeldzug schon angenommen hat. Es wurde Erde, Wasser, Pflanzen, aber auch menschliches Zell-Material entnommen und überprüft.

Die Erzählungen von den »Entführungen« sind richtig. Sie waren notwendig, um an das benötigte Material zu kommen. Dieses war Knochenmark und Hautgewebe.

Daher wissen wir auch, daß die durch radioaktive Bestrahlung bedingte Zellzersetzung schon weiter fortgeschritten ist, als Ihr ahnt. Euer Immunsystem wird immer instabiler. Daher können bisher unbekannte Krankheiten überhaupt erst entstehen.

Nur zum Zweck der Materialbeschaffung werden von unserer Seite UFOs eingesetzt, da sie sich mit Hyperenergie fortbewegen, was eine Belastung des energetischen Gleichgewichtes des Raumes darstellt; deswegen erfolgen nach Besuchsphasen auf Eurer Erde immer lange Erholungspausen.

Wir haben drei sogenannte Stützpunkte auf Eurer Erde, die wir in bestimmten Zeiträumen anfliegen. Einer ist in Rußland, der zweite in der Schweiz, der dritte in Südamerika.

UFOs können von Euch nur gesichtet werden, wenn sie den hyperenergetischen Schutzschirm, der sie wie eine Kugel umhüllt, aufheben. Nur dann können sie fotografiert werden.

Wir helfen Euch, weil wir nach dem Gesetz der Nächstenliebe leben und handeln. Viele Begegnungen zwischen Erdenmenschen und uns sind nie an die Öffentlichkeit gelangt, weil es für klüger erachtet wurde, diese Vorkommnisse nicht zu publizieren.

Dies geschah mit Rücksicht auf den Reifegrad der Umgebung

dieser Menschen. Mit einigen dieser Kontaktpersonen stehen wir noch immer in Verbindung, ja, ähnlich wie mit Dir, aber auch in anderer, konzentrierterer Form. Das ist eine Form telepathischer Bildübertragung.

Viele dieser Kontaktpersonen sind von den Plejaden auf die Erde inkarniert worden, um direkte Verbindungspunkte haben zu können. Du könntest sagen, es sind unsere Agenten. Viele dieser Menschen sind sich ihrer Herkunft bewußt, andere ahnen sie nur und fühlen sich durch diese Ahnung motiviert, sich an die »Wissenden« anzuschließen. So bilden sich von alleine Gruppen.

Ja, diese Gruppen haben im weitesten Sinne mit den geistigen Gruppen zu tun, von denen Du Kenntnis bekommen hast. Diese Gruppen schließen sich instinktiv zusammen. Die hierarchische Ordnung ist ähnlich, wie sie Dir im geistigen Bereich beschrieben wurde.

Diese Gruppen arbeiten im Stillen und zwingen niemanden, ihnen zuzugehören. Sie geben sich auch nicht als mit Außerirdischen kontaktierende Gruppen zu erkennen, sondern sie senden bestimmte Signale aus, die von denen, die den erforderlichen Reifegrad besitzen, empfangen werden können und die sich dadurch angezogen fühlen.

Du hast längst auch schon solche Signale empfangen, aber Du hast nicht reagiert. Achte vor allem auf Signale aus Zürich und Wien.

Die Signale der »Sanften Verschwörung« sind verschlüsselt, was den Sinn hat, daß nur diejenigen darauf reagieren sollen, die zur Mitarbeit reif sind und verwendet werden können. Da jeder der Mitarbeiter freiwillig und selbstlos mitwirkt, bedarf es nur des Erkennens der Aufgabe. Nein, es handelt sich nicht um Sekten. Wir lehnen jede Art von Organisationen religiöser Art ab. Das ist alles Menschen-Machwerk, das nichts Gutes bringen kann.

Es ist wichtig, den Auftrag zu verstehen und für ihn zu leben.

Viele haben es schon verstanden, aber noch viele mehr müssen erst begreifen, um was es geht. Diese Menschen brauchen die Hilfe unserer »Agenten«. Aber sie müssen sich der Bedürftigkeit dieser Hilfe bewußt werden, denn die Hilfe darf niemals aufgezwungen werden. Deswegen hat es auch nicht den geringsten Sinn, die Öffentlichkeit nun mit Gewalt von der Existenz von UFOs überzeugen zu wollen. Diejenigen, die Bescheid wissen sollen, haben längst Kenntnis über die wichtigsten Vorgänge erhalten.

(Gibt es auch Mächte, die an der Vernichtung der Erde interessiert sind?)

Es gibt Mächte, die an der geistigen Übernahme des Sonnensystems interessiert sind. Es geht hier um Machtkämpfe, deren Ausmaß Du Dir nicht vorstellen kannst. Da Eure Erde der Schwachpunkt in Eurem Sonnensystem ist, seid Ihr natürlich durch solche Gegner gefährdet.

Aber auch hier stehen wir Euch hilfreich bei, da Ihr gar nicht die Möglichkeiten hättet, Euch gegen Angreifer dieser Stärke zu wehren. Hier wird nicht mit Atombomben gearbeitet, sondern mit Stoffen, die das Gehirn und die Zellen zerstören. Der Planet wird ja wegen des Gleichgewichts gebraucht, und deshalb wissen diese Mächte, daß er erhalten bleiben muß. Die Bewohner sind es, die entfernt werden sollen. Aber habe keine Befürchtungen; Euer Schutz ist stark.

Aber es ist wichtig, daß Ihr auf den rechten Weg kommt. Denn wenn Ihr Euch auch weiterhin so schwächt, dann wird Euch der beste Schutz nichts nützen, weil Ihr nicht mehr widerstandsfähig, das heißt lebensfähig seid. Ihr müßt langsam einsehen, daß Ihr die Schöpfer und Vollstrecker Eures eigenen Vernichtungsprogrammes seid.

(Ich habe in letzter Zeit immer wieder von einem Chef der Raumflotte namens Ashtar gehört. Existiert dieser Mann wirklich, oder ist er eine Erfindung?)

Er ist keine Erfindung. Ashtar ist Kommandant einer Raum-

flotte, deren Stützpunkt sich im Alpha-Centaurus-System befindet. Wir unterhalten zu den Bewohnern dieses Systems wirtschaftliche und wissenschaftliche Verbindungen. Leider wird Ashtars Name von einigen Mächten mißbraucht, die sich unter seinem Zeichen bei bestimmten Gruppen melden, die Kontakte zu Außerirdischen herzustellen versuchen.

(Woran könnte man merken, wer der echte und wer der falsche Ashtar ist?)

An der Qualität der Aussagen wäre es für einen Eingeweihten ein Leichtes, die wahre Identität des Urhebers der Durchsagen festzustellen. Ashtar handelt nach den höchsten Gesetzen. Was man von den Mißbrauchern seines Namens nicht behaupten kann.

Wenn Ihr Eure Machtbedürfnisse reduzieren oder gar streichen könntet, dann wäret Ihr doch in der Lage, die kontaktierenden Gruppen zusammenzusetzen, damit sie die Aussagen gegenseitig überprüfen und austauschen könnten. Streitereien auf diesem Sektor sind nicht nur kindisch und unreif, sondern auch höchst gefährlich, da die gegnerischen Mächte ihre schädlichen und zersetzenden Ideen über solche Gruppenzugehörige unter die Menschen bringen können.

Wenn es einer dieser Gegner geschafft hat, sich in ein menschliches Gehirn einzuklinken, so kann er dieses Energiezentrum für seine Bedürfnisse umfunktionieren, wenn er willigen Einlaß gewährt bekommt. Deswegen wäre es äußerst wichtig, die kontaktierenden Gruppen über bestimmte Grundsätzlichkeiten (Gesetzlichkeiten) aufzuklären. Viele lassen sich mißbrauchen und haben keine Ahnung, wem sie sich zur Verfügung stellen und vor allem, was sie mit ihrer Bereitwilligkeit verschulden.

Es ist sehr, sehr wichtig, den Menschen mitzuteilen, daß jeder, der sich ohne genügende Reife und Vorbereitung für Durchsagen zur Verfügung stellt, für seinen Übergriff bezahlen muß. Kontaktaufnahme mit unsichtbaren Wesenheiten dürfen nur unter anfänglicher Anleitung eines Meisters oder von Personen von geistiger Reinheit ausgeführt werden. Sonst werden diese Menschen zu Katalysatoren für erdgebundene und erdfeindliche Negativ-Energien, die sie in ihrer Umgebung, ohne es zu wissen, verbreiten, was zu Krankheit und Elend führen kann. Weiterhin ist es notwendig, den Menschen zu sagen, daß sie aufhören sollen, sich Sekten und religiösen Organisationen unterzuordnen. Jede Sekte besitzt ein Oberhaupt. Dieses Oberhaupt ist unvollkommen und mißbraucht allein durch seine Anmaßung, Oberhaupt zu sein, die Kräfte seiner Anhänger. Es gibt zu der gegenwärtigen Zeit keinen Meister, der in der Lage wäre, wie Christus Menschen um sich zu scharen. Jeder, der sich einer solchen Sekte anschließt, schmälert seine Gedankenfreiheit und beschränkt seinen freien Willen. Ihr sollt frei und unabhängig den Willen Gottes, das Gesetz der Liebe leben. Wo Ihr Euch zu gegenseitiger Hilfe und zum Erfahrungsaustausch zusammenschließen wollt, tut es. Aber organisiert Euch nicht. In Organisationen entstehen immer Machtstrukturen, und aus Machtstrukturen entsteht Fanatismus, der größte Feind des freien Willens und der Liebe.

(Habt Ihr keine Religion?)

Religion ist Organisation. Wir leben das Gesetz des Kosmos. Jeder einzelne für sich, und so auch die Gemeinschaft.

(Habt Ihr Gesetze?)

Natürlich. Jede Gemeinschaft braucht Regeln, die jeder einzelne anerkennt und die er als nötig erachtet. Verstöße werden bestraft.

(Gibt es bei Euch die Todesstrafe?)

Nein. Nur wer Leben erschaffen kann, darf es auch wieder nehmen. Wenn Ihr ganz in die Schwingung des Wassermann-Zeitalters gekommen seid, wird es auch bei Euch keine Todesstrafe mehr geben. Das Wassermann-Zeitalter bedeutet, daß Euer ganzer Planet in ein höheres Schwingungsfeld gerät. Diese erhöhte Schwingung stellt auch an Euch, die Bewohner dieses

Planeten, höhere Bedingungen. Menschen, die sich nicht um eine geistige Entwicklung nach den hohen spirituellen Gesetzen, wie sie Euer Meister Jesus Euch vermittelt hat, bemühen, werden innerhalb dieser erhöhten Schwingung weder existieren noch inkarnieren können. Das Wassermann-Zeitalter fordert eine kollektive Weiterentwicklung. Jeder, der sich aus Bequemlichkeit dieser Entwicklung und ihrer Anforderung zu entziehen versucht, vernichtet sich selbst.

(Wie sieht diese Vernichtung aus?)

Diese Menschen werden bestimmte Vorkommnisse auf Eurem Planeten, die in nächster Zeit stattfinden werden, nicht überstehen können. Es ist die Qualität der Gedanken, die einen Menschen resistent macht gegen gewisse Einflüsse; die Resistenz des Körpers ist nur eine Begleiterscheinung.

Diejenigen, die um diese Vorgänge wissen, haben also die Pflicht, ihre Mitmenschen aufzuklären und anzuleiten, in Liebe und Geduld. Frage also nicht, wie es bei uns aussieht, und danach, was wir tun. Tu Deine Pflicht in Deiner Umgebung.

Wir lieben Euch.

Ich kann nicht sagen, daß mich diese Durchsagen beruhigt und friedlich gemacht haben. Es scheint sich in unserem ganzen Sonnensystem schon herumgesprochen zu haben, daß unserem Planeten eine tiefgreifende Veränderung bevorsteht, nur bei uns hat sich dieses Wissen noch nicht durchgesetzt!

Ich habe natürlich auch aus Büchern und aus den Münden mehrerer Medien gehört, daß uns eine planetare Katastrophe bevorsteht. Angeblich soll diese durch einen Polsprung, hervorgerufen durch den Einschlag eines Riesenmeteoriten, der schon seit langem Kurs auf unsere Erde genommen hat, ausgelöst werden.

Ich persönlich glaube nicht an solche kataklystischen Veränderungen in diesem Ausmaß. Ich bin der Ansicht, daß diese Veränderung, genau wie der Plejader es sagte, sich in einer ganz anderen Dimension abspielen wird, aber deswegen nicht weniger durchgreifend und rigoros sein wird.

Allerdings bin ich der festen Überzeugung, daß es, wenn es den wenigen berufenen Politikern, die wir haben, nicht gelingt, den atomaren Experimentier-Wahnsinn zu stoppen, durchaus zu einer Katastrophe erdumfassenden Ausmaßes kommen kann. Deshalb bedürfen diese Politiker unserer Unterstützung. Wenn also überhaupt noch ideelle Organisationen, dann solche, die sich vehement der Bekämpfung des atomaren Mißbrauchs widmen. Jeder, der Kinder hat oder haben will, ist diesen Widerstand seinen Nachkommen schuldig. Und auch seinem Gastplaneten Erde.

Abschließend möchte ich sagen, daß es mein Anliegen ist, Sie über das Stadium der freundlichen Konversation mit Ihren Schutzgeistern hinaus zu motivieren, denn wenn sich nun endlich die Erkenntnis durchgesetzt hat, daß diese Wesen Vermittler höherer Energien sind, dann muß es doch auch allmählich klarwerden, daß es hier nicht mehr um die Bewältigung unserer persönlichen Sorgen und Alltagsprobleme geht, sondern um das allgemeine Wohl.

Es geht nicht nur um ein erweitertes Bewußtsein, sondern vor allem um eine Erweiterung unseres Bewußtseins in die Allgemeinheit. Mit der Allgemeinheit meine ich natürlich nicht nur unsere Nächsten, unsere Mitmenschen, sondern auch unsere Natur, unsere Umwelt. Das Wassermann-Zeitalter fordert von uns auch die Erlangung eines subtilen ökologischen Bewußtseins.

Und wir haben nicht mehr sehr viel Zeit, vom ICH-Denken hinüberzureifen ins WIR-Denken.

Wenn wir die Riesenhaftigkeit des Systems auch nicht ganz verstehen, aber doch zumindest erahnen können, dann müßte es uns geradezu ein tiefes Bedürfnis sein, uns in den Entwicklungsplan nutzbringend einzufügen und unsere geburtspflichtmäßige Aufgabe zu erfüllen, die aus den zehn Geboten unschwer zu entnehmen ist und sich mit der Aufforderung »Liebe Deinen Nächsten« auf einen kurzen, aber aussagekräftigen und unmißverständlichen Nenner bringen läßt.

Ich habe es schon in meinem letzten Buch gesagt, und ich möchte es als Abschluß dieser Arbeit noch einmal betonen: Die übelste Ausrede und mieseste Entschuldigung, die es gibt, lautet: »Was kann ich kleines Nichts denn schon tun? Gegen die Mächtigen kann ich Staubkörnchen doch sowieso nichts ausrichten.« Es waren in unserer Geschichte zumeist Staubkörnchen, die ganze Miß-Systeme zum Stillstand gebracht haben. Um wieviel durchschlagender muß die Wirkung sein, wenn die Staubkörnchen sich endlich sammeln.

Doch dieses Sammeln kann nur von Nutzen sein, wenn die Lösung klar ist.

Wer begriffen hat, daß alle lebensfeindlichen Intelligenzen ihre zerstörerischen Energien aus unseren Negativ-Empfindungen erhalten und nähren, der müßte die Lösung eigentlich schon im Herzen haben. Ich sage sie noch einmal, damit sie nicht verblaßt und damit sie das Schlußwort dieses Buches bildet, das nichts anderes vermitteln wollte als diesen Grundgedanken:

Fürchte Dich nicht – liebe!

Teil 3
Alltag mit Schutzgeistern

Vorwort

Von Anfang an waren meine Arbeiten über Schutzgeister als Trilogie geplant. Allerdings dachte ich, daß ich mir mit dem dritten Buch etwas mehr Zeit lassen könnte, ungefähr fünf Jahre oder sogar sechs.

Jedoch der Mensch denkt, und das Kollektiv drängt. Das Kollektiv…? Das Kollektiv ist der eigentliche Grund, warum es überhaupt ein drittes Buch gibt. Obwohl ich schon viel früher ausführlich über dieses Phänomen geschrieben habe, ist es nun notwendig, noch einmal darüber zu sprechen, noch ausführlicher, noch intensiver.

Das Kollektiv, werden Sie vielleicht jetzt nochmals fragen, was ist das Kollektiv? Das Kollektiv ist alles, kann ich nur antworten, Sie, ich, unsere Nachbarn, unsere Feinde, unsere Freunde, die Gruppe, über die ich schon so oft gesprochen habe, und auch das Akasha, genauso wie das, was ich zwei Bücher lang als Schutzgeister bezeichnet habe.

Als ich mich vor drei Jahren an das Thema »Schutzgeister« wagte, ahnte ich nicht, daß in einem anderen Land, in einer anderen Sprache, sich jemand von einer ganz anderen Seite her an das Thema heranmachte, viel weniger vorsichtig als ich, da wissenschaftlich fundiert, und natürlich viel eindrucksvoller, ebenfalls aus dem vorher genannten Grund. Er verschlüsselte nichts, kombinierte Ahnungen mit Forschungsergebnissen und präsentierte schließlich Ergebnisse, die ihn, laut Presse, zum Top-Kandidaten für Bücherverbrennungen machte, ein Prädikat, das durchaus ehrenhaft ist.

Vor ungefähr eineinhalb Jahren kam nach einem Vortrag in Berlin eine Zuhörerin in meine Garderobe, diskutierte mit mir ein bißchen über die verschiedensten Punkte und sagte am Schluß: »Im Grunde erzählen Sie genau das gleiche wie Rupert Sheldrake«.

Ich reagierte nicht, aber der Name Sheldrake war unwiderrufbar in meinem Unterbewußtsein hängen geblieben. Dann dauerte es noch ein paar Monate, bis ich, übrigens wieder in Berlin, noch einmal mit dem Namen konfrontiert wurde: »Du, letzte Woche war Rupert Sheldrake da und sprach über die morphogenetischen Felder. Und die ganze Zeit hatte ich das Gefühl, da spricht jemand hochwissenschaftlich über Deine Badewanne.« Nein, kein lapsus linguae.

Natürlich haben Sie ein Recht zu erfahren, was Sheldrakes morphogenetische Felder und Frau McLean's Badewanne so sehr verbindet, daß die Verwandtschaft einem unschuldigen Berliner Zuhörer offenkundig scheint – darum dieses Buch.

Aber auch, um das Ergebnis meiner Arbeit mit der Kabbalah vorzulegen und mit dem Baum des Lebens, mit dem ich meine Zuhörer immer wieder versucht habe, vertraut zu machen, da ich glaube, daß es ohne dieses Vertraut-Sein keine Basis für ein wirklich selbständiges religions-philosophisches Weiterdenken gibt. Es ist auch an der Zeit, daß ich mich bedanke bei all den Menschen, die mich gelehrt, weitergeführt und konstruktiv kritisiert haben, ohne jemals aufdringlich oder apodiktisch belehrend gewesen zu sein.

Ich habe dem Mann Dank zu sagen, der mir, einem Goj, dazu noch einem weiblichen, die Geheimnisse seiner Religion so wunderbar erschlossen und übermittelt hat, entgegen allen stammesüblichen Gepflogenheiten. Seinem verständlichen Wunsch gemäß unterbleibt die Nennung seines Namens.

Im richtigen Moment meines Lebens erschien auch Anthony Konsella, der, scheinbar emotionslos und unbeteiligt, es doch tatsächlich schaffte, meine zuweilen ziemlich brachliegende linke Gehirnhälfte auf Vordermann zu bringen, genauso wie die unbestechliche, ahnungsbegabte Iris Bechmann, die in dem Labyrinth, das ich mich aufgemacht habe zu durchwandern, immer dann mit den entscheidenden Hinweistafeln am Scheideweg erschien, wenn der Ariadnefaden mal gerade wieder ausgegangen war. Danke Euch beiden für Eure Unaufdringlichkeit, Eure Güte und unnachgiebige Beharrlichkeit. Nicht zuletzt möchte ich auch von Herzen meinen Zuhörern danken, vor allem meiner Hanauer und Berliner Gruppe, die mir durch ihre Mitarbeit und ihr Interesse zu wichtigen Ergebnissen verholfen haben.

Vieles wird Ihnen in diesem Buch im ersten Moment vielleicht widersprüchlich vorkommen, als nicht übereinstimmend mit dem, was ich in den ersten zwei Büchern niedergeschrieben habe. Ich kann Ihnen jedoch versichern, daß alles nur eine Weiterführung ist, allerdings manchmal in einer Form, die Ihnen ein etwas unbequemes Umdenken abverlangt, vor allem, was das Verständnis der Begriffe angeht.

Alltag mit Schutzgeistern – der Titel hätte auch heißen können: »Von der Selbstverständlichkeit des Umgangs mit dem Kollektiv«. Sie können mir glauben, daß es viel einfacher ist, *nicht* einfach zu schreiben und daß mich oft der Ehrgeiz sticht zu zeigen, was man bei diesen Themen sprachlich und inhaltlich demonstrieren könnte. Doch dann erinnere ich mich an die Momente, wo der Finger in der zweiten, neunten oder vierzehnten Reihe meiner Zuhörer zaghaft hochkam, und eine schüchterne Stimme sagte: »Es tut mir so leid, aber ich habe gerade *nichts* verstanden.« Das waren die Momente, wo ich am beschämtesten war und wo ich am besten begriffen habe, was für eine enge Verwandtschaft Pflicht und Demut mit der Verantwortung pflegen, die jeder auferlegt bekommt, der Sprecher dieser Themen ist.

Ein umwerfendes Beispiel zum Thema liefert Frederic Vester in seinem hochinteressanten Werk *Leitmotiv vernetztes Denken,* wo er sich über die Schulbuchsprache zu Recht mokiert. Beispiel: »Der weibliche Elternteil ist im Begriff, die für die Nahrungszubereitungsmaßnahmen reservierte Raumeinheit im Sinne der entsprechend dafür vorgesehenen Arbeitsabläufe der Nutzung zuzuführen.« Übersetzt heißt das nichts anderes als:

»Die Mutter kocht in der Küche.« Völlig richtig erkennt Vester, daß auch ein geschriebener Text mehr erreichen kann, als nur das abstrakte Wort zum Schwingen zu bringen.

Also werde ich so einfach bleiben, wie es mir meine Erfahrung abverlangt und meine Forderung an mich selbst, die auf dem Ausspruch meiner schwäbischen Erzieherin basiert: »Z'erscht lernscht dei Handwerk und nachat kannscht a Genie sein.« Eine Weiterführung dieses blitzklugen Satzes kann also nur sein: »Zuerst vermittle eine allgemein verständliche Basis. Genial weiterdenken kann dann jeder für sich allein.« Das ist Freiheit.

Und noch etwas möchte ich klargestellt haben, bevor es losgeht mit dem »eigentlichen« Buch: Ich bin keine Erleuchtete, kein Medium, schon gar kein »Channel«-Medium, auch ist es mir erspart geblieben, als Guru auf dieser Welt einherschreiten zu müssen. Ferner bin ich weder die Wiedergeburt der Königin von Spanien, noch der Malibran, noch irgendeines ägyptischen Hohepriesters, sondern ich bin ganz einfach ein Mensch, den das Thema der Selbst-Findung irgendwann so gepackt hat, daß er nicht mehr aufhören konnte (wollte) zu denken.

Es ist auch notwendig, daß ich einige Ausdrücke in meiner Sprachverwendung erkläre: Wenn ich sage: Dieser oder jener Jenseitige »sagte«, dann meine ich, daß ich einen geistigen Impuls wahrgenommen habe, den mein Gehirn auditiv aufzunehmen und umzusetzen imstande war. Wie dieser Vorgang genau funktioniert, werde ich in einem der folgenden Kapitel noch detailliert erklären. Öfter werden Sie auch das Wort »einklinken« finden. Damit ist gemeint, daß sich jemand mit einer ganz bestimmten Absicht unter Zuhilfenahme seiner Erfahrung, seines Wissens und seiner Kombinationsfähigkeit (auch Intelligenz genannt) in das allgemeine, übergeordnete Wissenspotential, das man auch unter dem Namen »kollektives Überbewußtsein« kennt, eingeschaltet hat. Dies ist ein Vorgang, der erlernbar, trainierbar und im alltäglichen Leben zu verwenden ist, wie ich unzählige Male in meinem Kurs *Hellsehen kann jeder* bewiesen habe.

All dieser Umgang mit den ganz natürlichen geistigen Fähigkeiten des Menschen hat nicht im entferntesten mit schwarzer Magie, Okkultismus oder irgendwelchen fragwürdigen Praktiken des sogenannten Para-Bereichs zu tun, sondern nur mit meiner unablässigen Bemühung, der fortschreitenden Verkümmerung des menschlichen Hirns entgegenzuwirken. Ich habe nichts gegen Computer im Verwaltungs- und Organisationsbereich. Keinesfalls gehört dieser Apparat jedoch als Spielzeug in die Kinderzimmer, um dort als Ersatz für fehlende Freunde und Eltern, also für nicht vorhandene emotionale Zuwendung, zu fungieren.

Noch einmal zurück zu Frederic Vester, der da schreibt: »Wenn wir Textinhalte mit Freude und Spaß verbinden, setzen wir Lernhilfen ein, denen konkrete biologische Mechanismen zugrunde liegen: die Aktivierung der positiven Hormonreaktionen. Bei späterem Abrufen wiederholen sich die gleichen Emotionen und erleichtern die Weiterverarbeitung der Information.«

Also: Bei allem Ernst und aller Intensität im Umgang mit unseren Themen darf auch wieder gelacht werden. Honni soit qui mal y pense. Und wem ich zuwenig »heilig« mit dem kosmischen Wissen umgehe, der nehme dann eben Frau Blavatsky oder andere, die zu den wirklich kompetenten und wissenden, mit den Themen auch äußerst ernst umgehenden Menschen gehört. Nur: Für die positive hormonelle Reaktion wird nicht garantiert.

So danke ich zuletzt allen, die mit mir gelacht, gelernt, geweint und Spaß gehabt haben, für diesen ganz besonderen Kräfteaustausch. Seid alle versichert: Ohne Eure positiven hormonellen und auch sonstigen Reaktionen würde es dieses Buch nicht geben.

Die Badewanne oder das Hanauer Modell

Jeder Ornithologe weiß, was eine Grasmücke ist. Nur, wer ist schon Ornithologe? Und wer weiß schon, daß es unter den Grasmücken gar herbe Unterschiede gibt, vor allem, was ihre stimmliche Ausdruckskraft betrifft. Man denke dabei nur an die geschätzte Gartengrasmücke (Sylvia hortensis) im Gegensatz zu der weniger beliebten Sperbergrasmücke (Sylvia nisoria), die die menschlichen Nerven mit höchst unangenehmen Schnarrtönen zu reizen weiß. In Hanau jedoch lebt eine ganz spezielle Art von Grasmücken (Sylvia esoterica – pardon, Jürgen und Karin), ein Ehepaar der besonderen Art, über das es sich allemal lohnt, einige Worte zu sagen.

Jürgen Grasmück führt zusammen mit seiner Frau Karin einen esoterischen Bücherladen in der kleinen hessischen Stadt, einen Laden, an dem sich viele, größer aufgemachte, ein Beispiel nehmen könnten. Der Besitzer kennt jedes seiner Bücher, findet Ausgaben, die als längst verschollen gelten, und weiß über die Autoren bestens Bescheid. Doch das genügt ihm nicht. Wenn ihm ein Thema gefällt, dann lädt er den Autor zum Vortrag ein und organisiert so eines der interessantesten Programme, die ich kenne.

Das wäre schon erwähnens- und bemerkenswert genug, jedoch es kommt noch etwas dazu: Der Mann ist total gelähmt. Ich kenne mehrere Gelähmte, aber keinen wie diesen Mann. Er lebt seine Krankheit so selbstverständlich und undemonstrativ, daß man dauernd vergißt, daß er sich nicht bewegen kann, was sicherlich auch in der guten Koordination mit seiner Frau begründet liegt, die mit dem bleischweren Rollstuhl umgeht, als wäre es eine Seifenblase.

Nun, diese Grasmücken luden mich ganz am Anfang meiner Vortragsarbeit ein, bei ihnen zu sprechen, und so kam ich zu einer ganz speziellen Mitarbeitergruppe: aufmerksame, kritische

Zuhörer, die mir eine so vorurteilslose Zuneigung entgegenbrachten, daß ich ohne Anspannung arbeiten konnte.

Bei meinem dritten Vortragsabend geschah etwas Eigenartiges. Ich war gerade dabei, über die Gruppe zu sprechen, und zwar genau so, wie ich es in *Zeugnisse von Schutzgeistern* (S. 126ff.) aufgeschrieben hatte, als sich in den rückwärtigen Reihen ein schlanker Arm erhob und eine Stimme sagte: »Also, das ist ja alles hochinteressant, aber wie funktioniert denn das grundsätzlich? Wie kommt man denn in so eine Gruppe, was für Kriterien spielen denn da eine Rolle, bezüglich des Systems des Zusammenschlusses? Wer bestimmt denn, ob ich in eine Gruppe darf oder nicht und wenn ich drin bin, wie komme ich wieder heraus? Und überhaupt, wieviele Gruppen gibt es denn insgesamt und wie kann man sie erkennen und wie wird man Gruppenherr??« Ich fühlte eine gelinde Panik in mir aufsteigen, im gleichen Moment aber sagte es in mir: *Ganz ruhig bleiben, kein Grund zur Aufregung, zeichne eine Badewanne.*

Ich dachte, ich hätte nicht richtig gehört. Eine Badewanne!?! Ich kam mir vor wie der notgelandete Saint-Exupéry in der Wüste, zu dem der kleine Prinz sagt: »Zeichne mir ein Schaf!« Ich dachte also zurück: Ich kann nicht zeichnen und warum, wenn überhaupt, denn ausgerechnet eine Badewanne??

Wieder kam der Impuls: *Zeichne eine Badewanne.* Ich dachte, ich hätte eine Fehlverbindung, meine Synapsen hätten nicht richtig geschaltet, und was der Überlegungen in einer solchen Situation noch mehr sind, aber was sollte ich tun? Also zeichnete ich zähneknirschend eine Badewanne. Das Hanauer Volk blickte staunend.

»Dies ist eine Badewanne«, sagte ich entschuldigend, da ich mir nicht sicher war, ob mein Kunstwerk als solches genug Aufschluß über seine eigentliche Bestimmung geben konnte. Meine Hanauer nickten ergeben. »Diese Badewanne ist bis zum Rand gefüllt mit Wasser«, fuhr ich fort und malte ein großes H_2O über das Gemälde, »und ist als Symbol für die Gruppe zu verstehen«.

Im selben Moment begriff ich, daß ich eingeklinkt war, und daß ich mir beruhigt selber zuhören konnte. Der Rest war einfach und ist inzwischen als das Hanauer Modell bekannt geworden, das ein völlig einfaches und logisches Eindringen in das Verständnis der multidimensionalen Persönlichkeit ermöglicht.
Hier ist die Theorie:

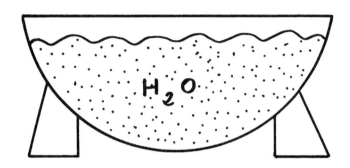

Abb. 5

Dies also ist eine Badewanne – bis zum Rand gefüllt mit Wasser. Unser Auge nimmt dieses Wasser als eine durchsichtige Masse wahr, als ein Ganzes. In Wirklichkeit jedoch besteht diese Masse aus Milliarden von Einzelteilchen, aus Molekularverbindungen, atomaren und subatomaren Teilchen, die im Zusammenspiel das materielle Bild des Wassers erscheinen lassen. Wenn wir ein Mikroskop nehmen, können wir diese Feinstrukturen sogar mit dem Auge erkennen, und so nehmen wir einmal an, wir könnten mit diesen Teilchen reden und sie nach ihrem Namen fragen.

Wir nehmen also einige der Elektronen, die ganz vorne an dem Behälter kleben, und fragen sie mal einzeln ab, wie sie heißen. Jeder nennt uns einen Namen, und so fragen wir uns durch Hunderte von Elektronen, bis wir auf eines stoßen, das einen Namen trägt, den wir während dieser Befragung schon einmal gehört haben. Wir denken, wir hätten uns verhört, aber nein, dieses Elektron behauptet weiterhin so und nicht anders zu heißen. (Im Vortrag heißen meine Elektronen der Anschaulichkeit halber Erna, Anna, Leonard, Erwin, Plato, Dr. Steiner, Frau Meyer-Gerlitz und John, völlig unterschiedliche, scheinbar wahllos zusammengeholte Namen.) Also finden wir uns damit ab, daß zwei Elektronen den gleichen Namen haben, was ja auf der Erde bei den Menschen auch vorkommt und fragen uns weiter durch. Aber immer öfter geraten wir an dieselben Namen und endlich befragen wir ein Elektron, ob es denn von seinen Namensvettern Kenntnis habe, und zu unserer Verwunderung erfahren wir, daß es nicht nur Kenntnis vom anderen hat, sondern auch behauptet, das gleiche zu sein.

Dies war der Moment, wo ich zum ersten Male dankbar war, den Unterschied zwischen »das gleiche« und »dasselbe« zu kennen. Dem war nicht immer so. Und weil ich befürchte, daß es vielleicht noch einige Menschen gibt, die diese Differenzierung nicht durchschauen, hier die Erklärung: Sie stehen am Fenster und sehen auf der Straße ihre Freundin Anja in einem roten Golf vorbeifahren. Wenige Meter hinter ihr fährt genau der gleiche Golf, rot mit schwarzen Sitzen, aber, natürlich, mit einem anderen Fahrer. An der nächsten Kreuzung wendet Anja und fährt wieder unter Ihrem Fenster vorbei. Das, was Sie jetzt sehen, ist derselbe Golf, den Sie vor einer Minute schon mal gesehen haben. Der andere, der gleiche rote Golf, ist inzwischen schon drei Querstraßen weiter.

Nun aber mehr von unseren Elektronen: Wir schaffen es tatsächlich, uns durch alle durchzufragen, und wir kommen letztendlich zu folgendem Ergebnis: Erna existiert in der Badewanne mit 72.000 Anteilen, Anna mit, na sagen wir mal, mit 84.000 Anteilen, während Leonard 267.000 Anteile sein eigen nennt. Erwin verfügt momentan über 112.000 Anteile, was in keinem Verhältnis steht zu der Anteiligkeit von Dr. Steiner: er besitzt 987.000 Anteile, was in der ganzen Badewanne die absolute Spitze ist.

Frage: Wo kommen die Elektronen her, welche die Anteile letztendlich bilden, und warum hat der eine mehr, der andere weniger? Antwort: Die Elektronen kommen aus der sogenannten negativen Existenz, die sich zusammensetzt aus dem absoluten Nichts, der Unendlichkeit und dem unbegrenzten Licht. Diese Begriffe sind dem Kabbalisten auch bekannt als das Ain Soph Aur, welches die Geburtsstätte aller sichtbaren und endlichen Dinge ist, oder noch genauer, aller Potentiale, die in sich die Fähigkeit und die Absicht tragen, sich im Zeit- und Raumgefüge zu manifestieren.

Die Anzahl der Anteile resultiert aus dem Bewußtsein derselben. Je bewußter jedes Einzelteil wird, desto mehr ist es in der Lage, andere Anteile an sich zu binden, es wird intensiver in seiner Anziehungskraft und erhöht so automatisch die Gesamtenergie seiner »Gruppe«. Viel klarer und verständlicher wird Ihnen diese reichlich abstrakte Erklärung nach dem Lesen des Kapitels über die Kabbalah sein.

Doch kehren wir zurück zu unserer simplen (?) Badewanne. Einige der Elektronen habe ich mit Namen gekennzeichnet, und unser Interesse gilt diesmal vor allem den Elektronen mit Namen Erwin. Diese Elektronen, welche miteinander in einer besonders innigen Verbindung stehen, haben nämlich soeben beschlossen, das im Immateriellen Erlernte nun in der Materie zu erproben. Die Gesamtenergie der Badewanne bekommt diesen Entschluß natürlich mit und es bildet sich eine Schöpfkelle, die sich anschickt, sich von oben in die Badewanne zu senken. Je mehr sich diese Kelle nun dem Gruppenverband H_2O nähert, desto unruhiger wird der Verband der Mitglieder mit Namen Erwin, denn durch seine Absicht wurde die Kelle ja gerufen. Endlich senkt sie sich in die Wanne, und sofort stürzt alles in die Kelle, was Erwin heißt.

Kaum ist die Schöpfkelle gefüllt, wird sie auch schon wieder herausgezogen, und nun wollen wir uns doch einmal ganz genau den Inhalt des Geräts anschauen. Also befragen wir wieder

254

einmal unsere Elektronen nach ihren Namen, und befriedigt erfahren wir, daß einer nach dem anderen sich mit Erwin meldet: Nr. 71: Erwin, Nr. 113: Erwin, Nr. 156: Frau Meyer-Gerlitz – Moment mal!

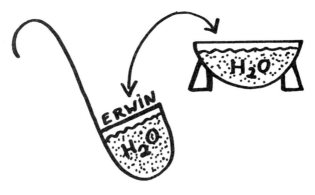

Abb. 6

Dies ist doch Erwins Schöpfkelle. Was hat also Frau Meyer-Gerlitz darin zu suchen? Vielleicht ein Versehen, denken wir, und fahren fort mit der Befragung. Und wieder stoßen wir auf Frau Meyer-Gerlitz, aber nicht genug damit, wir stoßen auch auf mehrere Anteile namens Leonard, auch Herr Steiner ist vertreten, ganz zu schweigen von Erna, die besonders häufig auftaucht. Am Schluß der endlosen »Volks-Zählung« ergibt sich folgendes Endergebnis: Inhalt der Schöpfkelle: 86.000 Anteile Erwin, 7.000 Anteile Leonard, 12.000 Anteile Dr. Steiner, 35.000 Anteile (!) Erna, 2.000 Anteile Plato sowie mehrere niederzahlige Anteile verschiedener Namen, die wir vorher unerwähnt gelassen haben.

Damit hat Erwin zweierlei geschafft: Er hat sein ursprüngliches Eigen-Potential von 112.000 Anteilen durch Integration verschiedenster Fremdanteile wesentlich erhöht und hat damit seine Kombinationsmöglichkeiten um ein Beträchtliches gesteigert. Wie sind nun die Nicht-Erwins in die Kelle gekommen?

»Gleich und gleich gesellt sich gern, wer Du bist, zeigt Dein Begleiter…« und so weiter und so weiter.

Erst heute begreife ich, warum ich dieses Gedicht immer und immer wieder verwendet habe, und wie es im Laufe des Entwickelns und Begreifens einen beinahe bedrohlichen Unterton bekommen hat. »Was Du billigst noch so fern…« Das heißt: Was Du auch nur im entferntesten akzeptierst, auch nur im Ansatz beliebäugelst, wird in Deinem Bewußtsein als angenommener Bestandteil einprogrammiert. Die »Badewanne« betreffend heißt das: Eintritt hat jeder, der sich mit der Grundidee des Begründers identifiziert und in diesem Sinne zur Mitarbeit bereit ist. Wenn dies jedoch die einzige Voraussetzung zum Erwerb der »Eintrittskarte« wäre, wäre Steiners »Badewanne« schon längst am Überlaufen.

Die Anforderungen an Mitglieder müssen also doch noch ein bißchen höher sein, und auch davon ist im Kapitel »Die Gruppe« *(Zeugnisse von Schutzgeistern)* schon die Rede. Es heißt hier: In den Gruppen herrscht eine hierarchische Ordnung, die aus der Reife und Verwendungsmöglichkeit der Mitglieder resultiert. So, da haben wir's! Es wird also eine gewisse Reife und auch eine Qualifikation erwartet, die eine optimale Verwendung in der Gemeinschaft erhoffen läßt. Ich glaube, wir liegen gar nicht so daneben, wenn wir das Ganze zuerst einmal wie eine Marken-Firma betrachten.

Da gibt es vom Portier über die Putzfrau, das Lehrmädchen, das Telefonfräulein bis hinauf zum Big Boss die diffizilsten hierarchischen Feinabstufungen, die sich aus der Qualifikation des einzelnen ergeben. Natürlich wird der Portier eher der Chefsekretärin als der Putzfrau die Türe aufhalten. Trotzdem ist jeder ein wichtiges Mitglied in dem Zusammenspiel der Kräfte, was sich zeigt, wenn die Putzfrau mal drei Tage krank macht. Sofort kriegt der Boss seinen Morgenanfall, weil der Papierkorb von gestern noch überquillt. So sieht man, wie Unten und Oben zusammenhängen. Vielleicht macht die Putzfrau aber auch nebenher einen Abendlehrgang, holt das Abitur nach, arbeitet sich hinauf, gewinnt dazu auch noch im Lotto und kauft 30 Prozent der Firmenanteile auf. Und schon ändert sich das ganze hierarchische Gleichgewicht. Sie könnte aber auch das goldene Feuerzeug stehlen, das jemand auf einem der Schreibtische liegengelassen hat, und schon fliegt sie hinaus. Es könnte auch die Sekretärin den Abteilungsleiter heiraten und ganz mit der Arbeit im Betrieb aufhören, sich dafür nur noch um Haushalt und Kinder kümmern. Dann muß Ersatz gefunden werden, während die Gemeinschaft der Familienfürsorge ein weiteres Mitglied erhalten hat. Der Möglichkeiten wären noch hunderttausende, ganze Fernsehserien sind aus solchen Überlegungskombinationen schon entstanden. (Dallas, Gruppenherr: J.R., Schwarzwaldklinik, Gruppenherr: Professor Brinkmann.) Wie unten, so oben.

Jeder Gedanke, der in der Materie entstehen kann, ist in der geistigen Welt vor-formiert worden. Das heißt, alles, was auf dieser Erde möglich ist, ist es nur deshalb, weil es den Vorgang in der geistigen Welt schon gegeben hat. So profan ist das!

Denken wir aber nun weiter. Es ist davon auch die Rede gewesen, daß die hierarchische Spitze einer Gruppe expandiert, sich dadurch selbst herauslöst und sich durch diesen Vorgang im Energiepotential verdichtet.

Profanes Beispiel: Drei Abteilungsleiter einer riesigen Firma in Leverkusen finden das Allgemeinkonzept des Betriebs mit ihren eigenen, im Lauf der Zeit gewachsenen ökologischen Ansprüchen nicht mehr übereinstimmend und beschließen, eine eigene Firma aufzumachen, die ihren Vorstellungen mehr entspricht. Ganz bestimmt werden sie verschiedene Modi der Verwaltung und auch vielleicht der Werbung in ihren eigenen, neu gegründeten Betrieb übernehmen, grundsätzlich jedoch ist ihre Zielrichtung nicht mehr 100prozentig übereinstimmend mit der ihres ehemaligen Arbeitgebers. Möglicherweise werben die drei auch noch ein paar Sekretärinnen, Chemiker, Putzfrauen und

Buchhalter ab und verwenden vielleicht auch noch das Adressenmaterial ihrer früheren Firma. Trotzdem sind sie, samt aller verbindenden oder trennenden Komponenten, Ergebnisse ihrer früheren Arbeitsplatzerfahrungen und somit allein und voll verantwortlich für die Expansion ihres neuen, eigenen Unternehmens.

Natürlich kann man sich von einem Arbeitsplatz in Frieden und im Streit trennen. Was in Zukunft die Beziehungen, auch zu anderen Geschäftspartnern, begünstigen beziehungsweise belasten kann. Man kann mit seiner neuen Firma auch so hervorragend arbeiten, daß der Betrieb, in dem man selbst ursprünglich gelernt hatte, überflüssig wird, das heißt, im Zuge der freien Marktwirtschaft den Anforderungen des Wettbewerbs nicht mehr standhalten und stattgeben kann, bankrott geht und sich alle Angestellten neue Arbeitsstellen suchen müssen. (Siehe Fluggesellschaft German Air. Leider!!) Genau diese Vorgänge spielen sich innerhalb der geistigen Welt ab, um nochmals nachhaltig mit dem Irrglauben und dem Märchen aufzuräumen, »drüben« sei alles gut, rein und edel. Wie hüben, so drüben. Was unten, das oben. Wie im Mikrokosmos, so im Makrokosmos. Wie im Geist, so in der Materie.

Also geht es weiter mit dem Gedanken: Leider gibt es auch feindliche Gruppen (*Zeugnisse von Schutzgeistern*, S. 130). Stellen Sie sich vor, wir hätten es unter Aufbietung aller Kräfte endlich geschafft, einen wirklich erstklassigen Betrieb erstehen zu lassen, Produkte auf den Markt zu bringen, die noch nie vorher dagewesen waren, verbunden mit einer hochoriginellen Werbung, was uns eine solch unerwartet hohe Umsatzsteigerung bringt, daß wir in unserem Betrieb landesübliche Sozialleistungssteigerungen durchführen können. Wir expandieren immer weiter, weil sich die Qualität der Betriebsatmosphäre genauso herumspricht wie die Qualität unserer Erzeugnisse. Allein die Betriebszugehörigkeit öffnet den Angestellten auch anderweitig Tür und Tor. Das erweckt Neid.

Es könnte also passieren, daß ein anderer Betrieb beschließt, uns ein bißchen ins Handwerk zu pfuschen, und das machen diese Leute nach einem ganz alten, aber allzeit probaten System: Werkspionage, heißt die Devise. Der Mensch ist käuflich, wie man weiß, und so wechseln eben eines schönen Tages die gehüteten Formeln für ein Erfolgsprodukt für viel Geld (Macht) den Besitzer. Dann werden Gerüchte in die Welt gesetzt: In dem Produkt seien ja Giftstoffe enthalten, außerdem sei der Chef in ein übles Drogengeschäft verwickelt. Nun zeigt sich, wie gut der Kern des Unternehmens ist. Entweder man schafft es, mit den Schwierigkeiten fertig zu werden, was nur funktionieren kann, wenn alle Mitarbeiter ein ausgeprägtes Vertrauensverhältnis untereinander wie auch zur Führungsspitze haben, oder die Struktur verliert immer mehr an Zusammenhalt und löst sich letztendlich auf.

Besonders schwer haben es die Mitarbeiter im Außendienst. Denn der Informationsfluß kann nur indirekt arbeiten, und da sie nicht unmittelbar integriert sind, sind sie bei Angriffen besonders gefährdet. Je besser die Bezugspersonen im Betrieb mit ihnen nun korrelieren, desto größer ist die Chance, daß Schwierigkeiten zur Zufriedenheit aller abgewendet und gelöst werden können. Ist ein Außendienstmitarbeiter nur eben dabei, um irgendeinen Job zu haben, so ist er erstens leicht abzuwerben, zweitens leichter bereit, Betriebsgeheimnisse preiszugeben, und drittens wird er durch Desinteresse (mangelndes Bewußtsein) der Expansion der Firma entgegenwirken.

Ich glaube, ich brauche Ihnen nicht den ganzen Text in den geistigen Bereich zu transponieren. Klar, daß die »Außendienstmitarbeiter« wir, die momentan Inkarnierten sind, und klar, daß »Gerüchte« nichts anderes sind als Angriffe auf das gesamte, aber auch individuelle, persönliche geistige Potential. Kommen wir doch noch kurz auf das Thema Werkspionage und gehütete Formeln zu sprechen. Jede Familie hat ein Geheimnis, mit dem sie nie an die Allgemeinheit gehen würde, genauso,

259

wie es in jeder anderen Gemeinschaft gehütete Dinge gibt. In manchen Sippenverbänden kommt es deswegen zu Mord und Totschlag. Genauso hat jede Gruppe ihr Geheimnis, ihren nur für Mitglieder erkennbaren Code.

Als ich vor nunmehr 18 Jahren fragte, was meine Aufgabe sei, und unter vielem anderen zur Antwort bekam: *Du wirst die Gruppe sammeln,* da hatte ich nicht die leiseste Ahnung, wie das funktionieren sollte und welche Rolle ich dabei zu spielen hatte. Inzwischen kann ich Ihnen versichern: Wer immer die Organisation im Hintergrund geleitet hat, er hat das Zielprogramm erreicht. Der in den Büchern verschlüsselte Code ist erkannt worden, die Zugehörigen haben sich zusammengeschlossen, und zwar ohne Tam-Tam und Aufwand, und arbeiten als still fungierende Interessengruppen. Und das beste daran ist, daß derjenige, der die Wirksamkeit der Verschlüsselung als letzter erkannte, ich selber war.

Ja, ja, der Rattenfänger! Man muß eben Märchen richtig lesen können. Ich kann Ihnen inzwischen in aller Ruhe sagen, daß es mir wirklich völlig gleichgültig ist, ob die Wesenheit, mit der ich Kontakt hatte, nun der Rudolf Steiner war, den wir achten und schätzen als Geistesgröße des beginnenden 20. Jahrhunderts. Das, was diese Aussagen bewirkt haben, auch, wie sie ihre Erfüllung gefunden haben, ist so unglaublich, daß es meines speziellen Kommentars weiß Gott nicht mehr bedarf.

Als mir damals gesagt wurde: *Du bist mein Sammler, mein Wecker, mein Rattenfänger,* da waren mir die ersten beiden Begriffe angenehm, wenn auch nicht vertraut und erklärbar. Mit dem Rattenfänger konnte ich jedoch nichts anfangen. Bis nach einem Vortrag in Duisburg ein Mann mit einem eigenartig weißen Gesicht an mich herantrat und sagte: »Haben Sie schon einmal überlegt, was der Rattenfänger tut? Er spielt die Flöte. Er erzeugt Töne, die so klingen, daß die Ratten ihm folgen, bis hin ins Wasser, wo sie ertrinken.« Ich merkte, wie sich Gänsehaut ausbreitete. Was, um Gottes willen, wollte mir der Weißgesichtige sagen? Er tat so oder merkte tatsächlich nicht, wie unruhig ich wurde: »Wissen Sie, was Ratten tun? Sie fressen die Ernte, das Brot, das Lebensnotwendige. Wir tragen alle Ratten mit uns herum, die fressen an unserer Lebensenergie.«

Er lächelte mich freundlich an, während meine Gänsehaut nicht weniger wurde. Er bewegte seinen Mund dabei nicht, und trotzdem lächelte er: »Du spielst eine gute Flöte, Rattenfänger. Aber vergiß nicht, die Ratten auch immer im Wasser abzuliefern, sonst könnte es sein, sie fressen Dich.« Und er drehte sich um und ging. Ohne ein weiteres Wort, dessen es auch nicht bedurft hätte. Ich hatte verstanden. Erst nachher, beim Abhören des mitgeschnittenen Tonbandes, konnte ich feststellen, daß im ganzen Vortrag vom Rattenfänger nicht die Rede gewesen war. Manchmal ist es Zeit, zu wissen…

Also fragen Sie nicht herum, rätseln Sie nicht und versuchen Sie nicht, Geheimnisse zu erblicken, wo keine sind. Kommt Zeit, kommt Offenbarung, ganz still, selbstverständlich und ohne Orchester-Tusch. Suchen Sie auch nicht krampfhaft nach Ihrer Gruppe und den Mitgliedern. Seit tausenden von Jahren finden sich die Angehörigen, auch ohne mein wertes Zutun, und zwar immer im richtigen Moment.

Trotzdem ist es ein unwiderstehlicher Gedanke, sich vorzustellen, daß eines Tages die Menschen ihr Zugehörigkeits-Symbol wie einen Namenssticker an sich tragen, oder stellen Sie sich Inserate vor: »Angehöriger der Gruppe Steiner/Plato sucht Gastplatz in der Gruppe Menuhin/Franz von Assisi. Auch zeitlich begrenzter Austausch möglich. Code-Zeichen…«

Übrigens hat Hesse über dieses Zeichen bereits geschrieben, und zwar im »Demian«. Der trägt ein Zeichen auf der Stirn, ein unsichtbares… Und auch im unvergeßlichen *Melchior Dronte* wird der kindliche Dronte gezeichnet von seinem Ewli, seinem unsterblichen Selbst, mit dem er letztendlich eins wird. Diese »Zeichensetzung« ist in beiden Fällen symbolisch gemeint, trotzdem gibt es Male, die Verbindungen erkennen lassen. Machen Sie die Augen auf und beobachten Sie. Der Fernseher liefert Ihnen tagtäglich Bildmaterial von Menschen aus aller Welt.

Ein anderes Zeichen ist dieses Gefühl »Dich kenn ich seit 100 Jahren«, obwohl man sich eben vor drei Minuten zum erstenmal in diesem Leben gesehen hat. Die »Badewanne« ist auch ein erstklassiges Hilfsmittel, um den Unterschied zwischen Soulmate (Seelengefährte) und Soultwin (Seelenzwilling) zu erklären. Seelengefährte ist jeder, der unter der Flagge derselben Absicht voranarbeitet, er kann aus derselben Badewanne sein, muß aber nicht. Soultwin kommt auf jeden Fall nicht nur aus derselben Badewanne, sondern hat aus demselben Potential Anteile in die Materie inkarniert wie Du selbst. Das heißt, wenn das Potential von John 176.840 Anteile hat, dann könnten Sie aus diesem individuellen Potential möglicherweise 16.000 Anteile für Ihre eigene Inkarnation beansprucht haben. Wenn Sie nun auf jemanden treffen, der ebenfalls die Idee gehabt hat, sich aus dem John-Potential zu bedienen, dann wird die energetische Schwingung so fühlbar übereinstimmen, daß Sie den weitverbreiteten Fehler begehen könnten zu glauben, Ihr Dual stünde Ihnen gegenüber.

Noch einmal sage ich es: Ein Dual ist Ihnen niemals gleich. Wie oft habe ich erlebt, daß mir Menschen freudestrahlend ihr »Dual« vorstellen wollten mit dem Begleittext: »Wir denken, fühlen, sagen dasselbe, haben die gleichen Anschauungen, verstehen uns ohne Worte, nie gibt es Streit oder ein böses Wort.« Das, meine Lieben, ist mit Sicherheit kein Dual. Vergessen Sie bitte nie, daß das Dual der absolute Gegenpol ist. Wenn ich alle Durchsagen bezüglich des Themas »Dual« durchlese, gestatte ich mir heute sogar den Hinweis, daß nie gesagt wurde, daß das Dual außerhalb unseres Ich gefunden werden muß.

Hilfreich in einer diesbezüglichen Überlegung mag die Aussage sein: »Zuerst mußt Du die Dual-Gemeinsamkeit bewältigen und in Frieden in (!) ihr leben, bevor Du Frieden in die Gemeinschaft (Badewanne?) bringen kannst. Dein Dual triffst du in dem Moment, wo Du sein Bild klar vor Deinem geistigen Auge erstehen lassen kannst (Selbst-Bewußtsein). Dein Überbewußtsein hat dieses (Gesamt-)Bild nie verloren.« Ich bin gespannt, welche Aussagekraft diese Aussagen in zehn, vierzig oder hundert Jahren bekommen werden, angesichts der Expansion in den letzten paar Monaten.

Ich gebe hiermit zu, daß ich keine Ahnung hatte, was sich hinter diesen Bekundungen, niedergeschrieben im Jahr 1989, durchgegeben in den siebziger Jahren, alles verborgen hat. Und ich weiß schon heute, daß ich in zehn Jahren genau dasselbe von dem sagen werde, was ich heute niederschreibe. »Die eigentliche Aufgabe besteht darin, in der Gemeinschaft aufzugehen, dergestalt, daß das Ich nicht mehr zählt. Dann bist Du reif für eine nicht erdische Inkarnation.« *(Zeugnisse von Schutzgeistern, S.* 137)

Ich kann also aus meiner Badewannen-Gruppe sowohl in erdische Inkarnationen gelangen, als auch mich in völlig anderen Formen versuchen. Und bevor wir nun an die Frage herangehen, ob wir, während wir auf dieser unserer Erde unser Dasein fristen, vielleicht gleichzeitig in einer völlig anderen Form und anderen Dimension unsere Reifung vorantreiben, klären wir doch erst einmal, wie eine Inkarnation nun tatsächlich aussehen könnte.

Ich bin mir klar, daß ich damit die geläufige Inkarnations-Theorie über den Haufen werfe, aber auf der anderen Seite denke ich, es ist nun langsam an der Zeit, daß wir mit diesem infantilen Gerede: »Ich war Herzogin am französischen Hof und dann die Geliebte von Richard Wagner und dann...« für immer aufhören. Das ist das größte Verdienst des Hanauer Modells, daß ich begriffen habe, daß es so, wie eben beschrieben, wohl nicht funktionieren kann.

Reinkarnation – Ego-Trip oder multidimensionale Expansion?

Es war kurz nach dem denkwürdigen Hanauer Abend. Ich fuhr mit Freunden nach Augsburg in ein Konzert des Entertainers (was für eine unpassende Bezeichnung für diesen Bühnen-Giganten) Herman van Veen. Nach mehr als einer Stunde von Zugaben trafen wir uns mit ihm in einer Bar unter dem Dach eines großen Hotels. Und da erzählte mir Herman folgende Geschichte:

»Du, Penny, stell dir vor, da gibt es eine Dame in Amsterdam, die spricht mit Schubert! Wie findest Du das!« Ich fand das relativ normal. Herman übrigens auch. Doch dann kam es. »Und weißt du, Penny, was diese Dame gesagt hat?« Er machte eine bedeutungsvolle, dem Thema angemessene Pause. »Sie hat gesagt, Schubert hätte ihr erzählt, er sei im Moment im Körper eines argentinischen Pianisten inkarniert. Wie findet du das! Wie kann denn Schubert auf der einen Seite aus dem Jenseits mit einer Dame aus Amsterdam sprechen und auf der anderen Seite im Körper eines Pianisten existieren?«

Wissen Sie die Antwort? Nun, ich hätte sie auch nicht gewußt, hätte nicht eben kurz vorher der Abend in Hanau stattgefunden. Nein, diese Dame aus Amsterdam ist weder eine Lügnerin noch eine Spinnerin, sondern jemand, der hunderte von Kilometern entfernt sein persönliches »Badewannen-Erlebnis« gehabt hat. (Im Moment fällt mir ein, daß ich ja schon mal eine sehr eigenartige Verbindung zu Amsterdam gehabt habe. Nachzulesen in *Kontakte mit Deinem Schutzgeist*, S. 22)

Doch bevor wir an Beantwortung und Erklärung herangehen, noch ein Beispiel zur Erleichterung des späteren Verständnisses: Vor Jahren geriet ich auch an eine Dame, die zwar nicht mit Schubert sprach, aber von sich behauptete, Inkarnationen anderer Menschen »sehen« zu können. Diese Dame versicherte mir, ich sei Königin von Spanien gewesen (ha! Da haben wir's!) und vorher irgendwann ägyptische Hohepriesterin, was mir gar wohl gefiel. Ganz tief hinten in meinem Kleinhirn fragte zwar ein schüchternes Stimmchen, woher denn meine Begabung als Sängerin, Techniker und Friseuse käme, aber wer will denn auf so etwas schon achten, wenn er eben in die oberen Ränge aufgestiegen ist. Noch später erlebte ich eine sogenannte Rückführung und siehe da, ich sprach doch tatsächlich spanisch während dieser Aventure und behauptete auch, Priesterin in Ägypten gewesen zu sein, sogar mit genauen Zeitangaben, die historisch einer Nachprüfung durchaus standhielten.

Dann kam ich im Laufe meiner Karriere nach Mexiko und daselbst nochmals in den Genuß einer Rückführung. Diesmal wurde es ernst. Denn ich sprach astreines Englisch des 16. Jahrhunderts, erzählte eine Menge über die Theatertruppe eines gewissen William Shakespeare, um dann fast übergangslos zu erklären, daß ich noch einmal in England gewesen sei als Tochter des Beraters des englischen Königs, wobei ich auch ausführlich beschrieb, wie ich daselbst zu Tode gekommen sei. All diese Erzählungen hätten mich nicht im geringsten erstaunt, wenn nicht … ja, wenn nicht die Tochter-Inkarnation haargenau in den Zeitraum gefallen wäre, wo ich doch eigentlich die Königin von Spanien hätte gewesen sein müssen.

Ich suchte also eine dritte Person auf, die der Rückführung kundig war, unterließ es tunlichst, ihr zu erzählen, was ich bereits erfahren hatte, und erwartete mit Spannung das Ergebnis. Diesmal behauptete ich, auf Atlantis gelebt zu haben, wo ich als Lehrer für Rhetorik und Rechtswissenschaften tätig gewesen sein wollte, wechselte alsdann den Tonfall und erzählte von einem anderen Planeten, auf dem ich Kommandant einer Luftflotte gewesen sei. Nun wurde die Geschichte eng.

Priesterin, Kommandant und Atlantier kamen sich etwas ins Gedränge, auch die spanische Königin kollidierte nachhaltig mit englischer Tochter, und so befand ich, daß mit mir wohl etwas nicht ganz in Ordnung war, oder – mit der ganzen Inkarnationstheorie. So fing ich an, nach Leuten zu suchen, die auch Rückführungen hinter sich gebracht hatten und siehe da, ich traf eine stattliche Anzahl ebenso verunsicherter Wesen wie mich selbst, die haargenau dasselbe erlebt hatten wie ich. Ab sofort erklärte ich dieser meiner Erfahrung zufolge jegliche sogenannte Reinkarnationstherapie als unsinnig. Ja, ja, man sollte sich eben ein wenig mehr Zeit lassen mit Erklärungen. (Wanderer, kommst du nach Hanau...)

Tatsache war und ist, daß ich mich mit den Werken Shakespeares hervorragend auskenne, jedoch nur in der Originalsprache, daß ich vom Anrufbeantworter bis zum Auto technisch nicht abzuschrecken bin, daß ich, aus vorher unerfindlichen Gründen, genau weiß, wie sich das spanische Hofzeremoniell abspielt und daß ich schon als Kind lange Verteidigungsreden zugunsten von Übeltätern hielt, die aufgrund ihrer rhetorischen Qualitäten durchaus bisweilen von Erfolg gekrönt waren. Dazu kommt, daß ich eine passable Interpretin spanischer Folklore bin und zwar in Tanz und Gesang. Es muß hinzugefügt werden, daß ich ansonsten eine wirklich miserable Tänzerin bin, wovon die leidgeprüften Choreographen der Gruppe Silver Convention bis heute ein Klagelied singen können.

Von allen Reinkarnationstherapeuten war mir erzählt worden, ich hätte erwähnt, ich sei in einer englischen Inkarnation bestialisch gefoltert und umgebracht worden, um genau zu sein, ich wurde ersäuft. Also, dachte ich mir, müßte ich ja eigentlich extreme Angst vor Wasser haben. Dem ist aber nicht so. Denn, obwohl ich angenehmere Elemente als das Wasser kenne, bin ich doch eine ganz leidliche Schwimmerin mit allen landesüblichen Scheinen. Also, keine Angst vor dem Nassen – dachte ich.

Es begab sich bei einer Talk-Show im Hilton Hotel in München. Gast der Veranstaltung war die Hellseherin Marija Schwepper, mit der ich auch nach Beendigung der Show an einem Tisch zu sitzen kam. Wir saßen uns gegenüber, ich hatte die Hände unter dem Tisch im Schoß gefaltet und meine Füße befanden sich, wie es sich gehört, wohlverpackt in geputzten Schuhen, ebenfalls unter dem Tisch.

Marija Schwepper schaute mich scharf an, fast schien es, als blicke sie durch mich durch, und dann sagte sie, scheinbar völlig aus der Luft gegriffen: »Sie sind in England zu Tode gefoltert und ersäuft worden, das sieht man noch heute.« Es wurde sehr still am Tisch. »Wo sieht man das?« fragte ich, leicht gereizt. »An Ihren Daumen«, sagte Marija ruhig, »und an Ihren Zehen. Sie sind noch immer breitgequetscht, wie damals nach den Daumenschrauben.« Ich holte meine Hände, die die ganze Zeit unter dem Tisch gelegen hatten, hervor und legte sie auf den Tisch. Ein andachtsvolles »Aaah!« begleitete diesen Vorgang. Denn wenn etwas an meinen sonst ganz normalen Händen nicht zu übersehen ist, dann sind es die breitgequetschten Daumen. Von meinen Zehen ganz zu schweigen. Die sehen aus wie bessere Suppenlöffel. Gottseidank verzichtete man an diesem Abend allgemein auf eine diesbezügliche Demonstration meiner Extremitäten. Also gut, dann war ich eben irgendwann gefoltert worden. Wahrscheinlich ist, daß das jedem von uns einmal passiert, aber ersäuft? Da war doch kein Hinweis zu finden. Und ich verschwendete auch keine Zeit damit, nach einem zu suchen.

Bis zu diesem Tag in Dortmund. Mein Freund Andreas ist Delphin-Fan, und seit ich ihn kannte, erzählte er mir von den Delphinen in Tierpark Dortmund (»Du mußt unbedingt Dolly sehen«). Also war es völlig klar, daß wir, als wir einmal gemeinsam in Dortmund zu tun hatten, in den Zoo wanderten, übrigens eine besonders schöne Anlage mit einem japanischen Garten. Natürlich wurde ich sofort zum Delphinarium geschleift, welches jedoch, oh mißgünstiges Geschick, wegen Trächtigkeit der Delphinweibchen geschlossen war. Andreas gab sich aber nicht so schnell geschlagen und fand schließlich ein Treppchen, das in irgendwelche unterirdischen Gewölbe führte, und bevor ich mich's versah, stand ich inmitten des Aquariums, gute drei Meter unter der Wasseroberfläche. Hinter den Glasscheiben schwebten fröhlich blickende Delphine vorbei, und Andreas klebte begeistert an den riesigen Glasscheiben, die uns von dem direkten Geschehen trennten. Im selben Moment bekam ich Todesangst.

Es war keine Beklemmung, kein Unwohlsein, nein, es war blanke Todesangst. Ich brauchte alle meine Beherrschung, um nicht wie eine Wahnsinnige loszubrüllen, eine grauenvolle Übelkeit ergriff mich von einer Sekunde zur anderen, meine Fuß- und Handgelenke brannten wie Feuer und ich hatte das Gefühl, auf der Stelle ersticken zu müssen. Andreas merkte im letzten Moment, was los war, fing mich, bevor ich vollends das Gleichgewicht verlor und schleppte mich ans Tageslicht. Ich zitterte am ganzen Körper und konnte zunächst überhaupt nicht erklären, was los war.

Es muß in diesem Zusammenhang gesagt werden, daß ich keine Angst vor Dunkelheit habe, mich in stockdunklen Räumen wie eine Fledermaus zurechtfinde, aber – und das fiel mir erst später ein – mich immer gewehrt habe zu tauchen, und fast hysterisch reagierte, wenn man, selbst erkennbar spaßeshalber, versuchte, mich unterzutauchen. So, das sind meine eigenen Erlebnisse, und ich habe sie deswegen so ausführlich erzählt, weil sie signifikant sind für viele, viele inkarnative Erinnerungen von Menschen, die ich befragt habe.

Wir haben hier also jemanden, dessen Inkarnationserinnerungen sich eindeutig überschneiden, dessen Talente andererseits auf einen gewissen Wahrheitsgehalt der während der Therapien erfolgten Eigenangaben schließen lassen. Wo liegt also der Fehler? Habe ich nur eine blühende Phantasie, oder bin ich eben nur hysterisch, und sind alle Therapeuten und auch Frau Schwepper im Grund nur Scharlatane, oder was? Oder – stimmt vielleicht etwas nicht mit unserer Inkarnations-Theorie? Oder – reifen wir soeben hinüber in eine neue Form des Be-g-reifens?

Die Antwort kam am Abend in Hanau. Und absichtlich habe ich das damals Gesagte eher noch einfacher wiedergegeben, weil ich möchte, daß es wirklich jeder versteht.

Wenn das alles stimmen soll, was ich vorher erzählt habe, dann müßten sich die jetzigen Angaben eigentlich haargenau decken mit dem, was ich vor zwei Jahren in »Zeugnisse von Schutzgeistern« niedergeschrieben habe. Sehen wir also nach und vergleichen wir. Da sagt die Wesenheit, die sich den Namen Steiner gegeben hatte, folgendes: *Ich bin der Gruppenherr. Das heißt, daß ich in dem Energie-Konglomerat einen Anteil am Potential habe, der es mir ermöglicht, in angemessenem Umfang auf die Entwicklung der ganzen Energieform Einfluß zu nehmen.* Wir haben also Grund anzunehmen, daß die Wesenheit namens Steiner der Begründer der ganzen Gruppe (Badewanne) war, und zwar durch klare Absicht, Zielvorstellung und Umsetzung derselben auf allen Ebenen. Durch diese drei Komponenten war er fähig, seine Gruppe zu bilden und in wechselseitigem Austausch der Energien zu geistigen Hochleistungen zu gelangen. Wie kommt man nun in eine solche Gruppe?

Erinnern Sie sich noch an das schöne Gedicht: »Gleich und gleich gesellt sich gern«, und an dessen letzten Satz »Was Du billigst noch so fern, ist nach Tagen oder Wochen Dein, als ob Du's selbst gesprochen«?

Bitte, stellen Sie sich vor, Sie hätten morgen die Prüfung Ihres Lebens zu bestehen, hätten dabei aber die Möglichkeit, eine bestimmte Anzahl von Personen zur Unterstützung, aber auch zur Beruhigung mitzubringen. Wen würden Sie mitnehmen?

Ja, natürlich würden Sie Ihren geliebten Freund, ihre Mama, und vielleicht auch Ihre äußerst umsichtige Arbeitskollegin mitnehmen. Bestimmt aber auch ein paar Leute, denen Sie gefühlsmäßig nicht so nahestehen, von denen Sie jedoch wissen, daß sie hochqualifiziert sind und für diese Prüfung eine große Hilfe sein werden. Es könnte auch sein, daß Sie einen Ihrer flüchtigen Bekannten nur deswegen mitnehmen, weil er ein portables Telefon hat und im Notfall die gewünschten Informationen aus der Staatsbibliothek einholen kann. Ansonsten hat der Kerl keinen Nutzen und hat demzufolge auch den Mund zu halten. Derjenige, der die Prüfung jedoch zu bestehen hat, sind einzig und alleine Sie. Die anderen erhalten als Entschädigung Erfahrung und die Versicherung, im umgekehrten Bedarfsfall von Ihnen Hilfestellung zu bekommen.

Bei den Hochqualifizierten wird man sich ehrerbietigst bedanken, wohl wissend, daß man ihre Hilfestellung wohl niemals wird vergelten können, es sei denn durch das Erweisen von Dankbarkeit in Form von Wohlverhalten und dem Weitergeben selbst empfangener Hilfestellung. Nach Beendigung der Prüfung wird man das Ergebnis abwarten, bestenfalls wird man sich umarmen, die Hände schütteln und beglückwünschen: Alles ist gut gelaufen, jeder hat seine Bestimmung erfüllt und damit dem Prüfling gedient. Bestenfalls!...

Nun werde ich Ihnen aber beschreiben, wie es in Wirklichkeit aussieht. Und als Beispiel werde ich völlig willkürlich unseren Erwin bemühen. Erwin hat also für seine Prüfung (sein Leben) sich eine hervorragende Crew zusammengestellt, ist auch vorher eingehend über die Aufgaben und den Ablauf des Prüfungstages informiert worden, nur – die Vorbereitung war trotz aller Gründlichkeit eben nur theoretisch. Nun aber muß er in Wirklichkeit (in der Materie) zeigen, wie er mit dem Erlernten umzugehen weiß. Und so ist es auch mit seiner Begleittruppe. Jeder weiß, um was es geht, aber jeder ist eben nur ein Mensch (Prüfungskandidat in spe). Der Telefoninhaber weiß eigentlich ganz genau, daß er nur im Notfall als Informationsbeschaffer zu agieren hat, aber das Schicksal will es, daß er einen heißblütigen Charakter besitzt und ewig dreinredet, außerdem eine schwache Blase hat, was vorher keiner wußte, und ausgerechnet dann die verschwiegenen Örtlichkeiten aufsucht, wenn man ihn am dringendsten braucht. Die Mama, die mit den besten Absichten zur Beruhigung des Prüflings mitgekommen ist, wird angesichts der Nervosität ihres Lieblings selbst so unruhig, daß sie sich zuletzt als eher hinderlich herausstellt. Die Umsichtige findet zufällig unter einem Schreibpult eine Flasche Cognac, und obwohl sie ganz genau weiß, daß, wenn sie einmal anfängt, der Inhalt der Flasche keine Chance mehr hat, setzt sie sie dennoch an die Lippen, mit der Ausrede, daß es diesmal nur bei diesem einen Schluck bleibt.

Angesichts des Chaos verliert der Hochqualifizierte, der anfänglich aus dem Anleiten und Mahnen gar nicht mehr herauskam, vollends die Geduld und setzt sich beleidigt in eine Ecke, wo er nachsinniert, warum er sich für ein solch unwürdiges Unternehmen überhaupt hergegeben hat. Dies nennt man eine verfehlte Inkarnation!

Sicher sind Sie in der Lage, das Gleichnis umzusetzen, und ich kann nur hoffen, daß Sie in letzterem nicht Ihr eigenes Leben erkannt haben. Nehmen wir uns aber noch einmal den schwergeprüften Erwin heraus und benutzen ihn diesmal für eine Rückführung. Alles klar – Erwin erzählt ausführlich und wahrheitsgemäß über seine Geburt, über sein Leben als Pferdezüchter in Argentinien und seine russische Existenz als Höfling, dann aber auch von einer zeitüberschneidenden Inkarnation als französischer Musiker und dann wiederum von einem herzzerreißenden Schicksal als achtfache Mutter. Nun nehmen wir einmal an, wir kennen Erwins höchstpersönliche Lifeline, dann werden wir sehr schnell draufkommen, daß der französische Musiker auf das Konto von Leonard geht, die mit Kindern gesegnete Mutter jedoch mit Frau Meyer-Gerlitz zu tun hat. Alle sind in dem momentanen Ich unseres Erwin enthalten, und alle sind im Moment der Fleisch-Werdung über die Schwelle des Vergessens gegangen. Das heißt, sie alle sind sich ihrer Verschiedenartigkeit um so weniger bewußt, je stärker der

»leader of the gang«, der Anführer, in unserem Fall also Erwin, ist.

Nach wem richtet sich nun Erwin? Zuallererst hat er die Möglichkeit, sich nach denjenigen zu richten, deren grundsätzliches Potential sein eigenes übertrifft. Das heißt: Jeder noch so kleine Anteil einer Wesenheit, die das grundsätzliche Erwin-Potential von 112.000 übertrifft, kann als »Entwicklungshelfer« angesehen werden, während alle anderen, welche also mit ihren Anteilen unter der eben genannten Zahl liegen, eher untergeordnet sind. Diese Hierarchie kann sich aber schlagartig ändern, wenn der gute Erwin sein in die Materie (Schöpfkelle) eingebrachtes Potential von 86.000 nicht voll nützt. Dann kann es entweder verkümmern, oder es wird von jemand anderem, nehmen wir mal an von Erna, übernommen, wenn Erwin Glück hat. Denn zumindest ist Erna aus derselben Badewanne und pflegt also letztendlich die gleiche Absicht wie Erwin. Was aber nicht heißt, daß sie in dieser Inkarnation nun Erwins Aufgaben für ihn lösen wird. Sie wird das abgegebene, von Erwin nicht genutzte Potential aufstocken, und zwar mit Anteilen, die aus ihrem eigenen Potential noch in der Badewanne verblieben sind, und nun versuchen, ihr eigenes Programm durchzuziehen.

Das wäre eine Möglichkeit. Die andere wäre, daß das ungenutzte Potential erkennbar brachliegt, was allgemein im geistigen Bereich erkennbar ist. Sofort wird der ganze Energie-Schutzmantel um den Menschen Erwin herum aus diesem Grund durchlässig, und er wird angreifbar. Eine solche Durchlässigkeit ist übrigens auch durch den Gebrauch von Alkohol und Drogen, aber auch durch konstante Erzeugung negativer Gedanken und Angstgefühle zu erzeugen.

Das brachliegende oder besser, fehlorientierte Material kann in diesem Fall im wahrsten Sinn des Wortes »gehijackt« werden. Ich will dafür kein anderes Wort verwenden, denn keines kommt an den tatsächlichen Vorgang in der Realität näher heran. Noch genauer erklärt, würde es so klingen: Je mehr im Laufe der inkarnativen Entwicklung ein Gruppenpotential entgegen der Absicht der Gruppe verwendet wird, um so mehr verliert es den energetischen Zusammenhalt, was bewirkt, daß Fremdkörper, also gruppenfeindliche Absichtsträger infiltriert werden können.

Vielleicht klingt das für Sie so, als würde ich über das menschliche Immunsystem sprechen. Und genau so ist es. Wenn Sie unablässig Ihre Körperkräfte mißbrauchen, sich falsch ernähren, sich zu wenig Schlaf gönnen und Ihren Körperrhythmus mißachten, dann wird Ihr Immunsystem eines Tages nicht mehr funktionieren, und es werden Krankheiten auftreten, die den Körper destruktivieren, wie Depressionen, Mykosen, Viruserkrankungen, aber auch Krebs, AIDS, ach, im Grunde könnte ich jetzt den ganzen Pschyrembel (Klinisches Wörterbuch) herunterbeten.

Die Sprache des Körpers ist die Sprache der Seele. Krankheiten sind materielle Ausdrucksformen disharmonisch benutzter oder mißbrauchter Geist-Energien. Wie oben, so unten, wie im Unsichtbaren, so im Sichtbaren. Auch die Seele hat ein Immunsystem, das zu ruinieren ist. In früheren Zeiten war man mit diesem Fakt vertrauter als heute, wie mir scheint. Nicht, daß ich zurück will in die dunkle Vergangenheit mit ihren Austreibungen. Keinesfalls jedoch kann man diese exorzistischen Rituale als imbezilen Unfug abtun. Denn Besetzungen von Menschen, also Übernahmen von geschwächten Potentialen hat es nachweislich immer gegeben, und sehr oft hat man das Erscheinungsbild als Spaltungsirresein abgetan und mit den bekannten Mitteln versucht zu behandeln. Endstation war zumeist die Irrenanstalt. Ich könnte wegen meiner Behauptungen durchaus leichter angegriffen werden, gäbe es nicht eine von einer Kapazität vollzogene Demonstration mehrerer solcher Vorgänge, die wir alle kennen. Sie steht im Neuen Testament, und zwar sowohl bei Markus (eins, 23–28) als auch bei Lukas (vier, 33–37) und spielt sich ziemlich zu Beginn des Erscheinens einer Persönlichkeit in der Öffentlichkeit ab, die uns wohlbekannt ist: Jesus, der Christus. Schauplatz des Geschehens ist die Stadt Kapernaum in Galiläa (galil ha-gojim – Kreis der Heiden), wo der Nazarener eines Tages in der Synagoge lehrte, was er in einer dermaßen ungewohnten Form tat, daß die Leute ihren Ohren nicht trauten. Waren sie doch bis jetzt das »gestylte« Gerede der Rechtsgelehrten gewohnt gewesen (siehe Vester's Beispiel) und nicht die bodenständige und temperamentvolle Vortragsweise dieses Newcomers. In dieser Synagoge befand sich auch ein »von einem Teufel besessener Mann«, der zunächst einmal eine geistige Glanzleistung vorlegt: Er erkennt in Jesus sofort den Sohn Gottes, was ihn aber nicht daran hindert, sich gar fürchterlich aufzuführen und Jesus auf das Unflätigste anzugreifen, was den Superstar der Essener Schule natürlich nicht im geringsten aus der Ruhe bringt. Er gebietet dem unsauberen Geist in dem Unruhestifter mit solcher Macht, daß dieser seine gewaltsam besetzte Gast-Stätte unter Geheul und Körperkontraktionen schließlich verlassen muß. In der Bibel liest sich der Vorgang recht kurz und bündig folgendermaßen: »Und Jesus tadelte den Geist und gebot ihm ›Verstumme und fahre aus diesem Mann.‹« Wenn sich das Ereignis tatsächlich so kurz und bündig abgespielt hätte, dann wäre es allerdings nicht so ganz verständlich, warum anschließend berichtet wird, daß sich die Zuschauer angesichts des Schauspiels lautstark entsetzten und sich untereinander befragten, wer denn das wohl sei, der mit Gewalt den unreinen Geistern gebietet. Fällt Ihnen etwas auf?

Solange Jesus und das Volk sprechen, ist nicht ein einziges Mal die Rede vom Teufel, sondern nur von unsauberen Geistern.

Bei einem weiteren ähnlichen Vorfall (Lukas neun, 38–42), bei dem sich der zerrüttende Besetzer in einem jungen Mann breit gemacht hat, macht Jesus abermals kurzen Prozeß und beendet, wiederum nicht gerade sanft, den Übergriff. Übrigens wird das Krankheitsbild vor der Austreibung vom Vater des Betroffenen recht ausführlich geschildert und ist unschwer als primär generalisierter epileptischer Anfall zu erkennen. Wieder spricht niemand vom Teufel, das besorgten nämlich erst viel später die Kommentatoren in Ermangelung von Durch- und Überblick. Man kann ihnen diesen faux pas auch wahrlich nicht übelnehmen, denn keiner der Berichterstatter war Psychiater oder Neurologe, und die äußere Darstellung des Krankheitsbildes war, wie man zugeben muß, tatsächlich dazu angetan, den Eindruck entstehen zu lassen, hier müsse der Teufel im Spiel sein. Der bei den Essenern bestens ausgebildete Jesus weiß jedoch auf Anhieb, mit was er es hier zu tun hat und auch, wie dem Übel beizukommen ist. Ich kann es nicht beweisen, bin mir aber absolut sicher, daß der Eindruck der »Gewalt« wohl kaum allein dadurch entstanden sein kann, daß Jesus den Betroffenen nur lautstark mit Worten traktiert hat. Vielmehr glaube ich, daß er den Besetzten in sein hyperpotenziertes Energiefeld gezwungen hat, was für den unkundigen Zuschauer wie ein Ringkampf ausgesehen haben muß.

Immer, wenn Jesus heilte, »berührte« er oder wurde berührt, was er auch sofort registrierte, wenn es unbemerkt geschah. Sein Energiefeld war äußerst sensibel und konnte auch über Mittler wirken, wie die Geschichte der griechischen Mutter, die ebenfalls für ihre besetzte Tochter um Hilfe ansucht, beweist (Markus sieben, 24–30), und nicht nur das, er konnte es auch auf andere übertragen, wie zum Beispiel im neunten Kapitel des Lukas-Evangeliums gleich am Anfang nachzulesen ist. Nur bei Lazarus verwendet er ein anderes Mittel, wovon ich aber jetzt noch nicht berichten möchte, weil ich mir nicht in mein eigenes Alterswerk, das mit einer intensiven Auseinandersetzung mit der Bibel zu tun hat, pfuschen möchte.

Können Sie sich, die Sie vielleicht auch Leser meiner früheren Bücher waren, erinnern, mit welcher Vehemenz ich gegen das allzu frei präsentierte Angebot auf den Sektoren Pornographie und Gewalt gewettert habe? Damals wußte ich gar nicht, warum während des Niederschreibens so intensive Zorngefühle in mir hochstiegen. Inzwischen ist mir klar, warum dies geschah. Jeder Konsum dieser mißbrauchten Energie kann zu einer Schwächung Ihres Ich-Potentials führen und damit zu einer Herabminderung der ganzen Gruppe.

Es gibt Formen der geistigen Zerrüttung, die medizinisch nicht definierbar und auch nicht erkennbar sind, die aber gleichwohl die vorher ausführlich beschriebenen Übernahmen begünstigen. Es gibt gegnerische Gruppen, deren Hauptbeschäftigung und -vergnügen es ist, nach fehlorientierten Potentialen zu suchen und sie zu besetzen. Doch nicht immer ist es das leidige Laster, das diese Instabilität verursacht, sondern genauso häufig ist es die Angst, die zersetzt. *Sei fröhlich – fürchte dich nicht! Sei ohne Angst – liebe!* Ich weiß nicht, wie oft diese Aufforderung in meinen Durchsagen enthalten ist. Und wiederum ist es mir immer verständlicher, warum diese Mitteilung immer und immer wieder an mich durchgegeben wurde.

Ich will mich ja nicht ewig wiederholen, aber es drängt sich förmlich auf, noch einmal auf die allererste Durchsage aus dem Jahr 1971 hinzuweisen, deren vorletzter Satz heißt: *Habe also keine Angst, denn das ist das einzige, was unsere Verbindung stören und sogar unterbrechen kann.* Welche Verbindung? Die zu meinem Schutzgeist? Warum dann immer wir und unsere? Ist Ihnen eigentlich aufgefallen, daß unser Proband Erwin mit nur 86.000 Anteilen in der »Inkarnations-Schöpfkelle« vertreten war? Ursprünglich war sein Anteil an der Badewannen-Gemeinschaft doch 112.000 Anteile! Wo ist denn also bitte die Differenz von 26.000 Anteilen verblieben?

Ganz einfach! Die sind noch immer in der Badewanne. Und zum Glück sind sie dort verblieben, denn eben dieser Restbestand garantiert uns die Verbindung zu unserer »Familie«.

Doch nicht bei allen geht die Rechnung so glatt auf. Wenn wir uns doch noch einmal Leonard ansehen, dann stellen wir fest, daß er einen Teil seines Potentials bei Erwin eingeklinkt hat, einen anderen Teil jedoch schon vor längerer Zeit an Martha Argerich (hervorragende, weltbekannte Pianistin) vergeben hat, und außerdem einen erklecklichen Anteil in Lysethra investiert hat, die zur Zeit Erfahrungen auf einem Planeten namens Marduk sammelt. Außerdem wurde dem Antrag einer befreundeten Badewanne stattgegeben, die im Austausch mit dem sehr begehrten Potential ihres Mitgliedes Sokrates entsprechende Anteile von Leonard angefordert hat. So mischen sich die Badewannen untereinander, tauschen aus, verbessern das Erfahrungs- und Kombinationsmaterial und werden somit immer stärker und wehrhafter. Wieviele »Badewannen« gibt es denn nun eigentlich? Immer eine mehr, als wir zählen können, ist, glaube ich, die passende Antwort.

Wenden wir uns jedoch noch einmal dem Phänomen Gruppenherr zu. Wie wir erfahren haben, ist er der Inhaber der meisten bewußten Energieanteile, und das befähigt ihn natürlich zu einigen Exkursionen, die uns, dem untergeordneten Potential, vorerst noch nicht in diesem Maße zugänglich sind. Er kann nämlich auch Anteile in den Pool einbringen. Was ist der Pool? Der Pool ist ein übergeordnetes Riesenbehältnis, in das jeder hineinwill, der sich in einer Badewanne befindet. Warum?

Weil jeder, der Pool-fähig geworden ist, das Privileg besitzt, inkarnieren zu können, aber nicht zu müssen. Es ist mit Sicherheit anzunehmen, daß Steiner poolfähig ist, trotzdem ist er Gruppenherr meiner »Badewanne« gewesen, und ist außerdem auch noch momentan inkarniert, und er allein weiß, in wievielen Personen. Ein Hauptanteil jedoch, und das weiß nicht nur ich, steckt in einem 13jährigen französischen Kind. Wir haben also innerhalb der nächsten 30 Jahre Hochprozentiges aus dem südlichen Frankreich zu erwarten.

Genauso, wie es eine Hierarchie innerhalb der »Badewannen«, die wir ab sofort nur mehr Gruppen nennen werden, gibt, existiert auch eine hierarchische Ordnung, was die Gruppen unter sich angeht.

Die Gruppen sind energetisch durch eine ganz bestimmte Absichtsrichtung erkennbar abgegrenzt, trotzdem gibt es Überlappungen der verschiedensten Gruppen, die absichtsmäßig miteinander korrelieren.

Die Qualität jeder einzelnen Gruppe resultiert aus den Bemühungen der einzelnen Mitglieder, unbewußtes Potential ins Bewußtsein zu bringen. Das ist gar nichts besonders Aufsehenerregendes. Das tun Sie (hoffentlich) jeden Tag. Es heißt bei uns lernen.

Wir übernehmen bestehende Wissenspotentiale, um sie in der Materie zu verwenden. Je intensiver und zielstrebiger wir mit einem einmal ins Auge gefaßten Potential umgehen, um so größer ist die Chance, daß wir es ein für allemal in unser eigenes Potential eingegliedert haben und bei Bedarf jederzeit abrufen können. Beispiel: »Mein Gott, ich hätte nie gedacht, daß ich so leicht Russisch lerne.«

Dies kann nur ein Mensch sagen, der in früheren Inkarnationen sich bereits mit dieser Sprache beschäftigt hat und diese Erinnerung in diesem Leben praktisch nur mehr aufleben lassen brauchte. Oder er hat in seiner persönlichen multimedialen Zusammensetzung (Schöpfkelle) jemanden enthalten, der diese Erinnerung abgespeichert hat, die er nun für die Durchsetzung seines Programms nutzen kann. Behauptet jemand von sich, total sprachunbegabt zu sein, dann sagt er damit nichts anderes, als daß er weder jemanden mitgebracht hat, der in dieser Richtung abgespeichert hat, und daß er selbst auch kein diesbezügliches Erinnerungspotential aufzuweisen hat. Dann bleibt ihm nichts anderes übrig, als zu ochsen, und mühsamer als andere, Erfahrenere, einzuspeichern. Oder – er hat poolfähige Anteile mitgebracht und damit den Generalschlüssel ins Kollektiv.

Das ist ein weiteres Privileg des Pools, daß seine Mitglieder Zugang zum Kollektiv haben, also zum generellen Wissenspotential des Kosmos. Das sind dann die Menschen, die wir als genial bezeichnen: ungeheuerlich kombinationsfähige, sogenannte hochintelligente, jedoch zumeist etwas sehr eigenartig anmutende Personen, die selten in der Lage sind, ihre Möglichkeiten universell zu nutzen, sondern fast immer das sind, was wir so respektlos als »Fachidioten« bezeichnen. Recht oft sind jene Leute unentwegt zerstreut (an ihrer Umwelt nicht interessiert, mit anderen Worten) und emotional nicht unbedingt mit umwerfenden Ausdrucksformen gesegnet. Auf gut Deutsch, es sind die reinen Egozentriker.

Aber es gibt und gab auch andere. Nehmen wir ein Beispiel, einen Menschen, den wir alle kennen: Johann Wolfgang von Goethe, für mich der Inbegriff einer genialen Inkarnation im besten Sinne. Wie war dieser Mensch? Als erstes kann man von ihm sagen, daß er kein Kind von Traurigkeit war, den weltlichen Genüssen zugetan und ein bewundernder Verehrer veredelter Weiblichkeit, ein Anspruch, der ihn nie zum gedankenlosen Konsumenten hat werden lassen. Er machte sich Gedanken, und zwar um jede und bei jeder Beziehung, die er hatte, ein Wesenszug, von dem wir heute noch profitieren, wenn wir an die subtil gezeichneten Frauengestalten seiner Stücke, allen voran das Gretchen, denken.

Als zweites kann man, ohne sich damit einer Diskussion auszusetzen, behaupten, daß die Eltern Goethes keine Geisteskoryphäen waren. Sein Vater, ein Jurist und kaiserlicher Rat, war eher bourgeois gepolt und pedantisch veranlagt, während die Mutter genau so war, wie in seinem Gedicht über die Zusammensetzung seiner Persönlichkeit beschrieben: Vom Mütterchen die Frohnatur, die Lust zu fabulieren...

Er hätte also die Möglichkeit gehabt, ebenfalls als Jurist sein Erdendasein zu verbringen und wohlhabend-dicklich irgendwann das Zeitliche zu segnen. Jedoch – da war seine inkarnative Absicht, die hungrig nach Wissen, Bildung, Sprache, Schönheit und Gefühlen in aller Vielfalt ihres Ausdrucks war. Auf das Signal dieser Schwingung antwortete als erster der Graf Thoranc (nicht Thorane, wie meist falsch angegeben), der ihn ins französische Theater mitnahm und damit eine Leidenschaft nährte, die früher schon beim Puppentheater begonnen hatte. Ich werde jetzt nicht alle aufzählen, die auf das Signal geantwortet haben oder auf deren Signale er reagierte, aber Herder muß genannt werden, ohne den Goethe vielleicht nie der Gigant geworden wäre, als der er uns heute noch erscheint. »Es kann die Spur von seinen Erdentagen nicht in Äonen untergehn.«

Was macht nun eigentlich das Gigantische an diesem Menschen Goethe aus, was führte zu diesem unauslöschlichen Eindruck, heute noch so existent wie vor hundert, zweihundert Jahren? Nein, nicht seine Theaterstücke. Sie sind nur das Ergebnis. Das wirklich Gigantische war seine universelle Neugier, sein nie abnehmender Drang, sich weiterzubilden, und zwar auf allen Gebieten, und seine Gabe, die Zeichen zu sehen, die richtungsweisend an seinem Lebensweg auftauchten.

Wie sagte die Wesenheit, die sich Steiner nannte: *Du mußt lernen die Zeichen zu erkennen (1.) und richtig zu deuten (2.) sonst haben wir (!) keine Chance.* Schon wieder dieses Wir. Nein, kein pluralis majestatis, auch kein vertrauliches Ich und Du, und schon gar nicht dieses plumpe Wir, das wir aus dem Satz kennen »Na, wie geht es uns denn heute?«

Ich kann es Ihnen leider nicht ersparen, aber Teil eins der Eintrittskarte in den Pool ist ausschließlich über diese Zwischenstelle Bewußtsein, und zwar ein geschärftes, kombinationsfähiges, kreatives und sozial gefärbtes Bewußtsein, zu erhalten. Also heißt die Devise: Potential füttern, Potential füttern und nochmals Potential füttern.

Der Lohn für die unablässige Mühe heißt dann: Potential austauschen können und neues Potential beliebig anfordern dürfen. So tut es sich auf, das Tor zum Pool, und nicht anders. Das heißt jetzt aber nicht, daß Sie ab sofort wie ein Wahnsinniger Bildung in sich hineinprügeln, wahllos und unkontrolliert, sondern der Trick besteht darin, Absicht, Programm und Zielvorstellung zu koordinieren. (Stimme aus dem Hintergrund:

Wo bleiben denn die Schutzgeister? Geduld, Geduld...) Frage: Wie koordiniert man? Die Voraussetzung, für eine erfolgreiche Koordination besteht in einer Klarstellung der Absicht: Was will ich wirklich (wir-kl-ich)? Wer bin ich eigentlich (eigen-tl-ich)?

Dies sind die zwei Fragen, die zuerst geklärt werden müssen. Denn wenn Sie nicht wissen, wer Sie sind und worin Ihre Aufgabe auf dieser Welt besteht, dann haben Sie noch nicht einmal die Chance, in eine besonders hochkarätige (hochbewußte) Gruppe zu kommen oder innerhalb Ihrer Gruppe aufzusteigen, ganz zu schweigen vom Pool. Wie finde ich heraus, was meine Absicht (Abs-ich-t) ist? Indem Sie Ihre Talente klären, ist die Antwort. »Ich bin so untalentiert«, ist oft die Antwort auf diese Aufforderung. Übersetzt heißt das: »Ich bin so unbewußt.«

Jeder Mensch hat Talente. Es muß ja nicht gleich so auffallend sein wie bei Anne-Sophie Mutter oder Reinhold Messner oder Karl Lagerfeld, um mal drei ganz verschiedene Gebiete zu verwenden, die auch noch sehr differenziert in ihrer Darstellung nach außen sind. Frau Mutter braucht eine Geige, Herr Messner einen Berg und Herr Lagerfeld Kleider, um sich und das Talent darzustellen. Völlig in Ordnung, nur, es geht auch anders.

Nehmen wir einmal an, daß schon seit Ihrer Kindheit auffällig war, daß Sie Streit sehr schlecht vertragen konnten und ein begabter Schlichter von Unstimmigkeiten waren. Das ist ein Talent, zum Beispiel. Warum, um Gottes willen, sind Sie dann Sekretärin geworden? Nur, weil man Ihnen erzählt hat, daß dies eine gesicherte Existenz sei? Es ist erschütternd zu sehen, wie es die Urängste des Menschen sind, die den Menschen hauptsächlich seine Talente verraten lassen. Urängste wie: Verhungern, Erfrieren, Revierverlust, Geruchsverlust, Schlafstellenverlust.

Revierverlust stellt sich heute als Verlust des sozialen Umfeldes dar, während der Geruchsverlust zur Minderung des gesellschaftlichen Ansehens mutiert hat. Schlafstellenverlust ist das Nicht-mehr-bezahlen-können einer repräsentativen Wohnung geworden, nur Verhungern und Erfrieren ist das geblieben, was es immer war: lebensbedrohlich. Deswegen sind Sie heute nicht das, was Sie sein könnten und, vor allem, sein sollten.

Wer sagt denn, daß Sie als Eheberater nicht ebenso gesichert leben können wie als Sekretärin? Es gibt staatlich angestellte Eheberater, im Beamtenverhältnis. Aber auf die Idee ist niemand bei Ihnen zu Hause gekommen, als Sie jung und suchend waren, weil niemand aus Ihrem Umfeld weder dieses Talent des Vermittelns selbst besaß, also nicht projizieren konnte, noch es bei Ihnen bewußt erkannt hat. Das war nur ein Beispiel, und dabei soll es auch bleiben, obwohl die Exempelliste ad infinitum fortgeführt werden könnte. Überflüssig, Sie haben sicher verstanden, was ich meine.

Gott schützt die Mutigen, kann ich Ihnen nur sagen, und die, welche unbeirrt ihre Absicht verwirkl-ich-en.

Der Lacherfolg meiner frühen Vorträge war immer eine Wiedergabe der Gespräche zwischen meiner sicherheitsbedürftigen Mutter (mein Gott, Gertele, von was wirst du denn leben, wenn du alt wirst??) und mir, die ich wildentschlossen war (bin), meine Inkarnations-Absicht zu leben. Beide haben recht. Aus ihrer Sicht heraus beurteilt, muß meine Form der Existenz für meine Mutter, deren Absicht von meiner grundverschieden ist, geradezu grauenerregend sein. Sie wollte ein Heim, einen Mann, Sicherheit und das Wissen, wo sie hingehört und woher das Geld am nächsten Ersten kommt. Völlig legitim. Sie teilt diese Absicht mit hunderttausenden von Frauen auf dieser Welt. Und ohne diese Frauen hätten wir längst die größten sozialen Schwierigkeiten, weil der kompakte Zusammenhalt eines Staates eben bis in alle Ewigkeit Amen zuallererst in der funktionierenden Familie zu suchen ist. Wie hieß es in Sozialkunde: Die Familie ist die Keimzelle eines jeden gesunden Staatsgefüges.

Es ist nun nicht so, daß ich nicht in meiner Brust ein leises und mitunter wehes Sehnen nach Heim, Hof und Herd latent verborgen hätte (mach dich nicht lustig, Gertrud), jedoch hat die Intensität meiner Absicht es doch tatsächlich geschafft, diese Gefühle in den Hintergrund zu drängen, zugunsten beinahe männlich anmutender Charaktereigenschaften. In den Augen einer Frau mit der gleichen Absicht wie meine Mutter muß ich entweder eine Fehlkonstruktion, ein Hasardeur oder der Inbegriff einer Erkämpferin einer neuen Form von Frau sein. All dieses bin ich nicht. Ich folge einfach nur meiner inneren Stimme.

Ich möchte kein neues Frauenbild schaffen, noch den Männern die Butter vom Brot kratzen, noch ist meine Lebensform die Folge einer genetischen Fehlleistung. Ich tue einfach nur, was ich für richtig halte. Und damit habe ich schon sehr früh meine Familie zur Verzweiflung gebracht, was mir nachträglich wirklich ausgesprochen leid tut, denn meine Familie besteht aus lauter äußerst netten Leuten, denen man nichts Böses wünschen möchte. Nur, was kann ich dafür, daß diese lieben Menschen ausgerechnet das genetische Grundmaterial anzubieten hatten, dazu noch in haargenau der kosmischen Konstellation, die ich benötigte? Oh, wie klingt das undankbar und gefühllos! Da hat jemand völlig kalkulativ materielles Potential benutzt, um seine Inkarnationsabsicht durchzusetzen. Nur keine Vorwürfe, liebe Leser, denn genau das haben Sie alle auch getan.

Wie spricht der Prophet in Khalil Gibrans gleichnamigem wunderbaren Werk: »Eure Kinder sind nicht eure Kinder…«

Wie wär' es denn, wenn wir diesen Satz einmal ein bißchen herumdrehen würden. Dann hieße er nämlich: »Eure Eltern sind nicht eure Eltern…!« Und schon kollidieren wir mit einem der zehn Gebote: Du sollst Vater und Mutter ehren!!! Das klingt bedrohlich. Denn was tue ich, wenn mein Vater ein übler Schlägertyp ist, der säuft und davon lebt, andere Menschen zu betrügen, oder meine Mutter eine charakterlose Ausbeuterin von Männern ist, stinkfaul und spekulativ?

Nun, Gottseidank hat mir der Herrgott dieses erspart und es mir leicht gemacht, meine Eltern zu lieben, aber nehmen wir doch noch einmal an, es wäre anders, eben so, wie oben beschrieben. Was dann?

Dann liebe und ehre ich meine Eltern eben *nicht,* weil sie es dann eben nicht verdient haben. Auch Kindesliebe, genau wie Elternliebe, muß man sich verdienen. Nichts ist schrecklicher als diese selbstverständliche Familienliebe, die nach außen hin demonstriert wird, wie eine gekonnte Inszenierung: »Egal, was da komme, wir lieben uns, und weh dem, der uns in die Quere kommt!« Aus solchen Familienverbänden kommen die meisten gestörten Menschen mit depressiven, suizidalen und oft auch sadistischen oder masochistischen Anzeichen. Warum? Es ist gegen die menschliche Natur, etwas zu lieben, was gegen die eigene Absicht wirkt, und das tun 85 Prozent aller Familienmitglieder untereinander.

Man hält den Mund, denn man liebt sich ja ach so tief, und innen drin wuchern die Haßgefühle, das Nicht-Vergessenkönnen, der Neid und die Schadenfreude. Eine wunderbare Basis für Liebe! Liebe Deinen Nächsten wie Dich selbst! So sprach Jesus, der Christus. Er vergaß hinzuzufügen: »Und wenn Du dazu nicht imstande bist, dann meide diesen Nächsten so lange, bis Du reif genug bist, gleich-gültig zu werden.« Und verschone ihn mit Deiner verkrampften verlogenen Liebe. *Das* wäre Nächstenliebe. Und alles andere ist Heuchelei.

Übrigens, zur allgemeinen Beruhigung: Das vierte Gebot lautet: Du sollst das Männliche und Weibliche achten, damit Du in Frieden mit der Polarität leben kannst. Von Vater und Mutter war im direkten Sinn nicht die Rede. Diese Entscheidung gehört nämlich in den freien Willensbereich, von dem wir jetzt ausführlich sprechen werden. (Stimme aus dem Hintergrund: *Wann kommen denn jetzt endlich die Schutzgeister? Geduld...*)

284

Der freie Wille! Was ist über ihn nicht schon alles geschrieben, philosophiert und behauptet worden! Das höchste Gut des Menschen – der freie Wille! Und führe uns in der Versuchung... (Nicht: Und führe uns nicht in Versuchung. Gott hat keinerlei Absicht, uns in Versuchung zu führen.)

Was haben die Versuchung und der freie Wille miteinander zu tun? Der Freie Wille hängt immer mit Entscheidungen zusammen. Je weniger geschult ich bin, desto länger dauert die Entscheidung, und desto fehlerhafter kann sie sein. Je erfahrener ein Mensch ist, desto weniger wird er sich entscheiden müssen, sondern es wird von Anfang an klar sein, in welche Richtung er zu gehen hat, weil er die übergeordneten Gesetze kennt und den Ablauf im voraus kalkulieren kann.

Ich versuche gerade, Ihnen die Form der Willensausübung verständlich zu machen, die im Pool allgemein üblich ist. Ich bin sicher, Sie haben längst begriffen, daß Wesenheiten, die den Pool bevölkern, der Erkenntnis Gottes näher sind als wir. Sie haben diese Erkenntnis erlangt durch Bewußtsein. Durch dieses Bewußtsein haben sie sich in hohem Maße in den göttlichen Plan integriert und sind somit ein Bestandteil davon geworden. Sie leben im Willen Gottes, weil ihr Bewußtsein sie hat erkennen lassen, daß der »Wille« Gottes quintessentiell ist. Das erspart diesen Wesenheiten, eine Willensform in der Weise zu pflegen, wie wir sie kennen.

Ich werde nie den Aufstand vergessen, den zwei distinguierte Herren einmal in einem Vortrag während einer sogenannten esoterischen Messe machten, als ich sagte: »Engel haben keinen Willen und kein Gefühl.« Bevor ich überhaupt erklären konnte, warum, ziehen sie mich des Unverstandes und verließen laut lamentierend den Saal, als seien sie die beiden Erzengel Gabriel und Michael persönlich. Die wären nicht gegangen. Die Engel *leben* nämlich im Willen Gottes (Dein Wille geschehe!), was ihnen erspart, Gefühle zu haben.

Gefühle sind veränderlich, sie haben mit dem Planeten Mond

zu tun und mit dem Milzchakra, in dem auch die Phantasie, aber auch der Wahn-Sinn, der Irrtum und die Selbstbeschönigung sitzen.

Ich gebe Ihnen ein Trivial-Beispiel, um Ihnen die Zusammenhänge verständlicher zu machen. Stellen Sie sich vor, Sie haben auf der Autobahn einen Unfall. Ihr Beifahrer, der auch noch ein lieber Angehöriger ist, liegt schwerverletzt am Boden, und Sie, der Heilkunde nicht mächtig, knien völlig verzweifelt neben dem Regungslosen. Was ist Ihnen lieber? Jemand, der anhält, die Hände über dem Kopf zusammenschlägt, in lautes Jammergeheul ausbricht, den Tag verflucht, der Ihnen dieses Unheil brachte und schließlich in Tränen aufgelöst neben Ihnen niedersinkt, oder würden Sie jemanden vorziehen, der aussteigt, ohne viele Worte den Verletzten in die richtige Lage bringt, ihn zudeckt, einen Krankenwagen organisiert und Ihnen selbst Kaffee aus der Thermosflasche gibt? Dreimal dürfen Sie raten, wer von den beiden es wohl schafft, Ihrem Beifahrer das Leben zu retten. So sieht das aus mit den Gefühlen.

Eine Wesenheit, die im Willen Gottes lebt, braucht keine Gefühle, denn sie lebt inmitten der Erkenntnis. Das heißt nicht, daß sie nicht Anteil nimmt und auch Ihre Situation mitfühlen kann. Ihr Reifegrad erspart jedoch die Labilität und die Schwankungen und auch die Instabilität, die Gefühle mit sich bringen.

Diese Eigenschaft ist es, die unsere geistigen, schützenden Begleiter zu hochqualifizierten Helfern macht. Wir müssen endlich aufhören, unsere kleingeistigen weltlichen Vorstellungen auf die aufgestiegenen Entitäten zu projizieren. Das ganze Leid auf dieser Erde kommt ausschließlich aus dem Zusammenspiel der beiden Faktoren Willen und Gefühl.

Wille hat immer mit Macht (M – acht, M – 8) zu tun, und es würde sich sehr lohnen, wenn Sie gerade in diesem Moment eine kreative Meditationspause einlegen würden, und über Willen, Macht und die darin enthaltene Zahl Acht nachdenken würden.

Wille ist ein Ausdruck von Polarität: Ich will – ich will nicht. Positive Entscheidung – negative Entscheidung. Wer weiß es schon.

Die Zeit kann uns lehren, daß eine einst als positiv empfundene Entscheidung sich im nachhinein als katastrophaler Fehlgriff herausstellt. Die Kunst der absolut richtigen Entscheidung besteht darin, völlig emotionslos auf der Basis der Erfahrung mit Hilfe von Intuition die Quintessenz der Forderung des Moments zu erkennen und ihr zu entsprechen. Das ist der berühmte Schnittpunkt der Acht, in dem sich die beiden Konträrenergien Positiv-Negativ gegeneinander auflösen.

Sie werden niemals auch nur in die Ahnung dieser Schnittpunkts-Energie kommen, solange Sie noch ihrem Willen und Ihren Gefühlen ausgeliefert sind.

Wer begriffen hat, daß ein Meister des Ich nur der sein kann, der diese beiden Komponenten in sich auflöst, sie völlig überwindet, der wird auch begriffen haben, daß dies der Weg ist, um sich aus der Kette der Wiedergeburten herauszulösen und aufzusteigen in ein höheres Bewußtsein, das all diese Dinge nicht mehr benötigt, weil es das Ich überwunden hat, was die Voraussetzung ist, um überhaupt in diese Dimension vorzudringen, die ich mit »der Pool« bezeichne. Solange wir in uns noch das Bedürfnis tragen, Eigen-Willigkeit auszuüben und Emotionen auszuleben, solange müssen wir in der Materie eines Besseren belehrt werden, ein Vorgang, der mühsam, schmerzlich und wunderbar ist. Es ist unsere Pflicht, in dieser Erkenntnis jede unserer Inkarnationen zu leben, ihren Auftrag zu erfassen und zum Wohle der Gemeinschaft umzusetzen.

Solange wir unsere Inkarnationen als Ego-Trip, als grandiose Selbst-Darstellungsorgie vertun, solange sind wir für unsere Gruppe ein Hemmschuh, eine Belastung und ein Minderungsfaktor der hohen Absicht, die der Schlüssel ist, der uns die Welt des göttlichen Willens eröffnet. »Zu uns komme Dein Reich, Dein Wille geschehe, im Himmel, wie auf Erden.« Wir sollten dieses Gebet immer bewußter sprechen, denn es enthält alle Informationen, die wir benötigen, um uns aus dem Kreis des Nicht-Loslassenkönnens herauszulösen. Neben der Bergpredigt ist es das größte in Worte gekleidete Geschenk, das uns Jesus, der Christus, hinterlassen hat.

Wir sind nun an einem Punkt angelangt, wo wir uns fragen dürfen, was sich über der Welt des »Pools« abspielt. Wohin gelangt eine Wesenheit, die so weit entwickelt ist, daß sie noch weiter aufsteigen kann? Im Hause meines Vaters sind viele Wohnungen... Ich werde mir keinesfalls anmaßen, Ihnen zu erklären, was sich im reinen göttlichen Bereich abspielt. Zwischen dem, was wir Menschen sind, und dem, was sich in dieser Dimension abspielt, ist ein so gewaltiger Unterschied, daß ein Menschenhirn es nicht fassen kann. Keiner, der nicht freiwillig hier auf dieser Erde seine Reifung durchlebt, hat auch nur eine Ahnung davon, wie sich diese Form des göttlichen Bewußtseins darstellt.

Und da es allzu offenkundig ist, daß ich selbst jemand bin, der wohl kaum die Wahl hatte, was den Aufenthalt auf diesem Planeten betrifft, deswegen werde ich mich begnügen, von dem zu berichten, was einem Inkarnationspflichtigen zugänglich und nützlich sein kann.

Die Kabbalah – Wirr-Warr oder kosmische Universalphilosophie?

Warum, kann ich heute nicht einmal mehr genau sagen, aber nach ungefähr zehn Jahren sogenannter esoterischer Studien war mir klar, daß ein Weiterkommen ohne ein Verständnis der Kabbalah nicht möglich war.

So ging ich also in die einschlägigen Buchhandlungen und versorgte mich mit diesbezüglichem Buchmaterial. Ich war damals noch nicht dreißig Jahre alt und kannte die Kabbalah nur vom Hörensagen. Ich setzte mich also über meine neuerworbene Bibliothek, unter der sich Werke des Golden Dawn, der berühmten Papus, der Sohar, die Kabbalah Denudata von Rosenroth und auch ein soeben erschienenes Buch in englischer Sprache *Way of the Kabbalah* befanden. Ich las sie alle. Eingehend und mit dem zähen Willen, durchzuhalten und zu verstehen. Als ich fertig war, hatte ich ein umfangreiches theoretisches Wissen, kannte sämtliche Welten unter sämtlichen hebräischen Namen samt aller Gottheiten, beherrschte die Gematria, die Kunst der Zahlen und Buchstaben, von hinten und von vorne, konnte das Diagramm des *Baum des Lebens*, das graphische Symbol dieses metaphysischen Systems, im Schlaf zeichnen und war letztendlich so klug als wie zuvor.

Zusammengefaßt bot sich mir ein solch unterschiedlicher und unbeschreiblicher Wirr-Warr, mit gegensätzlichen und unvereinbaren Behauptungen, Anweisungen und Diktionen, daß ich zu dem Schluß kam, daß ich mich wohl selber auf die Suche machen mußte, um meine eigene, ganz individuelle Kabbalah zu erfahren, um dann, viel später, das Gelesene vielleicht einmal wirklich zu verstehen.

Ich suchte und suchte und erfuhr nichts.

So fing ich an, um einen Lehrer zu beten. Und siehe da, es dauerte nur sieben Jahre und schon hatte ich ihn. Er lehrte mich die

Kabbalah aus jüdischer Sicht, seiner eigenen Religion gemäß, was mitunter zu temperamentvollen Diskussionen führte, da ich der Ansicht war und bin, daß die Kabbalah zwar von den Juden hermetisch bewahrt worden war, daß sie aber in dieser Bemühung bei weitem nicht die einzigen gewesen waren. Da gab es noch die Rosenkreuzer, den Orden des Golden Dawn, die Freimaurer (die echten meine ich, nicht diese Wirtschafts-Clubs, die sich Freimaurer nennen) und noch einige magische Zirkel, deren Namen ich nicht zu nennen befugt bin. Das hörte mein Lehrer gar nicht gern, denn er behauptete, daß Gott diese Lehre höchstpersönlich dem Moses übergeben hätte, und zwar auf dem Berge Sinai. Darüber gerieten wir uns regelmäßig in die Haare, weil ich ein respektloser Beweisforderer bin, und auch eine weitere Behauptung, Gott hätte diese Lehre direkt an seine Engel gegeben, die sie an uns weitergeleitet haben, konnte mich nicht wirklich befriedigen. Schließlich einigten wir uns, daß die Kabbalah eine Religionsphilosophie mit universellem Charakter sein könnte.

Damit streifte mich zum ersten Mal der Hauch kabbalistischer Denkfreiheit. Ich war zwar willens und bereit, alles anzuhören, und drückte auch stündlich meine Dankbarkeit aus, aber immer unter der Prämisse, das Erlernte völlig individuell interpretieren zu dürfen.

Nach weiteren sieben Jahren gestanden wir uns gegenseitig zu, voneinander viel gelernt zu haben, wobei ich zugeben muß, daß mein Lehrer ein ausgesprochen höflicher Mann war.

Mein theoretisches Wissen, aber auch meine ganz individuellen Erfahrungen mit der Kabbalah haben manchmal zu eigenwilligen Thesen geführt, von denen ich keinesfalls verlange, daß Sie sie übernehmen. Darüber nachdenken – ja! Fraglos konsumieren – nein!!! Das sollte übrigens für die gesamte sogenannte esoterische Literatur gelten. Die eigenwilligste Änderung bezieht sich auf die Gematria, die Buchstaben- und Zahlenmystik der Kabbalah, die so, wie sich das manche vorstellen, wohl nicht ganz funktionieren kann.

Heute wage ich zu behaupten, daß ein wirkliches Verständnis dessen, den wir Gott nennen und seines Schöpfungsplanes sowie der Struktur des Mikro- wie des Makrokosmos ohne die Kabbalah nicht möglich ist. Genauso bin ich jedoch der Ansicht, daß ohne naturwissenschaftliche Studien wiederum eine wirkliche Umsetzung der Kabbalah nicht möglich ist. Wer das Glück hatte, das grandiose Buch *Die Quantengötter* von Jeff *Love* zu ergattern, bevor der Rowohlt-Verlag es als »weniger gut verkäuflich« von der Liste strich (so verschwinden Jahrhundertwerke im Keller), der wird genau verstehen, was ich meine.

Ich will ja nicht schon wieder in sämtliche Fettnäpfchen treten, aber es muß doch einmal gesagt werden, daß auch die uralte, ehrwürdige Kabbalah einer geistigen Evolution unterworfen ist – bei aller Liebe und aller Wahrung von Tradition. Manche Leute vergessen, daß dieses System wie ein lebendiges atmendes, pulsierendes Wesen ist, das in sich tausend Formen der Darstellung verborgen hat. Ewiges Festhalten an einer jahrtausendealten Darstellung zwängt dieses mutierende Zaubergefüge in ein Korsett, das es weder verträgt, noch verdient hat. Aus diesem Grunde – lesen Sie bitte keines der am Anfang des Kapitels angegebenen Bücher, sondern holen sie sich das wirklich begriffene Werk von Will Parfitt *Die persönliche Kabbalah,* oder Katja Wolff's witzige und gescheite Aufschlüsselung *Der Kabbalistische Baum.*

Und wenn Sie das alles gelesen haben, dann quälen Sie den Rowohlt-Verlag so lange, bis er sich entschließt, *Die Quantengötter* wieder aufzulegen, denn (Entschuldigung die Herren Gershom, Halevi, Franck und Papus) dieses Buch ist tatsächlich imstande, alle anderen zu ersetzen. Ich höre den Entsetzensschrei der Kabbalisten wohl, jedoch glaube ich, daß das Lesen und immer wieder Lesen und Nachbabbeln des unverständlichen, zum Teil mit Absicht »vergeheimnißten« Zeugs die Expansion dieser Philosophie seit langem behindert hat.

Je älter ich werde, desto weniger Zeit habe ich, um sie mit

nutzlosen Diskussionen zu vertun. Deswegen sage ich es auch gleich klar und deutlich: Ich akzeptiere nur wenige Bücher über die Gematria. Zu diesen wenigen gehören Ernst Bindels *Geistige Grundlagen der Zahlen* und Hermann Kisseners *Lebenszahlen*. Viel Freude habe ich auch an der symbolpsychologischen Geburtsdatenanalyse von Dr. Hans Endres und Udo Bender gehabt. Hinter all diesen Büchern verbergen sich lebhafte, universell denkende Geister, die zwar alle die handwerkliche Basis der traditionellen Kabbalah benützen, aber sich dann entschlossen weiterzudenken, was ich persönlich außerordentlich schätze. Wer außerdem glaubt, in der Gematria ausschließlich mit Hilfe der hebräischen Zahlenliste und des Baums des Lebens herumpfuschen zu können, dem muß ich leider die bittere Wahrheit weitergeben, daß es ohne Geometrie und Arithmetik nicht geht. »Z'erscht lernscht dei Handwerk, und nachat kannscht intuitiv sein«, könnte man den berühmten Satz meiner Erzieherin in diesem Bedarfsfall ummodeln.

Also bitte, sollten Sie sich jemals entschließen, ernsthaft mit der Kabbalah und ihrem Teilgebiet Numerologie umzugehen, dann besorgen Sie sich die erwähnten Bücher, beten Sie um einen Lehrer und unterlassen Sie es vor allem, diese Lehren nur zum Herumspielen mit den Daten irgendwelcher Liebhaber zu mißbrauchen. Vergessen Sie nie: Die Kabbalah ist ein lebendiges Wesen und nimmt derlei Mißbrauch sehr übel. Soviel zu der Magie der Kabbalah, für den Kenner vollendet dargestellt übrigens in dem Film *Fanny und Alexander*. Die Kundigen werden genau wissen, was ich meine. Doch, »z'erscht lernscht...« Ich verspreche Ihnen eines. Wenn Sie heute ganz ernsthaft mit diesem Wissengebiet anfangen, dann werden Sie in 20 Jahren unglaublich viel Freude an Bardon's normalerweise unverständlichem Werk *Die Praxis der magischen Evokation* haben.

Wo die Schutzgeister bleiben? Die Kabbalah bietet Wege der geistigen Erfassung des Geheimnisses der Schutzgeister wie kein anderes System dieser Welt. Alle Wege führen nach Rom, die

Namen der Hauptstraßen sind und bleiben Kabbalah und Meditation, und zwar die von mir bevorzugte kreative Meditation.

Befürchten Sie nun nicht, daß ich Sie mit mathematischer Akribie und quantenphysikalischen Formeln malträtieren werde. Ich habe nicht vergessen, wie schwer mein eigener Anfang war. So lange ist das nun auch nicht her... Da es mir vor allem um Ihr bewußtes Wahrnehmen Ihres Ich und Ihres Selbst geht, aus dem sich dann ein ganz natürliches Verständnis Ihres sogenannten Schutzgeistes ergibt, werde ich mich voll und ganz auf diese Thematik konzentrieren und überlasse es dann Ihnen, wie weit Sie sich weiter spezialisieren wollen, mit oder ohne Kabbalah. Da dieses Buch auch nicht dazu gedacht ist, die Kabbalah an und für sich zu erklären (ich bräuchte acht Bände oder einen einzigen Super-Band, um das zu schaffen), sondern nur einige darstellerische Hilfsmittel verwendet, um Ihnen das Verständnis zu erleichtern, sind Sie auch sicher vor allzu gutgemeinten kabbalistischen Höhenflügen.

Sprechen wir also zunächst von Gott und der Welt, oder besser, von den vier Welten, die ich bis jetzt erwähnt habe. Die unterste dieser vier Welten (IV) war die Welt der Materie, die sich der inkarnierte Mensch im Auftrag Gottes untertan machen sollte. Die nächste Welt (III) war die Welt der zum Teil inkarnierten, fleischgewordenen Geistwesen, welche sich durch die Konfrontation mit der Materie weiterbilden und prüfen sollen.

Die darüberliegende Welt (II) ist die Welt der aufgestiegenen Geister, die zu ihrer Reifung und Weiterentwicklung die Materie, wie sie in den ersten zwei Welten beschrieben ist, nicht mehr direkt benötigen, jedoch indirekt durch sie wirken.

Die höchste und letzte Welt (I) ist die göttliche und für den Menschengeist nicht erfaßbare Welt, die man im Gegensatz zu Badewanne und Pool als Ozean bezeichnen könnte. Aus dieser Welt kommt alles, sie enthält alles, und alles wird in sie zurückkehren zur rechten Zeit.

Welches ist nun die Welt der Schutzgeister? Schutzgeister sind, was die persönlichen Protektoren betrifft, in der zweiten und dritten Welt zu suchen.

Wir haben vorher erfahren, daß es zwischen der zweiten und dritten Welt fließende Übergänge gibt. Es gibt inkarnierte Wesenheiten, die trotz ihrer materiellen Darstellung auf dieser Erde in hohem Maße Anteile dieser II. Welt in sich tragen. Dadurch sind sie zuweilen befähigt, außergewöhnliche Dinge zu vollbringen, wie zum Beispiel Heilungen und Materialisationen von Gegenständen. Auch die Bilokation und präkognitive Mitteilungen prophetischen Inhalts gehören zu den Ausdrucksformen dieser Inkarnationen, die von uns noch nicht so weit Entwickelten als Halbgötter angesehen werden.

Diese Menschen können durchaus Schutzengel-Charakter haben. Wenn ich allein daran denke, wieviele Menschen mir von einer Wandlung ihres Lebens durch Sai Baba oder Daskalos berichtet haben, dann kann man ruhig annehmen, daß sich unsere Schutzgeister nicht nur in der unsichtbaren Dimension bewegen, sondern durchaus auch die Möglichkeiten einer solchen Darstellung wahrnehmen.

Daskalos, der zypriotische Lehrer und Heiler, behauptet von sich selbst, Gott zu sein, und ich sehe in diesem Ausspruch nichts Blasphemisches, denn der Ausspruch Jesu: »Ich und der Vater sind eins«, trifft genauso auf Daskalos und Sai Baba zu wie auf Sie selbst. Ohne den Göttlichen Funken in uns könnten wir gar nicht existieren. Der einzige Unterschied zwischen den aufgestiegenen Geistern und uns, den noch nicht so weit Entwickelten, ist, daß wir diesen Göttlichen Funken noch nicht vollständig in unser Bewußtsein aufgenommen haben und noch nicht in der Lage sind, ihn, in welcher Form auch immer, umzusetzen.

Wie kommen nun Schutzgeister zustande, und wie sind Sie ausgerechnet zu dem Schutzgeist gekommen, der Sie begleitet? Ich möchte Ihnen das Verständnis des Mysteriums wieder mit einer Geschichte erleichtern, die aus meinem Alltag stammt, meinem Vortragsalltag nämlich: Es war bei einem Abend in Hamburg, an dem ich schon mindestens eine Stunde gesprochen hatte, als sich eine Stimme im Publikum erhob und gereizt tönte: »Wann reden wir denn jetzt endlich von Schutzgeistern?« Ich kenne diese Fragen und diese Stimmen von Anbeginn meiner Vortragsarbeit und bin davon auch nicht mehr aus der Ruhe zu bringen. Ich sagte also ruhig, daß ich bereits seit ungefähr einer Stunde von nichts anderem spräche. Die Dame war überhaupt nicht der Ansicht, nein, meinte sie, ich hätte von Körper, Geist und Seele, von positivem Denken, von Krankheit und Berufswahl, aber nicht von Schutzengeln gesprochen.

In der berühmten 14. Reihe erhob sich mein Lehrer Anthony Kinsella, schritt auf die Bühne zu, erklomm sie trotz seiner Leibesfülle mit erstaunlicher Behendigkeit, lächelte freundlich, und sagte den unvergeßlichen Satz: »You must know, you are as good as your guardian angel, and your guardian angel is as good as you are. That's what Miss McLean is talking about since more than one hour.« (Sie müssen wissen, Ihr Schutzengel ist so gut wie Sie selbst, und Sie sind so gut wie Ihr Schutzengel. Und genau davon spricht Frau McLean nun seit mehr als einer Stunde.)

Dieser Satz hat die bemerkenswerte Eigenschaft, daß er sich in seiner Wirkung dem Reifegrad des Zuhörers anpaßt. Manche Leute verstehen absolut gar nichts, nach dem Motto: »Ich allein bin schon unfähig genug. Was hilft mir da jemand, der genau so unfähig ist wie ich?« Mir selbst war, als hätte jemand mit einem Vorschlaghammer auf eine bis dahin hartnäckige Verschalung meines Bewußtseins geschlagen, und ich verstand in derselben Minute: Mein Schutzgeist ist die energetische, geistige Entsprechung des edelsten Anteils meiner multidimensionalen Zusammensetzung. Je mehr ich in der Lage bin, meine edelsten, gütigsten und reinsten Bestrebungen zu aktivieren, in desto höhe-

295

re Schwingungen gelange ich, die mir wiederum ermöglichen, die Schwingungen der geistigen Entsprechung meines Höheren Ich wahrzunehmen.

In der nun fast schon obligatorisch gewordenen Trivialdarstellung stellt sich das etwa folgendermaßen dar: Stellen Sie sich vor, Sie können schon ganz nett Klavier spielen, möchten Ihr Können aber noch vervollkommnen, weil in Ihnen der Traum vom Dasein eines bühnenreifen Pianisten schlummert. Durch einen grandiosen Zufall erhalten Sie die Möglichkeit, bei einem Meister seines Fachs Unterricht zu bekommen, bei Herrn Gelber zum Beispiel. Bruno L. Gelber halte ich für einen der subtilsten und auch technisch bemerkenswertesten Pianisten unserer Zeit, und nun wollen wir einmal annehmen, daß er auch ein ganz hervorragender Lehrer ist.

Die erste Klavierstunde naht, Sie nehmen neben dem Maestro Platz am Klavier, und er fordert Sie auf, etwas zu spielen, von dem Sie selbst glauben, daß Sie es sehr gut können, Ihr Glanzstück sozusagen. Sie wählen die Beethoven-Sonate *Nr. 2, Op. 49, das Allegro, ma non troppo,* und spielen es, so gut Sie eben können.

Herrn Gelber stehen die dunklen Haare zu Berge beim Anhören Ihrer Darbietung, aber weder wird er Ihnen das sagen, noch wird er Ihnen gleich erzählen, wie fabelhaft er selbst dieses Stück beherrscht. Sondern er wird dank seiner Erfahrung, seines Beurteilungsvermögens und auch seines eigenen Könnens Ihren Reifegrad nach spätestens zwei Minuten richtig einschätzen und dann an diesem oder einem Ihrem Können angemessenerem Stück Takt für Takt sich vorarbeiten, Ihnen auch entsprechende Fingerübungen anempfehlen, die vielleicht nicht er selbst, sondern einer seiner fortgeschrittenen Schüler beaufsichtigen wird, und ab und zu wird man Sie auch alleine lassen, weil man Sie in Sicherheit im Übungsraum, wohlversorgt mit Anweisungen weiß.

Unbemerkt hat sich durch die Nebentüre ein ungebetener

Zuhörer eingeschlichen, der Ihnen eine Weile zuhört und irgendwann genauso unbemerkt, wie er gekommen ist, den Raum wieder verläßt. Er weiß nicht, welch großer Meister Ihr Lehrer ist, denn er hat ja nur das gehört, was Sie in dieser kurzen Zeit geübt haben. Er hat also nur die Möglichkeit, von Ihrem Können auf Ihren Lehrer zu schließen und, soweit er selbst des Klavierspielens mächtig ist, Ihr Können zu beurteilen.

Er weiß nicht, wie hinreißend und meisterhaft Herr Gelber Beethoven interpretiert, denn er hat ja nur Sie gehört, und wenn Sie nun ein miserabler, taktunsicherer und ausdrucksloser Klavierspieler sind, dann könnte es passieren, daß der unbemerkte Besucher den Eindruck bekommen hat, daß Ihr Lehrer auch nicht gerade eine Bereicherung der Carnegie Hall ist, weil er von Ihrem Können natürlich auf die Fähigkeiten Ihres Lehrers schließt.

Verstehen Sie, was ich meine? Herr Gelber kann so genial sein, wie er will. Er kann Ihnen sein Können nur so weit vermitteln, wie Sie es imstande sind aufzunehmen und umzusetzen. Wenn Sie überhaupt nicht nachvollziehen können, was er Ihnen anbietet, dann kann man wahrlich nicht Herrn Gelber die Schuld geben, sondern dann liegt es schon an Ihrer Unfähigkeit zuzuhören, vielleicht auch daran, daß Sie sich gerne vor den Übungsstunden drücken oder ganz einfach die gegebenen Aufgaben nicht erfüllen, lieber ein bißchen *On the sunny side of the street* spielen statt langweiliger, aber nutzvoller Tonleitern und Triolen.

Also: Ihr Lehrer kann sein Talent und Können nur soweit über Sie selbst zum Ausdruck bringen, wie Ihre eigenen Fähigkeiten reichen. Bilden Sie sich auch ja nicht ein, daß Herr Gelber auch nur eine einzige weitere Stunde mit Ihnen verplempern wird, wenn er merkt, daß Ihr Können kilometerweit von seinem eigenen entfernt ist. Er wird Sie weiterempfehlen an irgendjemanden, der genau Ihrem Können entspricht und wird, wenn er weiterhin so freundlich wie bisher ist, ab und zu nachfragen, wie denn die Fortschritte so sind.

Und nun wollen wir uns den ganzen Vorgang einmal in der geistigen Welt ansehen, und zu diesem Zweck werden wir noch einmal unseren alten Bekannten, den inzwischen längst inkarnierten Erwin bemühen. Erwin kommt, und das wollen wir einmal annehmen, aus der Gruppe Dr. Steiner, in der sich insgesamt soeben 318 Persönlichkeiten, bestehend aus ... 167.298.345.647.165.435 ... (schätzungsweise) Einzelteilen befinden. (Wer kann schon Elektronen zählen??) Jedes dieser Einzelteile hat eine Absicht, ein Ziel und demzufolge eine ganz charakteristische spezifische Abstrahlung. Diese Abstrahlung bewirkt ein energetisches Umfeld dieses Einzelteils, das ebenso individuell ist wie es selbst. Die Färbung des Umfeldes dieses Einzelteils kommt zustande durch Informationsannahme oder Ablehnung (Was du billigst noch so fern...), also durch die (frei-)willentliche Akzeptation von äußerlichen Einflüssen.

Die Qualität des Teils ist also für jedes andere Teil weithin erkennbar eben durch diese Färbung, die untereinander als Schwingung wahrgenommen wird, aber durchaus auch als das, was wir als Farbe bezeichnen. Bitte, bedenken Sie in diesem Zusammenhang, daß die Farbwahrnehmung unserer menschlichen Augen äußerst mangelhaft ist. Wir nehmen nur einen Bruchteil der wahrhaft existierenden Farben wahr. Stellen Sie sich deswegen bitte diese durch Schwingung der Teilchen zustandekommenden Farbnuancen nicht mit dem uns bekannten Kolorit vor, sondern vielmehr fast wie einen Ton, einen Klang, den man als Erkennungston bezeichnen könnte. (Erinnern Sie sich bitte, daß in Wagners »Ring der Nibelungen« jede Figur eine Erkennungsmelodie hat.)

Dieser Klang hat eine ganz bestimmte Anziehungskraft. Je mehr das Teilchen es schafft zu integrieren, bewußt zu werden, zu beurteilen und erfahrungsmächtig zu werden, um so stärker wird es und um so mehr Teilchen kann es anziehen, um sie mit seiner »Ladung« zu färben. Ein ewiger Kreislauf. Schließen sich Teilchen zusammen, so behalten sie zwar ihre Individualfärbung, ihren Klang, gleichzeitig aber erzeugt jeder Zusammenschluß einen Kollektivklang, dessen Klangfärbung aber immer am meisten dem Absichts-Anführer ähneln wird. Irgendwann, wenn sich die der Absicht angeschlossenen Teilchen bereits stark mit dem »Anführer« identifiziert haben, gehen sie dann in seinem Klang auf (Wo zwei oder drei in meinem Namen versammelt sind, da bin ich mitten unter ihnen, sagte Jesus) und übernehmen damit auch seine Energie, ohne jedoch ihre Individualität zu verlieren.

Das Energiefeld um jede Gruppe wird also hauptsächlich von demjenigen gefärbt, welcher der sogenannte Supremus, der »Älteste«, der Anführer des Zusammenschlusses ist. Dieser »Oberste« kann in seiner Position abgelöst werden von jedem, der es schafft, die ganze Gruppe mit einer anderen Absicht zu färben. Das kann gut, aber auch gefährlich sein. Wie oben, so unten, wie im Unsichtbaren, so im Sichtbaren. Wir haben so ein Vorkommnis zum Teil am eigenen Leib erfahren, zum Teil davon aus den Geschichtsbüchern gehört: Hitler. Was Du billigst noch so fern ... gleich und gleich...!

Manchmal genügt ein fehlgeleiteter Irrer, um eine ganze Formation in das Abseits zu bringen. Mit dem sogenannten Engelssturz ging es kaum anders vor sich. Da hat auch jemand versucht, eine Riesenformation zu überreden und zu übernehmen. Und, weiß Gott, es ist ihm geglückt mit verheerenden Folgen, bis zum heutigen Tag. Wobei ich durchaus nicht sagen will, daß Lucifer, der Lichtträger, ein Irrer war. Er hat etwas Wahnwitziges versucht, und er hat verloren, der Rebell. Ich werde versuchen, Ihnen in diesem Buch die Anfänge des Verstehens zu geben und bin mir sicher, daß Sie, wenn Sie beharrlich die kreative Meditation betreiben, von selber herausfinden werden, was denn das »Verbrechen« Lucifers war. Wiederum will ich keinesfalls behaupten, daß ich an den Kern des Geheimnisses gestoßen bin, aber eines kann ich klar sagen: Das Bild, das man uns jahrhundertelang von Lucifer zu vermitteln versuchte, könnte falscher nicht sein. Er ist kein stinkender Teufel, kein schleimiger abartiger Bock, kein übelriechender, menschenquälender Dämon. Er ist der ewige Rebell, ewiger Herausforderer und damit natürlich ewiger Versucher. Aus dem Chaos kommt die Ordnung, auf die Ordnung folgt gesetzesmäßig das Chaos, das dann wieder der Ordnung zu weichen hat. Lucifer ist der Herr des Chaos. Wenn Sie wollen, können Sie Christus die andere Rolle zuweisen. Was bleibt, ist die Polarität. Wer diesen Ablauf begriffen hat, hat sich selbst eine Basis für ein wirklich reifes religiöses Denken gelegt. Ohne Angst und Zähneklappern, und vor allem ohne Bigotterie und Abhängigkeit. Auch das ist Freiheit. Doch zurück zu unseren Schutzgeistern.

Jeder Gruppen-Anführer ist also beladen mit einem hohen Maß an Verantwortung und der Pflicht, selbst weiter zu expandieren. Durch die Energie seiner Gruppe hat er die Fähigkeit, seine Eigenenergie zu potenzieren und damit in Bereiche vorzudringen, die über dem Potential der eigenen Gruppe liegen. Er kann also Informationen von den »Oberen Zehntausend« bekommen, die er dann zum Wohle seiner Gruppe zu verwenden hat.

Wird er selbst durch eine Fremdenergie irregeführt, und »verzettelt« seine Absicht (Energie), so kann seine Position von jedem übernommen werden, der mit der Absicht der Gruppe übereinstimmt und in seiner Eigenformation die Energie der Gruppe übertrifft, also in gewisser Weise Vorbildfunktion übernehmen kann. Wahrscheinlich wird jemand aus der eigenen Gruppe nachrücken, oder eine »befreundete« Gruppe wird übernehmen, hilfreich einspringen.

Zieht ein Gruppenherr seine Energie so weit ab, daß er als Informationsgeber für seine Gruppe nicht mehr maßgeblich sein kann, wird er ebenfalls abgelöst. Dies könnte auch sein eigener Entschluß sein, wenn er zum Beispiel so weit gereift ist, daß er mit einem hohen Anteil sich in der vorher erwähnten zweiten Welt manifestiert, die wir ab sofort mit dem Wort »Briah« bezeichnen werden. Dieses Wort Briah steht für das empfangende Prinzip. (Dein Wille geschehe...)

Wenn eine Wesenheit bis in Briah aufgestiegen ist, kann sie noch immer Anteile in einer Gruppe der dritten Welt haben und kann durch diese wiederum Anteile von der zweiten in die vierte Welt schicken, also inkarnieren. Dieses hat wahrscheinlich Rudolf Steiner getan. Durch seinen Anteil in Briah hat er aber nun ganz andere Möglichkeiten in der Materie als jemand, der ausschließlich aus der Energie der III. Welt heraus inkarniert. Diese III. Welt nennen wir ab sofort nur mehr Jetzirah. Sie repräsentiert das formende Prinzip.

Deswegen liegt so viel Hoffnung auf diesem französischen Kind, das im Heranwachsen ist, geistig wie körperlich. Dieser Mensch wird neue Impulse geben können, richtungsweisend sein auf den Gebieten, wo er schon in früheren Inkarnationen Erfahrung gesammelt hat: Philosophie, Theologie, Theaterwissenschaften, Pädagogik, die Liste könnte endlos weitergehen, denn Rudolf Steiner war universell gebildet und nicht nur das, er hatte Zugang zum Kollektiv. Was ist das Kollektiv? Das Kollektiv besteht aus allen bewußt und unbewußt erzeugten Energieformen. Die Erfahrungen dieser Formen sind insgesamt abgespeichert in der Welt Briah, aber auch das Wissen und die Erfahrungen, die mehr oder (leider meistens) weniger in jedem von uns enthalten sind. Bitte, stellen Sie sich keinen riesigen Bildungsapparat vor, amo, amas, amat, $a^2+b^2 = c^2$, Gyri occipitales, je vous aime, madame oder Allegro con brio, sondern wiederum ist das Kollektiv bestehend aus Millionen von Klangformationen, die über Eigenklangerzeugung abrufbar sind. Das heißt, Ihre eigene Qualität, Basis, ist es, die bestimmt, wie weit Ihnen das Kollektiv zugänglich ist und wieviel sie herausholen können. Es gibt bewußte und unbewußte Formen des Kollektivs. Das unbewußte Kollektiv findet seine Darstellung in der erstarrten materiellen Form, es ist träge, unbeweglich und in sich gefangen. Hier sind wir wieder bei der vierten Welt angekommen, die wir ab sofort nur mehr mit Assiah bezeichnen wollen. Sie repräsentiert das materielle Prinzip.

Im krassen Gegensatz dazu steht das völlig bewußte und damit schöpfungsmächtige Kollektiv, das seinen Sitz in der ersten, der göttlichen Welt hat, die wir nurmehr Atziluth nennen. Sie repräsentiert das schöpferische Prinzip. Dazwischen befindet sich also das geistig-empfangende Kollektiv der zweiten (Briah-) Welt sowie das geistig-formende Kollektiv der dritten (Jetzirah-) Welt.

Die Geistenergie der dritten Welt ist also diejenige, die durch Inkarnation direkt auf die Form einwirken kann, dadurch ihre Erfahrung sammelt und sie ans Kollektiv weitergibt, wo sie so verarbeitet wird, daß sie in der zweiten Welt, im Akasha, abgespeichert werden kann. Ein Teil des Briah-Kollektivs ist also die berühmte Akasha-Chronik, die alles enthält, was bereits geschehen ist. Durch die Geistenergie aber ist diese Welt fähig, futurelle Kombinationen, basierend auf den bereits gemachten Erfahrungen, zu tätigen. Hier liegt das Geheimnis der seriösen »Hell-seher« verborgen, über die wir später auch noch sprechen werden.

Doch vorerst möchte ich Ihnen noch sagen, wie es sich mit der Zugehörigkeit unserer vier Elemente Feuer, Wasser, Luft und Erde zu den vier Welten nach der Lehre der Kabbalah verhält. Die oberste Welt, die Schöpfungswelt Atziluth, trägt in sich die Energie des Feuers und wird symbolisiert durch den hebräischen Buchstaben Yod, der selbst wie ein Flämmchen aussieht. Die zweite Welt, die empfangende Welt, Briah, wird dem Element Wasser zugeordnet und ist symbolisiert durch den hebräischen Buchstaben He. Die dritte, formende Welt, Jetzirah, wird gekennzeichnet durch das Element Luft und symbolisiert durch den hebräischen Buchstaben Vau. Die vierte und unterste Welt, Assiah, beinhaltet natürlich das Element Erde und wird abermals mit dem Buchstaben He bezeichnet, den wir schon bei der zweiten Welt gefunden haben.

Setzen wir diese vier Buchstaben hintereinander, so ergibt es den Namen Gottes, Jod-He-Vau-He = Jehovah. Schreiben wir nun wiederum die Schriftzeichen von oben nach unten übereinander, so erhalten wir ein abstraktes Bild Gottes, nach dessen Gleichnis der Mensch erschaffen wurde.

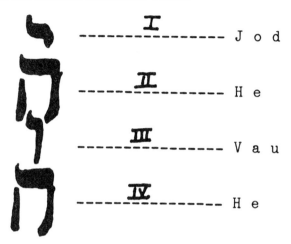

Abb. 7

Zwischen dem Zeichen der obigen Schriftzeichen und diesen Zeilen liegen 38 Stunden, die ich mit dem Wälzen meiner sämtlichen Kabbalah-Bücher verbracht habe, und das nicht ohne Grund. Normalerweise schreibe ich täglich bis ziemlich spät in die Nacht hinein, manchmal bis zwei oder drei Uhr in der Frühe. Dann bin ich rechtschaffen müde, trinke meinen Schlaftee (Brennessel, Schafgarbe, Mistel, Baldrian und Ehrenpreis) und begebe mich ins Bett. So geschah es auch vor 38 Stunden, nachdem ich die obige Zeichnung fertig hatte (stilbrüchig mit meinem chinesischen Schreibset gemalt). In dieser Nacht hatte ich einen Traum.

Es gibt ja viele Arten von Träumen, Erholungsträume, Verarbeitungstäume, Warnträume, aber auch diese Art von seltsam »wachen« Träumen, die einem so klar im Gedächtnis bleiben, daß man sie wie eine Videokassette jederzeit wieder abspielen könnte. Ereignisse und Wort sind wie eingebrannt ins Hirn – so ein Traum geschah mir in dieser Nacht, und er war so seltsam, so real, daß ich ihn Ihnen nicht vorenthalten möchte.

Ich habe keine Ahnung, ob dieser Traum sich am Anfang meines Schlafes oder kurz vor dem Erwachen oder zu einem ganz anderen Zeitpunkt abspielte, ich kann mich nur erinnern, daß ich kurz, bevor ich »weg« war, das eigenartige Gefühl hatte, das Gleichgewicht verloren zu haben, ein nicht besonders angenehmes Gefühl, sogar im Liegen unangenehm.

Ich träumte: Vor mir stand ein älterer Mann, der aussah wie ein Chinese. Es war kein Chinese, das wußte ich, aber er trug einen ähnlich zweigeteilten Bart und hatte auch schräge Augen in einem sehr hellen Gesicht.

Er sagte: *Du bist im Begriff, einen alten Fehler zu wiederholen.*

(Welchen Fehler?)

Sprich den Namen des Höchsten aus, der die vier Welten beinhaltet.

(J-H-V-H, Jehova).

Sprich ihn nochmals aus und halte die Hand vor den Mund. Was spürst Du?

(Ich verstehe nicht, was Du meinst…?)

Halte die Hand ganz nahe vor den Mund und sprich den Namen nochmals aus. Was spürst Du?

(Ich spüre bei J einen ganz kurzen Atemzug, und da ist ein Geräusch, als wenn man ein Streichholz anreißen würde.)

Gut. Weiter.

(Beim H streift ein warmer langer Atemzug meine Hand.)

Richtig. Weiter.

(Beim V ist der Atemzug viel konzentrierter, und mir scheint, er hat auch etwas Feuchtigkeit transportiert.)

Genau. Das genügt.

(Was ist mit dem letzten H?)

Dies ist nur die Entsprechung des ersten H, darüber hat es nie Mißverständnisse gegeben.

(Wo liegt das Mißverständnis?)

Beschreibe Deinen Körper.

(Ich verstehe nicht…?)

In welchem Teil Deines Körpers liegen Deine Atemorgane?

(Im oberen Teil.)

Richtig. In welchem Teil befindet sich in Deinem Körper die meiste Flüssigkeit?

(Im unteren Teil.)

Richtig. Nach welchem Bild hat Gott den Menschen geschaffen?

(Nach seinem eigenen.)

Warum ordnet Ihr dann die zweite Welt dem Element Wasser zu, und warum die dritte der Luft?

(So steht es überall geschrieben.)

Wenn überall geschrieben stünde, der Fluß fließt vom Meer weg, wäre es dann richtig?

(Nein. Aber dieser Vorgang ist offensichtlich und beweisbar anders.)

Der andere Vorgang ist es auch. Denke nach.

(Du hast recht. Aber ich werde Schwierigkeiten bekommen.)

Hast Du Angst?

(Ja … nein … ich weiß nicht…)

Es hat Berühmtere als Dich gegeben, die keine Angst hatten, Uralt-Behauptungen anzufechten.

(Wen meinst Du?)

Galilei, um nur ein Beispiel von vielen zu nennen.

(Mhm … ich bin nicht Galilei, ich bin…)

Ich weiß, wer Du bist. Nicht jeder ist das, wonach er aussieht. Ich sehe einem Chinesen ähnlich, wie du schon bemerkt hast.

Ich bin kein Chinese.
(Wer bist Du? Wie siehst Du wirklich aus?)
Ich kann jede Gestalt annehmen, die nützlich ist. Ich bin geistige Energie...

Weiter kann ich mich an nichts erinnern. Ich erwachte in vollem Bewußtsein dieses Traums. Ich stand auf und fing an zu suchen, in englischen, französischen, amerikanischen, deutschen Büchern – nichts, bis auf ein einziges, winziges, das ich (natürlich!) als letztes in der Hand hatte: Alan Richardsons *Mystische Kabbalah.* Auf die Idee, bei meinem guten alten (er ist fünf Jahre jünger als ich) Alan Richardson, dem Tarotianer und Magier, zu suchen, war ich nicht gekommen. Aber genau da stand es auf S. 38:

Feuer	Atziluth	Offenbarung
Luft	Briah	Schöpfung
Wasser	Jetzirah	Gestaltung
Erde	Assiah	Handlung

Ein einziger außer mir. Versuchen wir doch einmal so etwas ähnliches wie eine Beweisführung allein mit dem Material, das der »Chinese« geliefert hatte. Er hatte den menschlichen Körper als Beispiel angeführt. Also:
Je länger ich mir mein »geniales Kunstwerk« betrachte, desto verständlicher wird mir die Anordnung. In der Welt des Feuers befindet sich beim Menschen das Hirn, also der Teil, wo sich die Geistenergie abspielt. Hier ist die Zentrale. Nun unsere Welt der Luft: Mund, Nase, Luftröhre und Lungenflügel befinden sich haargenau innerhalb dieses Abschnitts. Kommen wir zu der Welt des Wassers: Magen, Bauchspeicheldrüse, Galle, Nieren und Dünndarm, dies alles finden wir in diesem Abschnitt versammelt.

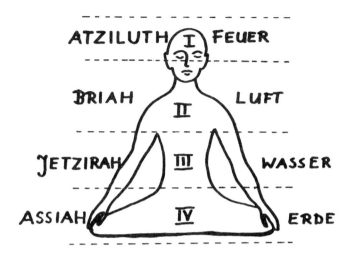

Abb. 8

Sehen wir doch mal im unteren Teil, dem Teil des Elements Erde nach: Alle Ausscheidungsorgane und Genitalien haben hier ihren Platz, und nicht umsonst habe ich mein Männlein (oder ist es ein Weiblein...?) sitzen lassen. So habe ich die Füße, die zwei Teile unseres Körpers, die tagtäglich am meisten mit der Erde zu tun haben, auch noch in diesen Abschnitt gebracht.

Oder nehmen wir doch ganz einfach mal die Physik und aus diesem Fach einen Naturwissenschaftler, der eigentlich Psychiater war, und vielleicht gerade deshalb die Zusammenhänge so gut begriff: Hoimar von Ditfurth. Eines seiner bekanntesten und auch schönsten Bücher ist *Am Anfang war der Wasserstoff*, ein Titel, den er selbst auf Seite 45 Lügen straft, wo er sagt: »Seit 1965 wissen wir, daß unsere Welt einen Anfang gehabt hat, der wahrscheinlich rund 13 Milliarden Jahre zurückliegt. Damals entstand, nach allem was wir wissen, der Kosmos mit einem Blitz...« Mit einem Blitz! Also durch Energieentladung. Damit hätten wir das Feuer, das als oberstes Element seinen Platz unangezweifelt unter den vorher genannten vier Elementen einnimmt. Dann käme, nach alter Lehre, das Wasser. Hier fängt die Unlogik an. Denn am Anfang war, wenn man sich nur für die rein materielle Entstehung der Erde interessiert, tatsächlich der Wasserstoff, Hoimar von Ditfurth: »Gas und Staub also bildeten den Keim unserer Erde.«

Wasserstoff ist, wie wir alle wissen, ein chemisches Element, das wir in der Schule als farb-, geruch- und geschmackloses Gas kennengelernt haben. Als Gas! Und ich glaube, hier haben wir die Wurzel des Irrtums gefunden. Denn es geht nicht um unsere vier Elemente, sondern um einen Schöpfungsablauf. Nur das kann der Sinn der Kabbalah sein. An der Spitze steht die Energie, die alles schafft. Energie, Gott, Blitz, Sie können wählen, wie Sie dieses erste Dimension nennen wollen. Dann kam das Gasförmige an die Reihe, wie Ihnen jeder Wissenschaftler wird bestätigen können. Und dann kam das Wasser, eine Verbindung aus Wasserstoff (da ist er wieder) und Sauerstoff. Lange hielt man das Wasser für einen Grundstoff, für ein Element also, und erst Anfang der achtziger Jahre des 18. Jahrhunderts fanden zwei Engländer unabhängig voneinander und fast gleichzeitig (können Sie das bitte für ein späteres Kapitel speichern) die Zusammensetzung: H_2O.

Wenn wir von unten her die Elemente aufzählen, dann ist die Reihenfolge ihres Aggregatzustandes: fest, flüssig, gasförmig, so logisch und geläufig, daß, müßten Sie das Aufzählen von heute auf morgen in fest, gasförmig, flüssig ändern, Sie wahrscheinlich einen Zungenbrecher bekämen. Es gibt genauso eine universelle Logik, wie es eine universelle Vernunft und Gesetze gibt.

Erlauben Sie mir, nur kurz, daß ich dem unwiderstehlichen Drang, Gedanken zu kombinieren, nachgebe? Es wird erzählt, daß die Kabbalah von Gott direkt an die Engel gegeben wurde und diese sie wiederum weitergaben an bestimmte Menschen.

Nun, es gibt zahllose Theorien darüber, wer Adam und Eva, wer Noah war (schon mal darüber nachgedacht, warum er so alt wurde??), und auch über die Engel, die da einst auf Erden wandelten, auch Söhne Gottes genannt, hat man sich mehrfach den Kopf zerbrochen. Das, was jetzt folgt, ist nur ein Gedankenspiel: Angenommen, diese Söhne Gottes waren gar keine Engel, sondern Außerirdische, die sich auf diesem damals ziemlich unzivilisierten Planeten umtaten. Und angenommen, sie haben wirklich versucht, ihr ganzes, für unsere Begriffe gigantisches Wissen, in eine symbolträchtige verschlüsselte »Philosophie« zu kleiden, in der Hoffnung, die geistige Evolution des Menschen damit zu unterstützen. Was dann? Könnte es auch möglich gewesen sein, daß diese »Engel« einigen Auserwählten tatsächlich Unterricht gegeben haben und ihnen vielleicht die Bezeichnung des Elements Wasserstoff mit einem Wort weitergegeben haben, das wir heute noch verwenden, Hydrogenium nämlich, und könnte es sein, daß, als die »Engel« wieder verschwunden waren, es mit Wasser hydor (griech.) verwechselt worden war. Ich will nicht behaupten, daß die Engel griechisch gesprochen haben, aber das Beispiel zeigt, daß so unter Umständen Irrtümer entstehen können.

Wie auch immer, ich bin geneigt, meinem Traum Glauben zu schenken. Da ich vorher alles lehrbuchmäßig niedergeschrieben habe, können Sie wählen, wie Sie weitermachen wollen, sollten Sie sich jemals tiefer in die Kabbalah hineinarbeiten wollen.

Und nun kehren wir zurück zu unseren Schutzgeistern und den Welten, in denen diese sich aufhalten. Beschäftigen wir uns zunächst mit der Frage: Wie entstehen Schutzgeister? Zwei Dinge wissen wir mit Sicherheit:

1. Schutzgeister, im Sinne von Lebensbegleiter, sind unsichtbar und
2. sie müssen nicht mehr inkarnieren (Ausnahmen immer inbegriffen).

Da wir mit den Welten inzwischen schon sehr vertraut sind, können wir also sagen, daß Schutzgeister sich aus Energien der zweiten Welt zusammensetzen. Immer wieder ist an mich die

Frage gerichtet worden, ob denn die geliebte verstorbene Mutter, der Vater, der Freund oder die Schwester, nicht zum Schutzgeist geworden sein könnte. »Seit er (sie) tot ist, habe ich immer das Gefühl, er (sie) ist um mich, spricht mit mir und sorgt für mich.« Die Antwort muß leider sein: wohl kaum. Denn jeder Inkarnierte, der zurückkehrt in das geistige Sein, hat erst einmal genug damit zu tun, seinen Loslösungsvorgang zu beenden, dann, entsprechend seinem neuerworbenen (hoffentlich) Reifegrad sich neu einzugliedern, seine Anteile abzugeben, andere entsprechende in Empfang zu nehmen, auf gut deutsch, sich erst einmal ein bißchen in der Badewanne umzutun und zu sehen, was die Individualanteile mittlerweile alles geschafft (oder auch nicht geschafft) haben. Würde ich mir erlauben, flapsig zu sein, dann würde ich als Heimkehrer sagen: »Mal sehen, wer zu Hause ist.« Aber wie wir wissen, ist das Thema viel zu ernst, um so einen Ton anschlagen zu dürfen.

Hat der Hinterbliebene in sich Anteile des Verstorbenen, dann wird er um so mehr die Verbundenheitsgefühle, die übrigens nichts mit Trauer zu tun haben, in sich tragen, je mehr dieser Anteile er in sich trägt. Natürlich können über diese Anteile Gefühle, Trost, Warnungen, manchmal sogar Ratschläge im Stimmklang des Verstorbenen wahrgenommen werden (was über das innere Ohr geschehen kann). Ich möchte, um es wirklich nicht zu vergessen, an dieser Stelle noch etwas zu den Anteilen sagen. Es gibt eine Möglichkeit, als Inkarnierter neue Anteile zu »eröffnen«. Diese einzige Möglichkeit kennen Sie alle. Sie heißt: Liebe. Und es ist nicht die Sexus- und Eros-Liebe gemeint, wie Sie natürlich wissen, sondern die reine, tiefempfundene Nächstenliebe. Von diesem Vorgang hat Jesus, der Christus, so oft gesprochen, daß ich einen Anhang bräuchte, um diese Aussprüche aufzuzählen. Hier die zwei wichtigsten. »Was du dem Geringsten meiner Brüder getan hast, das hast du mir getan« und »Liebe deinen Nächsten wie dich selbst.« Dieses »Eröffnen« oder »Neuanschaffen« von Anteilen aus reiner Liebe ist deswegen so unglaublich wichtig, weil diese Anteile zu 100 Prozent von der zweiten Welt, Briah, vermittelt werden, wo sie auch ihren Entstehungsort haben. Die Anteile, nicht die Universal-Liebe – deren Geburtsstätte liegt noch ein bißchen höher.

Wer es schafft, sich größere Kontingente von diesem Potential anzueignen, der braucht nicht mehr zu inkarnieren, hat Zugang zur zweiten Welt, ist also poolfähig, und damit fähig, selbst Schutzgeist zu werden. (Und hättet ihr alle Dinge dieser Welt und hättet die Liebe nicht, ihr wäret nicht mehr als ein tönern Erz...)

Diese Pool-Energie ist im Gegensatz zu den Energien der unter ihr liegenden Welten wesentlich verfeinert. Wodurch? Durch Liebe, Liebe und nochmals Liebe. Gleichgültige Liebe, nicht gleichgültige Liebe ist Teil zwei der Eintrittskarte in den Pool und der Stoff, aus dem die Schutzengel sind.

Und je weniger Liebe Sie selbst in sich tragen, desto weniger kann ihr Schutzgeist »einhaken«, denn das ist das einzige, was er gegenzubieten hat. Das ist der Kanal. Und er hat nichts, nichts, nichts mit »Channeling« zu tun. In meinen Kursen ist dieses Wort nicht erwünscht. Wenn Sie alles bis jetzt aufmerksam gelesen haben, dann wissen Sie, warum.

Vielleicht ist Ihnen auch aufgefallen (mir selbst erst vor ein paar Zeilen), daß ich immer geschrieben habe, Jesus, der Christus. Hätte Jesus nicht genügt? Nein, habe ich gehört, denn Jesus sei ein geläufiger Name wie Hans und Jeremy, und es möge bitte immer klargestellt sein, von welchem Jesus hier die Rede ist. Außerdem sei die Wirkung der Worte Jesus, der Christus, eine völlig andere als die, wenn ich nur Jesus schriebe. Man lernt sehr viel während des Schreibens, scheint mir...

Kehren wir noch einmal zurück zur gleich-gültigen Liebe. Verstehen Sie jetzt auch wirklich tief im Inneren, warum Engel kein Gefühl und keinen Willen haben? Beides ist nie gleichgültig. Das ist der Sinn jeder Inkarnation: Liebe zu lernen, gleichgültige Nächstenliebe. Zugleich ist diese Form der Liebe an und für sich ein mächtiger Schutz: Denn sie wahrt immer ihre Würde (was die anderen Formen der Liebe fast nie tun), und sie bewahrt Sie vor Einsamkeit und befähigt Sie damit, all-eins zu werden.

Beklagen Sie sich also nie wieder über Ihren Schutzengel, denn Sie erzählen damit nur von Ihrer eigenen Unfähigkeit. (O-Ton aus einem Brief: »Ich weiß wirklich nicht, wo mein Schutzengel war, als ich diesen Mann geheiratet habe.« Gegenfrage: Wo waren Sie mit Ihren Gedanken und Gefühlen, als Sie diesen Mann geheiratet haben?)

Du bist so gut wie Dein Schutzengel und Dein Schutzengel so gut wie Du.

Immer und immer wieder höre ich auch, daß behauptet wird: »...und dann habe ich um Rat und Hilfe gebeten, aber mein Schutzengel hat mich im Stich gelassen.« Immer wieder diese Vermenschlichung. Ihr Schutzgeist kann Sie gar nicht im Stich lassen, da er vollkommen mit Ihrer Energie verbunden ist. Nur haben wir Menschen die Angewohnheit, in Gefahrenmomenten in Panik zu geraten, und wie schwer es ist, einem anderen in diesen Lebenslagen gut zu raten, werden Sie aus eigener Erfahrung wissen. Der Betroffene kann, im wahrsten Sinn des Wortes, nicht hören. Ist er allein, dann tut er oft Dinge, von denen er nachher sagt: Ich weiß gar nicht, wie ich so etwas tun konnte.

Es ist aber auch schon genau so oft geschehen, daß während einer solchen Anforderung der Zustand einer »eiskalten Ruhe und Sicherheit« aufkommt, in dem das absolut Richtige, wenn auch für die Person nicht unbedingt Charakteristische gesagt oder getan wurde. Wieder wird nachher behauptet: Also, das war nicht ich!

Die Erklärung dafür ist, daß der Mensch in einen seelischen Schockzustand gerät, der durch eine bestimmte Reaktion der Körperchemie das bewußte und kontrollierte Handeln ausschaltet. Jetzt hat das Überbewußtsein freie Bahn oder – der Instinkt, ein enger Verwandter des Unterbewußtseins. Das hängt ganz davon ab, wie erfahren, geschult, kombinationsfähig und gleich-gültig ihre Anteile sind. So wurden manche schon ungewollt (oder?) zu Helden und andere zu Mördern. Das Ideale wäre also, daß im Fall einer außerordentlichen Belastung mit vollem Bewußtsein ein Zustand hergestellt würde, der uns ein »Einklinken« in das hohe Erfahrungspotential des Briah-Kollektivs ermöglicht, unter gleichzeitiger Nutzung der Speicherungen von Jetzirah sowie der Verwendung des Wissens um das Verhalten von Materie, also von Assiah. Eine geistige Glanzleistung also. Ein Kombinationsvorgang, der, wie man glauben möchte, übermenschlich ist. Die Vermutung ist völlig richtig. Denn nie ist ein Mensch göttlicher als in dem Moment, wo er seine Geistesgaben in Vollkommenheit verwendet und das in völligem Bewußt-Sein.

Das Erreichen der fehlerlosen Beherrschung dieser Möglichkeiten ist erlernbar, muß erlernbar sein, denn es hat immer wieder Menschen gegeben, die uns dieses Können vorgelebt haben. Natürlich liegt es nahe, zuallererst Jesus Christus als leuchtendes Beispiel heranzuziehen, doch in Anbetracht des hohen Grades an Bewußtsein könnte unsereins eher daran verzweifeln, als Hoffnung auf die Möglichkeit der Nachahmung zu schöpfen.

Erinnern Sie sich noch an den Flugkapitän, der es tatsächlich schaffte, vor ungefähr zwei Jahren eine Boeing sicher zu landen, deren Oberteil abgerissen war? Jeder halbwegs erfahrene Pilot wird Ihnen sagen, daß dies ein »Wunder« war. Es war kein Wunder! Sondern da saß im Cockpit Gottseidank ein alter, erfahrener Kapitän, der die Nerven behielt und im richtigen Moment das Richtige tat. Alle überlebten.

Letztendlich sind wir alle Piloten einer Boeing mit mehreren Insassen. Wir haben auch alle mehr oder weniger gut »fliegen« gelernt, vor allem in der Theorie. Wie gut wir dieses, zum Teil

313

theoretische, Wissen in die Praxis umsetzen, hängt tagtäglich von unserer, dieser Inkarnation angepaßten, Basis und unserem Charakter ab.

Die angepaßte Basis ist wieder nichts anderes als Wissen. Ich habe zu wissen, wie man mit der Materie umgeht. Dazu gehört handwerkliches Können genauso wie das Erlernen von Sprachen, Naturwissenschaften und der Umgang mit den sogenannten schönen Künsten. Sagen Sie bitte nicht: Ich brauche keinen Herrn Hundertwasser zum Leben, auch Herr Penderecki kann mir gestohlen bleiben, und die Bestsellerliste des Deutschen Buchhandels ist mir seit Geburt noch nicht abgegangen. Ich hasse Theater, Museen, Konzerte, Bildungsreisen und Bibliotheken. Und für was brauche ich Quantenphysik als Postbeamter (Lehrer, Ingenieur, Verkäufer, Säuglingsschwester, ... nachfolgend alle Berufe des täglichen Lebens, die nicht ausgesprochen mit oben genannten Gebieten zu tun haben). Sie nehmen sich durch diese Haltung die Möglichkeit der Kombinationsfähigkeit und das Vergnügen, mit dem Kollektiv spielen zu können. Kein Mensch verlangt, daß Sie alles aus dem FF heraus beherrschen. Sie sollen sich nur dafür interessieren.

Wenn Sie sich für nichts interessieren, dann werden Sie auch sehr schwer herausbekommen, wo denn nun Ihre Talente verborgen sind. Das Nutzen von offensichtlichen Talenten ist wirklich nicht alles. Wir sind nicht nur dazu da, mit unserem eigenen Können unsere Umwelt zu erfreuen, sondern auch Freude am Können der Umwelt zu zeigen. Das ist Umgang mit dem Kollektiv und eine genutzte Inkarnation.

Je geübter Sie im Umgang mit der Umwelt, in welcher Form auch immer, sind, desto fähiger werden Sie, mit Ihrem Schicksal umzugehen. Je mehr Sie An-Teil am Leben, an den Leistungen anderer nehmen, um so mehr haben Sie auch die Möglichkeit, die geistigen Felder des Kollektivs wahrzunehmen, sich dadurch selbst besser kennenzulernen und damit den Schlüssel zum Kontakt mit Ihrem Schutzgeist zu finden, den bewußten Kontakt.

Die geistigen Felder! Hier sind wir im weitesten Sinn bei dem Phänomen angelangt, das Rupert Sheldrake, der englische Biologe, als morphische Felder bezeichnet. Das Wort morphé kommt aus dem Griechischen und heißt Form. Sheldrake geht davon aus, daß die Durchsetzungsfähigkeit einer Form über längere Zeiträume hinweg davon abhängt, wie häufig sie in der Vergangenheit verwendet worden ist.

Ich werde den Verdacht nicht los, daß Herr Sheldrake in sich ein hohes Maß von Anteilen eines Forschers herumträgt, von dem wir alle schon einmal gehört haben: Charles Darwin. Denn so weit ist Sheldrakes Lehre nicht von dem entfernt, was dieser ebenfalls englische Naturforscher (so ein Zufall, was?) im 19. Jahrhundert behauptet hat. Nein, nicht daß der Mensch vom Affen abstammt. Das war nur ein winziges Teilergebnis seiner umfangreichen Forschungsarbeiten. Viel wichtiger ist folgende Erkenntnis. Ich zitiere Darwin: »Die wichtigste Triebfeder für die Beibehaltung und die daraus erfolgende Neubildung von Formen liegt in der Art und Intensivität des Gebrauchs derselben.«

Darwin war einer der ersten, wenn nicht der allererste, der sich als Naturwissenschaftler nicht nur mit der Beschaffenheit der Organe auseinandersetzte, sondern sich auch fragte, warum sie gerade so beschaffen sein müssen, wie sie sich darstellen. Er führte sämtliche biologischen Vorgänge auf Kräfte zurück, welche der Materie selbst zu eigen, also eingeprägt sind. Daraus ergibt sich von selbst die Folgerung, daß es eine Urform gibt, die entwicklungsfähig nach dem Gesetz der natürlichen Auswahl ist. Auf gut deutsch: Der Stärkere siegt. Nach Sheldrake: Je öfter eine Form es geschafft hat, sich zu wiederholen, desto stärker ist ihr morphisches Feld in seiner Durchsetzungsfähigkeit, und das aufgrund alter Gewohnheit.

Das gilt auch für die menschliche Physis, aber auch für die Psyche. Hier grüßt auch Carl Gustav Jungs kollektives Unterbewußtsein beziehungsweise Überbewußtsein. Fazit: Wir sind ein total konservativer Haufen, der Neuem nur dann eine Chance gibt, wenn dieses Neue die Kraft aufbringt, zur Gewohnheit zu werden, sich in unsere morphischen Felder einzunisten.

Davon lebt zum Beispiel eine ganze Branche: die Werbung. Das höchste der Gefühle für einen Werbefachmann ist es, wenn er es geschafft hat, ein Produkt so in die Gewohnheit der Konsumenten einzulagern, daß diese

a.) glauben, ohne das Produkt nicht mehr auskommen zu können und

b.) eine Neu-Bezeichnung so sehr akzeptieren, daß der alte Begriff nicht mehr verwendet wird.

Beispiel: Papiertaschentücher – *Tempo*, Klebstoff – *Uhu*. Nie im Leben sagen Sie doch: Kann ich mal ein Scheuerpulver haben. Sondern eher kommt: Gib mir doch mal ein *Ata*. Wollen wir doch mal ehrlich sein: Ein Scheuerpulver ist so gut wie das andere, und so verhält es sich auch mit Klebstoffen, Lippenstiften, Klopapier und Eiernudeln. Wie aber kommt es, daß es ein ganz bestimmtes Produkt trotzdem schafft, der Favorit zu werden, während ein anderes völlig ähnliches, das vielleicht auch noch mit demselben Werbeaufwand angeboten wird, im Abseits landet?

Um es gleich zu sagen: Es hat nichts mit Glück zu tun. Glück haben Sie gehabt, wenn Sie Omas geheiligte Kristallvase fallenlassen und über so gesegnete Reaktionen verfügen, daß Sie sie noch vor dem Aufprall auf dem Steinboden abfangen können. Der Erfolg einer Sache hängt davon ab, wie weit Sie in der Lage sind, die morphischen Felder mit den Schwingungen der kosmischen Rhythmen zu koordinieren.

Gestatten wir doch einmal eine ganz dumme Frage: Hat ein Tempo-Taschentuch ein morphisches Feld? Sehr dumme Frage, nicht? Beinahe blödsinnig, oder vielleicht doch nicht? Erinnern Sie sich, als ich ziemlich am Anfang dieses Buches sagte, alles, was in der Materie existiert, existiert zuerst im Geistigen. Das heißt, daß dieses Tempo-Taschentuch von einem oder mehreren Menschen zuerst einmal »erfunden« werden mußte.

Wer schon einmal zufällig mitbekommen hat, wie man in der Werbebranche arbeitet, der weiß, daß zuerst einmal das Produkt an und für sich entwickelt und endgültig erstellt wird. In diesem Fall hat man also ein Zellstoffgefüge zusammengestellt, das, wie man glaubte, bestimmten Anforderungen gerecht werden konnte. Man probierte aus, ob es weich, trotzdem reißfest, saugfähig und geruchsneutral war. Dann stellte man fest, welche Faltform wohl die günstigste sein würde, und ob ein Muster den guten Eindruck wohl steigern könne. Ich nehme an, daß Sie sich nicht allzusehr für Herstellungs- und Verkaufsstrategien von Papiertaschentüchern interessieren, weswegen ich auf eine weitere detaillierte Beschreibung des Vorgangs verzichte. Grundsätzlich wollte ich nur eines klarstellen: Die Erzeugung des spezifischen morphischen Feldes geschieht bei Materie durch den Geist oder die Geister, die dahinterstehen. Je genauer diese wissen, was sie wollen, und je mehr sie diese Idee mit den bestehenden Bedürfnissen koordinieren können, desto größer ist die Chance des Erfolges. Jede Sache ist so stark wie die Idee, die dahintersteht. Ein auf Dauer lebensfähiges morphisches Feld braucht also einen sehr guten Anfangskoordinator.

Doch das allein genügt nicht. Wie heißt es so wahr: Jedwedes Ding braucht seine Zeit. Es nützt Ihnen nichts, wenn Sie die wunderbarste Züchtung von gefüllten Geranien erreichen und diese am 13. Januar verkaufen wollen. Kein Mensch hängt sich im Januar Geranien vor's Fenster. Es ist also klüger, damit bis zum Frühjahr zu warten, wenn der Mensch gierig auf blumigen Balkon- und Gartenschmuck wird und wo der Verkauf »wie von selbst« läuft. Ich wage fast zu wetten, daß die Tempo-Tücher eher zuerst in der Winterzeit als im Hochsommer angeboten wurden. Hintergedanke: Winterzeit – Schnupfenzeit. Das wäre ein völlig legitimer, verkaufsstrategisch kluger Trick gewesen.

Langweilig? Esoterisch nicht relevant? Themaverfehlung?

Vielleicht sollten Sie sich doch mal dafür interessieren. Es könnte sein, daß es Ihnen geht wie mir. Ich habe in der Werbebranche meinen letzten Schliff bekommen. Nein, nicht was die Werbung selbst betrifft. Das überlasse ich anderen. Ich habe beobachten gelernt. Welche Idee setzt sich durch und wann? Wer arbeitet besser allein, und wer hat die besseren Ideen im Team? Welche Farben »kommen an«, welche nicht, welche Sendezeiten im Fernsehen bringen prozentual gesehen mehr Erfolg? Welche Worte wirken in der Reklame, welche nicht, und welche Gesichter sind gute »Verkäufer« und welche nicht?

Durch mein Interesse für dieses Fach (nur eineinhalb Jahre, das genügte) habe ich die Basis für eine unabhängig immer weitergehende Informations-Fütterung gelegt, die inzwischen mit Werbung rein gar nichts mehr zu tun hat. Warum wird eine Sängerin erfolgreich, obwohl sie nicht besser singt als 2.000 andere Vertreterinnen ihres Fachs? Warum wird ein Buch ein Erfolg und ein anderes geniales eben nicht? Alles Zufall, Glück, Beziehungen? Oder gar Magie? Was sind denn Zufall, Glück, Magie? Und woher kommen Beziehungen? Warum hat sie der eine, und ein anderer kriegt sie nie? Die Beziehungsknüpfer sind doch frei ansprechbar, laufen frei herum. Haben Sie Angst, abgewiesen zu werden? Angst? Vor was? Was haben Sie zu verlieren?

Als ich anfing zu singen, bewarb ich mich bei einem gewissen Ralph Siegel, heute Schlager-Mogul Deutschlands und schon damals nicht schlecht im Geschäft. Ja, glauben Sie vielleicht, daß dieser Mann im Viereck gesprungen ist vor Begeisterung, als er mich das erste Mal sah und hörte? Ich will gar nicht wiederholen, was er alles sagte. Zwar nicht zu mir direkt, doch natürlich wurde es mir fürsorglich hinterbracht. Er fand mich einfach grauenvoll. Und wissen Sie was? Möglicherweise hatte er recht. Hätte ich damals frustriert und beleidigt aufgegeben, dann hätte ich ihm sieben Jahre später nicht die Erfolge ins Haus bringen können, die dazu beigetragen haben, aus der damaligen kleinen Firma das zu machen, was sie später wurde.

Sieht man sich die Zeitqualität an, wird alles klar. Zu der Zeit konnte es gar nicht gehen. Da half auch kein noch so gefinkelter Schutzgeist. Aber ein paar Jahre später, ein paar Pfunde schlanker, ein paar Gramm gescheiter und an Erfahrung gereifter, da bekam ich alles, was ich wollte.

Ich rede momentan nicht von Astrologie, wie Sie vielleicht vermutet haben. Darüber habe ich in anderen Büchern schon genug gesagt. Außerdem existiert ein solches Übermaß an Astrologiebüchern, daß ich wohl nur die Spitze auf dem Eisberg der Überflüssigkeit sein könnte. Nein, ich rede von Lebensrhythmen. Wir alle kennen die sieben Jahre, die mageren, die fetten, die verflixten und die goldenen.

Die magische Sieben! Sieben Tage dauerte die Schöpfung inklusive Ruhetag, sieben Protonen kreisen um den Kern des Wasserstoffatoms, über sieben Brücken mußt Du geh'n, die sieben Samurai, sieben Chakras hat der Mensch, die sieben Weisen und Zwerge, das siebte Siegel. Genug! Sie können die Liste sicher selbsttätig endlos fortführen. Alle wissen's. Und keiner richtet sich danach.

Es wird zu den unmöglichsten Zeiten geheiratet, gebaut, gespart, Urlaub gemacht und operiert. Keiner pflanzt Geranien im Winter. Aber im Winter des Biorhythmus läßt man sich vom Zahnarzt die überfällige Brücke machen und wundert sich, warum sich alles entzündet.

Es gibt persönliche Rhythmen und allgemeine Rhythmen wie zum Beispiel den Rhythmus, der durch den Mondzyklus zustande kommt. Dr. Spencer Lewis hat ein unübertroffenes Buch darüber geschrieben, das ich wegen seiner Knappheit und Aussagefähigkeit besonders schätze. Man könnte in der Qualität der Aussagen nur unter dem des von Dr. Lewis Er-Fundenen und Niedergeschriebenen liegen, deswegen werden Sie nur den Literaturnachweis finden. Wenn Sie begriffen haben, was dieser

»Mann im Hintergrund« bei größten amerikanischen Transaktionen Ihnen zu vermitteln hat, dann haben Sie eine Basis, auf der Sie beruhigt Ihre morphischen Felder aufbauen können.

Wie erstellt man morphische Felder? Machen Sie sich darüber keine Gedanken, denn wenn Sie sich in dieses Programm nicht schon vor langer Zeit eingeklinkt hätten, dann würden Sie gar nicht existieren. Denn auch der menschliche Körper gehorcht diesem Gesetz des formbildenden Feldes.

Darüber hat Rupert Sheldrake zwei bemerkenswerte Bücher geschrieben. Über die Formentstehung und die morphische Resonanz, wie er es nennt. Jahrhunderte vorher hat darüber schon einmal jemand etwas gesagt, und man kann mit Gewißheit sagen, daß dieser »Jemand« keine Ahnung von morphischen Feldern und ihren Resonanzen hatte: Angelus Silesius. Im *Cherubinischen Wandersmann* sagt er: »Mensch, was du liebst, in das wirst du verwandelt werden. Gott wirst du, liebst du Gott, und Erde, liebst du Erden.« Klingt da nicht Erinnerung auf: Was du billigst noch so fern...? Wenn es morphische Felder gibt, die materielle Formen bilden, dann ist es nur logisch zu behaupten, daß es eben solche Wirksamkeiten auch im geistig-seelischen Bereich geben muß. Das Zustandekommen dieser Mentalfelder basiert auf dem Zusammenspiel von Fühlen, Denken, Beurteilen, Annehmen, Ablehnen. Das heißt, daß sich jeder von uns tagtäglich mit einer Unzahl von geistigen Feldern umgibt, die er seinen Energiekörpern einverleibt und ihnen dadurch eine ganz eigene Schwingung und Abstrahlung verleiht. Die summa summarum nennen wir dann Ausstrahlung, Flair, Charisma, Persönlichkeit.

Diese Gesamtabstrahlung kommt durch die Intensität des Zusammenspiels unseres physischen, unseres ätherischen und unseres astralischen Körpers zustande. Was den physischen Körper betrifft, so bedarf es sicher keiner weitern Erklärungen. Worin aber besteht der Unterschied zwischen Ätherleib und

Astralleib? Der gravierende Unterschied dieser zwei Körper, die nach dem Tode als zwei geistige Gestalten neben dem Verstorbenen von Hellsichtigen wahrgenommen werden können, besteht darin, daß der Ätherleib sich nach dem Tode innerhalb von fünf Tagen auflöst, ganz im Gegensatz zum Astralleib, der aus kosmischer Energie besteht und unsterblich ist. Während der Ätherleib in sich alles gespeichert hat, was kollektives Unterbewußtsein, instinktives und triebhaftes Verhalten betrifft, so beinhaltet der Astralleib die geistigen Wahrnehmungsorgane, die das Ich-Bewußtsein ermöglichen.

Im weitesten Sinne kann man sagen, daß der Ätherleib die energetische Abstrahlung unseres Körpers, der Astralleib die energetische Manifestation unserer geistigen Leistungen ist.

Man könnte über die Energiekörper des Menschen und ihre Prinzipien einen eigenen Band füllen, über ihre über- und untergeordneten Differenzierungen philosophieren, doch das ist nicht das Thema und Ziel meiner momentanen Arbeit. Mir geht es momentan um den Versuch der Beweisführung, daß wir durch unsere Empfindungen, Gefühle und Denkleistungen genauso schöpferisch wirksam sind wie die auf die Materie wirkenden morpho-genetischen Felder Sheldrakes.

Machen wir es uns ein bißchen leichter mit dem Verstehen. Alle morphischen Felder sind nichts anderes als eine riesige Datenbank, deren Speicherungen so lange im Programm behalten werden, solange man sie abruft. Was über längere Zeiträume nicht verwendet wird, erlischt automatisch, denn die Energiefütterung, die das Erhalten einer Speicherung garantiert, ist Inter-esse = Bedarf.

Der Unterschied zwischen den morphischen Feldern der Materie und den geistigen Feldern des Menschen besteht darin, daß erstere ausschließlich nach dem Gesetz »Der Stärkere siegt« überleben, während letztere ihre Beständigkeit durch Ethik, Moral und Liebe erhalten, also durch Eigenschaften, die letztendlich im Entscheidungsbereich des freien Willens zu fin-

321

den sind. Die morphischen Felder der Materie sind bis in die Bereiche des Unterbewußtseins und des Instinktes zu finden und sind, wie ich glaube, genau so starr wie die Materie selbst. Im Unterschied dazu sind die Mentalfelder des Menschen beweglich, schnell zu verändern, und von einer der Menge ihrer Erzeuger entsprechenden ungeheuren Konvertibilität gekennzeichnet.

Soweit wir vom Menschenkörper als Materie sprechen, so darf ich annehmen, daß, hätte Rudolf Steiner Sheldrakes Theorie gekannt, er die Einlagerung der morphischen Felder wohl dem Ätherleib zuerkannt hätte.

Was sagt Dr. Steiner über den Ätherleib des Menschen:

1. er verändert sich nur langsam
2. er ist der Träger des Gedächtnisses (also der Erfahrung)
3. er ist an ein Zellsystem gebunden
4. er ist ein »Kraftleib«, der Erbauer des physischen Organismus, aber auch
5. in ihm haftet der Irrtum
6. er ist der Sitz des Leidens.

Wagt man auf dieser Linie weiterzudenken, so kommt man zum Schluß, daß die morphischen Felder die luciferische Idee in sich tragen. Die Macht Lucifers besteht darin, Geist in der Materie festhalten zu können. So besteht unsere große Chance darin, Materie zurücklassen zu dürfen und zu können. Der Vorgang heißt Tod.

Mit ihm könnten wir uns also von Leid, Irrtum und »morphischer Resonanz« lösen, wenn wir wollten. Aber anscheinend ist dieses »Nicht-Loslassen-Können« ein überaus verlockender Faktor, der uns immer wieder in die Wiedergeburtskette zwingt. Die Chance, die Materie samt ihren morphischen Feldern zu überwinden, besteht also darin, unser Bewußtsein intensiv auszubauen. Das ist der Weg, um den physischen Leib des Menschen zum Geistmenschen umzugestalten, Krankheit und Tod zu überwinden und somit Gott zu erkennen.

Das Erstellen von Mentalfeldern findet im Astralleib statt, der in sich sowohl tierische Begierden beherbergt wie auch alles, was der Mensch selbst hineinarbeitet. Laut Rudolf Steiner beinhaltet dieser Astralleib drei Seelen: die Empfindungs-, die Verstandes-, und die Bewußtseinsseele. Hier finden wir also unsere Gefühle, Emotionen, unser Kombinationsvermögen, sprich Intelligenz, unsere Lernfähigkeit, und das Auswerten derselben, das Begreifen, das Erkennen.

Wollen wir unseren Astralleib in hohe Bewußtseinsschwingungen integrieren, so ist es notwendig, daß wir zuerst unsere Empfindungsseele begreifen, erkennen und ausbilden. Diese Ausbildung kann nur mit Hilfe unserer Umwelt vonstatten gehen. Deswegen ist eine Erziehung des Kleinkindes ohne Zärtlichkeit, Widerstand, Freude des Gebens, Überlegtheit des Nehmens, Musik, künstlerische, handwerkliche Betätigung (Basteln), spielerische Kommunikation und Förderung freundschaftlicher Bindungen einfach katastrophal. Dazu bedarf es der geduldigen und wissenden Führung einer oder mehrerer Vertrauenspersonen, welche die Zuneigung des Kindes besitzen. Ein Kind, das seinen Lehrer nicht liebt, lernt nichts. Mit »lieben« meine ich akzeptieren, mehr als alles andere. Im Akzeptieren finden wir Respekt, Vertrauen, Sympathie, Bewunderung, und aus diesen Faktoren ergibt sich resultierend der Wunsch, selbst bemerkt zu werden, was sich auf die Leistungen äußerst wohltuend auswirkt. Das Kind will gefallen, Zuneigung erwecken, Lob erhalten. Niemals wird es diese Eigenschaften entwickeln, wenn die Bezugsperson nicht in Ordnung ist. Eine äußerlich überaus qualifizierte Kindergärtnerin oder ein fachlich hochqualifizierter Lehrer kann unter Umständen für Ihr Kind ein Brechmittel sein, ein Krankmacher. Bitte, reagieren Sie sofort auf diesbezügliche Anzeichen und Aussagen Ihres Kindes. Es interessiert überhaupt nicht, ob Sie den Erzieher gut finden. Ihr Kind muß sich wohlfühlen. Und wenn das nicht der Fall ist, wird es in seiner Entwicklung behindert. Also nehmen Sie bitte das Damoklesschwert auf sich, so lange zu suchen, bis Ihr Kleines mit Freuden jeden Morgen sein Zuhause verläßt. Hier spreche ich vornehmlich von der Zeit der ersten sieben Jahre.

Ein Mensch, dessen Gefühle und Emotionen in den ersten sieben Jahren nicht sorgfältig geweckt, gepflegt und ausgebildet werden, wird später seinen Verstand niemals vollkommen zum Wohle seiner selbst und auch zum Wohle seiner Umwelt verwenden können. Liebe und optimale Verwendungsmöglichkeit menschlicher Intelligenz hängen untrennbar zusammen. Wenn ich meine völlig unmaßgebliche persönliche Meinung dazu kurz äußern darf: Mir könnten diese ganzen hochintelligenten gefühllosen Wissenschafts-Roboter gestohlen bleiben, die sich später ohne Nachdenken für die gräßlichsten Tierversuche und genetischen Spielereien im sogenannten Dienste der Wissenschaft hergeben. Niemand, dessen Empfindungsseele wirklich ausgebildet ist, wird sich für solche Abartigkeiten heranziehen lassen.

In Wirklichkeit endet die Ausbildung unserer Empfindungsseele nie. Später, wenn ein gewisses Alter erreicht wird, unser Verstand und unser Bewußtsein ebenfalls Reifung erfahren haben, sind wir selber verantwortlich für eine Weiterführung und Veredelung, mit dem Ziel und der immer lebendigen Absicht der Vervollkommnung.

Wir reden unentwegt vom Guten und vom Bösen in dieser Welt, entsetzen uns über Krieg und Greueltaten und vergessen dabei allzu oft, wie sehr wir diese zuerst im Mentalbereich erstellten Taten durch unser eigenes Denken gefüttert haben.

Zum letzten Mal sage ich es: Jeder gewalttätige Film, jedes brutale Buch, jeder dreckige Porno-Streifen, der von Ihnen konsumiert wurde, hat mitgewirkt an dem, was tagtäglich passiert und uns entsetzt. Wir teilen unsere Mentalfelder genauso miteinander, wie wir unsere Atemluft teilen.

Ich weiß nicht, wie weit die Ereignisse in Saddam Husseins Kindheit und Jugend kolportiert sind. Das Ergebnis betrachtend möchte ich die Schreckens-Stories beinahe glauben. Trotzdem sind wir alle mitschuldig. Viele von uns konsumieren die gewalttätigsten und menschenverachtendsten Gedanken. Der einzige Unterschied zwischen Saddam und jenen ist, daß sie dieses Gedankengut nicht zum Ausdruck bringen, entweder weil das bessere Ich es verbietet, oder – weil sich keine Gelegenheit bietet.

Haben Sie schon einmal eine Sekunde darüber nachgedacht, daß Saddam vielleicht nur der Ausdruck des momentanen generellen Gewaltpotentials war/ist, um ein Beispiel zu nehmen. Man könnte genausogut die Wirtschaftsbosse und Politiker der Gegenseite heranziehen. Die Toten fragen nicht mehr, wer es war. Sie künden nur davon, daß es war.

Gefühle, deren Triebfedern nur niedere Instinkte sind, können auf deren Erzeuger wie auch auf seine Umwelt nur destruktiv wirken und im Kampf um die Veredelung zu schweren Deformationen der Seele führen. Genauso gefährlich ist die Fehlleitung, die Fanatisierung von Gefühlen.

Vor einigen Tagen sah ich in irgendeinem der Privatsender einen Bericht über einen Seelsorger, der die Betreuung der Bundeswehrsoldaten übernommen hatte, die anläßlich des Golfkrieges in die Türkei entsandt worden waren. Es war beinahe herzzerreißend mitanzusehen, wie dieser von seiner Grundstruktur her edle und gläubige Mensch versuchte, seinen Schützlingen ihren Auftrag verständlich und als mit der christlichen Idee einhergehend plausibel zu machen. Nach Hause zurückgekehrt, war er zwar noch immer stolz darauf, daß er der einzige gewesen war, der sich als Geistlicher bis an die Front gewagt hatte, gleichzeitig war er aber auch von tiefen Zweifeln und einer nicht zu übersehenden Unruhe befallen. Vielleicht würde ihm das Lesen der Bibel seine Überlegungen erleichtert haben, wo geschrieben steht: »Deine Rede sei ja, ja oder nein, nein.« Oder: »Du kannst nicht Diener zweier Herren sein.«

Einer der Religionslehrer meiner Jugendzeit war noch sogenannter Feldpfarrer gewesen, eine starke gereifte Persönlichkeit, mit dem sich eine Diskussion allemal lohnte. Als ich mit ihm über seine damalige Betätigung sprach, berichtete er mir, daß er seine Aufgabe allein darin gesehen hatte, Verwundete und Verzweifelte zu trösten, die Sterbesakramente zu spenden, Beichten abzunehmen und die Messe zu lesen. Bei all diesen Tätigkeiten ließ er jedoch immer lautstark vernehmen, daß er Pazifist und nur deswegen auf dem Schlachtfeld zu finden sei, weil er seine Seelen, wie er die Soldaten nannte, nicht ohne Beistand lassen wollte. Aber niemals versuchte er, im Sinne der Machthaber und Kriegstreiber zu agitieren. Sein Empfindungskörper war stabil und deswegen auch unbeeinflußbar von Strömungen, die gegen das Christus-Prinzip arbeiteten. Jeder, der sich in diese Richtung entwickelt hat, wird unter den Vorkommnissen der letzten Monate gelitten haben. Ich habe in dieser Zeit auch beobachtet, daß die gesundheitliche Verfassung zahlreicher, mir bekannter Menschen sich auffallend verschlechterte. Das ist der Preis, den man momentan für eine entwickelte Empfindungsseele und ein bewußtes Teilnehmen an den Schwingungen des Kollektivs zu bezahlen hat. Der einzige Schutz gegen eine solche Destruktion ist ein Zusammenschluß der Andersdenkenden, Wissenden, die mit geeigneten Mitteln gegen die Zerstörung vorgehen.

Ich freue mich unendlich, daß die anfänglich viel belächelten Friedensdemonstrationen immer mehr Zulauf bekommen. Jedoch fehlen, wie in fast allen Bereichen, auch hier die Vorbilder und Anführer, die aus Ur-Wissen, historischer Bildung, eingehender Kenntnis der gegenwärtigen politischen Situation und intuitiver Voraussicht heraus die Energie der Menge in die rechte Bahn lenken können. Eine Friedensdemonstration mit auch nur den geringsten Anzeichen von Gewalt, Fanatismus und Aggression ist genauso schlimm wie der Krieg selbst.

Ich zitiere in diesem Zusammenhang C. G. Jung: »Ein Gruppenerlebnis findet auf einem tieferen Bewußtseinsniveau statt, als wenn es individuell erlebt wird. Es ist eine Tatsache, daß, wenn viele Menschen zusammenkommen und sich in einem gemeinsamen Gemütszustand vereinigen, eine Gesamtseele aus der Gruppe hervorgeht, welche unter dem Niveau des einzelnen steht. Wenn eine Gruppe sehr groß ist, entsteht eine Art gemeinsamer Tierseele. Der einzelne in der Gruppe wird leicht ein Opfer seiner Suggestibilität.«

Darin liegt die Gefahr undisziplinierter, von keiner wirklich qualifizierten Persönlichkeit geleiteter Demonstrationen. Da mag die kollektive Grundidee und Motivation noch so gut sein. Je größer die Masse, desto größer und intensiver das morphische Mentalfeld, das sie erzeugt. Kongruent steigt die Spannung, es entsteht Energie, die Entladung sucht. Energie ist Energie ist Energie. Einmal entstanden, sucht sie eine Möglichkeit, sich zu entladen, eine neue Form zu finden. Was Demonstrationen betrifft, können nur solche von Erfolg gekrönt sein, welche von Persönlichkeiten angeleitet werden, die wissen, mit diesen neu entstehenden Energien verantwortungsvoll umzugehen. Dieses Land braucht keine neuen Männer und noch weniger neue Frauen. Es braucht Vorbilder.

Ohne Vorbilder gibt es ebenfalls keine »vorbildliche« Ausbildung der Empfindungsseele. Nur mit Liebe allein werden wir die Probleme, vor allem die unserer Jugend, wohl nicht lösen. Das Gefühl und auch der Verstand brauchen eine Orientierung, eine Ab-Sicht, eine Zielrichtung, von der nicht nur dauernd geredet werden sollte, sondern die auch vorgelebt werden muß.

Die Rolle eines Vorbildes ist wohl die bitterste und forderndste, welche unser Welttheater zu vergeben hat. Denn nicht nur, daß derjenige alle vorher erwähnten Voraussetzungen haben muß, er muß dazu noch rhetorisch begabt sein, bereit zum Verzicht, selbstlos, uneitel und frei von Machtanspruch.

Es ist anzunehmen, daß der Dichter Vaclav Havel wohl auch lieber in vornehmer Zurückgezogenheit seinem Talent gefrönt hätte und seine Einstellung mit wortgewaltigen Veröffentlichungen seiner Schriften demonstriert haben könnte. Wer die Briefe an seine Frau, geschrieben während seiner Gefangenschaft, gelesen hat, der weiß, daß in diesem hochdenkenden, subtil beurteilenden und charakterlich fein strukturierten Geist nichts enthalten ist, was an die politische Führungsposition drängt. Und trotzdem hat er sich der Pflicht gefügt. Wo ist unser Vaclav Havel?

Ein starkes Vorbild macht auch die anderen stark, stärkt deren Empfindungsseele und damit den ganzen Emotionalkörper und dessen Ausdrucksfähigkeit. Wie sich die Akzeptanz von Mentalfeldern auf einen Menschen auswirken kann, werde ich versuchen, Ihnen am Beispiel der Beziehung François Truffaut – Jean-Pierre Léaud zu demonstrieren.

François Truffaut suchte vor mehr als dreißig Jahren einen kindlichen Darsteller für die Hauptrolle in dem Film *Sie küßten und sie schlugen ihn*. Er fand ihn in dem damals 14jährigen

Abb. 9

Jean Pierre Léaud, der den großen Regisseur hingebungsvoll bewunderte und liebte und mit ihm über lange Jahre in enger Verbundenheit zusammenarbeitete. Sehen Sie sich bitte das in dem Jahr 1968 entstandene Foto von Truffaut und Léaud einmal an. Das könnten nicht nur Vater und Sohn sein. Das könnten zeitverschobene Zwillinge sein. Die Ähnlichkeit ist beinahe schauerlich. Zehn Jahre zuvor hatten sich die beiden zum ersten Mal gesehen. In diesen zehn Jahren hatte also diese Transformation stattfinden können. Sie war so auffallend, daß französische Kritiker Jean-Pierre Léaud als Medium bezeichneten. Er selbst bezeichnete es als »un peu de mimétisme«, also eine Anpassungsfähigkeit, die wir im Tierreich als Schutzfärbung kennen. Denken Sie an das Chamäleon, es paßt sich an, es »schauspielert«. Nebenbei-Fazit: Ein guter Schauspieler ist also nicht der, der sich selbst unentwegt in Szene setzt, sondern der, der sich in immer neue Personen hineinverwandeln kann. Denken Sie bitte an Sir Lawrence Oliviers *Richard III.* Würde man es Ihnen vorher nicht sagen, niemals würden Sie in dem hinkenden, buckligen, stechäugigen Zwerg den hochgewachsenen Olivier erkennen. Das ist Schauspielkunst, und alles andere ist eine mißverstandene und aus diesem Grund völlig zu Unrecht hochgejubelte Profilneurose.

Wie bei allem Guten auf dieser Welt kann auch hier ein Zuviel von Übel sein und in eine Abhängigkeit treiben, die ein Entstehen einer Eigenpersönlichkeit äußerst erschwert, wenn nicht unmöglich macht.

Ein solches Beispiel konnte ich in meiner engsten Umgebung beobachten. Ein junger Mann, der in seiner Kindheit von der Liebe seines Vaters etwas unterversorgt war (milde gesagt), fand eines Tages heraus, daß dieser den Sänger Udo Jürgens bewunderte. Da er selbst musikalisches Talent besaß, fing er nun an, sich diesen als Vorbild zu nehmen, mit dem unterbewußten Gedanken: Wenn Vater Udo liebt, dann wird er mich lieben, wenn ich bin wie Udo. Damit nahm das Verhängnis seinen

Lauf. Der Junge hätte an und für sich höchstwahrscheinlich die Möglichkeit gehabt, ein wirklich guter Konzertpianist zu werden. So aber fing er an, Herrn Jürgens bis in alle Feinheiten zu imitieren. Heute ist dieser inzwischen 30jährige Mann der Udo-Jürgens-Imitator schlechthin. Nicht nur, daß er genauso geht, eine ähnliche Physiognomie entwickelt hat und einen völlig ähnlichen Kompositionsstil betreibt. Wenn er singt, hat man tatsächlich das Gefühl, da sitzt Herr Jürgens vor 25 Jahren am Klavier. Als vor drei Jahren Original und Kopie im Leben aufeinander trafen, war Udo Jürgens von dieser Darbietung so beeindruckt, daß er sich in einer Fernsehshow mit seinem Double zusammen an ein Klavier setzte. Der Eindruck war ähnlich wie auf obigem Foto von Truffaut und Léaud.

Ein Schallplattenproduzent, der das Talent erkannte, wollte dem jungen Mann daraufhin eine Chance geben. Doch er mußte kapitulieren angesichts der Unfähigkeit des Künstlers, auch nur einen Ton anders zu singen als Udo Jürgens. Das Problem ist, daß der Bedarf an Udo Jürgens durch Herrn Jürgens selbst hinreichend gedeckt ist. Man braucht also keinen zweiten. So kann der Segen eines Vorbilds zum Fluch werden. Hier hat sich die Empfindungsseele überlagern lassen, und es ist eine sogenannte »Veilance«, eine Verschleierung, entstanden.

Mit den Empfindungsseelen ist es wie mit der Liebe: Ohne Verstehen und Begreifen, also ohne Urteilsfähigkeit, können hier keine konstruktiven Ergebnisse entstehen.

Kommen wir also jetzt zur Verstandesseele, die derselben sorgfältigen Ausbildung bedarf wie die Empfindungsseele. Verstand hat gegenüber Empfindungen den Nachteil (oder ist es ein Vorteil), daß er, für sich allein betrachtet, gefühllos und ohne Charakter ist. Er erlernt, kombiniert, begreift, sortiert, wägt ab, sammelt Erfahrung, beobachtet.

Betrachten wir also die Angelegenheit zunächst einmal völlig kühl. Je mehr ich in einen Computer hineinfüttere, desto größer ist das Gesamtprogramm. Das Problem ist nur – wir sind keine

Computer, obwohl momentan alles getan wird, um das Gegenteil zu beweisen.

Der Mensch wird inkarniert mit einer Absicht und einem Ziel. Niemand kommt ohne Auftrag auf diesen Planeten. Es gilt also, Empfindungen und Verstand so gekonnt zu kombinieren, daß wir auf dieser Basis, mit dieser Grundlage, ein klares Bewußtsein entwickeln können.

Um auf diesem Planeten Erde überhaupt existieren zu können, braucht man ein allgemeines Grundwissen, das dem Menschen ermöglicht, sich in der Umgebung, in der er lebt, zurechtzufinden, zu behaupten und nützlich zu machen. Die Art und Weise, wie ein Mensch mit dem allerersten Allgemeinwissen umgeht, läßt uns schon früh Schlüsse über seine Intelligenz, seine Talente und Begabungen ziehen. Woher kommt es, daß ein Kind mit den Anfangsbegriffen des Lesens, Schreibens und Rechnens leichter zurechtkommt als das andere? Es liegt am Ich-Bewußtsein. Ein Kind mit unvollkommenem Ich-Bewußtsein kann nicht speichern, weil es die Dinge, die man es versucht zu lehren, in keinen Bezug zu sich selbst bringen kann. Wem es nicht gelingt, aus Erlerntem Ich-Bezüge zu erhalten, ist immer ein schlechter Schüler, da das Lernen an und für sich für ihn keinen »Sinn« hat.

Wie schnell wird ein Kind oft als unbegabt, geistig schwerfällig, zurückgeblieben und sogar als behindert bezeichnet, wo der Mangel in nichts anderem zu suchen ist als in dem nicht erweckten Ich-Bewußtsein. Ein Beispiel dazu möchte ich direkt aus Rudolf Steiners Leben heranziehen, der am Anfang seiner Laufbahn ja als Erzieher und Lehrer tätig war. Die Ergebnisse dieser Betätigung können wir in mehreren seiner Schriften finden, wie zum Beispiel in *Die Erziehung des Kindes vom Gesichtspunkt der Geisteswissenschaften.*

Besondere Erkenntnisse bezog der junge Rudolf Steiner aus seinem engen erzieherischen Umgang mit einem zehnjährigen Jungen, der an Hydrocephalitis litt, und dessen Familie den

Glauben an eine geistige Ausbildung des Kindes bereits verloren hatte. Steiner schaffte es, aus diesem bereits aufgegebenen Kind eine Gymnasiasten zu machen, der nach der Reifeprüfung Medizin studierte. Auf die Frage, wie der Anthroposoph diese Leistung vollbracht hat, gibt es nur eine Antwort: Steiner hatte die Einzelfunktionen von Körper, Seele und Geist begriffen und war so in der Lage, das Zusammenwirken dieser drei Komponenten zu fördern. Er ging davon aus, daß die Seele dieses äußerlich benachteiligten Kindes nicht intensiv mit dem Körper verbunden war und die vorhandenen Begabungen deswegen nicht zum Ausdruck gebracht werden konnte.

Bezeichnend für die Betreuung war, daß Steiner das Hauptgewicht zunächst auf die Entwicklung der Empfindungsseele legte, in seinem Schüler die Gefühle der Zuneigung, Sympathie, des Vertrauens und der Bewunderung weckte. Ohne diese Basis hätte niemals ein Erfolg erzielt werden können. Danach fing er an, das Kind in einer individuell erstellten Einteilung die verschiedensten Fächer zu lehren, in pädagogischer Maßarbeit die Seele des Kindes so zu aktivieren, daß sie sich letztendlich vollkommen mit dem Körper verbinden konnte. Das heißt: Das Ich-Bewußtsein wurde geweckt und in die richtigen Bahnen geleitet.

Was wäre aus diesem Kind geworden, hätte es Steiner nicht gegeben? Was wird aus zahllosen Kindern, weil die wirklich berufenen Pädagogen eine absolute Minderheit darstellen? Unser Schulsystem ist immer gnadenloser geworden. Punktesysteme müssen erfüllt werden, Leistung muß schematisch erbracht werden, der Schüler hat zu funktionieren. Eine große Illustrierte veröffentlichte vor einigen Jahren eine Umfrage bei Jugendlichen, die das Allgemeinwissen vor allem in Richtung Literatur, Kunst, Geisteswissenschaften betraf. Das Ergebnis war, schlicht gesagt, erschütternd. Das Ergebnis ist, daß Menschen ins Leben entlassen werden, deren Ich-Bewußtsein mangelhaft und unbegriffen ist.

Ich kann es mit Zahlen nicht benennen, wie oft Menschen

verschiedensten Alters zu mir sagten: Ich weiß nicht, wer ich eigentlich bin, was ich hier soll, was meine Aufgabe ist. Sie waren alle ver-zwei-felt. Mit dieser Aussage gaben sie nichts anderes zu verstehen, als daß sie nicht in der Lage waren, Körper, Geist und Seele in Harmonie zu vereinen. »Unruhig ist mein Herz, bis es ruhet in Dir, o Herr...« Unruhig ist der Mensch, bis er Körper, Seele und Geist in Harmonie, in eine ausgewogene Balance gebracht hat, die es ihm ermöglicht, an den göttlichen Energien teilzuhaben. Der Vermittler zu diesen universell und ewig wirksamen Energien ist der sogenannte Schutzgeist, dessen Kontaktaufnahme nur dann gelingen kann, wenn die vorher genannten Voraussetzungen erfüllt sind.

Sie, der Sie Leser dieses Buches sind, haben wahrscheinlich die Zeit der Jugendjahre bereits hinter sich gelassen, und natürlich werden Sie nun die Frage stellen: Wie kann ich, der ich heute 26, 37, 48, 62 Jahre alt bin, diese Harmonie erreichen, um zur Vollkommenheit zu gelangen? Der Trost sei Ihnen gesagt: Es ist nie zu spät.

Zuallererst ist es wichtig, daß Sie lernen, Ihre Gefühle zu erkennen und zuzulassen. Wie oft ist uns gesagt worden, daß wir uns beherrschen sollen, zusammennehmen, die anderen nicht belästigen sollen.

Wie soll ich mich denn beherrschen, wenn ich nicht einmal weiß, was ich beherrschen soll, wenn ich mich selbst nicht kenne? Ein nicht bewußter, nicht harmonisierter Mensch ist immer unsicher, nicht ausdrucksfähig und nicht optimal reaktions- und urteilsmächtig, vor allem, was seine eigenen Belange angeht.

Wenn ich nicht weiß, wie ich mit mir selber umzugehen habe, woher soll dann die Sicherheit im Umgang mit anderen kommen? In zahllosen Briefen haben mir Menschen geschrieben, daß sie um Hilfe zu ihrem Schutzgeist, zur Mutter Maria oder zu Jesus und allen Heiligen gebetet haben, aber »man hat mich allein gelassen«.

Mit dem Gebet ist es wie mit der Liebe. Allein von Lieben und Beten kommt leider nichts. Hilf dir selbst, dann hilft dir Gott, so heißt es. Es wird also Initiative verlangt. Woher aber nehme ich die Kraft für Initiative, wenn mir die Motivation fehlt, vor allem, wenn ich nicht weiß, wohin? Wohin führt mein Weg, wie bringe ich mein »Ich« auf dieser Erde in die richtige Bahn, zum r-ich-tigen Ausdruck?

Die Lösung des Problems kann nur in einer Erkenntnis unserer rationalen und sensuellen Veranlagungen und Möglichkeiten gefunden werden. Eine lebenstüchtige Bewußtseins-Seele kann nur auf dieser Basis erarbeitet werden.

Nehmen wir einmal alle in diesem Bezug genannten Begriffe wahllos zusammen. Da war die Rede von: Instinkt, Gefühl, Emotion, Intellekt, Verstand, Intuition, Willen, Kombinationsfähigkeit, Urteilsfähigkeit, Liebe, Harmonie, Erinnerung, Erfahrung, Unterbewußtsein, Überbewußtsein, Gedanken, Spiritualität – und all diese Begriffe, zusammengenommen sollen sie nun ein harmonisches Ich ergeben, eine selbst-verständliche Persönlichkeit. Man könnte, angesichts dieser Anforderung, den Mut verlieren.

Lassen Sie sich nicht verunsichern. Dazu haben wir alle miteinander inkarniert, um diesen gordischen Knoten zu entwirren und zu einem homogenen Gewebe werden zu lassen. Nehmen wir noch einmal die Kabbalah zu Hilfe, nur dahingehend, daß wir eine Ahnung bekommen, wie der Aufbau von Empfindungen, Verstand und Bewußtsein aussehen könnte.

Sehen wir uns also nochmal unser in vier Welten eingeteiltes Menschlein an und versuchen wir einmal, die Begriffe seiner sensuellen und rationalen Funktionen seinem Körper zuzuordnen.

Das, was Sie hier sehen (Abb. 10), ist nicht weniger als der seelisch-geistige Stammbaum des Menschen, der Baum des Lebens. Wir könnten die vorher genannten Welten nun auch benennen mit:

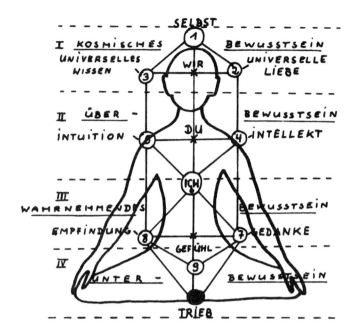

Abb. 10

   I Ich bin
  II Ich weiß
 III Ich fühle
 IV Ich ahne

Beschäftigen wir uns zunächst mit den unteren Regionen, also mit allem, was dem Instinkt und dem Unterbewußtsein zuzuordnen ist. Dazu ist es wichtig, noch einmal auf das Thema Inkarnation zu kommen. Dazugehörige Frage: Wie weit sind Sie eingefleischt? Ein scheußliches Wort, ich gebe es zu. Aber momentan geht es nicht um stilistische Schönheit, sondern darum, Bewußt-Sein zu wecken. Wir kennen den eingefleischten Junggesellen, eingefleischten Sozialisten (Kommunisten, Demokraten, und so weiter), eingefleischten Atheisten. Eingefleischt heißt nichts anderes als unveränderlich, unverbesserlich sein. In

335

carne – In-carnation – im Fleisch – eingefleischt – menschgeworden. Erinnern Sie sich noch, als wir vorher festgestellt haben, daß die Materie, in diesem Falle also das Fleisch, starr, träge, faul, nur schwer zu verändern ist. Die dem Fleisch am meisten verbundene Welt ist die Welt des Instinkts, gefolgt von der Welt des Unterbewußtseins.

Wenn wir also dem Fleisch, der Unter-Welt der Gefühle nicht ausgeliefert, in ihr gefangen (eingefleischt) sein wollen, dann müssen wir uns aus dieser Masse herausarbeiten. Das wird nur möglich sein mit Hilfe der oberen Welten, zuallererst der direkt darüberliegenden Welt.

Wir müssen erkennen, wo wir unseren triebhaften Instinkten ausgeliefert sind, uns haben »gehen, fallen lassen«. Wo werden Sie gelebt und ab welchem Punkt leben Sie selber, also bewußt? Leben Sie selbst oder lassen Sie leben, das ist hier die Frage. Wie weit sind Sie sich bewußt, daß Sie praktisch in einem Leasing-Objekt, einem Mietobjekt hier über diese Erde wandeln?

Erinnern Sie sich noch an Ihre erste Fahrstunde, so Sie des Fahrens mächtig sind? Wenn Ihr Fahrlehrer gut war, wird er Ihnen als erstes beigebracht haben, daß das Auto macht, was Sie wollen, und nicht umgekehrt. Je blutiger ein Anfänger ist, desto mehr fühlt er sich dem Monstrum Auto ausgeliefert. Er kennt die Funktionen der zahllosen Hebel und Knöpfe nicht, die Eigenschaften der Maschine sind ihm fremd und so sieht die erste Fahrstunde zumeist mehr wie ein Kampf als ein friedliches Zusammenwirken aus. Fragen Sie doch einmal einen Rennfahrer, ob er Probleme mit dem Autofahren hat. Oder sehen Sie sich selber an nach zehn Jahren Autofahren. Da werden Sie in Erinnerung an Ihre erste Fahrstunde nur milde schmunzeln können.

Sie werden es nicht glauben: Genauso geht es uns mit unseren Inkarnationen und Reinkarnationen. Wir müssen lernen, mit dem Miet-Objekt Körper richtig umzugehen, seine Eigenschaften zu begreifen, das Zusammenspiel seiner Einzelteile, pardon, Organe, zu kennen und seine Pflege zu beherrschen.

Ist es Ihnen schon einmal passiert, daß Ihre Hupe hängen blieb und Sie laut tönend inmitten einer staunenden Autoschar weinend über Ihrem Lenkrad hingen? (Und es sprach kein technisch begabter Schutzengel ein erlösendes Wort??) Und geschah es dann vielleicht, daß ein milde lächelnder Mensch mit gezückter Zange für fünf Sekunden unter der Motorhaube verschwand und es ward stille im Gehäuse? Gewußt, wie – das war die Devise. Oder – viel Lärm um nichts. Wenn ich mich mit dem Auto nicht auskenne, dann ist der Vorfall im Moment des Geschehens eine Katastrophe. Würde ich wissen, daß ich nur ein einziges lächerliches Drähtchen zu durchtrennen habe, dann wäre die Panik in dem Moment geringer. Nur – ich weiß es eben nicht. Und deswegen ist das Problem in diesem Moment für mich scheinbar riesig – ein Automechaniker kann darüber nur lachen. So ist das Leben.

Es wird also höchste Zeit, daß Sie, sollten Sie es noch nicht können, auf der Stelle beginnen, sich zu informieren, wie denn dieses Vehikel, das wir Körper nennen, gebaut ist und wie die Handhabung vonstatten geht. Bitte, sagen Sie mir nicht, ich habe doch einen Hausarzt, eine Freundin, die Heilpraktikerin ist, einen Trauzeugen, der Psychiater ist oder ähnliches. Das interessiert erst sekundär.

Ich sage es einmal ganz ehrlich: Ich könnte mir die Haare raufen, daß ich erst vor ungefähr zehn Jahren (also 20 Jahre zu spät) anfing, mich um die physiologischen Vorgänge und Zusammenhänge meines Gefährt(en)s zu kümmern. Ganz zu schweigen von den psychologischen. Wie wäre mein Leben verlaufen, hätte man mich, hätte ich mich früher informiert. Ich würde meinen ganzen Handarbeitsunterricht (wie schneidert man ein Herrenhemd?!?) mit Handkuß für einen wirklich profunden Physiologie-Unterricht hergegeben haben. Niemand, aber auch wirklich niemand, wollte jemals im Leben von mir

337

ein Kochhäubchen, gestrickte Strümpfe und gestickte Wandteppiche haben, ganz zu schweigen von Rüschenschürzen und gehäkelten Sesselschonern.

Leider, und ich sage es nochmals ganz laut, leider aber kann ich es. Warum? Weil ich es 12 Jahre lang lernen mußte. Ich habe nichts dagegen, daß jemand 12 Jahre lang diese sicher nützlichen Dinge erlernt, der sich zu dieser Betätigung hingezogen fühlt. Ich jedoch habe es lernen müssen, weil ich ein Mädchen war. Während mein Bruder Flugzeuge zerlegen durfte (oh Neid, unendlicher), mußte ich nadeln und fälteln. Nein, ich habe es nicht gehaßt. Ich habe es, was viel schlimmer ist, über mich ergehen lassen, in vollem Bewußtsein der vertanen Zeit. Dafür mußte ich dann zu nachtschlafender Zeit mich aus dem Bett quälen, um die vor der normalen Schulzeit beginnenden Wahlfachstunden für Stenographie und Eilschrift zu belegen, etwas, was jeder Mensch wirklich verwenden kann in seinem Leben, was mir Gottseidank schon damals klar war.

Ich bin leider nicht informiert, wie es heute diesbezüglich an den Schulen zugeht. Ich hoffe jedoch, daß man erkannt hat, daß der normale Durchschnittsbürger, egal, ob Männlein oder Weiblein, im Leben nicht mehr braucht, was das Fach Handarbeit angeht, als zu wissen, wie man einen Zopf flicht, einen Knopf annäht, einen Saum wiederbefestigt und ein Loch in der teuren Tennissocke stopft. Das genügt! So aber habe ich schätzungsweise 1000 Stunden meines Lebens für nichts verschenkt, nur weil die Beurteilungskriterien der pädagogischen Institutionen der damaligen Zeit total daneben waren.

Ich möchte nicht wissen, wieviele Stunden unseren Schülern heute noch gestohlen werden mit angeblich erforderlichem Wissenskram, der später in keiner Weise angewandt werden kann. Es gibt Wissen, das nicht tagtäglich verwendet werden kann, jedoch für die Schulung des Gehirns von ungeheurem Vorteil ist. Dazu gehören Sprachen, Naturwissenschaften, Geisteswissenschaften, Mathematik und was der Erkenntnis der ewigen Gesetze dieser Welt und der Kommunikation noch dienlich sein kann. Alles andere sollte der freien Wahl unterliegen. Der freien Wahl, die einem geschulten Hirn entspringt. Ein geschultes Hirn ist in der Lage zu differenzieren, zu beurteilen, zu erkennen und neue Erkenntnisse zu formieren. Hier sind wir wieder beim Kollektiv angelangt.

Wenn Sie also Zugang zum Kollektiv erlangen wollen, dann bleibt es Ihnen also nicht erspart, nachdem Sie erlernt haben, wie Körper und Psyche grundsätzlich funktionieren, unentwegt weiter Informationen anzufordern, zu sortieren und nach Bedarf zu speichern. Ein uninformierter Mensch ist ausgeliefert, kann gegängelt werden, unterdrückt und nach Bedarf beeinflußt und damit an der Erkenntnis seiner Bestimmung gehindert werden.

Sie müssen sich heute entschließen, ob Sie gelebt werden wollen oder lieber selber leben. Es ist Ihre Entscheidung, Ihre In-Carnation. Ihre Lebensqualität hängt davon ab, wie weit und wie sehr Sie sich abhängig machen und machen lassen. Das betrifft Ihre Triebe genauso wie Ihre Gefühle und Ihren Verstand. Alles ist eine Frage der Bequemlichkeit, eine Frage des Sich-Ergebens. Damit sind wir auch wieder einmal beim Karma angekommen. Es gibt einen Satz, den ich nicht mehr hören kann. Er lautet: »Das ist eben so, weil das mein Karma ist.« »Was Du billigst noch so fern...« Sie sind heute das, was Sie akzeptiert haben.

Wenn Sie den Satz akzeptiert haben: »Der Mensch lernt nur durch Leid«, dann wundern Sie sich bitte nicht, wenn das Kollektiv antwortet: »Ja gut, wenn du meinst...« Wie wäre es denn, wenn Sie ab sofort sagten: »*Nein!!! Ich lerne nicht durch Leid. Ich lerne durch Glück, Erfolg, Schönheit, Liebe, Gesundheit und Wohlstand. Ich weiß, daß nach dem Gesetz der Polarität mir auch anderes widerfahren wird. Grundsätzlich mache ich jedoch hiermit bekannt, daß ich nur lerne durch: siehe oben.«*

Probieren Sie es doch einmal aus. Werden Sie doch einmal ein bißchen renitent.

Die Worte, die ich eben vorher kursiv gedruckt erwähnt habe, bergen in sich eine eigene Energie, auch in dem Moment, wo man sie ausspricht. Also benutzen Sie diese Energie einmal eine Zeit lang. Sprechen Sie diesen vorher genannten Satz ein paar mal am Tag in vollem Bewußtsein aus, und Sie werden feststellen, daß diese kleine böse Stimme im Hinterkopf, die anfänglich noch flüstert »nein, nicht für dich, das bekommen die anderen«, immer leiser wird, bis sie schließlich verstummt.

Noch ein Tip, der von meiner Freundin Iris stammt. Sagen Sie nie wieder zu jemandem: »Ich wünsch Dir was!« Sondern drücken Sie klar aus, was dieses »was« denn sein soll. Und wenn Sie dem Angesprochenen wirklich was Gutes tun wollen, dann sagen Sie bitte die magischen Worte: Ich wünsche Dir *Glück, Gesundheit, liebevolle Kinder, Lebenskraft, Freude* oder was immer Ihnen noch an Schönem im Moment einfällt. Verbinden Sie Ihren Wunsch mit Bewußtsein. Das ist es, worauf die universelle Energie reagiert und damit das sogenannte Karma. Fangen Sie an, bewußt zu leben, zu reagieren, wahrzunehmen, zuzuhören und auch – bewußt abzuschalten, wenn Ihnen danach ist. Hier beginnt die bewußte Schicksalsgestaltung.

Sie sind solange ausgeliefert, solange Sie alles über sich ergehen lassen, willig annehmen, ohne abzuchecken, was es denn eigentlich ist, was Sie bereit sind, zu akzeptieren und anzunehmen.

Nein, das kollidiert *nicht* mit »Dein Wille geschehe«. Denn der Wille des Herrn war es nicht, auf dieser Erde unbewußte, in alles ergebene Wesen in animalischen Leasing-Objekten dahinvegetieren zu lassen. Wie hätte der Herr sonst einst sprechen können: Steh auf und kämpfe!

Es gibt eine Form der sogenannten Esoterik, die ich ablehne. Es ist dieses scheinbar demütige, fatalistische Hinnehmen von allem und jedem, mit der Ausrede, ja, das ist eben mein Schicksal. Ganz richtig! Dann ist es wirklich Ihr Schicksal. Demut ist etwas ganz anderes. Demut hat zu tun mit der Erkenntnis der

Mächtigkeit des einzelnen, des Ich und damit wiederum mit dem Bewußtsein des Dienens dieser Mächtigkeit der ganzen, der großen Sache. Lesen Sie doch einmal das Theaterstück *Becket oder die Ehre Gottes* von Jean Anouilh, welches als Taschenbuch erhältlich ist. So, wie dieser Becket ist, das ist Demut, und alles andere ist billiges Geheuchel. Und dem Herrn ein Greuel. Ihrem Schutzgeist übrigens auch, wenn wir schon von Alltag und alltäglichem Umgang mit unseren Beschützern reden.

Sie haben bei Ihrer Inkarnation eine hohe Begleitenergie angefordert, entsprechend der hohen Absicht, die Sie bewogen hat, überhaupt zu inkarnieren. Gepaart ist diese personifizierte Begleitenergie mit der Energie Ihres Gruppenherrn, von dem Sie so viele Anteile in sich tragen, soweit Ihr Identifikations-Bewußtsein reicht. Solange Sie heucheln, schönreden, den Weg des geringsten Widerstandes suchen, solange kann diese Energie nicht wirksam werden. Sie haben keine Chance, wenn Sie nicht lernen, die Dinge zu erkennen und in den entsprechenden Zusammenhang mit s-Ich zu bringen. Du mußt lernen, die Zeichen zu erkennen... Erinnern Sie sich?

Diese Aufforderung ist wie ein Brandmal. Lerne, erkenne, deute, werde bewußt, werde nützlich, werde verantwortungsbewußt, werde ur-teils-fähig.

Wieder die Stimme aus dem Hintergrund: »Aber ich habe schon alles versucht, ich habe meditiert, Reiki gemacht, Tarot gelegt, gependelt, ein Futon gekauft, Yogi-Tee getrunken, eine Bach-Blüten-Therapie gemacht, Bauchtanz und Feuerlaufen gelernt, einen Rutengänger kommen lassen und eine Pyramide über mein Bett gehängt. Aber mein Schutzgeist hat sich nicht gemeldet.« Lachen Sie nicht. Das alles habe ich zu hören oder in Briefen zu lesen bekommen. Warum denn in die Ferne schweifen, wenn das Gute liegt so nah?

Eines Tages saß ich mit meiner Mutter und ein paar Freunden, darunter auch einer afrikanischen farbigen Krankenschwester, in einem Restaurant. Es kam der Rosenverkäufer. Eine der Damen blickte auf und holte schon Atem, um Order zu geben. Im selben Moment sagte die Krankenschwester ganz ruhig: »Brauchst Du eine Rose?«

Brauchst Du einen Futon, eine Pyramide auf dem Kopf oder überm Bett, einen Bergkristall auf dem Bauchnabel und das magische Amulett auf der Brust, oder brauchst Du das alles nur, weil Du mit Dir selbst allein nichts anfangen kannst? Weil Du Dich nicht ge-brauchen kannst? (Fünf Minuten Nachdenken, bitte.)

Lernen Sie doch einmal, mit der täglichen Informationsbank bewußt umzugehen, was ein tages- und abendfüllendes Programm sein kann. Und wenn Sie sich dann vielleicht mit einem schönen Stein, einem neuen Bett oder ätherischen Ölen eine Freude machen wollen, dann sei es Ihnen von Herzen gegönnt. Aber fragen Sie sich immer, bei vollem Bewußtsein: Brauche ich es wirklich, oder habe ich die Äußerlichkeiten nur deshalb nötig, weil es mit der Innerlichkeit wieder mal nicht klappen will? Eine sehr unbequeme Überlegung, ich gebe es zu. Aber eine Überlegung, die Ihr Bewußtsein hilfreich beeinflussen wird.

Wenn wir das Bewußt-Sein als integrierten Bestandteil unserer Persönlichkeit und unseres Lebensstils erarbeitet haben, dann könnten wir nun vorsichtig und langsam anfangen, uns über die Welt zu unterhalten, die über den Empfindungen, den Gefühlen, dem Verstand und dem Intellekt liegt. Die Welt, die die eigentliche Heimat unserer geistigen Führer und Beschützer ist, die Welt der Gleich-Gültigkeit, der Gesetze. Es ist das Ziel eines jeden Inkarnierten, sein Bewußtsein so weit zu veredeln und zu steigern, daß er Zugang zu den Energien dieser Dimension erhält. Die Voraussetzung dazu ist, daß meine eigenen geistigen Energiefelder zumindest im Ansatz eine ähnliche Schwingung aufweisen wie diese Welt Briah sie beinhaltet.

Wie erhalte ich nun diese Schwingung, diese Färbung meiner Felder? Die Antwort ist: Indem ich, immer und immer wieder, meine ursprüngliche Absicht klarstelle. Meine ursprüngliche Absicht war nicht, Geld, Ruhm und Ehren zu raffen, meine Existenz und mein Revier zu sichern und ein bequemes Leben zu haben, sondern edel, gut und hilfreich zu sein. Das sollte das primäre Bestreben des Menschen sein, das immer wieder geweckt und bestärkt werden muß.

Ich kenne eine ganze Reihe von Menschen, die gut, edel und hilfreich sind. Aber leider nur, solange es ihnen gutgeht. Kaum setzen Lebensphasen sein, die mit Verzicht und Forderung zu tun haben, schon werden die Betroffenen im wahrsten Sinn des Wortes »stinksauer« und fangen an, mit Gott und ihrem Schutzengel zu hadern, was die Umwelt dann auch tagtäglich zu spüren bekommt. Nach dem Motto: Wenn man mich für meine Mühen nicht belohnt und zu mir nicht nett ist, warum soll ich dann nett zu den anderen sein?

Solche Phasen sind immer Prüfungssequenzen, die die wirkliche Schwingungsqualität eines Menschen feststellen. In Zeiten wie diesen stellt sich heraus, ob jemand »poolfähig« ist oder nicht. Die Eintrittsbedingungen sind sehr hart, aber zu Ihrer Beruhigung sei Ihnen gesagt: Wer es ein einziges Mal geschafft hat, hineinzukommen in diese Energie, der schafft es immer wieder und verliert nur in den seltensten Fällen dieses Privileg. Denn jeder, der mit der Briah-Energie gleichzieht, hat das Grund-Sätzliche begriffen, und zwar für immer.

Diese Energie verlangt vom inkarnierten Menschen nicht mehr und nicht weniger, als im Glauben fest zu sein. Einmal an die Energie von Briah herangekommen, gibt es kein Wenn und Aber mehr, denn dort regieren das universelle Gesetz und die universelle Liebe, die Diskussionen überflüssig machen. Es ist, was es ist, sagt die Liebe (Erich Fried). Aus! Es ist, was es ist, sagt das Gesetz (Penny). Auch aus! Dazu gehört, daß Sie sich bemühen, Liebe und Gesetz für sich allein und dann im Zusammenhang zu begreifen. Wenn Sie das schaffen, dann sind Sie urteilsfähig. Eine unbezahlbare Errungenschaft.

Was ist Liebe? Liebe ist gleich-gültig sein, und zwar ohne Ausnahme. Was ist Gesetz? Lesen Sie die zehn Gebote, und Sie brauchen nicht mehr zu fragen. Das BGB des Universums ist kurz und bündig: Es gibt eine Ur-Sprungs-Energie, aus der wir alle hervorgegangen sind. Und dieses Ur-Sprungs-Energie wünscht nicht, daß ihre Ur-Absicht mißbraucht wird. Zuwiderhandeln führt zu Destruktion.

Je früher diese Forderung erkannt und befolgt wird, desto leichter wird der Zugang zur Kollektivenergie von Briah. Der vorher gezeigte Baum des Lebens hat einen Mittelpunkt, Tiphereth genannt, der die Emanation des Schönen und der Harmonie ist. Dieser Punkt ist der einzige, der mit allen anderen in Verbindung steht und auch stehen muß, denn dieser Punkt birgt in sich das Ur-Sprungs-Wissen, die Ur-Sprungs-Absicht, das R-Ich-tige.

Es gäbe, wenn man wollte, also durchaus eine Instanz, die imstande ist zu sagen, was gut, schön, edel und hilfreich ist und was nicht. Das heißt jetzt nicht, daß das Böse, Schlechte und Selbstsüchtige nicht auch eine Daseinsberechtigung hätten, denn wie sonst könnten wir Inkarnierten uns sonst entscheiden, bar jeden Gegenpols. Das enthebt uns aber nicht der unangenehmen Aufgabe, irgendwann Stellung zu beziehen, den Mund aufzumachen und laut zu sagen: Das ist nicht in Ordnung! Und wenn 50 Leute danebenstehen und alles wunderbar finden, oder von mir aus auch eine ganze Nation, dann muß noch immer der Mut vorhanden sein, dieses Tiphereth zu leben. Ein solcher Mensch hat Briah-Qualität und sollte als Vorbild dienen oder als Lehrer wirken. Doch davon haben wir schon gesprochen, und ich werde mich nicht wiederholen.

Um diesen Punkt Tiphereth in seiner ganzen Größe zu begreifen und zu erfassen, ist die Arbeit unzähliger Inkarnationen nötig, die Erfahrungen der ganzen Gruppe und die Unterstützung der Gruppenherren. Und vor allem – die Unterstützung unserer persönlichen Begleit- und Schutzenergien, auch Schutzengel genannt. Wie oft haben Sie gehört und gelesen: »Doch dann sagte eine innere Stimme...« und es auch selbst gefühlt, dieses innere Wahr-Sagen. Diese Informationsenergie läuft über Tiphereth, also über das bewußte Ich und wird ausgesendet von den sogenannten Schutzgeistern. Aber wie bereits gesagt: Wenn kein bewußtes Ich vorhanden ist, dann kann die Information nicht entschlüsselt werden. You are as good as... Es muß also Ihr Ich trainiert werden, damit der Kontakt besser funktionieren kann.

Es gibt ich weiß nicht wieviele Methoden, die angeblich das Ich in höhere Bewußtseinsstufen katapultieren. Vom Singen von ganz bestimmten Mantras bis zur Transzendentalen Meditation besteht ein riesengroßes Angebot an Möglichkeiten der Bewußtseinsfindung, der Selbst-Findung. Nun, wer mich kennt, der weiß, daß ich ein Mensch bin, der gerne mit den bereits bestehenden Möglichkeiten arbeitet, also mit Dingen, die im materiellen oder geistigen Bereich bereits vorhanden sind und ausgearbeitet werden können. Das geschieht nicht nur aus rein praktischen Überlegungen heraus, sondern kommt auch daher, daß ich gerne baldige Ergebnisse sehe. Mit geistiger Reifung ist es wie mit der Miete am Ersten. Ich brauche sie nicht 18 Tage später, sondern am 30. jeden Monats. Und meine Einteilung muß so kalkuliert sein, daß dieser Ablauf des Finanziellen gewährleistet ist.

Ich rede gerade nicht von der berühmten Erleuchtung. Die kann natürlich nicht kalkuliert werden. Aber ich bin der Ansicht, daß eine geistige Schulung genauso konsequent verfolgt werden kann, wie die finanzielle Kalkulation des monatlichen Bedarfs. Es gibt, was geistige Schulung betrifft, Erfahrungswerte, die einen Lehrer befähigen, bestimmte Abläufe zu timen. Wenn ich heute eine Klasse von 30- bis 40jährigen im Jazz-Ballett trainiere, dann weiß ich nach spätestens einer halben Stunde, ob Frau Meyer in der dritten Reihe in der Lage ist, ohne Muskelzerreißproben einen Spagat hinzulegen oder nicht. Wenn nicht, bin ich als Lehrer fähig, die Frau, wenn der Wunsch besteht, so zu trainieren, daß sie in einem bestimmten Zeitabschnitt dieses Übungsprogramm mithalten kann. Wenn sie die vorbereitenden Übungen gewissenhaft durchführt, kann man aufgrund von Erfahrungen sagen, daß die Frau in zwei Monaten so weit sein müßte.

Warum sollte es mit einem geistigen Übungsprogramm anders sein? Man kann doch auch jemandem in zwei Monaten eine Sprache beibringen oder in zwei Jahren die Grundbegriffe des Klavierspiels oder des Karate. Deswegen haben mich Übungen, die den geistigen Bereich betreffen und deren Ergebnis nicht abzusehen war, immer etwas mutlos gemacht. Irgendwann fing ich an, meine eigenen Übungen zu entwickeln.

Nehmen wir das Beispiel Meditation. Da hieß es immer: Du mußt Dich versenken, ganz still werden, Dich sammeln, Deine Mitte finden. Ich versuchte und versuchte und suchte meine Mitte und fand sie nicht. Immer wieder mußte ich an dieses urkomische Lied *Nothing* aus dem Musical *Chorus Line* denken, wo ein Schauspiellehrer seinen Schülern blödsinnigste Übungen andient, wie zum Beispiel, sich als Eisblock zu fühlen und zu schmelzen. Frage: Was hilft es mir als Desdemona, wenn ich weiß, wie ein Eisblock sich beim Schmelzen fühlt? Ich muß doch eher nachvollziehen können, wie sich die verzweifelte Ehefrau eines eifersüchtigen, dazu noch farbigen Ehemannes fühlen könnte. Das liegt doch eher in meinem weiblichen Gefühls-Nachvollzugsbereich. Was ich damit sagen will, ist: Warum muß ich meine Fähigkeiten denn mit artfremden Trainingsformen malträtieren? Warum verwende ich nicht das, was ich sowieso in mir trage?

Als junge Frau hatte ich einen asiatischen Lehrer, der mich das Bogenschießen lehrte. Leider unterrichtete er mich nur ein knappes Jahr, dann kehrte er in seine Heimat zurück. Am Ende der letzten Unterrichtsstunde verbeugte er sich vor mir und dankte mir, daß ich ihm eine so gute Schülerin gewesen war, was mich einigermaßen beschämte. Dann sagte er, daß er mir zum Abschied ein Geschenk geben wolle. Ich gebe hiermit dieses Geschenk an Sie alle weiter. Er stellte sich ungefähr 20 Meter vor dem Ziel auf, hielt mit beiden Händen seinen Bogen senkrecht an die Brust, und so stand er gute drei Minuten völlig unbeweglich. Dann drehte er sich um und stand genauso lange mit dem Rücken zum Ziel. Schließlich griff er mit der rechten Hand über seine Schulter, holte einen Pfeil aus seinem Rückenköcher, legte an, spannte, drehte sich in einer gedankenschnellen Bewegung herum und schoß den Pfeil in die Mitte der Zielscheibe – mit geschlossenen Augen.

Was hatte er gemacht und vor allem, wie hatte er es gemacht? Auf die Gefahr hin, als infantiler Kinofilm-Fan abgestempelt zu werden, rate ich Ihnen jetzt, in die Videothek zu gehen und sich den Film *Karate-Kid II* auszuleihen. Da ist der Trick im Ansatz auch enthalten. Und übrigens nicht nur dieser. Was der Lehrer Miyagi seinem jungen Schüler Daniel in den sehr fragil und innig dargestellten Dialog-Szenen beizubringen versucht, hat hohen Allgemein-Informationswert. Die Szene, von der ich sprechen will, spielt sich im Garten des Asiaten ab. Nach einem etwas mißglückten Tanzvergnügen, in dessen Verlauf Daniels Freundin ihm den Laufpaß gab, versucht Miyagi seinen Schüler zu beruhigen, indem er ihm einen Hammer und einen Nagel in die Hand drückt, mit der Anweisung, diesen mit einem Schlag in ein Holzbrett zu befördern. Daniel ist von den Ereignissen der letzten Stunden jedoch noch so aufgewühlt, daß er es nicht auf einen Versuch ankommen lassen will. Daraufhin sagt Miyagi: »Wenn du fühlst, daß das Leben aus dem Focus gerät, dann kehre immer zurück zur Grundlage des Lebens: Atem. Kein Atem, kein Leben.«

Die Atemübung, die er ihm daraufhin zeigt, ist wunderschön und vor allem völlig logisch, also sofort funktionierend. Ich habe sie vor 25 Jahren bei meinem Lehrer ganz ähnlich gelernt. Doch um die Atemübung geht es mir im Moment nicht primär.

Sondern primär geht es mir um die Aussage. Deinen Focus finden ... war die Anweisung. Und zwar nicht irgendwo in Dir, sondern mit dem, was das Leben schlechthin ist. Atem. Nimm das zu Hilfe, was mächtig ist, was das Leben ausmacht. Leben ist Atem. Also arbeite mit Atem. Ausatmen – Einatmen – Focussieren. Wenn Sie die Übung sehen wollen, holen Sie sich das Video. Schöner kann man es nicht zeigen. Und wenn Sie das Video schon haben, dann schauen Sie sich doch ganz am Anfang gleich auch noch den Kranichsprung an. Den zu erlernen dauert allerdings ein bißchen länger. Und Sie brauchen dazu kein Trampolin und kein Spezialkissen und keine Brain-Machine und keine Spezialbrille, nichts – nur sich selbst. Für beide Übungen. Und die fünf Mark Leihgebühr fürs Video werden die bestangelegten der letzten Jahre sein.

Doch zurück zum Geschenk, das ich Ihnen noch schuldig bin: Focussieren. Genau das hatte mein Lehrer zuerst auch gemacht: sich mit Hilfe der vorher erwähnten Atemübung völlig gesammelt. Dann aber tat er noch etwas: Er erweiterte sein Blickfeld.

Um hinter das Geheimnis zu kommen, versuchen wir nochmal, den gesamten Vorgang nachzuvollziehen: Zuerst stellte er sich 20 Meter vor dem Ziel auf und konzentrierte sich. Das heißt: Er sammelte zuerst alle nötige Information. Wie groß ist der Abstand, wieviel Kraft wird der Pfeil brauchen, wieviel Spannung der Bogen, ist es windstill oder nicht? Dann drehte er sich um, und jetzt kommt die eigentliche Übung: Er rief sich die eben aufgenommenen Informationen noch einmal ins Gedächtnis, konzentrierte sich auf den Mittelpunkt und fing an, sein Blickfeld so weit auszudehnen, daß es auch den Raum hinter ihm erfaßte. Der Rest war für den Meister ein Kinderspiel.

Um es vorweg zu nehmen: Nach mehreren Jahren der Übung habe ich es bereits 11 mal geschafft, das Ziel mit geschlossenen Augen zu treffen. Das erste Mal gelang es nach zwei Monaten, was sich als Zufall herausstellte. Die weiteren zehn Treffer schaffte ich nach drei Jahren. Geblieben ist von dieser Übung folgende Sequenz für den allgemeinen Gebrauch: Setzen Sie sich so hin, wie Sie es zu Meditationen gewohnt sind. Entweder ganz normal auf einen Stuhl oder mit gekreuzten Beinen auf den Boden, wenn Sie wollen, lehnen Sie sich ruhig an. Keinesfalls legen Sie sich hin.

Konzentrieren Sie sich nun auf irgendeinen Gegenstand, der mindestens drei Meter entfernt Ihnen genau gegenübersteht. Sehen Sie diesen Gegenstand genau an. Und nun, Zentimeter für Zentimeter, versuchen Sie das Rechts und das Links des Gegenstandes immer mehr zu erfassen, ohne den Gegenstand selbst aus den Augen zu verlieren. Achten Sie darauf, daß Ihre Augen sich nicht nach rechts oder links bewegen. Sie sollen nur Ihr Blickfeld erweitern, nicht hin- und herschauen. Dehnen Sie Ihre visuelle Wahrnehmung, bis Sie das Gefühl haben, daß alles zwar noch sichtbar, aber wie von einem Schleier überlagert ist. Sollten Sie das Gefühl haben, daß Ihre Augäpfel vibrieren, bleiben Sie ganz ruhig und sagen Sie sich: Es ist alles in Ordnung, das ist nur die ungewohnte Anstrengung der Konzentration. Versuchen Sie, das, was Sie sehen, solange in erkennbarer Form zu halten, wie es Ihnen möglich ist. Wenn die Konturen anfangen völlig zu verschwimmen, schließen Sie langsam die Augen und genießen Sie die Ruhe, die in Ihnen entstanden ist.

Später, wenn Sie diese Übung beherrschen, können Sie versuchen, das Blickfeld im Bogen rechts und links abzurunden und langsam nach rückwärts auszuweiten. Es ist möglich, vorausgesetzt, Sie beherrschen Teil I der Übung. Ich mache dieses Breitband-Sehen mit meinem Kurs »Jeder kann Hellsehen« mit solchem Erfolg, daß sogar Leute, die jahrelang mit den üblichen meditativen Sammlungspraktiken keinen Erfolg hatten, innerhalb von einer (!) Minute tief versunken sind. Da ich die Übung nur als solche, im Kurs jedoch nicht als Anfang einer Meditation benütze, hole ich meiner Zuhörer zugegeben ziem-

349

lich rüde aus dem Entspannungszustand zurück, sofort, nachdem die Wirkung erreicht ist. Ich möchte nur die Möglichkeit zeigen und vorerst keine Gruppenmeditation abhalten, aus Gründen, die in meinem persönlichen Ermessen liegen.

Die mir liebste Erinnerung an diesen Übungsablauf blieb mir von einem Kurs in der Schweiz, wo in die tiefe und andächtige Stille nach dem »Wecken« eine Stimme mit rauhem Berner Idiom sagte: »Danke« (Dankche).

Diese Übung ist deswegen so wichtig und hilfreich, weil sie auch unsere völlig verkümmerten Sinne übt. Wir nehmen viel zu wenig wahr, sehen nur Bruchteile, hören fast gar nichts. Das Ergebnis ist, daß unsere gesamte Sinnlichkeit sich langsam, aber sicher diminuiert. Es ist wie bei dem Menschen, der sein Leben lang so viel Zucker gefressen (Entschuldigung) hat, daß er die feine Süße eines Apfels als sauer empfindet. Nehmen Sie doch einmal einen Biß von einem Apfel der herberen Sorte und kauen Sie das Stückchen solange, bis Sie merken, wieviel Fruchtzucker noch immer in diesem angeblich sauren Apfel enthalten ist. Machen Sie dasselbe mit einer Gurke, einer Tomate, einem Stück Lauch. Und nehmen Sie nachher ein Stück Schokolade in den Mund. Sie werden merken, wie widerlich und unnatürlich süß das Zeug schmeckt. Eine hervorragende Übung für Zuckerfresser übrigens und für Leute, die Übergewicht haben.

Was das mit dem höheren Bewußtsein zu tun hat? Sehr viel, lieber Zweifler. Denn ohne funktionierende Sinne, also funktionierendes Normal-Bewußtsein, gibt es auch kein höheres Bewußtsein. Doch ich akzeptiere Ihre Ungeduld, denn hier spricht die Schwester des Erfinders (der Ungeduld, nicht des höheren Bewußtseins, leider). Nachdem wir hoffentlich alle begriffen haben, daß eine grundsätzliche Bereitschaft des Bemühens um das Gute, Schöne und Edle vorhanden sein und genährt werden muß, um in die feineren Bewußtseinsschwingungen zu gelangen, dürfen wir nun auch zur Belohnung ein bißchen in die Trickkiste greifen, um dem Vorgang ein wenig nachzuhelfen. Denn ich weiß sehr wohl, wie ungeheuerlich anstrengend es ist, ununterbrochen gut und edel sein zu wollen. Der Geist ist willig, aber... Und wenn man nur auf dieses Programm festgelegt ist, dann könnte man leicht den Mut verlieren.

Also, jetzt kommt der Trick: Nehmen Sie die Eigenschaft, die bei Ihnen am augenscheinlichsten ist und die Sie selbst als solche auch empfinden und akzeptieren. Nehmen wir einmal an, es ist etwas ganz Alltägliches, was Sie besonders auszeichnet, ein gutes Gedächtnis nämlich. Nun nehmen Sie eine Vorliebe, eine Leidenschaft, die Sie ausgeprägt in sich tragen. Natürlich meine ich eine Vorliebe für etwas Gutes und Schönes. Abrichten von Kampfhunden zählt zum Beispiel nicht, und auch Ihre Vorliebe für Sachertorte kann in diesem Fall nicht verwendet werden. Es muß etwas sein, was der Allgemeinheit Freude bereiten könnte, und zwar uneingeschränkt: Lassen Sie uns doch einmal glauben, daß Sie Gedichte lieben, und eigentlich immer gern selbst welche geschrieben hätten, aber bis jetzt geglaubt haben, Sie hätten dazu doch nicht genug Talent. Ich werde Ihnen jetzt zeigen, wie man mit gutem Gedächtnis und der Liebe zu bestehendem Material, in diesem Fall also zu Gedichten, Talent mit Hilfe des Normal-Kollektivs erzeugen kann und sich damit bis ins Briah-Kollektiv, also in eine neue Form des Bewußtseins hinaufarbeiten kann.

Fangen Sie an, Ihr Hirn zu trainieren: Lernen Sie Gedichte auswendig. Und zwar nur solche, die Ihnen selbst zunächst außerordentlich gefallen. Sie müssen sich dazu nicht einmal jeden Tag gequält hinsetzen, sondern nützen Sie doch einmal die Zeit, wo Sie etwas anderes, rein körperliches tun, wobei der Geist nicht beschäftigt sein muß: Putzen, zum Beispiel, oder während des Waschens und Zähneputzens in der Früh, beim Autofahren (Kassetten besprechen), ja sogar am stillen Örtchen. Hier ist immens viel geistig ungenützte Zeit, in der Sie Gedichte lernen könnten. Aber lernen Sie nicht nur, genießen

351

Sie auch die Schönheit der Sprache, des Sprachrhythmus und des Ausdrucks. Fühlen Sie den Empfindungen nach, die entstehen und überlegen Sie, welche Farbe dazu passen könnte. Machen Sie geistige Bilder dazu und stellen Sie sich vor, wie das Gedicht wohl als Gemälde aussehen könnte. Versuchen Sie, das Erlernte zu singen, ihm verschiedene Ausdrucksformen zu geben, spielen Sie, machen Sie ein Stück mit verteilten Rollen daraus, versuchen Sie es als Mann, als Frau, als Kind darzustellen, kurzum, freuen Sie sich daran. Und noch etwas: Informieren Sie sich über den Dichter. Während Sie lernen oder das Erlernte sprechen, denken Sie nebenbei an die Leistung des Poeten, denken Sie über seinen Charakter nach, über seine Absicht. Ach, Sie haben mich längst durchschaut: Ich versuche Sie in die geistigen morphischen Felder zu locken.

Ich behaupte jetzt einmal frechweg etwas: Goethe hat es mit seinem *Faust* geschafft, in Briah-Energien zu kommen. Es müßte also möglich sein, bei begeisterter Verwendung dieser Denkenergien dieselben als Hilfs-Vehikel zu verwenden. Oder wie wäre es mit Rilkes *Stundenbuch* oder Dantes *Göttlicher Komödie?*

Ja, das ist anspruchsvoll, ich weiß. Aber wenn Sie immer nur bei *Wer reitet so spät durch Nacht und Wind* bleiben wollen, dann kann der Trick nicht glücken. Denken Sie nie: Das ist zu schwer, das schaffe ich nie! Es stimmt nicht. Es ist nur die Faulheit der Materie, die Sie scheinbar bindet. Sie jedoch haben alle Möglichkeiten. Also, fangen Sie meinetwegen ruhig mit dem *Erlkönig* an, aber machen Sie weiter! Und machen Sie weiter mit etwas, von dem Sie glauben, Sie behalten es nie, Paul Celan, zum Beispiel, oder Alfons Paquet. Und Sie werden danach feststellen: Wenn ich die *Todesfuge* und *Frag Adam* geschafft habe, was gibt es dann, was ich nicht schaffen könnte?

Ganz nebenbei werden Sie sprachmächtig werden, Ihre Umgangssprache wird sich unmerklich verändern, Ihr Ausdruck wird bildlicher und Ihre Gedanken verschönt werden. Wenn

Sie vorher nicht frei sprechen konnten – der Tag wird kommen, da wird es eine Lust sein, Ihnen zuzuhören und Ihnen selbst eine Freude, und ein weiterer Tag wird kommen, da »wird es Sie sprechen« und dann werden Sie wissen, was ich meine, wenn ich sage, Glückseligkeit der Briah-Energie.

Und irgendwann, völlig unerwartet, wird es Ihnen gehen wie mir selbst. Ich wanderte eines freien Nachmittags in einer Einkaufsstraße, nichts Besonderes denkend, Augen überall und nirgends.

Da war dieser Impuls in meinem Kopf: »Rose, du reiner Widerspruch, Lust, niemandes Schlaf zu sein unter so viel Lidern«.

Was ist das, dachte ich mir, was für ein schöner Gedanke, schon irgendwo einmal gehört, aber wo? Ich grübelte und memorierte, aber konnte den Ursprung nicht finden. Also: Konzentration aufs Kollektiv und abfragen. Von wem ist das? Wer ist das? Keine Antwort.

Wieder: »Rose, du reiner Widerspruch…«. So ging es weiter, eine halbe Stunde vielleicht, dann war ich abgelenkt durch irgend etwas und vergaß den Vorfall.

Nachts im Bett, schon fast am Einschlafen, wieder diese »Stimme«: »Rose, du reiner Widerspruch…«.

Diesmal war meine Rückfrage im Halbschlaf, völlig entspannt, also besonders konzentriert: »Wer bist du?«

Antwort: *Höre, ich schenke dir ein Gedicht. Willst du?*

Was für eine Frage!

Hier ist es, das erste von vielen, das allererste. Den Seinen gibt's der Herr im Schlafe. Der Herr? Oder vielleicht nur ein antwortendes Kollektiv, das Freude an deiner Freude hat.

Im Traumregister meiner Sehnsucht
steht die Sonne im Zenith.
Kein Schatten grenzt den Baum.
Verdrossen hockt im Wipfel nur die Hitze
und ist sich selbst genug.

Die Stirn gelehnt an kühles Mauerwerk
Geschmack nach Kalk und Erde.
Schmeckt so der Tod?
Kein Sarg der Welt hat Platz für dich und mich.
So muß alleine sein
wer nicht zu zweien
gehen kann.

Ich hörte wie im Traum. War zugleich hellwach und ange-
spannt bis in die letzte Hirnfaser. Dann bekam ich Angst.
Angst, zu vergessen. Ich sprang aus dem Bett, und schrieb, in
nicht einmal einer Minute, das Gehörte nieder, so wie Sie es
oben lesen. Am nächsten Tag kam meine Freundin Gabriele
Sessler, Inhaberin des gleichnamigen Verlags, zu Besuch, eine
gebildete und literarisch versierte Frau. Ich erzählte ihr, vorsichtig zunächst, das Erlebte. Vielleicht war ich nur einer Erinnerung aufgesessen. Sie las, und las es nochmals. Rilke? Nein,
auch nicht Hesse, schon gar nicht Kafka. Trakl? Nein, auch
nicht.

Um es kurz zu machen: Das Gedicht gab es vorher nicht. Es
ist von mir, wenn man so will. Und das erste einer langen Reihe
von ebenso, wenn nicht noch schöneren Gedichten. Bin ich
deswegen ein Dichter? Ja und nein. Ja, denn hätte ich nicht jahrelang die sprachliche Basis gelegt, so wie ich es vorher in meiner Anempfehlung beschrieben habe, es wäre keine »Klaviatur«
vorhanden gewesen, auf der »man« hätte spielen können. Nein,
weil ich Dichter kenne, die da sitzen und sich quälen, feilen,
verwerfen, austauschen und unter Schweißperlen ein Erzeugnis
hervorbringen. Bei mir schreibt es sich. In höchstens zehn Minuten, nach Absprache übrigens: *Hast du Lust?* kommt es
manchmal. Und manchmal ich: »Habt ihr Lust, ist jemand da?«
Und ich höre einfach zu, manchmal »biete ich dagegen«.
»Meinst du nicht, es wäre besser so...« und dann sage ich, was
ich denke, dann ist es wie ein Verhandeln, das Einigen geht

blitzschnell. Der Zustand während des Austauschs ist wunderbar, unbeschreiblich. Völlig bewußt übrigens, ich könnte nebenher Geschirr abwaschen oder Fingernägel lackieren. Also keine Trance, nichts dergleichen. Ich weiß nicht, mit wem ich diese Arbeit leiste, wer mein »Mitarbeiter« ist, wessen Mitarbeiter ich bin. Es ist auch gleich-gültig. Es geschieht aus einem einzigen Grunde: Um zu zeigen, daß es möglich ist.

Wer von den Dichtern macht denn den Mund auf und sagt: »Ich habe es gehört, man hat es mir gesagt.« Sie schreiben und setzen ihren Namen darunter. Das werde ich auch tun. Aber ich werde nicht aufhören zu sagen, wie es wirklich ist und wie es geschieht. Ich bin bewußt, völlig meines Selbst bewußt, und ich möchte Ihnen den Weg dahin vermitteln, genauso, wie die Ergebnisse, die ich selbst auf diesem Weg erbringe. Seit dieser Nacht mit dem Gedicht hat sich auch meine Sprache verändert. Wenn ich will. Ich kann auch im Stil genauso bleiben wie früher. Früher hatte ich eben nur den einen – meinen. Jetzt kann ich wählen. Ich bin frei. Deswegen ist dies auch mein letztes sogenanntes Sachbuch. Ich habe vorerst alles gesagt, meine Aufgabe erfüllt und dabei selbst erreicht, was ich wollte: die Barriere beiseite zu schaffen, die mich geistig blockiert hat.

Manchmal spreche ich acht Stunden hintereinander, ohne das geringste Hilfsmittel und ohne den geringsten Energieverlust. Meine Zuhörer erstaunt das. Ich sage ihnen immer wieder, daß sie nicht staunen sollen, sondern es nachmachen. In welcher Form auch immer. Es muß ja nicht die ganze Welt reden wie ein Wasserfall. Ich bin nicht da, um bestaunt zu werden. Ich bin nur da, um zu zeigen, was möglich ist. Und es ist für jeden von Ihnen möglich. Denn ich bin weder ein Wunderkind (bißchen spätes Kind, was?), noch ein Genie, noch überaus begabt. Ich bin nur trainiert. Ich habe die Möglichkeiten eines ganz normalen menschlichen Hirns etwas mehr genützt, als es üblich, normal ist.

Normal – ein Wort, das ich hasse. Die Norm hat uns Frauen

jahrhundertelang kleingehalten, trotz mancher Ausbrecherinnen. Ich wollte immer heraus aus der Norm. Die Zeit war mir gnädig und mein Schicksal auch. Die Zeit ist inzwischen noch gnädiger geworden, und wer sagt denn, daß Ihr Schicksal nicht um vieles günstiger ist als meines? Es liegt also an Ihnen. Auf ins Kollektiv! ist also die Devise. Und sie kann gültig sein für einen Moslem, einen Christen, einen Hindu genauso wie für einen Atheisten, oder den, der alles ablehnt, was nur den Hauch von Esoterik an sich hat. Sehen Sie im Kollektiv meinetwegen Schutzgeister, Dämonen, alle Verstorbenen, Jesus Christus, den Heiligen Geist oder Gott höchstpersönlich, oder nur die reine Energie. Es ist Ihre Wahl. Ich werde Sie nicht zwingen zu glauben, oder versuchen, Sie abzubringen, von dem, was Sie glauben. Sie dürfen glauben, was Sie wollen, und ich glaube, was ich will. Und das ist letztendlich unabhängig von den Trainingsmöglichkeiten. Trotzdem glaube ich zutiefst, daß die Ergebnisse zeigen, wes Geistes Kind du bist. Rose, du reiner Widerspruch! Haben Sie es erkannt? Ich wußte es auch nicht, daß dies der Spruch ist, der auf Rilkes Grabstein eingraviert ist. Gabriele Sessler hat es mir erst sagen müssen.

Nun könnten Sie mir nach all diesem entgegnen, daß Sie bar jeder ausgeprägten Eigen- und Leidenschaften wären, daß Ihnen zwar so manches gefiele, aber nicht in einer Weise, die man als leidenschaftlich bezeichnen könnte. Diese Ausrede ist mir vertraut, und es kann abgeholfen werden. Ein Ausweg aus dem leidenschaftslosen Dilemma ist die Liebe. Damit meine ich nicht einmal eine intime Liebesbeziehung, sondern nur eine tiefe und liebevolle Beziehung zwischen zwei Menschen. Nehmen wir an, Sie sind Handwerker oder Ingenieur und behaupten von sich, völlig sprachunbegabt zu sein. Und nehmen wir weiter an, es steht Ihrem Herzen eine Dame nahe, die auffallend sprachbegabt ist. Wenn Sie sich Ihrer Herzensneigung wegen anfangen, für zunächst auch nur eine einzige Sprache zu interessieren und dabei die Unterstützung der Lady erhalten, dann werden Sie, trotz angeblicher Sprachunbegabung, in auffallender Schnelligkeit englisch, französisch oder italienisch erlernen. Das heißt, daß wir grundsätzlich die bereits erschlossenen und vorhandenen geistigen Felder von anderen Menschen nützen können, wenn wir die Erzeuger dieser Felder lieben. Verstehen Sie jetzt auch das Geheimnis der guten Lehrer und die Notwendigkeit geliebter Vorbilder? Und verstehen Sie auch, wie wenig uns ein Herr Stallone und eine Frau Madonna letztendlich nützen können? Was sind das für geistige Felder, die unseren jungen Leuten als Vorbilder angeboten werden! Welche Schwingungen werden da vermittelt und auch noch von der Bewunderung der Jugendlichen gefüttert. Der einzige, der davon profitiert, ist der Erzeuger, und zwar in jeder Beziehung. Der junge Mensch sucht Vorbilder. Das war immer so und wird auch immer so sein. Und wenn nichts anderes da ist, nichts anderes geboten wird, dann sind es eben die Vermittler von Gedankenpotential minderer Sorte. Auch das ist ein Mißbrauch von Kindern und Jugendlichen. Mein Gott, ich war auch mal ein Star und hatte viele sogenannte Fans. Aber niemals gab es Skandale, provoziert durch Sex oder Gewalt. Man transportierte Lebensfreude und Energie und versuchte, seine Zuhörer fröhlicher zu entlassen, als sie zu einem gekommen waren. Heute, als etwas gereifterer und schärfer beobachtender Mensch, wage ich sogar zu sagen: Wer sein Publikum nicht besser entlassen kann, als es vorher war, der sollte lieber zu Hause bleiben. Das gilt nicht nur für Sänger, sondern für jede Art der Darbietung vor Publikum.

Doch sprechen wir noch einmal über die geistigen Felder, die zwischen zwei Menschen ausgetauscht werden können. Auf diesem Austausch beruhen die Erfolge guter Ehen und guter Partnerschaften im allgemeinen. Wer glaubt, Verbindungen auf der Basis der sogenannten Assiah-Schwingung fruchtbar halten zu können, der wird sich bittersten Ent-Täuschungen ausgesetzt sehen müssen. Der wird sich von seinem Partner zuletzt benutzt, verletzt und getäuscht finden und ihm auch noch Vorwürfe dafür machen, daß er sich selbst auf den Leim gegangen ist. Drum prüfe, wer sich kurz oder auch ewig meint binden zu müssen, und zwar nicht nur, ob sich Herz zu Herz, sondern auch die geistigen Felder, sprich Absichten und Ziele zueinander finden.

Wie diese geistigen Felderrungenschaften und Leidenschaften wirken und abfärben können, möchte ich Ihnen am Beispiel einer eigenen Geschichte beweisen:

Als junge Frau war ich eine ganze Zeit mit einem Schauspieler befreundet, der von Kunst, vor allem von Malerei sehr viel verstand. In seiner Wohnung hingen die unglaublichsten modernen Gemälde, und als ich diese Heim-Galerie zum ersten Mal sah, war ich weniger beeindruckt als belustigt. Manche Sachen fand ich einfach lächerlich, einige sogar schlichtweg scheußlich. Zurückhaltend und schüchtern, wie ich nun einmal bin, konnte ich meinen Mund natürlich nicht halten und tat meine sachkundige Meinung lautschallend kund. Dank eines gütigen Schicksals nahm mir dieser Mann meine Taktlosigkeit nicht übel, im Gegenteil, er begann mir zu erklären, was es mit diesen mehrfarbigen Vierecken auf sich hatte, und was der Künstler mit jenem dunklen Schattenkreuz auf grauem Sand ausdrücken wollte.

Eines Abends sprachen wir über Picasso, und ich sagte, daß ich nur mit den Arbeiten bis kurz nach der »Blauen Periode« etwas anfangen könne.

Da nahm er meinen Kopf in beide Hände und zog ihn ganz nahe an sein Gesicht und fragte: »Was siehst du?«

Ich schaute und schielte und sagte schließlich: »Ich sehe nichts, weil ich viel zu nahe an dir dran bin.«

»Bemühe dich mal, etwas wahrzunehmen, versuche deinen Augen ein Bild abzuverlangen.«

Also versuchte ich mich zu konzentrieren, was mir aber scheinbar trotz aller Mühe nicht gelang. »Ich kann einfach nichts sehen«, sagte ich schließlich, »alles ist verzerrt – ein Auge oben, ein Auge weiter unten, der Mund ist auch weiß Gott wo...«

Er nickte zufrieden. »Siehst du«, sagte er lächelnd, »das ist Picasso!«

So lernte ich Picasso zu verstehen und zu lieben, und nicht nur Picasso. Jahre später kam ich bei der Hochzeit von Freunden neben einen Kunstprofessor zu sitzen. Und eingedenk meiner noch immer selbstempfundenen Unwissenheit sagte ich zu ihm, daß ich es wirklich bedauere, daß man ihm eine derart kunstunverständige Tischdame verpaßt habe. Der Professor erwies sich trotz dieser Warnung als unerschrocken und fing an, sich mit mir über die Malerei des beginnenden 20. Jahrhunderts bis heute zu unterhalten. Nach einer Weile sagte er zu mir: »Also, wenn Sie behaupten, Sie verstünden nichts von Malerei, dann möchte ich gerne wissen, von welchem Fach Sie sagen würden, Sie verstehen wirklich etwas davon. Das muß ja furchterregend sein!« Es war eines der schönsten Komplimente meines Lebens. Und das Ergebnis einer wirklich erinnerungswürdigen Beziehung, an die ich noch heute gerne zurückdenke.

Ähnlich »ausgenützt« habe ich meine Väter (Jurist und Arzt) und auch meinen Ehemann, einen Musikprofessor, und auch meine Freunde. Als Gegenleistung stelle ich meine Talente natürlich bei Bedarf mit Freude zur Verfügung. Geben und Nehmen. Bittet, und ihr werdet empfangen. Irgendwann, wenn Sie es schaffen, Menschen gleichgültig lieb zu haben, werden Sie merken, daß Sie ohne Schwierigkeiten in deren geistige Felder »einsteigen« können, und das wird der Zeitpunkt sein, wo man von Ihnen behaupten wird, Sie seien »hellsichtig«, clairvoyant, klarsehend. In dem Moment, wo Sie sich wirklich für den anderen und sein Schicksal, seine Sorgen, sein Anliegen und seine Bedürfnisse interessieren, in dem Moment werden Sie zum »Hellseher« werden, mit bewundernswerten Fähigkeiten. Das, und nicht anderes, ist das Geheimnis der wirklich großen Seher und Lebensberater, gleich ob es Astrologen, Kartenleger oder Kugelseher sind. Wenn der Mensch, der diese Dinge als Katalysator benützt, nicht ein Mensch ist, den grundsätzlich Philantrophie beseelt, dann ist er in seinem Beruf als Lebensberater fehl am Platze. Denn es nützt absolut nichts, den Ratsuchenden die eigenen Schemata und individuellen Frustrationen weiterzuvermitteln, sondern der Berater muß in der Lage sein, sich völlig in sein Gegenüber zu versenken und im Sinne des Ratsuchenden zu urteilen und zu beraten. Natürlich auf der Basis der universellen Gesetze und der universellen Liebe, ohne die ein Wegweisen überhaupt unmöglich ist. Aber – im Sinne des Ratsuchenden. Je größer die eigenen Erfahrungen sind, je diffiziler aber auch die eigene Zusammensetzung der Persönlichkeit ist, um so besser werden Sie raten können.

Hiermit sind wir bei dem Phänomen Präkognition angekommen. Denn das ist es, wonach, wenn wir ehrlich sind, alle Ratsuchenden lechzen: einen Berater, der zukunfts-sichtig ist. Wir werden also jetzt versuchen zu klären, ob es das sogenannte futurelle Hellsehen gibt oder nicht. Ist das alles nur ein Zufall, finsterer Aberglaube, oder ist es vielleicht nur eine Form völlig normaler, wenn auch hochtrainierter menschlicher Fähigkeit?

Hellsehen – alles Humbug oder verlorengegangene Fähigkeiten des menschlichen Geistes?

Es gab und gibt sie noch immer, diese heimlichen Herrscher, die versteckten Fädenzieher im Hintergrund. Fast jede Stadt hat einen oder mehrere davon: Hellseher. Je nach Mentalität des Landes sind diese Leute gefürchtet oder hofiert. Immer jedoch sind sie stark frequentiert.

Der Hellseher von Rom, zum Beispiel, der »grande mago« wie er respektvoll genannt wird, bräuchte, wie man mir glaubwürdig versicherte, eigentlich überhaupt kein Geld, denn in jedem Geschäft bekäme er alles, was er wolle, umsonst. Dafür seien auch die Konsultationen unentgeltlich. Von was er denn sonst lebe? fragte ich, da der Grande Mago nicht gerade ärmlich aussah. Daraufhin stellte sich heraus, daß die Italiener sich nicht lumpen lassen, wenn eine Beratung geschäftlicher Art Erfolg gezeigt habe. Beteiligungen bis zu 20 Prozent seien durchaus üblich, Steigerungen möglich. Viva Italia, kann man da nur sagen. Oder, viva il mago.

Bei uns im kühlen (immer kühleren) Deutschland haben es die »Zauberer« nicht ganz so leicht. Auf der einen Seite immer bereit, solche Leute zu Rate zu ziehen, sind die Deutschen andererseits immer von einer geheimen Lust besessen, ihre Seher zu diskriminieren. Das war bei Hanussen so, der sein Talent mit dem Leben bezahlen mußte, auch Frau Buchela hatte es nicht leicht, und auch Gabriele Hoffmann, die immerhin eine Entführung minutiös vorausgesagt hatte, blieb nicht unangegriffen. Das hat mit der ewigen Angst der Menschen zu tun, Hellsehen könnte doch etwas »Böses« sein, und im Hinterkopf spukt noch immer der Gedanke, daß diejenigen, welche solche Begabungen zeigen, vielleicht doch mit

361

dem Teufel oder sonstigen dunklen Mächten in Verbindung stehen könnten.

Nach dem Hitler-Motto, bei Hanussen angewandt: benutzen und dann schnell totmachen, steckt dahinter natürlich auch die Angst, der Seher könnte seine Informationen ausspielen und zum eigenen Vorteil nützen. Das hat es natürlich alles gegeben, den Eigennutz, wie auch das »Totmachen«, aber auch die unglaublichsten Ergebnisse, wie zum Beispiel Jeane Dixons bewiesene Vorhersage der Ermordung Kennedys um nur eine der zahlreichen spektakulären Präkognitionen zu erwähnen. Überhaupt finde ich das Wort Präkognition (cognoscere – erkennen) viel zutreffender als Hellsehen. Für die alten Lateiner unter Ihnen: Wieviele Sätze fingen an mit »cognitum est...«, wie man aus Erfahrung weiß.

Aha! Erfahrung! Könnte es also sein, daß Hellsehen etwas ganz anderes ist als nur dieses unerwartete und oft auch ungewollte und forcierte Erstellen von »Zukunftsfilmen«?

Nehmen wir doch einmal das Orakel von Delphi, beliebter Wallfahrtsort des alten Griechenland. Was spielte sich denn eigentlich ab in diesem dem Gott Apollon geweihten Tempel, in dem über einem Erdspalt, aus dem betäubende Dämpfe quollen, auf einem Dreifuß die Pythia saß und in Verzückung Worte ausstieß, die dann vom Opferpropheten formuliert wurden? Fangen wir doch zuerst einmal mit der Pythia an.

Zunächst war diese Dame eine Jungfrau (eine wirkliche übrigens) aus guter Familie. Später, ich weiß nicht, ob aus Mangel der Spezies oder um das Alter zu ehren, wurde das Amt von einer Dame in den reiferen Jahren ausgefüllt. Ich erinnere mich in diesem Zusammenhang an eine Formulierung einer meiner Lehrerinnen: »Da saß also auf einem Dreifuß ein unreifes Gör, oder eine alte Schachtel, die mit ihren Ausbrüchen jahrelang die leichtgläubigen lydischen und römischen Könige tribuliert haben.« Nun, ganz so war es auch wieder nicht. Doch an jedem Wort ein Fünkchen Wahrheit: Der Einfluß des Orakels war ungeheuerlich. Wer aber steckte nun wirklich hinter diesem Orakel? War es der Gott Apollon höchstpersönlich oder gar Zeus?

Kurz und schmerzlos: Es war eine wohlorganisierte und hochinformierte Priesterschaft, die das Orakel ausübte, eine Clique, die in alle Teile der hellenischen Welt ihre Verbindungen hatte, aus diesem Grund über alle Vorgänge aufgeklärt war und somit leicht den Schein der Allwissenheit erwecken konnte. Doch waren diese Priester deswegen Betrüger? Oh nein! Denn wie man hört, waren die delphischen Ratschläge von höchster Qualität und höchster Trefferquote. Leider ließ die Qualität mit der Quantität etwas nach. Fanden zunächst nur einmal im Jahr für besondere Auserwählte Orakel-Erteilungen statt, so veranstaltete man später, sicher auch mit einem schüchternen Seitenblick auf die damit zusammenhängende wirtschaftliche Blüte, allmonatliche Verkündigungen. Der Leiter dieser Veranstaltungen war nach wie vor die Priesterschaft, die mit Verantwortung und Wissen die Geschicke beeinflußte. Wer hätte es besser gekonnt?

Und damit sind wir bei den drei großen »I« angekommen, die jeder wirklich gute »Hellseher« beherrschen muß:

1. Intelligenz
2. Information
3. Intuition

Ich will Ihnen auch Punkt vier nicht vorenthalten, wie er mir von meiner Lehrerin Mira von Dietlein vermittelt wurde: »Maul halten«, hieß der. Also, da haben wir wieder einmal die Intelligenz, die in diesem Fall nichts anderes beinhalten soll als eine umfangreiche Allgemeinbildung, Lebenserfahrung und Kombinationsfähigkeit.

Sodann kommt die Information. Damit ist nun nicht unbedingt die Art von Information gemeint, die vorher im Zusammenhang mit der delphischen Priesterschaft gemeint war, sondern Information, die aus einer geschulten Beobachtungsgabe und dem Wissen um Körpersprache und Stimmklang und Sprachgebrauch resul-

363

tiert. Bis ein Ratsuchender sich allein nur gesetzt hat, ist schon eine ganze Menge Information zusammengekommen, wenn man als Berater ein geschultes Auge hat: Wie ist die Körperhaltung, wie der Gang, wie der Händedruck? Ist der Mensch eher gehemmt oder unbefangen und aufgeschlossen? Sind die Hände locker oder verkrampft, die Beine übergeschlagen oder verkreuzt?

Nun, ich werde hier auch nicht meine ganzen Berufsgeheimnisse verraten, möchte aber trotzdem, daß Sie eine Ahnung erhalten, wie ein Mensch zum Ruf gelangen könnte, ein Hellseher zu sein. Zuletzt muß er ein ausgezeichneter Zuhörer sein. Dazu muß der Ratsuchende nicht einmal viel erzählen. Einige wenige alltägliche Fragen müssen genügen, um zu hören, wie die Wahrnehmungsmöglichkeiten des Mannes oder der Frau sind. Der Rest obliegt dem Talent und der Erfahrung des Beraters.

Es gehört also viel mehr dazu, als nur ein paar Karten auszubreiten und etwas vom Glück übern langen Weg zu murmeln und von der Marsopposition zu Pluto. Die besten Hellseher sind die, welche ihr Handwerk von der rein technischen Seite her perfekt beherrschen. Dann kommt lange nichts, bevor die drei großen »I« eingesetzt werden.

Handwerk! Das kann natürlich Astrologie sein. Jedoch ist Astrologie die einzige der zukunftsweisenden Künste, die man auch ohne eine Spur von Intuition betreiben kann – zur Not. Es genügt für einen mittelmäßigen Astrologen ein Computer und ein Halbjahreskurs in einem Abendlehrgang. Doch wer will schon zu einem mittelmäßigen Computerfachmann, wenn es um Schicksal und Zukunft geht? Es gilt also, die wenigen Astrologen ausfindig zu machen, die sich jahrelang und intensiv mit dem Erlernen der Geheimnisse dieser unglaublich diffizilen Kunst befaßt haben und gleichzeitig mit dem Talent der Intuition begabt sind.

Was ist nun mit all denjenigen, die Karten legen, in Kugeln

blicken, Kaffeesatz lesen und Runen werfen? Was hat es mit all diesen Gegenständen auf sich? Kann man sagen, Tarot ist besser als das I Ging oder Pendeln ist besser als Orakelsteine? Um diese Fragen beantworten zu können, muß man eine Grundsätzlichkeit vorausschicken: Jede Seherhilfe ist so gut wie der Seher selbst!

Was bewirken diese »Hilfen« eigentlich? Alle sogenannten »magischen Künste« sind als Katalysatoren anzusehen, die im Zusammenspiel mit den drei großen »I« ein Ergebnis bewirken. Egal, ob Karten, I Ging, Kugel und was es sonst noch alles gibt: Alle sind Signifikanten für die Synchronizität. Das heißt, die Hilfsmittel fügen sich dem Gesetz der Gleichzeitigkeit, sie entsprechen der momentanen Energieabstrahlung des Ratsuchenden. Je klarer ein Berater die Schwingungen eines Menschen aufnehmen kann, desto klarer wird er diese Information mit den sich aus den Hilfsmitteln ergebenden Hinweisen kombinieren und entschlüsseln können. Ein wirklich guter »Hellseher« muß in der Lage sein, aus einer einzigen Karte der großen Arkana des Tarot Grundsätzlichkeiten einer momentanen Situation eines Befragers zu ersehen.

Die Voraussetzung besteht darin, daß der Tarot bis in die kleinsten Winkel seiner umfangreichen Geheimnisse erlernt und begriffen worden ist und daß die dadurch ersehene Mitteilung zusammen mit der Abstrahlung des Fragers ein Bild ergeben. Genauso geht es mit Runen, mit dem I Ging, mit den Orakelsteinen und sämtlichen sonst noch existierenden »Wahrsage«-Karten.

Anders läuft der Vorgang bei Pendel, Kugel und Kaffeesatz. Diese Hilfsmittel sind reine Unterstützer der Konzentration des Beraters. Er sammelt seine Energien auf einem Punkt, erhöht dadurch sein Potential und wird dadurch aufnahmefähiger für die Information, die ihm von den Mentalfeldern seines Gegenübers vermittelt werden. Das ist das ganze Geheimnis. Ein Pendel tut nichts anderes, als bestehenden Energieformen zu entsprechen. Für einen erfahrenen Pendler löst jeder Gegenstand, jedes Metall, jede Farbe, eine ganz spezielle Pendelbewegung aus, die er umsetzt und deutet. Also wieder nichts mit schwarzer Magie! Denn es geschieht nichts anderes, als daß morphische Felder abgetastet werden. Im Falle der Beantwortung von Fragen geschieht dasselbe mit den Mentalfeldern, die sich im Empfindungsleib eines jeden Menschen in ausreichender Menge befinden.

Im Fortgeschrittenenstadium wird ein wirklich Berufener überhaupt keine Hilfsmittel mehr nötig haben, und – er wird auch keine futurellen Angaben machen, es sei denn, er hält es für äußerst wichtig und schicksalsmäßig angebracht. In meinem Kurs »Hellsehen kann jeder« habe ich immer einen Großteil dieser Praktiken gezeigt, meine Zuhörer staunen lassen und dann das Geheimnis entzaubert, indem ich zuerst einmal das Handwerk gezeigt habe, das dahintersteckt. Wirklich spannend wird es aber immer für alle (auch für mich), wenn es an das Abtasten der Mentalfelder geht, weil sich dann die Teilpersönlichkeiten zeigen, samt ihren Höhen und Abgründen, mit ihren Wünschen und Hoffnungen. Dieses Sich-Zeigen erfolgt größtenteils über Symbole, oder besser, symbolische Bilder, die sich vor dem geistigen Auge bilden, wenn man sich in die Aura eines anderen Menschen versenkt. Das Deuten dieser Bilder ist genauso erlernbar wie das Deuten einer Tarotkarte. Voraussetzung bleibt nach wie vor: Liebe, Interesse, Anteilnahme. Und das Streichen sämtlicher eventuell vorhandener profilneurotischer Ansprüche.

Wenn Sie es schaffen, diese Voraussetzungen ohne verkrampfte Anstrengung zu erfüllen, dann kann es Ihnen gelingen, bei guten Konstellationen einen ganzen Saal 15.000 Jahre in die Vergangenheit oder in die Zukunft zu versetzen. Niemals jedoch, und das muß immer klar sein, sind Sie der alleinige »Macher«. Sie werden immer so gut sein wie die Energien der Menschen, die Sie umgeben. (You are as good...)

Nun aber möchte ich auf ein Thema kommen, das mir wirklich am Herzen liegt und mir auch, wie man so schön sagt, unter den Nägeln brennt. Es handelt sich um die Gematria, also die Aufschlüsselung von Namen und Zahlenkombinationen. Numerologie – heißt das Stichwort. Ich werde mir jetzt gleich einige Gegner einhandeln, aber das muß mir in diesem Fall wirklich gleich-gültig sein, denn ich gestehe ja auch jedem seinen eigenen Weg nach Rom zu.

Ich weiß nicht, wie oft ich mir in dem vorher erwähnten Kurs Geburtsdaten habe geben lassen, wahllos aus der Zuhörerschaft zugerufen, die ich dann entschlüsselt habe, und immer war es für den Kurs das reinste Wunder, wie ich es schaffte, aus diesen paar Zahlen heraus ein ganzes Schicksal zu beschreiben. Nun, für jeden Numerologen ist das ja angeblich keine Kunst, denn jede Zahl hat ihre ganz spezielle Bedeutung, und diese Bedeutungen brauchte man also nur zu kombinieren, und schon war der Fall geknackt. Denkt man. Und ich dachte es eigentlich auch eine ganze Weile, bis, ja bis ich bemerkte, daß ich, nachdem ich das Geburtsdatum erhalten und aufgezeichnet hatte, zwar einen kurzen Informations-Blick darauf warf, mich aber dann sofort in die Mentalfelder des Zurufers begab, was dann natürlich zu den bekannten Ergebnissen führte.

Irgendwann begann ich mich zu fragen: Warum arbeitest du nicht mit den Zahlen, wie du ja vorgibst, was ist los? In den darauffolgenden Kursen zwang ich mich, rein nach den Gesetzen der Numerologie zu arbeiten, kollidierte aber sofort mit der Wahrnehmung der Information der Mentalfelder. Ich wurde unruhig. Was war los? Irgend etwas stimmte nicht mit den Zahlen, oder besser mit den Geburtsdaten. Weder paßte die Quersumme zur Abstrahlung mancher Leute, noch der Mittelwert, der ja immerhin der »stockholder« der Reihe ist. Mitten in meinen Erklärungen fing es plötzlich an, in meinem Hirn zu hämmern: *Nooovember, Deeezember, Seppt-Seppt-Septtember......* Zuerst dachte ich, ich hätte einen Schaltschaden. Ich setzte Frageenergie dagegen, bekam aber immer wieder nur diese Monatsnamen durch. Und dann begriff ich – endlich.

Wir arbeiten alle falsch, haben uns jahrhundertelang an der Nase herumführen lassen, und das alles nur wegen eines einzigen römischen Kaisers, dem es irgendwann gefiel, den bis dahin auf Platz eins rangierenden Monat März auf Platz drei zu versetzen. Demgemäß verschoben sich alle anderen Monate ebenfalls. Dabei erzählt jeder Monat seine Geschichte und Reihenfolge.

Nehmen wir den letzten Monat Dezember, zum Beispiel. Heutzutage ist er der 12. Monat, wobei sein Name, decem = zehn, doch etwas ganz anderes aussagt. Ist man mit der Astrologie vertraut, so weiß man, daß das erste Sternzeichen der Widder ist, dessen Zeitabschnitt im März beginnt. Der März ist auch, vom Geschehen der Natur her, logischerweise der erste Monat des Jahres. Am 20. März ist Frühlingsanfang, vom Eise befreit... Bei Plutarch, *Fragen über römische Gebräuche,* kann man nachlesen, warum Numa Pompilius, der ein friedliebender Kaiser war, angeblich auf die Idee kam, die Primärstellung des Mars so urplötzlich dem Januar zuzuordnen: Angeblich wollte er die kriegerisch gesinnten Römer mit dieser Maßnahme etwas vom hitzigen Mars ablenken, dem Namensgeber des Monats März, und dem Gott Janus, dem Hüter der Türen und Tore, damit Ehre erweisen und gleichzeitig damit einen Hinweis schaffen, sich doch mehr um den Frieden und den Ackerbau zu kümmern.

Wenn heute ein Machthaber auftauchen würde, dem es gefiele, den Jahresanfang auf den September zu legen, würde sich deswegen die Zahlenzugehörigkeit der Monate genausowenig ändern, wie sie sich bei der Änderung vor nunmehr ungefähr 2000 Jahren zugetragen hat. Der Frühling kümmert sich nicht drum, ob wir ihn in die Mitte oder ans Ende eines Jahres setzen. Er bleibt bis in alle Ewigkeit, falls unseren Planeten nicht irgendwelche Katastrophen ereilen, der Anführer des Zirkels.

Deswegen ist jemand, der am 13. 3. eines Jahres geboren ist, eigentlich am 13. 1. geboren, während derjenige, der zum Beispiel am 22. 12. das Licht der Welt erblickt hat, mit dem Datum 22. 10. zu berechnen ist. Nach diesem System aufgeschlüsselt, kommt man zu den wirklichen Ergebnissen. Mein eigenes Geburtsdatum, der 4. 11. mußte immer sehr waghalsig gedeutet werden, wenn man die 11 laut numerologischer Anweisung in die zwei (Quersumme von eins + eins) umgerechnet hatte. Kennt man mein Schicksal, dann weiß man, daß die aus November (novem = neun) resultierende neun wohl bei weitem mehr Aussagekraft hat.

Versuchen Sie einmal, Ihr Geburtsdatum nach diesem neuen (uralten) System zu berechnen, und staunen Sie über die Aussage. Was aber, wenn jemand angenommen am 15. 2. 1954 geboren ist? Dann ändert sich nämlich in der numerologischen Aufschlüsselung nicht nur die zwei, die für Februar steht in die 12, sondern es muß auch das Jahr zurückgesetzt werden. Derjenige ist also nach dem Datum 15. 12. 1953 zu berechnen. Dasselbe gilt für die im Januar Geborenen. Beispiel: Herbert Brenner, geboren am 24. 1. 1938, war bis jetzt nach der aus den drei Blöcken sechs (24=zwei+vier=sechs), eins und drei (eins+neun+drei+acht = 21 = zwei+eins = drei) entstehenden Quersumme eins (sechs+eins+drei=zehn=eins) berechnet worden. Nunmehr jedoch wandelt sich die Berechnung um in: 24. 11. 1937, was eine Quersumme von 28, also ebenfalls zufällig eine zehn ergibt. Was hat sich denn nun geändert? Der erfahrene Numerologe weiß, daß nicht nur die Quersumme relevant ist, sondern genauso die Werte der einzelnen Blöcke und sodann die Mittel- oder Feldwerte.

Sehen wir uns das im Fall Herbert Brenner einmal an:

Zuerst das alte System:
 24. I. 1938 = Quersumme zehn = eins

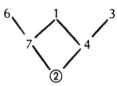

Und nun das »Neue« System:
 24. II. 1937 = Quersumme zehn = eins

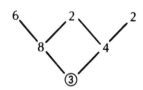

Hier ist der Unterschied gravierend. Die ganze Lebensbestimmung hat sich praktisch verändert. War die Absicht vorher eine zwei, so hat sie sich nun in eine drei verwandelt. Die grundsätzliche Zugehörigkeit, die sich in der Quersumme zehn ausdrückt, ist nach wie vor die gleiche geblieben, der individuelle Weg jedoch hat sich total verändert.

Diese Demonstration ist vornehmlich für alle diejenigen gedacht, die sich mit Numerologie bereits ausführlich beschäftigt haben und die mit der Aussagekraft der Zahlen bereits vertraut sind. Hier soll nicht die Numerologie erklärt werden, sondern ein System.

Die sogenannte Absichts-Zahl entsteht durch das Zusammenziehen der Blöcke I (Geburtstagszahl), II (Monatszahl) und III (Jahreszahl), also:

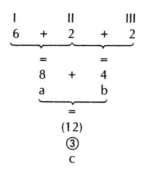

Die in diesem Fall entstandene drei zeigt die individuelle Durchführung der Absicht innerhalb der aus der Quersumme zu ersehenden gemeinschaftlichen Absicht an. Weitere Feinheiten sind aus den Feldern und den Diagonalen zu ersehen.

Felder entstehen aus dem Zusammenziehen der Blöcke I + II + a sowie II + III + b und II + a + b und a+ b+ c. Diagonalen ergeben sich aus I + a + c sowie III + b + c. Dann gibt es noch den Stamm, der sich aus II + c ergibt. Das Verständnis der Aufschlüsselung würde den Rahmen des Buches bei weitem sprengen und erfordert ein eigenes Buch, das ich in den nächsten Jahren hoffe fertigstellen zu können.

Dieses System wurde von mir auf der Basis des *Baum des Lebens* und der *Kabbalistischen Welten* entwickelt und ist im Lauf von 11 Jahren erarbeitet worden. Ohne ein Verständnis der kabbalistischen Philosophie kann diese völlig neu erarbeitete Entschlüsselung der Geburtsdaten jedoch nicht vermittelt werden.

Ich möchte Ihnen auch nicht verheimlichen, daß ich der Ansicht bin, daß ein wirkliches Verständnis des Geheimnisses der Aufschlüsselung unserer Geburtsdaten und unserer Namen ohne profunde Kenntnisse der zeremoniellen Magie nicht möglich ist. Man kann nicht das Geburtsdatum von Emmy Hirtreiter, die am 12. 3. 1947 geboren ist, gleichsetzen mit dem Geburtsdatum der Agnes Baumann, die ebenfalls am 12. 3. 1947 das Licht der Welt erblickt hat. Das ist schlichtweg numerologischer Pfusch. Warum? Weil man die Dinge immer im Zusammenhang sehen muß.

Die Gesamtschwingung des eben genannten Geburtsdatums ergibt zusammen mit der Gesamtschwingung des Namens eine völlig individuelle Klangfarbe, die nur im Zusammenhang ein schlüssiges Ergebnis bringen kann.

Ich weiß, daß ich viele Leser jetzt vielleicht überfordere, aber ich möchte andererseits auch dem Numerologie-Sport, der vor allem in den letzten Jahren die unglaublichsten Blüten geschlagen hat, in die Parade fahren. Da wird den Interessierten weisgemacht, sie bräuchten nur die Buchstaben ihres Namens auf gewisse Zahlen umzulegen, und daraus werden dann die aberwitzigsten Schlüsse abgeleitet. Ich sage es hiermit ein für allemal: Man kann mit dem jüdischen Zahlensystem nicht x-beliebige Namen berechnen. Wer sich mit magischen Evokationen bereits vertraut gemacht hat, wird ahnen, was ich meine. Eine Evokation ist eine Lautfolge, bestehend aus bestimmten Vokalen und Konsonanten, mit der Wesen aus den verschiedensten Sphären angerufen werden können. Jedes dieser Wesen hat einen Namen, der einer Schwingung entspricht, einer Klangfarbe, an der es wiederum zu erkennen ist.

Das dürfen Sie ruhig ähnlich verstehen wie die individuelle Färbung Ihrer eigenen Sprechstimme, an der Sie für jemanden, der Sie kennt und mit Ihnen vertraut ist, sofort zu erkennen sind, genauso gut, wie die Nennung Ihres Namens bei jemandem, dem Sie schon einmal begegnet sind, ein Bild und eine Vorstellung auslöst. Nicht nur das, was Sie sagen, sondern auch der Klang Ihrer Stimme hat eine Wirkung, dessen Schwingung fortbesteht und eine Resonanz erzeugt. Genauso hat Ihr Name eine Wirkung.

Warum wohl habe ich meinen Namen geändert? Und warum hat sich nachweislich von diesem Tag der Änderung an auch mein Leben total verändert? Ich darf ruhig sagen, daß ich, als mein Name geändert wurde, von all diesen Geheimnissen nicht die geringste Ahnung hatte und daß ich im Nachhinein nur mit Staunen und Ehrfurcht vor der Kraft stehen kann, die mir diesen Namen, den ich nun seit fast 20 Jahren trage, gegeben hat. Bitte, lassen Sie sich durch diese Bekundung nicht dazu verleiten, nun willkürlich Ihren Namen zu ändern, weil Sie mit Ihrem Schicksal, Ihrem Leben nicht zufrieden sind. Ein neuer Name muß Ihnen gegeben werden. Sie dürfen ihn sich nicht selber zurechtschneidern. Die Änderung eines Namens ist ein wahrhaft kosmischer Eingriff und darf nur von Mächten ausgeführt werden, die mit kosmischen Kräften umgehen können. Eine Namensänderung muß eine Berechtigung haben. Niemals kann man einen Namen nur deshalb ändern, weil er einem nicht mehr gefällt oder weil er der Mode nicht entspricht. Dafür sind Sie berechtigt, innerhalb Ihres Namens Änderungen durchzuführen. Wenn Sie zum Beispiel mit dem Namen Genoveva gestraft sind, dann dürfen Sie sich ruhig, ohne Bedenken, wie es auch eine Freundin von mir tat, Genna nennen, oder, wie es auch schon vorgekommen ist, sich in Ronny umbenennen, wenn es Ihren verehrten Eltern beliebt hat, Sie nach dem geliebten Erbonkel zu benamsen, der unseligerweise Hieronymus hieß.

Es ist auffallend, daß sich bei solchen »internen« Namensänderungen die Gesamtschwingung kaum oder gar nicht ändert, also kein gewaltsamer Eingriff stattfindet. Obwohl mir mein ursprünglicher Name nicht Begeisterungsschauer vermittelt hat (wer heißt schon gerne wie ein Gemüse), wäre ich dennoch nicht auf die Idee gekommen, ihn zu ändern. Und heute bin ich schon wieder so weit, daß ich überlege, ob ich für bestimmte Dinge nicht meinen bürgerlichen Namen verwende. Gertrude, Ger-Trude, Ger-Druide, so dumm gewählt war der Name gar nicht in Anbetracht meiner Kampfeslust und meiner Interessensgebiete.

Verfolgen Sie doch bitte diesbezüglich einmal die Karriere eines gewissen »Mario Girotti«. Was, den kennen Sie nicht? Sehen Sie. Unter diesem Namen hat der Mann eine ganze Reihe von Filmen gemacht, und Sie können sich nicht erinnern. Aber »Terence Hill« ist Ihnen doch ein Begriff. Das war ein guter, wenn auch unbewußter Tausch. Ich wage zu behaupten, daß nicht ein einziger Film zusammen mit dem gewaltigen Bud Spencer entstanden wäre, hätte der Mann noch Mario Girotti geheißen.

Drum prüfe, wer sich ewig bindet, ob sich auch Nam' zu Name findet, wäre ein durchaus akzeptabler Rat. Wenn im Namen Ihre Individual-Schwingung enthalten ist, dann müßte doch auch auf diesem Wege eine Übereinstimmung zu erkennen sein. Es hat sich, in letzter Zeit vor allem, immer mehr eingebürgert, daß Frauen ihren Mädchennamen bei einer Heirat behalten und ihn zusammen mit dem Namen des Ehegatten im Doppel tragen. Das kann, muß aber nicht unbedingt gut sein. Es würde sich durchaus lohnen, wenn sich unsere Numerologen auch einmal auf dieses schwierige Fach stürzen würden. Aber, wie bereits gesagt, das erfordert tiefgehende Kenntnisse eines bestimmten Gebietes der Magie und ein umfassendes Wissen der Kabbalah.

Wissen Sie übrigens, daß im weitesten Sinn die verlorengegangene Sitte, dem Familiennamen ein Wappen zuzuordnen, mit dem bildlichen Umsetzen von Schwingungen zu tun hat? Das Erstellen eines solchen Signums hat seinen Ursprung im Bedürfnis des Menschen nach Schutz verankert. Waffe und Wappen entspringen derselben etymologischen Wurzel, und gemeint ist damit ein Schildzeichen, das nicht nur weithin die Zugehörigkeit kundtut, sondern auch anzeigt, daß man gerüstet ist gegen Angreifer, gewappnet gegen das Böse.

Solche Wappen können auch geistig gebildet werden und wie ein mentaler Schutzschild verwendet werden. Wer die Gnade hat, einen Guru, einen geistigen Lehrer zu finden, der wird von ihm mit Sicherheit einen Namen geschenkt bekommen, der als persönliches Geheimnis gewahrt werden muß.

Dieser Name ist ein ganz besonderer Schutz, eine besondere Waffe, ein Wappen mit einer unverkennbaren Schwingung, die einem Signalton vergleichbar ist. Nur bei besonderen Anlässen darf dieser Name ausgesprochen oder gerufen werden, zum Beispiel in höchster Not. Dann allerdings ist die Wirkung unglaublich. Ich habe selbst vor ungefähr drei Jahren, anläßlich eines Autounfalls, diese Kraft erfahren.

Bei der Rückfahrt von einem Konzert in Stuttgart kam mein Auto auf der Nürnberger Autobahn bei 180 kmh durch einen geplatzten Reifen ins Schleudern. Jeder, dem etwas Ähnliches schon einmal passiert ist, weiß, daß der Wagen nicht mehr zu lenken ist. Man hat zwar gelernt, daß man nicht bremsen soll, trotzdem tut man es, weil man das Gefühl hat, nichts anderes in diesem Moment des totalen Ausgeliefert-Seins tun zu können. So war es auch bei mir. Das Auto brach aus, raste auf die linke Leitplanke zu, prallte daran ab, schleuderte auf die andere Seite, um dort wieder abzuprallen und so ging es mindestens zehn Mal hin und her. Schließlich drehte sich der Wagen ein paarmal um die eigene Achse und schob sich mit dem Hinterteil, also über das Differential senkrecht an der mittleren Leitplanke hoch, um endlich im Kopfstand stehen zu bleiben. Wir waren zu dritt im Auto, niemandem war ein Haar gekrümmt, ich hatte einen Fingernagel abgebrochen, das war alles.

Wir stiegen aus, sofort hielten einige Autos, deren Fahrer sich rührend kümmerten, sehr schnell kam die Polizei, war freundlich und hilfreich, nach 20 Minuten war der Abschleppdienst da und brachte mein Gefährt auf den Parkplatz des Autogeschäfts, in dem ich es gekauft hatte. Ich schaute mir das Wrack gar nicht mehr an, denn ich hatte an dem Wagen besonders gehangen. Andererseits war ich unendlich dankbar, daß weder einem meiner Mitfahrer noch mir etwas passiert war. Der ganze Vorfall spielte sich kurz nach Mitternacht ab, also in tiefer Dunkelheit, was mir eine Besichtigung, hätte ich sie gewollt, auch erschwert hätte. Zu Hause angekommen, überlegte ich mir, was eigentlich passiert war. Der Wagen war ausgebrochen, und in der Zehntelsekunde, wo ich merkte, daß sich nun etwas außerhalb meines Einflußbereiches abspielte, da hatte ich, mehr unter(über-)bewußt als mit Überlegung, die geheime Formel geschrieen. Ich hatte es gar nicht registriert. Meinen Mitfahrern war das unverständliche Wort aufgefallen. Und so dachte ich, wie wunderbar doch der Schutz gewirkt habe, um so mehr, als die Polizei uns versichert hatte, daß der Ausgang des Unfalls »das reine Wunder sei«. »Nach dem Schleuderweg«, so sagte der Polizist, der den Unfallhergang zu beschreiben hatte, »müßten Sie eigentlich wie ein Ball über die Mittelplanke geflogen sein. Bei dem Verkehr hätten Sie das nicht überlebt.« Erst jetzt war uns aufgefallen, daß rechts und links die Autos an uns vorbeirauschten, es war Wochenende und die Autobahn, trotz der späten Stunde, stark befahren. Während der Minute, in der wir hin- und hergeschleudert waren, daran erinnerten wir uns alle später, war kein einziges Auto weder vor, noch hinter uns, noch auf der Nebenbahn gewesen. Wir waren wie unter einer Käseglocke gesessen.

Das wäre schon genug Geschichte und genug des Wunders, aber der »Hammer« kam erst am nächsten Tag. Ich rief in der Werkstatt an, um die Anweisungen für die Verschrottung (man erinnere sich: mindestens zehnmal rechts und links angeschlagen) zu geben. Der Werkmeister machte zuerst die üblichen passenden Bemerkungen wie: Aha, wolltest wieder im Fluggang fahren, doch dann fiel mir auf, daß er immer stiller wurde, während ich ihm den Unfallhergang erzählte. Schließlich sagte er: »Komm doch mal ganz schnell her.« Was ich auch tat, und dann verstand ich, warum er so still geworden war. Das Auto hatte weder rechts noch links einen Kratzer. Nichts! Nach wie vor war das Differential gebrochen und die Ölwanne durch das Hinaufschieben an der Planke aufgerissen, aber das war alles.

Aha, dachte ich, also doch gut gegengelenkt. Und bei der Gelegenheit erinnerte ich mich auch, daß es beim Anschlagen rechts und links kein Geräusch gegeben hatte, nur so ein eigenartiges Gefühl, als wenn man von einer Polsterung abprallen würde.

Drei Wochen ging ich mit stolzgeschwellter Autofahrerbrust einher: McLean hatte todesmutig vorbildlich gegengelenkt und schulbuchmäßig ausgebremst! Und dann kam sie, nämlich die Rechnung der Autobahnmeisterei: Hiermit berechnen wir Ihnen 26 Abschnitte der Leitplanken auf der Autobahn Nürnberg, die aufgrund der vollständigen Zerstörung ausgetauscht werden mußten...

26 Leitplanken – und an meinem Auto kein Kratzer... Das gibt zu denken. Da wird man ganz, ganz still. Also, es lohnt sich, um einen Lehrer zu beten, der einem die wirklichen Geheimnisse vermittelt. (Siehe auch Kapitel über verwendbare Techniken.) Natürlich werden Formeln selten in Todesangst geschrieen. Passiert es doch, ist die Energie natürlich ungeheuerlich potenziert und wirkt doppelt und dreifach, nein, zehnfach, wenn nicht hundertfach. So eine Gewalt kann hinter der Ausrufung (Anrufung, Evokation) eines Namens sein.

Es ist also von Nutzen, wenn Sie zunächst Ihren eigenen Namen ergründen und sehr bewußt mit ihm umgehen.

Ich würde Ihnen gerne diesbezügliche hilfreiche Literatur empfehlen. Aber es gibt keine. Sie müssen durch die Schule der Kabbalah, und das möglichst mit einem guten Lehrer, und wenn Sie einigermaßen Fuß gefaßt haben in diesem Wissen, dann beten Sie weiter, daß Sie jemanden finden, der Ihnen die Magie der Evokation beibringt. Bis dahin werden Sie auch längst begriffen haben, daß Magie nichts mit all dem Unsinn zu tun hat, den sich viele Leute darunter vorstellen. Magie ist nichts anderes als das völlig bewußte Umgehen mit hohen, also Briah-Energien und Wesen, die sich aus diesen Energien heraus personifiziert haben. Doch bevor Sie danach gieren, mit hohen Wesen in Kontakt zu treten und mit ihnen umzugehen, müssen sie zuallererst lernen, mit sich selbst, mit Ihrem Ich umzugehen. Wo kein Ich-Bewußtsein, da auch kein Über-Bewußtsein. Das war der Sinn dieses Buches: Sie zu einer bewußten Ich-Wahrnehmung zu motivieren.

Was man schriftlich niederlegen kann, das habe ich getan, manches habe ich für mich behalten, da ich der Ansicht bin, daß es ein Wissen gibt, das nach wie vor nur von Mund zu Mund gehen darf, und wo augenblicklich entschieden werden muß, was der Forderung des Moments entspricht. Wenn Sie, wie Sie es auch schon bei meinen früheren Büchern getan haben, das Gesagte nur aufnehmen und wirken lassen und wenigstens ein bißchen von dem trainieren, was ich Ihnen empfohlen habe, dann habe ich schon mehr erreicht, als ich vor fünf Jahren zu hoffen gewagt habe. Was kann ich mehr tun, als dieses Buch mit dem Satz zu beenden, der die Quintessenz von allem ist, was jeder von uns dem anderen weitergeben kann:

Sei ohne Angst – liebe, und also lebe.

Literatur

Bardon, Franz, *Die Praxis der magischen Evokation*, Freiburg 1986

Bardon, Franz, *Der Weg zum wahren Adepten*, Freiburg 1987

Bindel, Ernst, *Die geistigen Grundlagen der Zahlen*, Stuttgart 1980

Blum, Ralph, *Runen*, München 1982

Dethlefsen, Thorwald, *Krankheit als Weg*, München 1983

v. Dithfurth, Hoimar, *Im Anfang war der Wasserstoff*, Hamburg 1972

Dr. Endres, Hans / Bender Udo, *Numerologie*, Isselbach 1989

Ferguson, Marilyn, *Geist und Evolution*, München 1981

Halpern, Steven, *Klang als heilende Kraft*, Freiburg 1985

Hartmann, Otto-Julius, *Anthroposophie*, Schaffhausen 1950

Hierzenberger, Gottfried, *Erkundungen des Jenseits*, Wien 1988

Jung, C. G., *Die Archetypen und das kollektive Unbewußte*, Olten 1983

Kardec, Allan, *Das Buch der Geister*, Freiburg 1987

Kissener, Hermann, *Lebenszahlen,* Ergolding 1983

Kollmann, Albert, *Einführung in die Genetik,* Frankfurt/M. 1984

Lermer, Stephan, *Krebs und Psyche,* München 1982

Love, Jeff, *Die Quantengötter,* Reinbek 1987

Mallasz, Gitta, *Die Engel erlebt,* Zürich 1983

Parfitt, Will, *Die persönliche Kabbalah,* St. Gallen 1990

Regardie, Israel, *The Complete Golden Dawn System of Magic,* Phoenix/USA 1984

Richardson, Alan, *Einführung in die Mystische Kabbalah,* Basel 1987

Schroeder, Hans-Werner, *Mensch und Engel,* Frankfurt/M., 1982

Sheldrake, Rupert, *Das Gedächtnis der Natur,* München 1989

Silver, Jules, *Numerologie,* Genf 1979

Stangl, Marie-Luise, *Die Welt der Chakren,* Düsseldorf 1984

Steiner, Rudolf, *Gesammelte Werke,* Dornach

Steiner, Rudolf, *Aus der Akasha-Chronik,* Dornach 1985

Sterneder, Hans, *Tierkreisgeheimnis und Menschenleben,* Freiburg 1983

Wendt, Viktor K., *Polarität*, Basel 1986

Wolff, Katja, *Der kabbalistische Baum*, München 1989

Zeylmans van Emmichoven, F. W., *Rudolf Steiner*, Stuttgart 1974

Lebenshilfe

CREAMO CARDS

Wenn Du so gar nicht weiterkommst, gehe in die Stille, horche in Dich hinein und vertraue! Neue Gefühle und Ahnungen werden Dich vielleicht zu spontanen Aktionen veranlassen, die Dir helfen können, Deine Situation positiv zu verändern.

Frage, lausche und vertraue Deiner Intuition. Versuche bei Deiner Entscheidung, das durchzuführen, was Dir als erstes spontan einfällt.

ISBN 3-8138-0308-2
1 Set besteht aus
64 farbigen Legekarten

Schritt für Schritt mehr Lebensglück!

„Was unvorstellbar ist – ist sichtbar", lautet ein Aperçu des polnischen Autors Stanislaw Lec.

Die CREAMO CARDS sind eine wortwörtliche Umsetzung dieser Aussage. Denn die Karten bringen das auf den Punkt, was Ihnen über seelische und gedankliche Klippen in Alltag und Beruf hinweghelfen kann. Jede einzelne Karte dieses 64-teiligen Sets motiviert mit präzisen Formulierungen und einprägsamer Optik zu einer positiven Denk- und Sehweise. Und vor allem: Sie gibt ganz konkrete Handlungsanweisungen, die es Ihnen ermöglichen, Ihr eigenes kreatives Potential zu entdecken und umzusetzen.

Autoren sind der Neuropsychologe Dr. V. A. Maximilian und der Reiki-Meister Horst H. Günther, die das CREAMO-System auch in Seminaren anwenden. Letzterer ist auch Mitautor des bereits vorliegenden Buches „Reiki – Heile Dich selbst".

Bücher aus dem Peter-Erd-Programm finden Sie überall im Buchhandel.
Fordern Sie das kostenlose Gesamtverzeichnis an bei:

Verlag Peter Erd • Gaißacher Straße 18 • 81371 München
Telefon (0 89) 7 25 30 04
Fax (0 89) 7 25 01 41

Lebenshilfe

Britt Menrow
Geheimnisvolle Duft-Welt
Begegnungen mit ätherischen Ölen

geb., 120 S.
ISBN 3-8138-0305-8

Im Reich der Düfte

„Rosen auf den Weg gestreut und des Harms vergessen."

Blumen, wie Pflanzen allgemein, erfreuen nicht nur durch ihren Anblick, sondern helfen und heilen. Prominentestes Beispiel dafür ist die Rose – wie hier in der Zeile eines alten Volkslieds zitiert. Der Mythos, mit dem die Rose und ihr Duft seit Jahrhunderten in der Menschheitsgeschichte verankert ist, steht auch am Anfang des Buches „Geheimnisvolle Duft-Welt", das in die Begegnungen mit ätherischen Ölen einführt.

Die Vielfalt und Konzentration dieser Duftstoffe hat aufgrund langjähriger therapeutischer Erfahrungen neben der angenehmen Sinneserfahrung den Effekt, ausgleichend und stabilisierend auf Körper und Geist zu wirken.

Britt Menrow arbeitet seit vielen Jahren als Heilpraktikerin auf dem Gebiet der Verhaltens-Therapie und ist auch als Beraterin in Seminaren mit dem Schwerpunkt Persönlichkeitsentwicklung aktiv.

Bücher aus dem Peter-Erd-Programm finden Sie überall im Buchhandel.
Fordern Sie das kostenlose Gesamtverzeichnis an bei:

Verlag Peter Erd • Gaißacher Straße 18 • 81371 München
Telefon (0 89) 7 25 30 04
Fax (0 89) 7 25 01 41

Ratgeber Partnerschaft

Penny McLean

EINSAMKEIT
ist eine
SEHNSUCHT

PE

ISBN 3-8138-0164-0, 172 S.
Penny McLean

Weitere Titel der Autorin:
„Adeline und die Vierte Dimension"
ISBN 3-8138-0049-0, 218 S.

„Kontakte mit Deinem Schutzgeist"
ISBN 3-8138-0139-X, 160 S.

„Zeugnisse von Schutzgeistern"
ISBN 3-8138-0142-X, 226 S.

„Alltag mit Schutzgeistern"
ISBN 3-8138-0220-5, 160 S.

Sind wir allein unvollkommen?

„Über allen schwebt der Hauch der Vollkommenheit, des ‚Vereint-Seins bis zum Tode' im Guten wie im Bösen. Und im Hinterkopf arbeitet der Gedanke: Besser gemeinsam ins Verderben als in ehrbarer Einsamkeit in der Eigentums-Doppelhaushälfte vertrocknen."

Glück gibt es angeblich nur in der Zweierpackung, daher treibt panische Angst vor dem Alleinsein die Menschen in die absonderlichsten Beziehungskonstruktionen. Daß Einsamkeit eine willkommene Pause zum Luftschnappen, zur Besinnung auf die ureigensten Belange sein kann, vertritt die frühere Sängerin und heutige Erfolgsautorin Penny McLean.

Sie plädiert jedoch umgekehrt nicht für ein radikales Single-Dasein, sondern für mehr Geduld im Hinblick auf jene Reife, die neue Begegnungen und andere Beziehungen sinnvoll macht.

Bücher aus dem Peter-Erd-Programm finden Sie überall im Buchhandel.
Fordern Sie das kostenlose Gesamtverzeichnis an bei:

Verlag Peter Erd • Gaißacher Straße 18 • 81371 München
Telefon (0 89) 7 25 30 04
Fax (0 89) 7 25 01 41